글로리아
스타이넘

길 위의
인생

글로리아
스타이넘

길 위의
인생

Gloria
Steinem

My Life
on the
Road

글로리아 스타이넘 지음
고정아 옮김

학고재

런던의 의사인 존 샤프John Sharpe 박사는 1957년,
인도로 가는 길에 낙태를 의뢰하러 온 스물두 살의
미국 여성이 수술을 받을 수 있도록 엄청난 위험을 무릅쓰고
도와주었다. 영국에서, 임신한 여성이 건강상의 문제 외에 다른
이유로 낙태할 수 있게 된 것은 그로부터 10년이 더 지나서였다.

의사인 그는 이 미국 여성이 고향에서 약혼을 파기하고
미지의 운명을 향한 여정에 올랐다는 사실만 듣고 이렇게 말했다.
"두 가지를 약속해줘야 합니다. 첫째, 누구한테도 내 이름을
말하지 마십시오. 둘째, 살면서 당신이 원하는 일을 하십시오."

샤프 선생님, 선생님은 당시의 법이 공정하지 않다는 것을
알고 계셨습니다. 선생님이 돌아가시고 한참 지나
이렇게 말하는 것을 이해해주시겠지요.
저는 살면서 제가 원하는 일을 하기 위해 최선을 다했습니다.

이 책을 선생님께 바칩니다.

"진화는 우리를 여행자로 만들었다.
동굴이나 성에 정착해 살아온 기간이 얼마가 됐든,
진화의 시간이라는 대양에서
그것은 물 한 방울에 지나지 않는다."

— 브루스 채트윈Bruce Chatwin,
『방랑의 해부학 *Anatomy of Restlessness*』에서

한국어판에 부처

현경 뉴욕 유니언 신학대학원 교수

글로리아 스타이넘의 새 책『길 위의 인생』을 읽으며 아주 오랜만에 기분 좋게 울었다.

내가 울었다기보다는 뭐라 설명할 수 없는 순수한 울음이 갑자기 나를 찾아와주었다고 말하는 것이 맞을 것이다. 책을 덮자 성서의 한 구절이 떠올랐다. 예수를 향하여 "저 사람을 보라Ecce Homo!"라고 누군가가 소리치는 장면이다. 그저 그 사람을 보는 것만으로 답이 나왔기에 절로 터져 나온 외침이리라. 나는 2천 년 전 예루살렘 거리의 한 남자가 예수를 보고 터뜨린 그 말을 2017년 뉴욕 거리에서 글로리아를 보며 나지막이 속삭이고 싶다.

"저 여성을 보라!"

오늘도 트럼프 파시즘에 반대하는 시위를 위해, 여성을 위한 미디어 센터의 모금을 위해, 대학 교정의 학생과 유색인종 이민자 노동자와 여성의 권리 보호에 대해 강연하고 조직하기 위해 글로리아 스타이넘은 길 위에 있을 것이다. 여든이 넘은 페미니스트는 특유의 트레이드 마크인 검정 스키니 바지에 검정 상의, 검정 부츠, 그리고 커다란 벨트를 하고 사람들을 만나고 있을 것이다. 이제는 글로리아 자체가, 글로리아의 삶이 여성 해방의 메시지가 되고 답이 되고 길이 되었다.

글로리아를 멘토, 동지, 친구로 알고 지낸 것이 벌써 30년에 가깝다. 내 인생에 받은 가장 큰 선물 가운데 하나다. 글로리아를 한국에 세 번 모신 적이 있다. 여성 예술가, 운동가 들과 제주 '여신기행'을 했고, 한국 미디어 그룹, 대학 들에서 강연을 열었고, 평양에서 서울까지 DMZ를 넘어 한반도의 평화를 위해 함께 걸었다. 30년 세월 동안 글로리아와 함께 연애에서 여성 혁명, 여신에 이르기까지 많은 대화를 나누고 경험을 공유했다. 그 과정에서 글로리아에게서 참 많은 것을 배웠다. 그중 마음속 깊이 각인된 세 가지를 한국의 독자 여러분과 나누고 싶다.

글로리아는 평범한 사람들의 지혜와 변혁의 힘을 믿는다. 뉴욕의 택시 운전사, 온몸에 문신을 한 모터사이클 족, 이민자, 어린 소년과 소녀, 여러 분야의 운동가, 학자, 예술가, 건설 현장의 노동자들…… 그녀의 삶에 나타나는 모든 사람과 진정으로 가슴을 열고 만난다. 글로리아와 뉴욕의 길거리를 걸을 때, 공항에서 비행기를 기다릴 때, 시위 현장에 갔을 때 사람들이 그녀와 이야기하고 싶어 하면 항상 귀 기울였고, 그들이 사진 찍기를 원하면 항상 함께 사진을 찍었다. 떠돌이 골동품 노점상으로 일생 빚을 지고 산 아버지, 저널리스트의 삶을 포기하고 걸핏하면 우울증에 빠지던 어머니와 미국 전역을 전전하며 길가에서 보낸 '흙수저' 어린 시절 때문이었을까? 글로리아는 흙수저의 삶에서 절망보다는 희망과 변혁의 가능성을 보았다. 그 희망의 원천은 그녀가 길에서 만난 수많은 사람의 가슴속에 담겨 있던 따뜻한 사랑, 정의를 향한 열망, 그리고 모두가 품고 있는 고유한 개인의 힘이다. 글로리아가 강연에서 가장 자주 쓰는 마무리 멘트는 이렇다.

"스스로 힘 있는 존재라는 걸 잊으면 안 돼요, 절대로. 그 힘을 꺼내서 꼭 쓰시길 바라요."

글로리아의 신앙은 '깊은 민주주의'가 아닐까 하는 생각이 든다. 매 순간 더 많은 다름을 포용하고 공동선을 위해 스스로 조직하고 잘못을 수정해가는 그 과정. 이것은 가부장적 피라미드 구조에서 지배와 종속이라는 계층적·계급적 위계를 벗어나, 모든 사람의 지혜가 연결되어 둥그런 원 구조로 변화하는 평등과 자유의 지평 확장 과정이다. 그래서 글로리아의 만트라는 "Not Ranking But Linking(위계 질서를 만드는 것이 아니라 연결하는 것)"이다. 글로리아는 이제 젠더 개념이 사라지는 사회에 살고 싶다고 한다. 남성이니 여성이니 하는 관념적 소설을 쓰지 않아도 되는 사회에서 모든 사람이 가장 자기답게 자유롭게 살면 좋겠다고 한다. 우리가 운동 과정에서 실망하고 절망할 때마다 글로리아는 우리를 위로한다.

"그래도 5백 년 전에 비하면 여성 인권, 노예제도, 식민지주의가 조금은 나아졌어요. 더 나아지게 지금 행동해야지요."

그 많은 투쟁을 거치며 83세가 된 글로리아는 이제 여행하는 페미니스트 선사Traveling Feminist Zen Master가 된 것 같다. 미래에 무슨 일이 일어날지 모른다는 그 '큰 모름Big Don't Know'이 여전히 가슴 뛰게 한다고 한다. 글로리아의 가슴은 언제나 열려 있고 지금, 여기, 바로 그 앞에 나타난 사람에게 백 퍼센트 집중한다. 싸움에 지친 전사가 아니라 아름다움, 기쁨, 호기심을 가득 품고 큰 흐름 속에서 춤추며 흘러가는 댄서다. 누군가가 글로리아를 '하늘에서 떨어진 천상의 바텐더'라고 했던가? 우리는 그녀의 비전에, 스토리에, 에너지에 취해 신나는 일을 꾸미고 싶어진다. 더 섬세하게, 떨리는 가슴을 안고 한번 진짜로 살아보고 싶어지는 것이다.

최근의 국정 농단 사태, 정경유착 비리, 그리고 일베 같은 여성혐오 집단의 행동 등은 젊은 여성들 사이에 페미니즘 토론과 운동을 다시 불붙게 했다. 모든 고통에는 해결의 씨앗이 이미 들어 있다. 이 책 『길 위의 인생』이 더 깊은 민주주의를 꿈꾸는 한국의 남녀노소에게 격려가 되기를 기원한다.

책 속의 한 장면을 떠올리며 추천사를 마무리하고 싶다.

보라색 할리 데이비슨을 타고 미국을 종주하는 할머니 모터사이클 족을 길가 카페에서 만난 뒤 글로리아는 독자들에게 이런 말을 들려준다.

"우리 각자의 가슴속에는 보라색 모터사이클이 하나씩 있다. 우리는 그저 그걸 찾아내서 타고 달리기만 하면 된다."

결국은 여행과 집은 이거냐, 저거냐의 양자택일 대상이 아니라 이것과 저것이 함께 가는 균형 문제다. 마치 춤처럼 말이다. 왜냐하면 여행이 곧 집이기 때문이다.

"The Journey is Home."

이 책과 함께하는 한국 독자들의 삶이, 그리고 여행이 아름답고 즐겁기를 소망한다.

봄날 같은 2월, 뉴욕에서

차례

일러두기

1. 이 책은 2016년에 나온 『*Life on the Road*』 개정판을 번역하였다.
2. 본문의 각주는 옮긴이주이고, 책 말미의 주는 저자가 붙인 원주이다.
3. 책은 『 』, 논문과 에세이는 「 」, 신문·잡지는 《 》,
   기사·영화·연극·방송 프로그램·다큐멘터리는 〈 〉로 표기하였다.
4. 미국식 측정 단위는 한국식 측정 단위로 변환하였다.

서곡

사우스다코타 주의 래피드시티Rapid City로 가는 비행기에 오르자 검정 가죽옷에 체인과 문신을 한 사람들이 많이 보인다. 기내의 승객들은 보통 목적지가 어디냐에 따라 차림새가 다르다. 워싱턴 D.C.로 가는 사람은 사무용 정장, 로스앤젤레스로 가는 사람은 청바지 차림이다. 하지만 저렇게 별난 차림을 하고 래피드시티로 향하는 사람들에 대해서는 짐작이 가지 않는다. 그곳은 아직도 영화관 앞 길가에 차를 대는 마을이다. 징이 박힌 점퍼를 입고 코걸이를 한 옆자리의 수염 기른 남자는 잠들어 있다. 이 여정에 대한 궁금증이 하나 더 생겼다.

여러 지역에서 온 친구 다섯 명과 공항에서 만나기로 했다. 다양한 조합의 여성들이다. 체로키 인디언 활동가와 성년이 된 그 딸, 아프리카계 미국인 작가 두 명과 음악가 한 명, 그리고 나. 우리는 라코타 수우 족 집회에 초대되었다. 가부장제도가 유럽에서 건너오기 전까지 여성들이 점령했던 이 남다른 기운의 장소를 회복하려는 노력을 기리는 행사다.

배드랜즈Badlands 쪽으로 운전해 가다 보니, 드문드문 이어진 식당과 모텔 주변으로 모여든 모터사이클들이 보인다. 족히 4천 평방미터는 차지한 듯 보인다. 이제야 가죽옷과 체인에 대한 궁금증이 풀리지만, 또 다른 궁금증이 생긴다. 커피를 마시려고 들른 가게의 여종업원은 우리가 아무것도 모르고 이곳에 왔다는 말을 믿지 못한다. 1938년부터 매년 8월이면, 전 세계의 모터사이클 족이 스터지스 랠리에 참석하기 위해서 이곳에 온다. 이 마을의 이름인 스터지스Sturgis는 그저 길가에 넓게 펼쳐진 공간이다. 그들은 숲과 산이 있고 사람들이 띄엄띄엄 사는 이 지역에, 그리고 대기권 밖에서도 보일 정도로 곧게 뻗은 고속도로 망에 이끌려 모여든다. 이제 25만 명의 모터사이클 족이 8백 킬로미터 반경 내의 모든 모텔과 캠핑장을 점거할 것이다.

우리, 여섯 명의 강한 여성들은 촉각을 곤두세운다. 한 장소에 이토록 많은 모터사이클 족이 모인 광경에 사실 조금 겁이 난다. 겁이 안 날 수 있겠는가? 영화에 나오는 모터사이클 족은 무리를 지어 여행하면서 같이 다니는 여자들을 소유물처럼 다루곤 하니, 다른 여자들을 만만한 노리개로 볼지도 모른다.

하지만 다행히도 모터사이클 족과 마주칠 일은 없다. 우리는 인디언 거주 지구의 마지막 나무들을 지나 노선 표지가 없는 길을 따라 여행하면서 시간을 보내기 때문이다. 트럭으로 배달해온 가정식을 먹고, 집회 장소에서 북소리에 맞춰 춤추는 사람들 주변으로 담요를 깔고 앉아 인디언 조랑말들을 바라본다. 말들도 춤추는 사람들처럼 장식을 했다. 비가 오고 나면 무지개가 시야에 다 들어오지 않을 만큼 광활하게 펼쳐지고 촉촉이 젖은 달콤한 풀밭은 거대한 꽃무리처럼 향기를 풍긴다.

매일 밤늦게 숙소로 돌아올 때에야 주차장에서 모터사이클 족을 본다. 나는 래피드시티에서 걸어 다니다가, 모터사이클을 탄 남자가 문신을 한 여자친구에게 하는 말을 듣는다. "자기야, 쇼핑 실컷 해. 카푸치노 가게에서 기다리고 있을게." 이건 아주 드문 경우일 것이라고 나는 짐작한다.

여행의 마지막 날 아침, 혼자 이른 식사를 하러 식당에 들어가면서 나는 이목을 끌지 않는 동시에 마음을 열려고 애쓴다. 하지만 칼집을 차고 잭 부츠를 신은 남자들만 북적이고 여자는 거의 없으니 신경이 바짝 곤두선다. 옆자리 남자는 근육을 체인으로 친친 감고 있고, 여자는 가죽 바지에 기괴한 머리 모양을 하고 있다. 내가 나타나자 유심히 쳐다본다. 이윽고 여자가 다가와 말을 건다. 반가운 목소리로.

"이 얘기를 하고 싶어서요. 오랫동안 《미즈》가 저한테 얼마나 큰 의미였는지 말이에요. 남편한테도 마찬가지고요. 남편은 이제 은퇴해서 조금씩 읽고 있어요. 그런데 실례지만, 지금 같이 여행하고 계신 분이 앨리스 워커 맞죠? 전 앨리스 워커의 시를 무척 좋아해요."

부부는 결혼 후 매년 이 모터사이클 랠리에 온다고 한다. 여자는 길 위에서 맛보는 자유와 달 표면처럼 신비롭고 황량한 배드랜즈를 사랑한다. 그녀는 나에게 꼭 걸어서 그곳에 가보라고 한다. 대신 밧줄로 표시된 길을 따라가라고 당부한다. 라코타 전사들은 신성한 블랙 힐스Black Hills에서 전쟁을 벌일 당시 백인 기병대가 번번이 길을 잃는 배드랜즈로 몸을 피했다.

그녀의 남편이 계산하러 가다 말고 블랙 힐스 외곽에서 공사 중인 거대한 '성난 말'* 조각상을 보러 가라고 내게 권한다. "조랑말을 타고 있는 '성난 말'을 보고 나면, 인디언을 죽이고 러시모어 산에 조각으로 남은 저 대통령들이 시시해 보일 겁니다." 그러고는 걸어 나간다. 친절하고 느긋한, 문신과 체인, 그리고 모든 것을 갖춘 남자다.

새 친구가 된 여자는 떠나기 전, 주차장의 커다란 전망창을 가리킨다.

"저기 보라색 할리 보이죠? 커다랗고 멋진 할리요. 그게 제 거예요. 전에는 남편 뒷자리에 앉아만 다녔고, 한 번도 혼자 몰아본 적이 없어요. 아이들을 다 키우고 나서야 단단히 결심했죠. 힘들었지만, 결국 남편과 나란히 몰게 됐어요. 남편도 이렇게 다니는 게 더 좋다고 하네요. 이제는 자기 모터사이클이 고장 나면 어쩌나, 심장마비가 오면 어쩌나, 둘 다 끔찍하게 다치면 어쩌나, 걱정할 필요가 없어진 거죠. 내 번호판에는 '미즈Ms.'라고 새겨 넣었어요. 할머니가 자주색 할리를 탄다고 쳐다보던 우리 손주들 얼굴을 보셔야 하는데."

나는 다시 혼자, 길게 뻗어 있는 배드랜즈의 황량한 사막과 고문당한 바위들을 내다본다. 그리고 그곳을 걸었다. 가까이에서 보니 황량한 사막은 층층이 연한 장미색과 베이지색과 크림색을 드러내 보이고, 바위에는 복잡한 자궁 같은 입구가 있다. 멀리 떨어진 절벽에 피난처로 사용되던 동굴도 모습을 드러낸다.

먼 곳에서 보는 것과 가까이 다가가서 보는 것은 꽤 다르다.

---

* Crazy Horse, 1840~1877. 라코타 족의 생존을 위해 싸운 전설적인 지도자. 수우 족 추장이 인디언의 영웅 '성난 말'을 조각해달라고 한 청원이 받아들여져 1948년부터 블랙 힐스에 높이 172미터, 길이 201미터의 거대 조각상을 만들고 있다.

이 이야기를 하는 이유는, 이런 교훈은 오직 길에서만 배울 수 있기 때문이다. 또 우리 각자의 가슴속에는 보라색 모터사이클이 하나씩 있다는 사실을 믿게 되었기 때문이다.

우리는 그저 그걸 찾아내서 타고 달리기만 하면 된다.

배드랜즈 근처에서 앨리스 워커와 함께, 1994년
글로리아 스타이넘 소장

도로 표지판

이렇게 세월이 지났는데도 여전히 희망과 에너지가 가득한 비결이 무엇이냐고 사람들이 물을 때마다 나는 대답한다. **여행을 하기 때문이라고.** 40년 넘게, 적어도 내 인생의 절반을 길 위에서 보냈다.

길을 따라가며 사람과 사건에 관한 기사를 쓸 때조차, 나의 생활방식에 대한 글을 쓰려고 시도한 적은 한 번도 없었다. 내 여행은 어느 부류에도 속하지 않아 보였다. 비트 족 소설가 잭 케루악처럼 도로 여행에 오른 적도 없고, 정착에 대한 반항의 의미도 아니었으며, 어떤 이유를 갖고 여행한 것도 아니었다. 처음에는 기자로서 이야깃거리를 찾아다녔고, 나중에는 때때로 정치 캠페인과 사회운동을 하러 다녔으며, 대부분은 지속적인 페미니스트 행사 조직자로서 이곳저곳을 떠돌아다녔다. 길 위에서 보낸 인생만큼이나 친구들도 희망도 넓은 방면으로 퍼진 사람이 되었다. 이런 내 삶을 관통하는 핵심이 '길'이라는 사실은 자연스럽게 여겨졌다.

친구나 기자 들이 그렇게 오래 집을 떠나 있으면 힘들겠다고 할 때마다 나는 같이 여행을 떠나자고 권하곤 했다. 그들이 나처럼 여행에 꽂히길 기대하면서. 하지만 그 긴 세월 동안 내 제안을 받아들인 이는 단 한 명뿐이었고 그것도 단 사흘에 그쳤다.[1]

수십 년이 흐르고 **여전히**라는 단어가 내 인생에 들어왔다. "아, **여전히** 여행 중이시네요"라는 인사말대로. 그리고 내가 가장 자주 하는 일에 대해 가장 적게 써왔다는 생각이 들었다.

나는 자리를 잡고 앉아 많은 여행에 대해, 나를 감동시키고, 화나게 하고, 전념하게 만들었던 과거와 현재에 대해 기록하기 시작했다. 오래전의 계획표, 일정표, 편지, 방치된 일기를 들추다 보니 문득 아버지에 대한 추억들이 한꺼번에 떠올랐다. 너덜너덜한 도로 지도와 주소록을 훑으며 출발지에서 목적지로 가는 데 드는 기름 값을 계산하고, 아내와 두 딸에게 거처가 되어줄 트레일러 주차장의 위치를 찾고, 전국을 누비고 다닐 경비를 마련하기 위해 아버지가 팔고 교환하는 작은 골동품들을 사줄 길가의 상인들을 찾던 기억 등이 너무도 생생했다. 매년 대부분의 시간 동안 우리 집이 되어준 트레일러에서 이미 잠들어 있는 어머니를 깨우지 않으려고 아버지와 내가 소곤대며 공모하던 느낌마저 전해져왔다.

그때까지 나는 아버지와 정반대의 방식으로 살아왔다고 생각했다. 나는 내가 아끼고 휴식할 집을 만들었지만 아버지는 전혀 집을 가지려 하지 않았다. 나는 한 번도 돈을 빌린 적이 없지만 아버지는 늘 빚진 상태였다. 나는 비행기와 기차를 타고 사람들에 섞여 여행을 다녔지만 아버지는 비행기를 타느니 혼자서 일주일간 운전하며 전국을 횡단하는 쪽을 택했다. 그런데 우리가 반항한 방식을 보면 우리가 아주 친숙하게 닮았다는 사실만 발견될 뿐이었다.

지금껏 길이 왜 집처럼 느껴졌는지 그 이유를 깨달았다. 기억에 떠오르는 내 인생의 첫 10년간 길은 정확히 나의 집이었다. 나는 아버지의 딸이었다.

이 책을 아버지의 삶을 이야기하며 시작하리라고는 상상도 하지 못했다. 그러나 그래야 한다는 것을 깨달았다.

더 많은 사실들을 발견했다. 이를테면 나는 늘 길 위의 인생은 일시적일 뿐이고 언젠가 성인이 되면 정착하리라 생각했다. 하지만 이제 보니 내게는 길이 지속적인 것이고 **정착**이 일시적인 것이었다. 여행이 잠시 머무는 인생을 만든 것이지, 그 반대는 성립되지 않았다.

대중연설만 해도 그렇다. 나는 이십 대 내내 그리고 삼십 대 초반까지도 대중연설을 피했다. 내가 이 혐오감에 대해 한 연설 교사에게 질문하자 그녀는 무용가와 작가 들은 말을 안 해도 되는 직종을 선택한 이들이기에 둘 다 대중연설을 가르치기가 특히 어렵다고 설명했다. 나는 그 두 가지 일을 모두 하고 있었던 것이다.

1960년대 말부터 1970년대 초까지 내가 프리랜서 작가로 일하던 곳의 편집자들은 전국에서 일어나는 페미니즘의 열기에 지독히도 무관심했다. 마침내 나는 화가 치밀어 오른 나머지 나보다 훨씬 용감했던 한 여성과 파트너를 이루어 함께 대학들은 물론 지역 단체를 찾아다니기에 이르렀다. 시간이 흐르면서 집에서 멀어졌다. 그렇게 돌아다니면서 예전 같으면 알지 못했을 새로운 사실을 배웠다. 사람들은 동일한 공간에서 서로 이해하고 공감한다는 사실, 그리고 이것은 책이나 화면으로는 가능하지 않은 방식이라는 사실이었다.

나는 서서히, 예전에는 상상도 못했던 내가 되어갔다. 대중연설가이자 단체를 모으는 선동가가 된 것이다. 이렇게 되자 더 큰 선물이 주어졌다. 대중의 목소리를 듣게 된 것이다. 출판 전문가가 뭐라고 하든, 페미니스트 잡지를 구독할 사람들이 이 나라 전역에 존재한다고 가르쳐준 것도 이들의 목소리였다.

그때까지 나는 프리랜서 작가로 살고 있었다. 사무실에 틀어박혀 일하고 싶지도 않았고, 집세 말고는 어떤 것도 책임지고 싶지 않았다. 그런데 길 위에서 배운 교훈 때문에 페미니스트 잡지의 시작을 모색하기 위해 작가와 편집자 들을 불러들였다. 위대한 플로린스 케네디Florynce Kennedy의 말대로 "저녁식사뿐 아니라 혁명을 만들어내는" 데 매진하는 잡지였다. 그런 의식 있는 여성들조차 가장 관심 있는 이슈들을 출판해줄 곳을 찾지 못하고 있을 때, 잡지 《미즈》가 탄생했다.

그때부터 나는 기자와 편집자 들로 북적대는 사무실로 자석에 끌리듯 돌아왔다. 《미즈》는 내게 길을 떠날 또 다른 이유를 주었을 뿐만 아니라 가족도 함께 주었다. 나는 여행이 끝날 때마다 새로운 행사에 대해 휘갈겨 쓴 메모를 주머니에 가득 담고 그들 곁으로 돌아갔다.

그때 그곳에 있지 않았더라면, 내게 가장 중요한 어떤 일이든 실행에 필요한 의지도 수단도 결코 얻지 못했을지 모른다.

여행하면서, 말하자면 길이 나를 인도하는 대로 따라가면서, 나는 내가 생각했던 것과 전혀 다른 사람으로 변했다. 현실의 삶이 복잡하게 얽혀 있듯 길도 그렇게 얽혀 있다. 길은 우리를 부정에서 현실로, 이론에서 실천으로, 주의에서 행동으로, 통계에서 이야기로 인도한다. 요컨대 머리에서 가슴으로 우리를 이끌어간다. 길은 삶을 위협하는 위급상황들과 진정한 교감의 섹스가 있는 바로 그곳이며, 현재에 온전히 살아 있게 하는 방식이다.

보다시피 이 책을 쓴 첫 번째 이유는, 가장 중요하고 가장 오래 지속되고 있지만 가장 덜 드러난 내 삶의 한 부분을 함께 나누기 위해서이다. 이것은 내가 집으로 돌아와 친구들에게, "굉장한 사람을 만났어"라거나, "멋진 아이디어가 떠올랐어"라거나, 무엇보다 마치 우리가 동질의 덩어리라도 된다는 듯 "미국인들에 대해 일반화하는 일을 그만둬야 해"라고 말하는 것보다 더 많은 것을 할 수 있는 기회이다. 나는 또한 이제 "내가 이 거대한 미국 땅을 동서남북으로 다녀봐서 아는데"라고 말하는 정치인들에게 이골이 났다. 나는 그들 누구보다도 더 여행을 많이 했지만 여전히 알지 못한다.

미국에 대해 우리가 들은 것은 일반화된 이야기, 인상적인 문구, 모든 문제에는 양면이 있다는 식의 그럴싸한 생각들로 제한되어 있다. 그러나 많은 문제가 세 가지나 일곱 가지 혹은 열 가지가 넘는 측면을 갖고 있다. 나는 때때로, 이분법으로 나눌 수 있는 유일한 것이 있다면 그것은 모든 문제를 둘로 나누는 사람들과 그렇지 않은 사람들 사이의 구분이라고 생각한다.

지난 긴 세월 동안 미디어에서 전하는 대로만 세상을 봤다면, 나는 훨씬 비관적인 사람이 되었을 것이다. 특히 뉴스는 갈등뿐이고 객관성은 한결같이 부정적인 것을 의미하는 현실에서는 더욱더 그랬을 것이다.

미디어는 현실이 아니다. 나는 그것을 길에서 배웠다. 현실은 현실이다. 이를테면 미국인들은 자유를 소중히 여긴다고들 하지만, 미국의 수감자 비율은 세계에서 가장 높다. 나는 감당 못할 채무를 진 채 졸업하는 학생들과 대화한다. 그러나 주 입법 기관들이 우리가 필요로 하는 학교 대신 필요로 하지 않는 감옥을 짓고 있고, 수감자 1인당 연평균 5만 달러를 지출하면서도 학생들에게는 훨씬 낮은 비용을 지출한다는 사실에 문제를 제기하는 데까지는 이르지 못한다. 나는 첨단 기술 회사나 핫도그 가판대를 차리는 사람들의 기업가 정신을 아끼지만 우리의 빈부 격차는 선진국들 가운데 가장 크다. 나는 십만 년 전으로 그 뿌리를 거슬러 올라가는 인디언 지구의 거주자들과, 성과 육체노동 밀매에서 살아남아 어제 막 이 나라에 도착한 이들을 만난다. 현재도 이 나라는 우리 눈앞에서 변화 중이다. 30년쯤 후면 미국 인구의 대다수는 더 이상 유럽계 후손이 아닐 것이다. 유색인종 아이들의 첫 세대가 대부분 이미 태어났다. 이 새로운 다양성은 세상을 더 잘 이해하게 해주고 우리의 문화적 선택을 풍부하게 해준다. 하지만 아직도 예전의 서열에 기반한 정체성 감각을 지닌 이들이 있다. 어쩌면 그들은 **"내가 다른 사람들에게 한 것처럼 취급되면 어쩌지?"**라며 두려움과 죄책감에 시달리는 것일지도 모른다. 그러나 그 뒤에 있는 것이 오로지 권력과 돈이라면, 이 반발은 우리를 또다시 어떤 서열에 가둘 수도 있다.

로빈 모건Robin Morgan이 재치 있게 썼듯이, "증오는 일반화하고, 사랑은 개별화한다."[2] 길에 오르는 일이 그토록 중요한 이유가 여기에 있다. 여행은 분명히 개별화한다.

이 책을 쓰는 두 번째 목적은 여러분도 가끔 여행하도록 부추기기 위해서다. 내가 말하는 여행은, 심지어 집에 있으면서도 여행길에 있는 기분으로 며칠을 사는 것, 익숙한 것을 구하지 않고 무엇이든 열린 마음으로 대하는 것을 의미한다. 이것은 여러분이 문을 나서는 순간을 시작하게 한다.

길 위의 인생

즉흥 연주를 하는 재즈 뮤지션이나, 파도를 찾는 서퍼나, 공기의 흐름을 타는 새처럼, 여러분은 모든 것이 함께 나타나는 순간들을 선사받을 것이다. 주디 콜린스가 부른 〈눈보라〉의 노랫말처럼 폭설 속에서 만난 이방인들의 이야기에 귀를 기울여보라. 또는 앨리스 워커의 에세이 「내 아버지의 나라는 가난하다My Father's Country is the Poor」를 읽어보라. 이 두 이야기는 개인적인 공간에서 시작되고, 예상치 못한 길로 이어져, 놀랍고도 필연적인 목적지에 다다른다. 길 자체가 그러하듯.

길에 중독된 사람들은 어디에나 존재한다. 수피 시인 루미Rumi 의 캐러밴은 십여 곳의 무슬림 땅을 누비고 다녔다. 로마 집시들은 인도를 떠나 유럽으로 갔지만 결코 정착하지 않았다. 오스트레일리아 원주민들과 토러스 해협 섬사람들은 고대의 노랫길을 되살리기 위해 돌아다니며 전통 생활 체험을 한다. 내가 이렇게 미국의 길에 대한 책을 쓰는 이유는, 미국이 현재 내가 살고 있고, 제일 많이 여행한 곳이며, 특히 이 나라가 세계에 미치는 영향력을 감안할 때 가장 많이 이해할 필요가 있는 곳이기 때문이다. 더군다나 자기나라를 이해하지 못하고서 다른 나라를 이해할 수 있을까 싶다. 나는 이십 대에 유럽에서 1년, 인도에서 2년간 사는 행운을 누렸지만 어떤 면에서는 현재에 충실했다기보다 도피의 성격이 강했다. 안전한 유럽은 불안전한 어린 시절을 두고 떠나는 임시방편이었다. 머나먼 인도는, 내가 알던 것을 넘어서는 또 다른 방식으로 대부분의 사람들이 세상에서 살아가고 있음을 알게 해주었다. 도저히 그냥 지나칠 수 없는 이 거대한 땅이자 분투하는 나라에, 나는 지금도 고마움을 느낀다. 인도가 아니었다면 나는 떠날 때와 똑같은 사람으로 집에 돌아왔을지 모른다.

여기서 나의 목적은 여러분이 이 나라를 탐험하도록 부추기는 것이다. 미국 여행은 변호가 필요해 보인다. 내가 오스트레일리아나 잠비아에 간다고 하면 사람들은 정말 좋겠다고 얘기하지만, 미국의 어떤 주를 여행한다고 하면 정말 피곤하겠다고 동정한다. 사실 미국 여행은 여러 가지로 독특한 만족감을 준다. 한 가지 예를 들자면 미국인들은 어느 나라 사람들보다 희망적이다. 아마도 많은 미국인이 이곳보다 못한 환경을 떠나 비행기를 타고 건너왔거나, 이곳에서 가난을 딛고 일어섰기 때문일 수도 있고, '기회의 땅'이라는 사실이자 허구를 신봉하거나, 단지 이 나라에 낙관주의가 널리 퍼져 있기 때문일 수도 있다. 이유가 무엇이든, 이 나라를 떠나 있을 때 제일 그리운 것은 희망에 찬 사람들의 태도이다. 그래서 집으로 돌아오는 길이 즐겁다. 결국 희망은 미래를 설계하는 형식이다.

그렇다고 나처럼 자주 여행하라는 말은 아니다. 데이먼 러니언의 〈아가씨와 건달들〉에 등장하는 방랑 도박사 스카이 마스터슨처럼 나도 기드온 성서보다 더 많은 호텔 방에서 지냈다. 그러나 그는 호텔에 비치된 비누로 머리를 감거나, 자판기 음식을 먹거나, 호텔 객실을 청소하는 여성들과 뭔가 조직해보려고 늦게까지 앉아 얘기하거나 하지 않았다. 나는 처음 20년간은 모임을 조직하는 목적으로 여행을 다녔다. 생각해보니 집에서 연이어 가장 오래 머문 기간은 8일에 지나지 않았다.

보다시피 나는 길과 사랑에 빠져 지냈다.

나의 세 번째 바람은 이야기를 나누는 것이다. 수천 년 동안 인간은 이야기와 노래로 지식을 전달해왔다. 누군가 통계자료 하나를 내게 준다면, 나는 그것이 왜 사실인지 설명하기 위해 이야기를 하나 만들어낼 것이다. 우리의 뇌는 서사와 이미지로 조직된다. 나는 여행하는 조직자, 즉 사회 변화를 이끄는 사람의 대열에 합류한 뒤에, 자신의 이야기를 낯선 사람들의 모임에서 공유하는 마법의 현장을 보았다. 그 마법은 마치 참여자들이 이야기의 자기장을 만들어, 사람들이 자기 내면에 품고 있는지도 몰랐던 이야기들을 밖으로 끌어냈다. 커다란 변화를 가져오는 가장 간단한 방법 중 하나도, 힘없는 사람들에게는 그들이 듣는 만큼 말하게 하고, 힘을 지닌 사람들에게는 그들이 말하는 만큼 듣게 하는 것이다.

여자들이 남의 이야기에 귀를 잘 기울인다고 생각해서인지, 여행하는 여자, 아마도 여행하는 페미니스트는 특히 하늘에서 떨어진 천상의 바텐더처럼 여긴다. 사람들은 상담치료사에게도 털어놓지 않을 이야기를 쏟아낸다. 내가 많은 사람의 삶에 희망을 주는 사회운동가로 알려지고 난 뒤에는, 여성에게서든 남성에게서든 훨씬 많은 이야기를 듣게 되었다.

문득, 도로변 여관에서 폭풍우가 가라앉기를 기다리며 겪은 우연한 자리가 떠오른다. 마침 거기에는 주크박스가 있었다. 발이 묶인 탱고 선생은 거리에서 탄생한 이 춤에 대해 설명했다. 모호크족 아이들은 수세대 동안 금지되었던 조상의 언어와 영적 의식을 다시 배웠다고 했고, 옆에 앉은 익명의 기독교 근본주의자 무리는 기필코 마약을 몰아내야 한다고 말했다. 자기 빼고는 모두 남자아이로 구성된 축구팀에서 최고의 선수라는 아홉 살짜리 여자아이는 나에게 이것저것을 인터뷰했고, 불법 이민자의 딸이라는 라틴계 대학생은 '2032년 미국 대통령 후보'라고 적힌 명함을 건넸다.

길에서 생활하다 보면 자연이 주는 선물도 받는다. 콜로라도에서 북극광을 목격하거나, 뉴멕시코를 걸으며 밝은 달빛 아래서 손금을 보게 되기도 하고, 로스앤젤레스 동물원에서 쓸쓸하게 지내던 코끼리가 수년 전 헤어졌던 코끼리 친구와 재회했다는 이야기를 듣고, 시카고로 가던 중 난데없는 폭설 때문에 모든 일정을 취소하고 친구와 난로 곁에 남게 되기도 한다.

지구상의 그 어떤 것보다 확실히, 길은 우리를 현재에 살게 한다.

내 마지막 소망은 말 그대로 길을 여는 것이다. 지금까지 길은 압도적으로 남자들의 영역이었다. 남자들은 모험을 상징하고 여자들은 아궁이와 가정을 상징하는 식이었다.

나는 어릴 때에도 『오즈의 마법사』에 나오는 도로시가 모든 시간을 캔자스에 있는 집으로 돌아오는 데 써버리고, 이상한 나라의 앨리스가 길고 긴 모험을 꿈꾸면서도 차 마실 시간에 맞춰 깨어난다는 사실이 늘 이상했다.

조지프 캠벨과 그의 영웅담에서부터 유진 오닐의 영웅들에 이르기까지, 영웅들은 매달리는 여자들 때문에 바다로 못 나가고 발이 묶였다. 길이 내게 열려 있으리라고 생각할 이유가 별로 없었다. 고등학교에 다닐 적 위대한 멕시코 혁명가의 이야기를 할리우드 버전으로 만든 영화 〈자파타 만세 Viva Zapata!〉를 보았다. 자파타가 운명에 몸을 싣고 말에 오르자, 아내가 그의 부츠에 매달린 채 먼지를 풀풀 날리며 끌려가면서도 집에 있어달라고 애원한다. 나는 어머니와 아내로 집에 남는 것보다 바다나 혁명에 나가는 것에 더 관심 있다고 아직 말할 수 없었기에, 절대로 어떤 남자의 자유에 장애물이 되지 않겠다고 속으로 다짐만 했다.

사전에서조차 '모험가 adventurer'는 "모험을 하고 즐기거나 찾아

길 위의 인생

나서는 사람"이라고 정의하지만, '여성 모험가adventuress'는 "부와 사회적 지위를 얻기 위해 부도덕한 방법을 사용하는 여자"라고 정의한다.

여자가 여행을 하면, 실존 인물인 아멜리아 에어하트*에서부터 가공인물인 '델마와 루이스'에 이르기까지 모두 비극적인 결말을 맞이하는 듯했다. 지금도 많은 나라에서 여자가 남자 친척과 동행하지 않고 집을 떠나거나, 남자 후견인의 허가증 없이 나라를 떠나면 가족의 명예를 더럽힌다고 교육받고 있으며, 심지어 살해당하기까지 한다. 사우디아라비아의 여자들은 여전히 운전이 금지되어 있다. 모험은 고사하고 응급 상황에 병원으로 차를 몰고 갈 수도 없다. '아랍의 봄'으로 민주주의 봉기가 일어나는 동안에도 현지 여성들과 외국 여기자들은 광장에 나타났다는 이유로 성폭행을 당했다.

소설가 마거릿 애트우드는 정체성을 찾아 나서는 소설에 여성이 부재하는 이유를 이렇게 설명했다. "이유는 간단한 것 같아요. 여자를 혼자 어지러운 밤길로 내보내면, 남자보다 더 빨리 확실하게 먼저 죽을 테니까 그렇겠죠."[3]

시간에 따른 인간의 이동 경로를 밝히기 위해 고대의 DNA를 연구하는 분자 고고학 덕분에, 남자들은 주로 집에 머물렀고 여자들이 여행에 나섰다는 사실을 알게 된 것은 아이러니하다. 대륙 간 이주 비율은 여자들이 남자들보다 여덟 배가 많다.[4]

하지만 이 여정은 여성이 남성의 통제 아래 있고 남편 가정에 살

* Amelia Earhart, 1897~1939. 미국의 여성 비행사로 여성 최초로 대서양 횡단 비행에 성공했다. 1937년 남태평양 횡단 중에 실종되어 1939년 사망했다고 공식 발표되었다.

러 떠나야 했던, 가부장 문화와 부계 거주 문화에서 종종 선택권이 없는 편도 여정이었다. 지금도 전 세계의 3분의 1 정도가 해당되는 모계 거주 문화권에서 남성은 아내의 가족으로 편입되었지만, 그 문화는 가모장적이지 않고 예전에도 결코 그런 적이 없었기에 지위는 동등했다.

길에 나서는 여성에 대한 무시무시하고 때로 정확하기도 한 모든 경고에 맞서 현대 페미니즘은 더 근본적인 질문을 하기에 이르렀다. 어떤 것보다 더 위험하다는 말인가?

인도에서 지참금 때문에 벌어지는 살인이나 이집트에서 일어나는 명예 살인, 혹은 미국에서 벌어지는 가정 내 폭력 수치는 여성들이 자기 집에서 아는 남성에게 맞거나 살해당할 확률이 훨씬 높다는 사실을 보여준다. 수치가 말해주듯 집은 길보다 여성에게 훨씬 위험한 장소이다.

아마도 여성에게 가장 혁명적인 행위는 자기 의지로 여행을 떠났다가 집으로 돌아와 환영받는 일이리라.

독자 여러분도 보게 되겠지만, 이 책은 한두 번의 여행이 아니라 집을 떠나서 보낸 수십 년간의 여행 이야기를 담고 있다. 현대판 유목민의 이야기라 할지도 모르겠다.

미국 전역을 가로지르는 횡단 여행 외에도 두 가지 다른 종류의 여행을 이 책에서 발견할 것이다. 여러분과 내가 걷고 있는 이 북미 대륙의 과거를 향한 종단 여행, 그리고 다른 민족과 장소 사이로 들어가는 문화 여행이다.

이 책은 온전히 이야기를 담고 있다. 여기에 소개된 어떤 이야기들이 여러분으로 하여금 자신의 이야기를 하도록 이끌고, 다른 사람들의 이야기에 귀를 기울이는 혁명적인 행위에 매료되도록 이끌기를 희망한다.

내가 천 년도 더 지난 시절에 살았던 중국 여성들의 편지 쓰기를 따라할 수 있었으면 좋겠다. 그녀들은 남자 형제들처럼 학교에 갈 수 없었기에 "여자의 글"이라 불린 '누슈nushu'라는 자신들만의 글을 발명했다. 비밀 언어를 만들면 사형에 처해졌는데도 말이다.[5] 그들은 우정을 담은 편지와 시를 몰래 써서 나누며 대단히 의식적으로 삶의 족쇄에 대항하려 했다. 누군가 썼듯이, "남자들은 집을 떠나 용감하게 바깥세상으로 나간다. 하지만 우리 여자들이라고 해서 용기가 덜한 것은 아니다. 우리는 남자들이 이해할 수 없는 언어를 만들 수 있다."

이런 비밀 편지는 그녀들에게 너무도 소중한 것이었기에 어떤 이들은 우정의 편지와 함께 무덤에 묻혔다. 오늘날까지 살아남아 우리에게 전해 내려오는 편지를 보면, 각 페이지의 중앙 아래 가늘게 세로 단으로 글을 써서 편지의 수신자가 자기 글을 쓸 수 있도록 공간을 넉넉히 남겨둔 것을 볼 수 있다.

어슐러 르 귄은 이렇게 썼다. "바퀴를 사용하지 않았던 위대한 사회는 있었어도, 이야기를 하지 않았던 사회는 없었다."

할 수만 있다면 모든 페이지마다 여러분의 이야기를 위해 열린 공간을 남겨두고 싶다.

아버지 레오 스타이넘, 아버지가 가장 좋아했던 사진, 1949년
글로리아 스타이넘 소장

1장

아버지의 발자취

나의 여행 기질은 물려받은 것이다.

아버지가 집에서 사는 삶에 만족해 보이는 기간은 1년에 고작 두세 달 정도였다. 여름이면 우리는 미시건 교외의 호수 건너편에 아버지가 지은 작은 집에서 지냈다. 아버지는 호수 부두에 댄스홀을 만들어 운영했다. 반경 수백 킬로미터 내에 바다라곤 없었지만 댄스홀 이름을 '오션 비치 부두'라 짓고는 '물 위에서 별 아래서 춤을'이라는 거창한 광고 문구를 내걸었다.

평일에는 근처 농장이나 여름 별장에서 손님들이 주크박스의 노래에 맞춰 춤을 추러 왔다. 아버지는 체스에 대한 각별한 사랑에 고무되어, 차려입은 십 대 아이들이 댄스홀 바닥에 그려진 정사각형 칸 위를 이동하는 실사 판 체스 게임 같은 오락거리들을 구상했다. 주말에는 1930년, 1940년대풍의 대형 댄스 밴드를 예약해 그 외진 곳까지 불렀다. 따뜻한 달빛이 비추는 저녁, 라이브 연주에 맞춰 춤을 추기 위해 톨리도나 디트로이트처럼 먼 곳에서도 사람들이 올 거라는 계산에서였다. 물론 기 롬바르도Guy Lombardo나 듀크 엘링턴Duke Ellington이나 앤드류스 시스터즈Andrews Sisters풍의 밴드에게 돈을 지불한다는 것은, 주말에 혹여 비라도 오면 여름 내내 번 돈을 모두 날려버린다는 것을 의미했다. 따라서 언제나 도박 같은 느낌이 있었다. 내 생각에 아버지는 그것도 좋아했던 것 같다.

그러나 노동절이 이 위태로운 생계의 시간을 끝내버리면* 곧바로 아버지는 사무실을 차 안으로 옮겼다. 아직은 따뜻한 초가을의 몇 주, 우리는 근처 시골 경매장으로 차를 몰았다. 가재도구와 농장에서 쓰는 공구들 중에서 아버지가 골동품을 찾아내면, 골동품에 눈이 밝은 어머니가 참고도서를 뒤져가며 아버지가 사온 물건에 가격을 매겼다. 그러고 나면 우리는 다시 차에 올라, 당일치기로 갈 만한 곳이면 어디로든 달려가 도로변 골동품 상인에게 물건을 되팔았다. 내가 '우리'라고 하는 것은, 네 살 무렵부터 나 역시 도자기나 다른 작은 물건들을 포장하거나 포장을 뜯는 일을 담당했기 때문이다. 우리는 골동품을 깨어지지 않도록 신문지로 싸고 종이상자에 담아 전국을 누비고 다녔다. 우리 가족은 가족경제에 각자 맡은 역할이 있었다. 나보다 아홉 살 많은 언니는 여름이면 아버지가 사다 준 가판대에서 팝콘을 만들어 팔았다.

그러나 일단 첫 서리가 내려 호수가 얼음판으로 빛나고 그 위의 공기가 작은 물방울로 변하면 아버지는 주유소에서 지도를 모으고, 차에 연결된 트레일러 고리를 점검하고, 우리에게 조지아 주의

*　미국의 노동절은 근로자들에게 휴가철의 마지막 휴일이다. 이후에는 휴가객이 줄어들어 글로리아네는 다른 방식으로 생계를 꾸려야 한다.

설탕이 듬뿍 들어간 얇은 프랄린과 플로리다 도로변 노점의 무한 리필 오렌지 주스와 캘리포니아 훈제장의 신선한 연어 등 먼 곳에서 즐길 수 있는 것들에 대해 이야기하기 시작했다.

그러다 어느 날, 평생의 방랑벽이라기보다 갑작스런 변덕 때문이라는 듯, 아버지는 마당에 늘 주차되어 있던 트레일러에 개와 생필품을 실을 시간이 됐음을 알렸고, 그렇게 우리는 플로리다 또는 캘리포니아로 긴 여행을 떠났다.

때때로 그런 '작별'은 너무 급작스럽게 일어나 접시보다 프라이팬을 더 많이 싣고 떠난 적도 있고, 더러운 접시와 먹다 남은 음식을 주방에 그대로 쌓아놓고 떠나는 바람에 여행에서 돌아오면 폼페이의 폐허로 돌아온 것 같은 때도 있었다. 아버지의 결정은 언제나 느닷없이 계획 없이 내려지는 듯했다. 아버지는 집으로 유혹하는 사이렌의 노랫소리를 너무도 두려워한 탓에 난방이나 온수 시설도 들여놓지 못하게 했다. 초가을의 공기가 점점 차가워져 호수에서 목욕하기 어려울 정도가 되면 우리는 배불뚝이 난로에 물을 데워 모닥불 옆의 커다란 빨래통 안에서 번갈아 목욕했다. 이렇게 물을 데우려면 장작을 패야 하는데 그것은 쾌락주의자인 아버지에게는 모욕이었다. 그래서 아버지는 나무를 태우는 시설을 직접 발명했다. 긴 통나무 한쪽 끝을 불 속에 넣고 다른 한쪽 끝은 거실 쪽으로 튀어나오도록 둔 다음에, 통나무 전체가 재로 변할 때까지 발로 차면서 불에다 밀어 넣었다. 마당에 쌓인 장작더미조차 아버지에게는 한 장소에 머물라는 위험한 초대로 보였을 것이 분명하다.

아버지는 바람 부는 쪽으로 얼굴을 돌리고 나면 머뭇거리는 것을 좋아하지 않았다. 내 기억에 아버지가 길을 되돌린 적이 딱 한 번 있는데, 어머니가 다리미를 올려놓은 다림판이 타고 있을지 모른다고 온갖 소동을 피웠기 때문이다. 아버지는 일단 떠난 길을 되돌아가느니 필요하다면 라디오든 신발이든 거의 모든 것을 새로 사주는 편을 택했다.

당시에 나는 이런 즉흥성에 의문을 품지 않았다. 그것은 가족의 례의 일부였다. 지금 생각해보면 인간의 뇌에 계절 신호의 프로그램이 입력되어 있는 건 아닌가 싶다. 결국 인류는 지구상에서 대부분의 시간을 이주 종족으로 살았고 정착 생활은 아주 최근의 구상이다. 새들이 수천 킬로미터의 비행을 시작하는 순간을 놓치느니 새끼를 포기하기를 택한다면, 우리 인간의 세포에는 어떤 이주 신호가 간직되어 있을까? 아마도 아버지는, 그리고 우리의 방랑으로 훨씬 더 혹독한 대가를 치른 어머니도 이 신호가 여전히 들려오는 삶을 선택했던 것 같다.

부모님은 자기들만의 방식으로 자급자족하며 살았다. 우리는 출발할 때 목적지에 도달하기에 충분한 돈은커녕 그에 근접한 액수조차 마련한 적이 없었다. 우리는 대신 시골 경매에서 구입한 도자기, 은제품, 작은 골동품 등을 몇 상자에 나눠 싣고는, 캘리포니아로 가는 남쪽 길이나 플로리다와 멕시코 만으로 가는 훨씬 더 먼 남쪽 길을 따라가면서 수시로 사고팔고 교환하며 생활했다. 이런 생활방식은 내가 태어나기 수년 전부터 시작되었다. 사막 여행자가 오아시스가 있는 곳을 알듯, 아버지는 여행길에서 장사하는 골동품 상인들을 모두 알고 있었다. 간혹 몇몇 가게는 새로 문을 열었거나 주인이 바뀌었는데 그들이 우리의 먼지 덮인 차와 트레일러에 다가올 때엔 틀림없이 한껏 고무되었을 것이다. 우리의 몰골이 골동품 상인이라기보다 가족 유산을 팔아야만 하는 유랑민 같왔을 것이기 때문이다. 만일 가게 주인이 너무 거만하게 우리를 취급하면 의식적으로 아버지는 우리가 가지고 있는 물건을 꼭 팔려는 게 아니라는 듯 행동했다. 거래를 마치고 일단 차에 다시 올라타면 아버지는 우리에게 승리의 무용담을 자세하게 늘어놓으며 품위를 되찾고자 했다.

부모님은 여행 자체가 교육이라고 믿었기에 나는 학교에 가지 않았다. 십 대였던 언니는 목적지 근처에 있는 아무 고등학교에나 다녔지만 나는 충분히 어렸기에 오로지 좋아하는 만화책, 말 이야기, 그리고 루이자 메이 올컷Louisa May Alcott을 맘대로 봐도 괜찮았다. 차 안에서 책 읽기가 나의 개인적인 여행이었다. 그래서 어머니가 책 좀 내려놓고 창밖을 보라고 하면 "한 시간 전에 봤잖아요!" 하고 항의하곤 했다. 사실 내게 처음으로 읽는 법을 가르쳐준 것은 도로 표지판이었다. 생각해보면 완벽한 입문서이다. '커피'는 김이 피어오르는 컵과 함께 나타났고, '핫도그'와 '햄버거'는 삽화로 표시되었고, 침대 그림은 '호텔'을 의미했으며, '다리나 도로 공사'는 그래픽으로 경고되었다. 압운의 마법마저 있었다. 어느 면도크림 회사는 고속도로를 따라 일정 간격을 두고 작은 표지판들을 세워놓았는데, 나는 운을 따라가며 계속 읽어갔다.

만일 당신이
이 표지판이
무엇인지
모른다면
당신은 아직
그리 멀리 온 게

아닐지도.
버마 셰이브
If you
don't know
whose signs
these are
you can't have
driven
very far.
Burma Shave

　훗날, 이자크 디네센Isak Dinesen이 케냐의 키쿠유Kikuyu 족 일꾼들 앞에서 영어 시를 낭송했을 때 그들이 단어의 의미를 이해하지 못하면서도 계속 낭송해달라고 요청했다는 이야기를 읽었는데, 나는 그 일꾼들이 원한 바를 정확히 알 수 있었다. 운 그 자체가 마법인 것이다.

　이런 식으로, 우리는 비와 모래폭풍, 뜨거운 열기와 차가운 바람을 지나며 아메리카 유목민 이주의 작은 일부를 진전시켰다. 간이식당에서 음식을 먹으며, 푸른 체크무늬 커튼을 달고 곡물 껍질을 넣은 머핀을 파는 식당을 차리겠다는 평생의 야망을 키웠다. 우리는 차 안에서 낮에는 라디오 연속극을 들었고, 밤에는 아버지가 졸지 않기 위해 부르는 유행가를 들었다.

　주유소의 코를 찌르는 냄새를 향해 운전해 들어가던 것도 기억난다. 차 밑에서 작업복 차림의 남자들이 불쑥 튀어나와 기름에 찌든 걸레에 손을 훔치며 우리를 은밀하고 남성적인 세계로 안내

길 위의 인생

했다. 안쪽에 있는 화장실은 비위가 약하거나 담이 약한 사람에게는 적당한 곳이 아니었다. 아버지는 바깥에 있는 아이스박스의 물속을 뒤져 콜라를 잡아채 놀라울 정도로 단숨에 벌컥벌컥 들이켰다. 그러고는 내가 좋아했던 니하이 포도맛 소다를 찾아 건네주었고, 나는 혀가 보라색이 될 때까지 천천히 마셨다. 종업원들은 말수가 적은 남자들이었지만 도로와 날씨에 관한 정보를, 그들이 파는 기름값만 받고는 아낌없이 들려주었다.

나는 이제 그들을, 무역로의 부족민이나, 니제르 강이 사하라로 들어가는 곳의 대상 상인이나, 인도 트리반드룸의 향료선에서 일하는 돛수선공 같은 이들이라고 본다. 그들이 자기 역할에 만족했을까 궁금하다. 아니면 그들에게 최대한 여행과 가까운 삶이었을까?

나무판자를 철사로 엮어 만든 사막의 길에서 아버지가 차를 몰던 것도 기억난다. 이따금 방울뱀의 서식지나 주유관 하나짜리 주유소만이 단조로움을 깨주는 곳이었다. 우리는 살아 있는 영혼이라고는 전혀 보이지 않는 유령 마을에 멈추어, 모래 언덕이 비틀거리는 건물을 밀어내는 모습, 이따금 방향을 바꿔 녹슨 우체통이나 다른 보물을 드러내는 광경을 보았다. 내가 비바람으로 낡은 판자에 손을 얹고 예전에 이곳에 살았던 사람들을 상상해보는 동안, 부모님은 마을 사람들에게 물어볼 수 있는 좀 더 믿음직한 길을 좇았다. 어떤 마을은 아스팔트 신작로가 지나치게 멀리 놓인 뒤로 천천히 죽어갔다. 또 다른 마을은 연쇄 살인범들이 보안관에게 쫓기자 두려움으로 텅 비어버렸다. 또 어떤 마을은 개리 쿠퍼 주연의 서부영화의 무대가 되어 예전에 떠났던 주민들이 돌아오기도 했다. 그곳에는 인상적인 화재를 만들기 위해 석유를 흠뻑 적신 낡은 건물과 구경꾼들에게 멀리 떨어지라는 경고문이 여기저기 세워져 있었다.

하지 말라고 하면 모험심이 더 발동하는 아버지는 길을 따라 울타리가 느슨한 지점으로 우리를 데리고 가서 영화 세트장으로 몰래 들여보냈다. 영화 관계자들은 상부의 허락을 받았으리라 생각했는지 우리를 정중히 대했다. 아버지가 나를 개리 쿠퍼로부터 몇 발짝 거리에 세우고서 찍어준 사진을 나는 지금까지 간직하고 있다. 사진에서 개리 쿠퍼는 재미있다는 표정으로 나를 내려다보고 있고, 키가 그의 무릎 높이밖에 되지 않는 나는 걱정스럽게 땅만 쳐다보고 있다.

나는 규칙을 준수하기를 매우 간절히 원했기에 우리가 어느 날 저런 마을들처럼 버려지면 어쩌나, 규칙을 어기는 아버지 때문에 끔찍한 벌을 받게 되면 어쩌나 걱정이 끊이지 않았다. 하지만 이제 질문하게 된다. 사람들이 살던 곳보다 더 오래도록 내 상상 속에서 살아남은 그 유령 마을들이 없었다면, 확실성이 아닌 수수께끼야말로 우리에게 어떤 공간을 남겨놓는다는 사실을 내가 알 수 있었을까? 아버지가 규칙을 따르고 살았더라면 내가 커서 규칙에 저항하려는 용기를 낼 수 있었을까?

금전적인 여유가 생길 때마다 우리는 트레일러 주차장의 차가운 콘크리트 샤워장 대신 모텔에서 차례대로 뜨거운 목욕을 즐겼다. 그런 다음 화려한 동네 영화관에 가기도 했다. 상영관이 빼곡히 들어찬 요즘 영화관과는 비교할 수 없는, 발코니가 있는 웅장한 궁전 같은 곳이었다. 언제나 아버지는 영화와 맥아 음료가 인생의 만병통치약이라고 장담했는데 그 말은 틀리지 않았다. 우리는 운모로 번쩍거리는 인도를 건너 영화 팬들이 행운을 빌며 동전을 던지는 분수대가 있는, 금박으로 치장된 로비로 들어가 모든 근심을 내려놓았다. 낯선 사람들로 가득한 그 거대한 암흑 공간에서 다 함께 커다랗고 휘황찬란한 영상을 마주한 가운데, 우리는 또 다른 세상에 몸을 맡겼다.

그런 궁전들도 영화들도 대공황 시대에 할리우드가 창조한 환상이었고 대부분의 사람들이 그나마 누릴 수 있었던 유일한 모험이었다는 사실을 나는 이제 안다. 지하철에서 문고판 추리물에 빠져 있는 승객들을 볼 때마다 어릴 때 영화관에서 본 사람들이 떠오른다. 식당 종업원으로 일하던 스티븐 킹의 어머니는 이런 책을 자신의 "저렴하고 달콤한 휴가"라고 불렀고, 스티븐 킹은 그래서 어머니의 평화를 위해 그것들을 쓴다. 아이들이 모든 오감을 온라인의 가상 이미지에 몰아넣는 것을 볼 때, 혹은 위성만큼이나 큰 위성 접시를 지붕에 달고 있는 집을 지나갈 때 어린 시절의 그때를 생각한다. 마치 가장 중요한 것이 도피 능력이기라도 한 것처럼. 여행 작가인 브루스 채트윈은 인간이 유목민으로 살던 과거가 "기분 전환할 것을 찾고, 미친 듯이 새로운 것을 찾는 욕망" 속에 살아남아 있다고 썼다.[1] 많은 언어권에서 심지어 인간human being이라는 단어는 '이주하는 사람'을 뜻한다. 진보progress 자체는 계절에 따른 이동에 뿌리를 둔 말이다. 아마도 미디어로 도피하려는 우리의 욕구는 여행에 대한 욕망이 전도된 것일지 모른다.

어린 시절 여행에서 가장 기억에 남는 것은, 목적지에 이르러 소금기 머금은 공기를 들이마시던 첫 숨이다. 태평양이 내려다보이는 캘리포니아 고속도로나 모세가 홍해를 가르듯 멕시코 만 사이를 가르는 플로리다의 방죽길에서, 우리는 답답한 차에서 내려 기지개를 켜고 기분 좋은 태동을 느끼며 폐를 가득 채웠다. 허먼 멜

빌은 모든 길은 생명의 원천인 바다로 이어진다고 말했다.

몇 년 후에 한 영화를 보았는데, 파리에서 성매매로 돈을 모아 어린 딸을 데리고 바다로 휴가여행을 가는 여성의 이야기였다. 노동자들로 꽉 찬 기차가 벼랑을 따라 돌아서는 순간 반짝이는 물이 사람들 발밑에 한없이 펼쳐졌다. 갑자기 승객들 모두 웃기 시작하더니 창문을 활짝 열고는 담배, 동전, 립스틱 등 조금 전만 해도 필요하다고 여겼던 것들을 전부 밖으로 내던지는 것이었다.

이런 것이 내가 방랑하는 아이였을 때 느꼈던 기쁨이었다. 길이 내게 가장 멋진 선물을, 즉 나를 둘러싼 모든 것과 하나가 되는 순간을 선사할 때면 나는 여전히 그 시절처럼 기쁨에 사로잡힌다.

내 유년기 방랑 생활의 또 다른 진실은 더 받아들이기 힘들다. 나는 집을 갈망했던 것이다. 특정 장소가 아니라 아주 평범한 부모, 걸어서 갈 수 있는 학교, 가까이 사는 친구들이 있는 예의 그 따뜻한 집 말이다. 내가 꿈꾸었던 것은 영화에서 본 삶을 닮았으리라는 의혹을 품을 만하긴 하지만, 집을 갖고 싶다는 바람은 늘 미열처럼 남아 있었다. 그러면서도 안락한 집에서 일반 학교를 다니는 아이들이 나를 부러워할지도 모른다고 끊임없이 생각했다.

내가 열 살쯤 되었을 때 부모님이 이혼했다. 언니는 충격이 컸지만, 나는 저렇게도 다른 두 사람이 왜 결혼 생활을 했는지 무엇보다 이해되지 않았다. 어머니는 우울증에 빠질까봐 틈만 나면 걱정이었고, 아버지는 습관적으로 집을 저당 잡히거나 아니면 어머니한테 알리지 않고 빚을 지곤 했으므로 전혀 도움이 되지 않았다. 게다가 전쟁 중 석유 배급제로 오션 비치 부두의 문을 닫아야만 할 지경에 이르자, 아버지는 생계를 위해 거의 전일제로 길 위에서 보

길 위의 인생

석과 작은 골동품 들을 사고팔았다. 아버지는 가끔 정상적인 생활이 불가능한 상태가 되는 어머니를 더 이상 돌볼 수 없다고 느꼈다. 어머니는 매사추세츠에서 대학을 마칠 때가 된 언니 곁에서 살고 싶어 했고, 나는 어머니의 동반자가 될 수 있을 만큼 자랐다.

우리는 작은 마을에 집을 빌렸고, 거의 1년을 그곳에서 학교에 다녔다. 우리가 가장 평범한 삶을 누린 때였다. 언니가 대학을 졸업하고 어른으로서 첫 직장을 얻어 떠난 뒤에, 어머니와 나는 이스트 톨리도로 옮겨 예전에 어머니의 가족이 살았던 오래된 농가에서 살았다. 이곳은 조악하다는 형용사 말고는 어떤 명사로도 지칭할 수 없는 것들뿐이었다. 한때 시골이었던 곳에 공장 노동자들이 사는 작은 집들이 빽빽하게 들어차 있었다. 갑갑하고 살기에 별로 적합하지 않은 우리 집을 그 집들이 삼면으로 둘러쌌고, 근처 고속도로는 현관을 약화시켰으며, 지나가는 트럭에 우리 창문이 덜컹거렸다. 어머니는 자신의 유년기의 잔재가 간직된 이곳에서 보이지 않는 불행한 세계로 점점 더 빠져 들어갔다.

나는 늘 어머니가 걱정스러웠다. 혹시 거리를 배회하고 다니거나 내가 학교에 있는 걸 잊고 경찰에 찾아달라고 할까봐 말이다. 모두 가끔 일어난 일들이다. 나는 새로운 친구들에게 이 모든 것을 비밀로 했다. 그랬다고 생각했다. 대부분의 아이들이 자기네 가족에 관해 아무 언급도 하지 않았다. 집에서 폴란드어나 헝가리어만 말한다는 사정부터, 아버지가 술을 너무 많이 마신다든지, 실직한 친척이 소파에서 자고 있다든지 하는 것들 말이다. 암묵적 합의에 따라 우리는 주로 길모퉁이에서 만났다. 오랜 세월이 지나고서야 만나게 된 한 고등학교 동창은, 그 시절 늘 나를 걱정했고 동네 사람들이 우리 어머니를 미친 여자라고 불렀다는 이야기를 털어놓았다.

그곳에 사는 동안 어머니는 젊었을 적 이야기를 더 많이 들려주었다. 내가 태어나기 훨씬 전에 어머니는 당시로서는 드물게 기자로 일한 선구적인 여성이었다. 자신이 좋아하는 일을 했고 탁월한 능력을 발휘해 사회면 기자에서 톨리도 주요 신문사의 일요판 편집자로 승진까지 했다. 아버지와 결혼하고도 10년간, 언니가 태어나고 나서도 6년간 계속 신문사에서 일했다. 어머니는 터무니없는 꿈을 꾸고 빚을 지는 아버지의 뒷바라지도 했다. 게다가 유산에 이어 사산으로 괴로워하다가 직장에서 만난 한 남성과 사랑에 빠졌다. 아마도 어머니는 그 남성과 결혼했어야 했을 것이다. 결국 이 모든 일은 어머니의 엄청난 자책과 죄의식으로 종결되었는데, 이로 인해 어머니는 신경쇠약이라는 병에 시달리게 되어 요양원에서 2년이라는 시간을 보냈으며, 언니를 아버지가 돌보도록 남겨두었다는 한결 무거운 죄책감을 갖게 되었다. 또 어머니는 포수클로랄이라는 짙은 색의 액상 안정제에 중독되었다. 이 약을 먹지 않으면 며칠간이고 잠을 잘 수 없었고 환각에 빠졌다. 이 약을 먹으면 말이 불분명해지고 주의력이 흐려졌다. 요양원에서 퇴원하자마자 어머니는 일과 친구들과 좋아했던 모든 것을 포기하고 아버지를 따라 미시건의 외딴 시골로 갔다. 아버지는 그곳에서 여름 리조트를 짓겠다는 꿈을 밀고 나갔다. 이렇게 어머니는 내가 알고 있는 어머니가 되었다. 친절하고 다정하고, 번득이는 유머감각과 수학에서 시에 이르기까지 모든 것에 재능을 가졌으나, 자신감이나 안정감이 없는 사람이 되었다.

어머니와 톨리도에서 사는 동안, 아버지는 거의 온종일 차에서 생활하며 연중 날씨가 따뜻한 선벨트Sunbelt 주변을 운전하고 다녔다. 여름이 되면 우리를 보러 중서부로 되돌아왔고 그 시기 선택은 항상 수수께끼 같은 거래에 달려 있었다. 아버지는 언젠가 나에게 한 단편소설에 대해 편지를 써 보냈는데, 주인공이 항상 큰 거래를 기다리고 있다는 내용의 이 소설이 자신에 대한 이야기가 될 수도 있을 뻔했다고 아버지는 말했다. 아버지는 우리와 함께 있지 않은 동안에는, '아빠Pop'라고 서명된 엽서들, 매달 다른 모텔 봉투에 넣은 50달러짜리 우편환, 그리고 사업 구상을 적은 편지들을 보내왔다. 편지지는 무겁고 테두리가 울퉁불퉁했으며 주소나 '레오'라는 자기 이름은 적지 않은 채 그저 맨 위에, 폭발할 것 같은 커다랗고 붉은 글씨로 '이것은 스타이너마이트Steinemite 입니다!'라고만 적어 놓았다.

이런 생활은 내가 열일곱 살 때 끝났고, 우리가 살던 톨리도 집은 주차장 부지를 위한 한 조각 땅이 되어 팔렸다. 이것은 어머니가 오래전부터 계획했던 것이어서, 집을 팔아 생긴 돈으로 나는 대학 등록금을 낼 수 있게 되었다. 그해 여름 언니는 계획을 가지고 아버지의 방문 시기에 맞추어 일부러 집에 왔다. 만일 아버지가 1년간 책임지고 어머니를 돌봐준다면, 언니가 백화점 보석 구매 담당으로 일하는 워싱턴 D.C.에서 나도 함께 살았으면 한다고 말하기 위해서였다. 그렇게 된다면 나는 고등학교 마지막 1년을 걱정 없이 지낼 수 있었다.

나는 언니한테 아버지가 동의하지 않을 거라고 했고, 우리 셋이 함께 아침을 먹으러 나갔을 때 아버지는 정확히 그렇게 말했다. 언니가 불같이 화를 낸 뒤에 아버지는 내가 여름방학에 판매원으로 일하던 곳까지 차로 데려다주었다. 일터에 가려고 차문을 여는 순간 갑자기 울음이 터져 나왔다. 나도 아버지도 깜짝 놀랐다. 한 줄기 희망의 빛이 살금살금 새어 들어왔음을 나도 알지 못했다. 아버지는 누군가 우는 것을 참지 못하는데, 특히나 어린아이로만 알았던 딸의 울음이었기에 더욱 참을 수 없었다. 결국 아버지는 언니와 나의 워싱턴행에 마지못해 동의했다. 하지만 우리 둘의 시계를 정확히 1년 후로 맞춘다는 조건이었다.

아버지는 어머니를 그럭저럭 돌보았다. 비록 캘리포니아 주변을 돌면서 이 모텔에서 저 모텔로 전전했지만 말이다. 나는 부모님 없이 지내는 데 대한 동정을 받으면서도 남몰래 해방감을 맛보는 가운데, 고등학교의 영광스러운 마지막 해를 보냈다.

아버지가 어머니를 언니와 내가 살던 워싱턴 D.C.로 데려왔으나 나는 가을에 대학에 가려고 떠났고, 언니는 일하면서 하루 종일 어머니를 돌볼 수 없다는 사실을 깨달았다. 대신 언니는 볼티모어 근처의 정신병원에서 친절한 의사를 찾아냈다. 그는 레지던트로서 우리 어머니를 받아들였고 환자인 어머니가 몇 년 전에 받았어야 할 도움을 주기 시작했다.

나는 여름에 일이 없는 주말마다 그리고 나중엔 방학 중에 어머니를 보러 가면서, 차츰 예전에 전혀 알지 못했던 다른 사람을 만나기 시작했다. 나는 우리가 많은 점에서 닮았다는 사실을 발견했다. 어머니와 같은 운명에 처할지 모른다는 두려움 때문에 이제껏 보지 못했거나 인정할 수 없었던 사실이었다. 내가 기억하는 어머니의 암송 시들이 에드나 세인트 빈센트 밀레이Edna St. Vincent Millay 와 오마르 하이얌Omar Khayyam의 작품들이라는 것을 알게 되었다. 타이프 용지 낱장을 세로로 삼등분해 접어 필기하는 법을 내게 가르쳐준 것이, 어머니가 기자로 일할 때 썼던 방법을 공유한 것이었음을 알게 되었다. 그리고 어머니가 진심으로, 아버지 곁을 떠나

한 여자친구와 뉴욕의 기자로서 자신들의 행운을 시험해보러 가고 싶어 했음을 알게 되었다. 나는 어머니의 갈색 눈동자를 들여다보면서 처음으로 내 눈동자와 얼마나 닮았는지 알게 되었다.

만일 내가 "왜 떠나지 않았어요? 왜 언니를 데리고 뉴욕에 가지 않았어요?"라고 캐묻는다면 어머니는 언니랑 나 같은 자식을 얻었으니 상관없다고 말했을 것이다. 만일 내가 더 심각하게 캐묻는다면 "내가 떠났다면 너는 태어나지 못했을 게 아니니"라고 덧붙였을 것이다.

난 이렇게 말할 용기는 없었다.

대신 어머니가 태어날 수 있었겠죠.

대학교 기숙사에 살면서 다른 사람 말고 나 자신만 책임지면 된다는 사실에 행복했다. 룸메이트들은 언제나 내가 신나 있는 것에 어리둥절했을 것이고, 그것이 중서부 사람들의 이상한 특징이라고 여겼을 것이다. 나는 대학 시절에 1년간 유럽에서 지냈는데, 명목상 공부를 한다고 했지만 실제로는 여행을 다녔다. 다시는 유럽에 올 수 없으리라 확신했기 때문이다. 졸업한 뒤에는 여름 한철을 어머니와 살았다. 다행히 어머니의 건강이 꽤 호전되어 처음으로 하숙집에서 지낼 수 있게 되었고, 나중에는 결혼한 언니가 자기 집에 어머니를 위해 따로 마련한 방에서 함께 살았다. 당시 나는 장학금을 받고 인도에 가서 거의 2년간 방랑하고 글을 쓰며 지냈다.

그러나 집에 돌아와 보니 내가 그곳에서 배웠던 것을 활용할 직업을 구할 수 없었다. 나는 더 방랑했고, 학생운동을 하다가 마침내 프리랜서 작가로서 뉴욕에서, 언제나 임시직이 친숙한 땅에서 생계를 꾸려가기 시작했다. 아파트와 룸메이트도 구했지만 계속 여행가방과 상자에 생필품을 넣고 생활했다. 거리에서 불 켜진 창문들을 들여다보면서 종종 어릴 적 주문을 다시 읊조렸다. 모든 사람은 집이 있어. 나만 빼고.

한편 어머니는 언니와 살던 집 근처의 선물가게에서 시간제로 일하면서 동양철학과 성공회 교회를 포함한 관심거리들을 추구했다. 어머니가 성공회 교회를 좋아한 이유는 노숙자들을 신도석에서 잘 수 있게 해주기 때문이었다. 어머니는 절대로 혼자서 살 수 없는 사람이었다. 그러나 뉴욕으로 나를 보러 왔을 때엔 자랑스러워하면서도 동시에, 한때 어머니가 바라던 곳에서 내가 산다는 것에 겁을 먹은 듯했다.

아버지는 젊은 이탈리아 팝 가수와 계약해 쇼 비즈니스의 꿈을 재개한 적이 있었다고 엽서로 알려왔다. 아버지 말에 따르면, 가수와 그의 아내를 차에 태우고 술집과 노변 식당에서 연주하기 위해 돌아다녔지만 재공연 요청도 거의 받지 못했고, 음반도 내지 못했고, 더 큰 문제는 가수도 그의 아내도 너무 많이 먹었다는 것이다. 아버지는 가수를 그가 예전에 일하던 항공기 공장으로 돌려보냈고 다시 혼자 여행을 다닌다고 했다.

아버지는 라틴아메리카에서 준보석을 싼 가격에 살 수 있다는 말을 듣고는 자동차를 팔아 여행 경비를 마련했다. 하지만 에콰도르에 도착했을 때 맞닥뜨린 것은 한 차례의 지진과 기대 이하의 흥정, 그리고 미국 입국을 위해 미국 시민권자와 결혼하고 싶어 했던 한 독일 여성이었다. 아버지는 그녀와 이혼할 때까지 내게 그 사실을 털어놓지 않았다. 부부 관계에 대해 대단히 개인적인 견해를 밝히기도 했다. "예순이 넘으면 섹스에 흥미를 잃는다고들 하지? 그

길 위의 인생

런데, 그렇지가 않아." 아버지는 미국 법률상 전처에게 재정적으로 책임을 져야 한다는 사실을 알게 되자 그녀에게 알아서 돌아가라고 했고, 운 좋게도 그녀는 그렇게 하겠다고 했다. 이렇게 해서 아버지의 라틴아메리카 모험은 시작하기 전보다 더 큰돈을 날리는 것으로 끝났다.

나중에, 아주 잠깐 나의 새어머니였던 이 여성이 내게 전화를 걸어 아버지의 생일 카드를 어디로 보내야 할지 물었다. 나는 아버지와 너무 오래 떨어져 살아 "아버지는 집에 없어요"라는 말 이외에는 절대 아무 말도 하지 말라던 어린 시절의 훈련을 까맣게 잊어버리고 있었다. 전화를 건 이가 수금원일지도 모르는 일이었다. 사람이 어떤 생활방식을 얼마나 빨리 습득하고 얼마나 빨리 잊어버리는지 놀랍기만 하다. 나는 그녀에게 아버지의 진짜 주소를 알려주었다. 이 일로 평상시에 다정하기만 한 아버지가 장거리 전화에 대고 내게 고함을 질렀다. "너 어떻게 그럴 수 있냐?" 여자가 원하는 건 돈뿐이라고 아버지는 단언했다.

그러나 매년 오르는 동부 여행에서 아버지는 평소의 쾌활하고 다정한 사람으로 돌아와 있었다. 아버지가 걱정하는 것은 오로지 두 가지였다. 미국 국세청을 피하는 것(아버지는 수년간 세금을 내지도 않았고 소득신고서도 기입하지 않았다)과 아버지를 성가시게 하는 소소한 건강 문제를 해결하는 것이었다. 130킬로그램이 넘는 거구의 아버지는 농담처럼 부르던 "서로 아주 친한 정맥들"을 갖고 있었고, 차를 떠나 몸을 움직일 때면 마치 물 떠난 고래처럼 힘겨워했다. 그래도 서부에서 동부에 이르기까지 최고의 아이스크림 가게들과 모든 무한 리필 레스토랑을 순례하기를 결코 멈추지 않았으며, 편지를 부치기 위해 모퉁이까지 차를 모는 수고를 마다 하지 않았다. 또 아버지가 품은 꿈과 대박 거래를 포기한 적도 없었다.

한번은 내게 비밀을 지킬 것을 맹세하게 하고는 선타나Suntana라는 노변 체인 모텔에 대한 계획을 설명했다. 방마다 접었다 폈다 할 수 있는 지붕이 있어 손님들이 남의 방해를 받지 않고 일광욕을 하고 원상태로 되돌릴 수 있는 시설이었다. 또 한번은 오렌지 줄리어스와 경쟁할 오렌지 음료의 극비 제조 공식에 대해 얘기하기도 했다. 아버지는 광고 문안을 작성해 광고 회사에 보낼 때, 아무에게도 내용이 새어나가지 않도록 등기우편을 이용했다. "당신의 마지막 달러를 스코티 티슈에 걸어도 좋습니다"라거나 "줄담배를 피우는 분이라면, 올드 골드로 줄을 만드세요" 같은 문안들이었다. 아버지는 아이디어가 채택되지 않으면 더 많은 아이디어를 생각해냈다.

내가 파이 베타 카파 클럽*의 열쇠를 받고 졸업한 뒤, 아버지는 너무 많이 교육받은 여자가 된 내 운명을 걱정했다. 아버지 생각에 대학 졸업장은 괜찮았지만 우리 중 아무나 한 사람만 가지면 되는 것이었다. 한번은 아버지가 쇼 비즈니스계의 성서로 여겼던《버라이어티》잡지에 실린 광고를 보내왔다. '하이 파이 베타스'라는 이름으로 라스베이거스 코러스 라인에서 춤을 출, 24세 미만, 173센티미터 이상의 키에, 파이 베타 카파 열쇠를 받은 여자를 뽑는다는 내용이었다. 오려낸 광고 전단지 중간에는 아버지가 빨간색으로 "꼬마야, 이건 네게 완벽한 일이다!"라고 갈겨쓴 메모가 적혀

---

* Phi Beta Kappa. 1776년 설립된 미국 대학 우등생들의 클럽으로, 황금열쇠가 이 모임의 상징물이다.

있었다. 아버지는 나를 늘 꼬마라고 불렀다.

　내가 아버지의 메모를 무시하고 인도로 가버리자 아버지는 또 다른 아이디어를 제안했다. 8백 달러를 보낼 테니 버마를 거쳐 돌아오는 길에 스타사파이어를 사오라고 말이다. 샌프란시스코 항에 내가 탄 배가 도착하면 보석을 넘겨받아 큰 이윤을 남기고 팔아 동부로 가는 여비에 보태어 멋지게 돌아가자는 것이 아버지의 계획이었다. 내가 미국으로 돌아가는 가장 싼 방법을 택해, 3등 선실에서 3백 명의 중국 이민자들과 함께 나타났을 때 아버지는 보석 감정용 확대경을 들고서 나를 맞았다. 아버지는 즉시 내가 한쪽이 찌그러진 보석을 구입했다는 것을 알아챘다. 내가 대학에 다닐 때 아버지는 잠깐 동안 끼었던 나의 약혼반지를, 지워지지 않는 색연필을 휘저어 푸르스름해진 물에 담가서 더 고품질로 보이게 만들었다. 같은 방법으로 누르스름한 다이아몬드는 하얗게 만들었다. 하지만 스타사파이어의 이 문제는 아버지로서는 해결할 수 없는 것이었다. 아버지는 돈을 되찾으려면 행운이 필요하다는 것을 알고 있었다.

　민첩하게 해결방안을 강구한 아버지는, 에어로졸 캔을 만드는 친구를 소개해줄 테니 나더러 길거리에서 이 새로운 발명품을 팔아보라고 제안했다. 아버지가 보기에는 내가 여비를 벌 방법이었고, 세상에서 으뜸가는 제안이었다. 내가 해보겠다는 말을 하지 않자 아버지는 라스베이거스까지 갈 수 있는 기름과 식비는 충분하다고 말했다. 그다음에는 어떻게 하냐고 내가 걱정스럽게 묻자 아버지가 말했다. "그다음에는 네가 슬롯머신으로 횡재하는 행운을 얻는 거지. 초심자의 행운이라는 게 언제나 있거든. 그리고 동부로 돌아가는 길에 내가 보석 파는 걸 도와주면 된다."

말없이 도박하는 사람들과 시끄러운 슬롯머신으로 가득한, 창문 없는 라스베이거스 카지노에서 아버지는 내 앞에 50달러어치 코인을 쌓아놓았다. 과일 그림이 정신없이 돌아가고 내가 뭘 하고 있는지 알지 못했지만 두 시간 뒤에 우리 돈은 다섯 배로 불어나 있었다. 그제야 아버지는 50달러가 수중에 남은 마지막 돈이었다고 말했다. 우리는 자축하기 위해 도박꾼들을 유인하려고 싸게 내놓은 음식들을 잔뜩 먹어치웠고, 일이 잘 풀린 후에 들어가면 효과가 확실하다는 아버지 방식에 따라 무료 쇼를 관람했다. 그러고는 다시 길에 올랐다.

내가 네바다 주를 떠날 정도의 돈만 벌었기 때문에 아버지의 다음 계획은 동부로 가는 길에 있는 작은 마을 상점에서 보석을 파는 것이었다. 아버지는 내가 반지와 핀, 혹은 팔찌를 착용하고 보석가게에 들어가면, 가게 주인이 운이 저문 저 부녀로부터 헐값에 한밑천 잡겠다고 계산하리라 확신했다. 내가 어릴 적 거만한 골동품 상인에게 아버지가 써먹었던 것과 똑같은 방식이었다. 과연 아버지가 예측한 대로 가게 주인들은 정말 헐값에 물건을 사들이고 있었다. 이 작전으로 어머니와 언니가 기다리는 워싱턴 D.C.로 가는 내내 기름 값과 식비, 모텔비를 충당하기에 충분한 돈을 벌어들였다.

한참 세월이 지난 뒤에 〈종이 달Paper Moon〉이라는 영화에서 아버지와 딸의 팀을 보았는데, 이들의 여행은 돌아오는 끝까지 위태로운 낙관주의로 일관했다. 운명 물리치기에 대한 아버지의 기쁨이 그러했듯. 그 영화를 보고서야 나는 우리가 실제로 운이 저문 아버지와 딸이었음을 깨달았다. 아버지가 우리의 역경을 이기는 게임으로 바꾸어놓았던 것이다.

—

아버지의 방랑 생활은 나이 예순넷이 될 무렵까지 계속되었다. 내가 어렸을 때 아버지가 이렇게 얘기한 적이 있다. "만약 고속도로에서 사고가 나면 튀어나가서 뛰어라. 자동차들이 너무 빨리 달려서 바로 멈추질 못하거든." 캘리포니아 오렌지 카운티의 복잡한 고속도로에서 정확히 그런 일이 아버지에게 일어났다. 차 측면을 심하게 들이받힌 바람에 운전석 문이 찌그러졌다. 아버지는 운전대 아래에 몸이 끼었고 뒤따라오는 차가 곧바로 또 들이받아 차체가 돌아갔다. 몸을 움직일 수도 없으니 차에서 튀어나와 달릴 수도 없었던 아버지는 또 다른 차에 치였다.

전투기지보다 나을 게 없는 고속도로 옆의 한 병원에서 의사가 뉴욕에 살던 내게 메시지를 남겼다. 아버지는 내 전화번호를 줄 수밖에 없었을 것이다. 언니는 어린 아이들을 두고 움직일 수 없었고 어머니는 혼자 여행할 수 없었으니, 아버지를 간호할 적임자는 나뿐이었던 것이다. 하지만 나 역시 아버지의 딸이었다. 미국을 떠나여행 중이라 연락이 닿지 않는 곳에 있었다.

내가 며칠 뒤에 집에 돌아왔을 때는 의사가 언니에게 연락을 취한 뒤였다. 언니는 내게 일주일 후에 비행기를 타라고 권했다. 그때쯤이면 아버지는 퇴원할 준비가 되었을 것이고, 가구 딸린 방에서 도움이 필요하리라는 것이었다.

나는 당장 가야 한다고 느꼈던 것 같다. 그러나 어쩐지 차 사고는 아버지가 보낸 길 위의 생활에서 정상적인 부분처럼 보였고 그다지 다급할 것이 없어 보였다. 또 내가 캘리포니아에 가면 예전에 어머니를 돌보았던 것처럼 이번에는 아버지를 돌보는 사람이되어 다시는 나만의 삶으로 돌아올 수 없으리라는 두려움에 섬뜩해졌다.

출발하기 며칠 전, 의사가 언니에게 전화를 걸어 아버지가 내장 출혈로 위독한 상태가 되었다고 전했다. 나는 로스앤젤레스로 가는 첫 비행기를 탔다. 그러나 시카고에서 비행기를 갈아탈 때 안내 방송에서 내 이름이 들려왔다. 언니였다. 의사가 다시 전화했다고 했다. 내장 과다출혈로 아버지가 돌아가셨다는 소식이었다.

병원에 도착하여 발견한 것이라고는 아버지의 얼마 안 되는 유품이 담긴 두꺼운 마닐라지 봉투 하나뿐이었다. 의사는 그동안 가족 가운데 어느 누구도 나타나지 않았다는 데 대한 분노를 가까스로 참고 있는 듯 보였다. 의사는 아버지가 사고로 인한 상처보다 정신적 외상으로 인한 과다출혈에 더 치명적으로 굴복했다고 했다. 내가 딸의 귀로 경청하고 있었는지, 아니면 그저 하나의 사실로만 듣고 있었는지 기억나지 않는다. 하지만 이 치명적인 출혈은 사고 자체가 아니라 정신적 외상, 스트레스, 절망으로 야기됐다고 의사가 말하고 있다고 생각했다.

차마 언니한테 전할 용기가 나지 않았다. 차마 내가 잊지 못할 일이었다.

그래도 나는 꿋꿋하게 병원 절차를 마쳤다고 생각했다. 아버지의 낡은 지갑을 손에 쥐기 전까지는 그랬다. 지갑의 가죽은 수년간 길 위에서 아버지가 운전할 때 뒷주머니에 꽂혀 있던 탓에 아버지 몸의 곡선대로 구부러져 있었다. 아직도 그 느낌이 생생하다.

아버지 곁을 지켰더라면 하는 돌이킬 수 없는 이 바람을 나는 결코 버리지 못할 것이다. 언제까지고 의문을 품을 것이다. 고속도로 소리가 들리는 병원에서 홀로 지내면서 아버지는 길 위의 자유를 가족과 친구의 존재와 맞바꿀 마음이 들었을까? 세상 구석구석에 뭔가 굉장한 것이 있으리라는 믿음으로 평생을 살아온 아버지가 처음으로 어느 구석으로도 더 이상 돌아갈 수 없으리라는 사실을 깨달았을까?

여행하는 딸을 키운 일을 후회했을까?

어렸을 때 아버지와 나는 마치 단둘이 여행하는 느낌을 자주 받았던 것 같다. 어머니는 뒤에 달린 트레일러에 누워 있었고, 언니는 학교에 가고 없을 때가 많았다. 아버지는 아주 위태로운 배의 선장으로서 내게 동료의식을 기대했다. 내가 골동품을 싸고 푸는 일을 도울 때 으레 그랬듯이. 하지만 나는 마지막 순간에 아버지와 함께 있지 않았다. 아버지의 선택으로 만들어진 운명이었을까? 아니면 내 선택이었을까? 아니면 둘 다일까?

나는 대답 없이 남겨졌다. 나 자신을 위해 답해야 할 질문들만 있을 뿐. 집과 길 사이의 균형은 무엇일까? 가정과 지평선 사이의 균형은? 실재와 가능성 사이의 균형은?

내가 유일하게 아는 것이라곤, 아버지가 다른 방식으로 사는 모습은 상상할 수 없다는 것이다. 내 마음에 비친 아버지는 늘 식탁 대신 식당에서 음식을 먹고, 옷장 대신 여행가방에서 옷을 꺼내고, 집 대신 모텔의 '방 있음' 표지판을 찾고, 계획 대신 말장난을 만들고, 확실함보다 즉흥성을 선택하는 여행자였다.

심지어 어머니한테 청혼할 때도 "일 분만 얘기할게"라는 말로 설득했다. 영화관에 가는 것도 계획하지 않았다. 신문의 목록을 확인하는 대신 차를 타고 수 킬로미터 안에 있는 모든 극장의 대형 천막들을 살피기 위해 주변을 돌아다녔다. 다른 사람들은 그저 극장으로 들어가 이야기가 똑같은 지점으로 다시 돌아올 때까지 앉아 있지 않는다는 사실을 내가 알게 된 것은 불과 몇 년 전이었다.

어머니가 늘 경치 좋은 쪽으로 가자고 해도 아버지는 제일 빠른 고속도로를 선택하던 기억이 난다. 친구 집 쪽으로 갑자기 방향을 돌려 갈 때도 미리 전화하는 법 없이 곧장 갔다. 그렇게나 좋아했던 포커와 체스 게임을 할 때도 계획을 세우고 하는 게 아니라 우연히 발견하면 했다. 아버지는 미래를 모르고 사는 것을 편하게 생각했다. 늘 이렇게 얘기했다. "내일 무슨 일이 생길지 몰라야 내일이 멋질 수 있어!"

전화기를 들고 아버지의 목소리를 기다릴 때면 항상 장거리 전화 교환수가 "돈을 넣으세요"라는 말을 하고 동전이 떨어진 후에야 전화기 너머로 목소리를 들을 수 있었다.

아버지는 배를 타는 사람이었지, 돛을 만지작거리는 사람이 아니었다. 배나 대상이 지나갈 때 항구나 오아시스에 남아 있을 사람이 아니었다. 항상 움직이는 사람이었다.

아버지가 돌아가셨을 때 나는 스물일곱 살이었다. 다른 나라에서 살고 여행을 즐겼지만 혼자서 이 나라를 여행한 적은 없었다. 우리의 유랑 생활을 내가 여전히 달가워하지 않았다는 사실을 아버지도 알고 있었다고 생각한다. 아버지가 기억하는 내 어릴 적의 모습이라고는 책에 머리를 파묻고 있거나, 아버지가 신나게 부르던 제1차 세계대전 노래를 따라 부르지 않고 예쁜 집들을 지나갈 때마다 속도를 늦추라고 하면서 그 집에서 살고 싶다고 큰 소리로 투정하던 것일지도 모른다. 나는 입양된 딸이고 진짜 부모님이 찾아와, 덮개 있는 침대와 타고 다닐 말이 있는 집으로 언젠가 나를 데려가리라는 어릴 적 꿈을 아버지가 알았을까 두렵다.

대학에서 나는, 우리의 이상한 삶을 이렇게 이야기로 발굴해냄으로써 유별난 우리 가족에 대한 당혹감을 회피하고자 했다.

• 아버지는 욕을 참지 못했기에 어머니는 두 딸 앞에서는 욕 좀 하지 말라고 부탁했다. 그래서 아버지는 우리 개 이름을 '대밋Dammit'이라고 지었다. 아버지는 좀 더 강력한 단어가 필요할 때면, 그 자신만의 기다란 합성어를 만들어내어 전속력으로 내질렀다. 우라질갈로라모르부스안토니오카노바스키피오아프리카누스2세1세같은중늙은이. 안토니오 카노바Antonio Canova는 19세기 이탈리아 조각가이고, 스키피오 아프리카누스 1세 Scipio Africanus the Elder는 한니발을 물리쳤고, 스키피오 아프리카누스 2세 Scipio Africanus the Younger는 카르타고를 약탈했다는 사실을 나중에 알게 되었을 때 나는 감탄했다. 아버지에게 왜 그 이름들을 선택했냐고 물었더니 "그냥 소리가 듣기 좋아서"라고 했다.

• 미시건 시골집에서 라디오가 고장 나서 가족이 즐겨 듣던 야간 프로그램을 못 듣게 되었을 때, 아버지는 어머니에게 다른 라디오를 구할 수 있다고 장담했다. 주변에 가게도 없고, 있다고 해도 문을 닫았을 시간이었는데 말이다. 아버지는 차를 타고 나갔다가 한 시간 뒤에 대형 신제품을 들고 돌아왔다. 어떻게 구했는지는 말해주지 않았다.

• 굉장히 진한 맥아 음료 전문가였던 아버지는 서부에서 동부까지 최고의 노변 맥아 음료 공급처를 꿰뚫고 있었다. 또 손

님 둘이 같이 들어가면 큰 통에 섞은 맥아 음료를 정확히 반씩 나누어준다는 것도 알고 있었다. 하지만 혼자 온 손님은 통하나 양을 다 주었다. 그래서 아버지는 차 안에서 내게 돈을 주면서 혼자 들어가 내 몫만 주문하고 몇 분 뒤에 아버지가 들어와도 모르는 사람처럼 대하라고 했다. 나는 누군가를 우롱하는 것은 아닌지 의혹이 들었지만 그렇게 우리 둘은 따로 주문했다. 대여섯 살 난 아이에게 맥아 음료보다 더 짜릿했던 맛은, 제 아버지를 모르는 척하고 어른들의 게임에 가담하는 것이었다.

- 엘리베이터 안이나 다른 공공장소에서, 아버지는 내게 이런 식으로 대화를 나누도록 코치했다.

    아버지 : "착한 아이가 아니면 천국에 못 간다."
    나 : "천국에 가고 싶지 않아요, 아빠. 아빠랑 같이 가고 싶어요."

    또는 아버지가 늘 제일 좋아했던 대목은 이랬다.

    나 : "그리고 어떻게 됐어요, 아빠?"
    아버지 : "그래서 그 남자한테 5만 달러를 가지라고 했지!"

- 내가 다섯 살 무렵, 어느 시골 가게에서 아버지에게 5센트를 달라고 했다. 아버지는 내게 어디에 쓸 거냐고 물었다. 아버지 말에 따르면 내가 이렇게 대꾸했다고 한다. "아버지는

길 위의 인생

나한테 5센트를 줄 수도 있고 안 줄 수도 있지만, 나한테 어디에 쓸 거냐고 물을 수는 없어요." 아버지는 내게 5센트를 주었을 뿐만 아니라 심지어는 내가 맞다고 했다. 아버지는 나의 스피릿spirit에 대한 증거로 이 이야기를 즐겨 말했다. 실제로, 아버지가 아이의 스피릿을 소중히 여겨준 것은 선물이었다.

대학에서 나는 재미삼아 이런저런 이야기들을 했다. 그런 한편 음식 얼룩이 남은 옷을 입은 아버지가 상자로 빼곡한 먼지투성이 차를 몰고 캠퍼스에 나타나지나 않을까 염려했다. 아버지의 육중한 몸무게로 운전석이 기울어진 배처럼 내려앉은 차를 몰고서. 그럴 가능성이 없는데도 내내 그런 일이 벌어지지 않기를 바랐다. 아버지가 너무 멀리 떨어져 살기에 '아버지의 주말 행사'에 참석할 수 없어서 나는 기뻤다. 그런 행사라면 아버지는 다른 아버지들과 달라도 너무 달랐을 것이다. 음식을 먹고 나서 코를 골며 잠에 빠져들거나, 돈 얘기가 나오면 감정에 북받쳐 눈물을 흘릴지도 몰랐다. 아니면 두 명의 우리 과 교수에게 쏟아진 매카시즘 고발에 대해 "아니 땐 굴뚝에서 연기가 나겠습니까" 같은 생각 없는 말을 활기차게 입에 올릴 것이 뻔했다. 어쨌든 대학 당국에서는 이 매카시즘 고발을 용감하게도 무시했지만 말이다.

학교 친구들을 보면서 나는, 영화 밖에서도 가족들이란 편안한 집에서 정말 살고 있고, 낮잠을 자고, 아홉시에 출근해 다섯시에 퇴근하고, 제때 세금을 내고, 냉장고 옆에서 선 채로 먹지 않고 식탁에 앉아서 먹는다는 사실을 뒤늦게 알게 되었다. 불안정한 삶에서 도망쳐 이민을 선택한 자기 부모님의 질서정연한 삶에 아버지가 반항한 것과 꼭 마찬가지로, 나는 불안정한 삶이 불만스러웠고 관습적인 삶으로 유혹하는 사이렌의 노랫소리에 취약해졌다.

대학을 졸업하고 몇 년간 내가 선택한 일들을 보면 아버지의 영향력이 훨씬 더 분명해졌다. 이를테면 정규 직업을 구하는 대신 인도로 떠났던 것이 그랬다. 하지만 나는 여전히 아버지의 영향을 인정하지 않고 있었다. 수많은 자식들처럼 부모 중 처지가 더 어려운 쪽에 끌렸다. 특히 수많은 딸들처럼 나의 어머니가 살아보지 못한 삶을 일궈가고 있었다. 아버지처럼 나도 가능성의 땅인 미래 속에서 살았지만, 미래란 우리가 단 한 번도 대화해본 적이 없는 소재였다. 내 생각에 우리 두 사람 모두 알고 있던 사실, 즉 몇 안 되는 가족구성원 가운데 우리 두 사람이 서로 가장 많이 닮았다는 사실을 탐구할 시간도 장소도 없었다.

아버지가 돌아가시기 몇 년 전부터 우리는 일과 지리적 여건 때문에 서로 점점 덜 만나게 되었다. 아버지에게서 나 자신을 보게 되고, 반대로 나에게서도 아버지를 보게 된다고 한 번도 아버지에게 얘기하지 않았다. 아버지가 말이라면 사족을 못 쓰는 딸을 기쁘게 해주려고 말 목장, 조랑말 타는 곳, 초원에서 뛰어다니는 크림색 털의 팔로미노 말이 보일 때마다 수없이 차를 세웠던 것에 나는 감사하다고 말한 적이 한 번도 없었다. 어느 여름에는 아버지가 내게 말을 사주기까지 했는데, 나는 너무 어렸고 말은 너무 늙었었다. 이웃 농부가 어떻게 해야 하는지 알려주어 아버지는 내가 말에게 먹이를 주고 털을 손질할 수 있도록 도와주었다. 우리 셋을 안쓰럽게 여긴 농부가 말을 은퇴자 복지시설에 넘기기 전까지 말이다.

아버지가 나랑 가장 친한 친구의 아버지와 달라서 얼마나 고마워했는지도 전하지 못했다. '접시를 비우지 않으면 디저트를 못 먹는다'라고 난생처음 창피를 당한 사건을 친구 집에서 맞닥뜨린 것이다. 나는 집에 돌아와 아버지를 시험해봤다. 국경일에만 사용되는, 각종 부스러기로 뒤덮인 식탁이 아니라, 평상시대로 거실에서 마구잡이 스타일로 음식을 먹고 있었다. 마침 아버지가 디저트를 먹겠냐고 물어봤다. 내가 저녁식사를 끝내지 못했다고 환기시키자 아버지는 "괜찮다" 하고는 아이스크림을 가지러 부엌으로 갔다. "가끔은 먹고 싶은 것도 있고 먹기 싫은 것도 있는 법이다." 그 순간에 나는 아버지가 정말 좋았다.

다른 아이들처럼 학교에 가지 못하는 데 대한 나의 불평에 아버지는 전부 귀 기울여주었다. 그러나 아버지가 돌아가시고 몇 년 뒤에, 학교에서 여자아이들에게 부과하는 소년 소녀의 규칙들로부터 내가 손상당하지 않았다는 사실도 깨달았다. 사랑을 쏟아 키워준 아버지를 가진 것이 인생의 중요한 차이를 만들어낸다는 사실을 내가 마침내 이해했을 때 이미 아버지는 곁에 없었다. 냉담하고 잘난 체하고 심지어 폭력적인 남성들에게 끌리는 여성들을 보고 나서야, 냉담하고 잘난 체하고 심지어 폭력적인 아버지를 가진 것이 이 특질들을 필연적인 것으로 보이게 하고 심지어 집처럼 느끼게 한다는 사실을 이해하기 시작했다. 나는 아버지 덕분에 오로지 친절함을 집처럼 느꼈다.

사실 아버지의 양육 방식은, 자기가 보고 싶은 영화라면 설사 아이에게 적절치 않다 해도 나를 데리고 가고, 아이스크림을 무한정 원하는 대로 사주고, 피곤하다면 언제든 어디서든 자라고 하고, 내가 가게에서 입을 옷을 고르는 동안 차에서 기다려주는 것이었다. 가게 점원은 여섯 살이나 여덟 살밖에 안 된 아이가 현금을 들고 와서 스스로 선택하고 결정하는 모습에 충격을 받았지만, 결과적으로 나는 성인 여성용 붉은 모자, 살아 있는 토끼를 사은품으로 주는 부활절 신발, 술 달린 카우걸 재킷 같은 것을 살 수 있었기에 대단히 만족스러웠다.

아버지는 나랑 다니는 것을 즐기고, 내 의견을 묻고, 자기 자신보다 나를 더 잘 대우해준다는 것이 내가 아는 전부였다. 어떤 아이든 무엇을 더 바라겠는가?

프리랜서 작가가 되자마자 나는, 불안정한 삶을 감수하고 심지어 사랑하기까지 했던 아버지의 능력이 지닌 가치를 또한 깨달았다. 아버지는 두 가지 점에서 자부심을 가졌다. 한 번도 모자를 쓰지 않았다는 점, 그리고 한 번도 직업을 갖지 않았다는 점이었다. 그 말은 한 번도 상사를 두지 않았다는 뜻이다. 나는 시간제 편집 작업으로 집세를 냈을 때 내가 아버지의 딸임을 알았다. 집에서 할 수 있는 일이었음에도, 갑자기 일주일에 이틀을 사무실에서 근무하게 되자 나는 일을 그만두고 아이스크림콘을 사들고 햇살이 내리비치는 맨해튼 거리를 걸었다. 아버지라도 그리 했을 것이다. 걷는 것만 빼고.

우리의 삶에서 가장 강력한 결정요인은 세상을 환영하는 것으로 보느냐 적대적인 것으로 보느냐에 달려 있다고 한다. 인생은 자기 충족적 예언, 즉 자신의 예언대로 성취된다. 어머니는 적대적인 세상에서 자랐지만, 언니와 내게 환영하는 세상을 창조하는 기적을 성취했다. 하지만 자신의 상처받은 영혼은 어쩌지 못한 채 어둠 속에 버려졌고, 나는 어머니와 함께 지낸 긴 시간 동안 그것을 흡수했다. 아버지와 같이 산 시간은 그보다 훨씬 짧았지만, 우호적인 우주에 대한 아버지의 믿음은 위협적인 우주에 대한 어머니의 공포로부터 완충 역할을 해주었다. 아버지는 내게 그 선물을 주었다.

아버지는 빛이 들어오게 했다.

아버지가 돌아가시고 수십 년이 지나자, 아버지가 마치 있을 것 같지 않은 사람처럼 여겨졌다. 혹시 내가 만들어낸 허상은 아닐까 가끔 의아스러울 정도였다. 어머니는 여든두 번째 생일을 바로 앞두고 심장 질환으로 평화롭게 돌아가셨다. 나는 어머니를 주제로 「루스의 노래: 그녀가 그것을 부를 수 없었기에 Ruth's Song: Because She Could Not Sing It」라는 장문의 수필을 썼다. 어머니가 살지 못했던 삶을 애도했다. 반면 아버지가 선택한 삶은 더 이해하기 어려웠다. 언니가 유일한 또 다른 증인이었다. 언니는 열일곱 살 때 집을 떠났다. 아버지의 친구들은 아버지의 삶이 그랬듯 여기저기 흩어져 있었고, 내게 낯선 이들이었다.

난데없이 아버지에 대한 편지를 두 통 받았을 때, 이미 나는 돌아가셨을 때의 아버지보다 더 나이를 먹어 있었다. 편지를 보낸 이 자상한 발신자들은 그들이 어렸을 때 아버지를 알고 지낸 사람들이었다.

첫 번째 편지를 보낸 사람은 존 그로버 John Grover라는 은퇴한 산부인과 의사였다. 그는 고등학생일 때 오션 비치 부두의 하우스 밴드와 트롬본 연주자로 여름방학 동안 일했다. 어느 토요일 밤, 밴드 리더가 밴드가 벌어들인 현금을 몽땅 챙겨 부두 너머로 뛰어들어 헤엄쳐 도망갔다. 그로버와 또 한 명의 십 대 멤버는 오도 가도 못하는 처지가 되었다.

그로버는 이렇게 썼다. "당신의 아버지가 우리에게 묵을 곳을 주고 음식을 살 만큼 충분한 돈을 제공해주어 여름을 날 수 있었습니다. 우리는 답례로 밤에 부두 '관리인' 역할을 했어요. 별빛이 내리는 댄스 플로어에 매트리스를 깔고 잤죠. (……) 아버님은 우리가 시멘트 벽돌 공장에서 낮 동안 일할 자리도 마련해주셨습니다. (……) 주말에 들르는 몇몇 밴드와 제3 트롬본 주자로 연주해서 돈을 조금 더 모을 수도 있었고요."

여름방학이 끝나기 전, 그로버와 친구는 유랑 서커스단에서 연주할 자리를 얻었다. 그리고 집으로 돌아가 고등학교를 마쳤다.

칠십 대였던 그로버는 이렇게 적었다. "그 여름, 집도 없고 돈도 없는 웨스트 버지니아의 두 소년을 도와주셨던 아버님의 배려를 늘 기억하고 있습니다. (……) 흥미롭게도, 저 또한 여성과 여성 인권에 중요한 현장을 다녔습니다. 제 경력의 대부분을 임신한 여성을 돌보고, 좀 더 인도적인 환경에서 출산하도록 돕는 데 바쳤습니다. 또 1960년대에 매사추세츠 주에서 산아 제한과 낙태 합법화 운동에 깊이 관여했습니다."

드디어 아버지의 친절함을 목격한 사람을 발견했던 것이다. 부당한 규칙들에 대한 아버지의 해결책이 규칙들을 바꾸는 것이 아니라 무시하는 것이었다 해도, 아버지가 도운 한 청년이 자라서 남들을 돕게 되었다는 것은 우연이 아니었다. 아버지는 심성이 좋은 사람을 바로 알아보았다. 테네시 윌리엄스의 세월이 가도 변함없는 그 문구, '낯선 이들의 친절함에' 아버지 자신이 종종 의지하기도 했다.

몇 년 후, 하와이에 사는 또 다른 의사의 편지를 받았다. 래리 피블스 박사Dr. Larry Peebles는 로스앤젤레스에서 자랐고, 역시 의사였던 박사의 선친은 아버지와 제일 친한 친구였다고 한다. 라틴아메리카로 휴가여행을 가서 원석을 몇 개 샀는데, 프루스트의 마들렌처럼 보석을 보고 나의 아버지 생각이 나서 종이 위에 회고하게 되었다고 했다. 그는 친절하게도 아버지 삶에서 내가 알지 못했던 부분을 적어 보내주었다.

제가 레오의 제일 어린 친구였을 겁니다. 돌아가실 때 육십 대였는데, 저는 열다섯 살이었으니까요. 제 아버지 윌리엄 피블스는 레오의 제일 친한 벗이었습니다. 아버지가 레오와 함께할 때보다 더 행복한 모습을 본 적이 없습니다. 저는 제 아버지보다는 레오와 덜 친했다는 것을 알지만, 레오의 친구라는 사실은 최고였어요. 레오는 모든 사람을 동등하게 대했고, 가식적이지 않고 잘난 척하지도 않았습니다. 친절했고 무엇보다 재미있는 분이었어요. 수많은 이야기를 갖고 계셨죠.

제 아버지는 겉보기엔 세련되어 보일지 몰라도 앨버타의 그랜드 프레리 Grand Prairie 출신 시골 소년의 면을 항상 간직하고 있었어요. 열네 살 때 폭력적인 아버지를 피해 집에서 도망쳤고 성장기를 길에서 보냈습니다.

그렇고 그런 세일즈맨이었던 레오와 아버지는 세상 바깥을 돌아다니기를 좋아했다고 생각합니다. 낮이든 밤이든 언제라도, 낯선 환경에서 바깥 생활을 통해서만 계발되는 의식을 서로 공유했죠. 아마 길거리 감각이라고 불러도 될 겁니다. 아버지는 돈이 들어오면 써버렸어요. 레오가 도왔죠. 아버지와 레오는 끊임없이 돈 벌 계획을 세웠습니다. 두 사람의 만트라는 "절대로 다른 사람을 위해 일하지 말라"였습니다. 그건 게임이었고 인생은 게임장이었어요.

아버지가 의사로 일하는 동안에도 환자를 진료하는 틈틈이, 그리고 일을 마치고서도 두 사람은 모여서 계획을 짰습니다. 저는 토요일마다 표면상으로는 일하러 갔습니다. 약통에 약을 담고 라벨을 달거나, 엑스레이 사진을 현상했어요. 가끔 작은 수술을 보조하기도 했습니다. 레오가 오면 저는 아버지 진료실 옆에, 따로 전용 입구가 딸린 작은 대기실에서 레오와 꽤 오랜 시간을 함께 보냈습니다.

레오는 호탕한 사람이었습니다. 130킬로그램이 넘는 거구였고요. 우리 대화의 시작은 늘 같았습니다. 제가 레오를 "스타이넘 씨"라고 부르면 레오가 조금 짜증스러워하면서 말했어요. "레오라고 불러." "레오 삼촌"도, 어떤 다른 말도 더 안 붙은, 그냥 레오. 그래서 제가 우리가 친구라고 생각하게 된 것이랍니다.

레오는 저에게 앉으라고 말할 때마다 옆에 있는 의자를 톡톡 건드리며 슬그머니 방을 둘러보았어요. 다음에 일어날 일은 아무도 봐서는 안 되는 일이었거든요. 레오가 외투 주머니를 뒤지기 시작했고 결국 보석이 나왔어요. 다이아몬드, 루비, 사파이어. 큰 것들, 작은 것들. 보석들은 상자에 담긴 것도 아니고, 포장 같은 것도 안 돼 있었어요. 세팅한 것도 아니고 그냥 되는 대로 주머니에서 뒹굴고 있었죠. 레오는 그 보석들을 좋아했어요. 저도 좋아했고요. 우리는 찬찬히 보석들을 살펴보았어요. 보석에 대해서 얘기도 나눴고요. 종종 아무 말 없이 보석을 감탄하고 바라만 보면서 시간을 보냈어요. 둘 다 시간이 많았으니까요. (……) 예외 없이 레오는 다른 주머니에 손을 넣어 돈 다발을 꺼내면서 내게 필요한 게 있냐고 물었어요. 어쩐지 나는 한 번도 필요한 게 없었어요.

왜 레오가 돈뭉치랑 귀한 보석들을 몸에 지니고 다니는지

길 위의 인생

알 길이 없었습니다. 굉장히 수수께끼 같고 위험했죠.

　제가 제일 좋아했던 시간은 도로 건너편의 '레이더 룸'에 점심을 먹으러 갈 때였어요. 바깥은 검은색으로 칠해져 있고 낮에는 알아보기 힘든 네온 간판이 있었는데, 밤이면 화려한 녹색으로 깜박거리면서 양쪽으로 레이더라는 글자가 들어왔죠. 내부도 검은색이었고, 빨간 가죽 바 의자와 부스가 있었고, 뒤로는 커다란 거울이 있었어요. 우리는 아버지가 제일 좋아했던 어두운 부스에 앉았죠. 저는 늘 치즈버거를 먹었고, 아버지는 마티니를 곁들여 점심을 들었고, 레오는 음식은 먹어도 술은 마시지 않았어요.

　레오와 아버지는 재미 삼아 손님들을 상대로, 제가 특정한 뼈나 근육의 이름을 댈 수 있는지 내기를 걸게 했죠. 제가 여덟 살 때는 더 잘 먹혔는데, 어려운 문제를 만날 때마다 저는 그냥 '흉쇄유돌근'이라고 말했어요. 손님은 깜짝 놀란 눈으로 쳐다보면서 10센트를 냈죠. 하지만 아버지랑 집에 돌아갈 무렵이면 정답을 알았어야 한다고 생각했어요. 레오는 제가 맞건 틀리건 관심 두지 않고, 그저 함께 즐기기만 했어요. 레오는 사소한 일에 연연하지 않았어요. 저는 레오처럼 되고 싶었습니다.

　어느 맑은 아침, 아버지가 레오가 차 사고를 크게 당해서 오지 못했다고 말했어요. 우리는 레오가 있는 오렌지 카운티 병원 중환자실로 차를 몰고 갔습니다. 아버지는 의료진과 얘기하고서 저랑 같이 레오를 만나러 갔어요. 레오는 투명한 마스크로 산소를 공급받고 있었고, 침대 시트가 거대한 레오의 허리 주위를 덮고 있었는데, 웃옷은 입지 않은 상태였어요. 회색 옷차림이 아닌 레오를 본 건 그때가 처음이었어요. 레오는 보기에도 힘들어 보일 정도로 거친 숨을 쉬면서, 엄청나게 땀을 흘리고 있었어요. 상체는 온통 멍투성이였고요. 몸은 고생이었는데도 그는 침착했습니다. 모르핀을 많이 맞은 것 같긴 했지만, 우리를 보고 말을 걸었고 우리도 말을 걸었죠. 우리는 다음 날 아침에 또 보러 오겠다고 했죠. 레오는 가족이 오고 있는 중이라고 하더군요. 그때 나눴던 이야기를 전부 기억하면 좋겠지만, 상관없을 것 같기도 합니다. 중요한 건 레오가 자기가 혼자가 아니라는 것을 알았다는 거니까요.

차를 타기 전에 아버지는 무미건조하게 레오가 오늘 밤을 넘기지 못할 거라고 말했습니다. 저는 다시 올 생각을 하고 있었는데 말이죠. 아버지 말에 저는 짜증이 났어요. 이미 처참한 기분이었고, 용기를 잃은 군인이 된 기분이었죠. 하지만 아버지 말이 옳다는 걸 알았습니다. 맑은 아침이 제게 낙관론을 준 것이었습니다. 이제는 현실감을 복용했죠. 아마도 제가 길거리 감각을 배우고 있었나 봅니다.

레오가 죽고 나서 아버지는 1년 더 진료를 보셨습니다. 문제에 휘말려 잠깐 감옥에 다녀와 은퇴하셨죠. (……) 저는 거의 30년간 저의 진료실에서 일하고 있습니다. 일반의로 개원했거든요. 종종, 특히나 보석을 볼 때면 제 친구 레오를 떠올리게 됩니다.

궁금한 것이 있습니다. 사랑하는 사람을 생각하면 더 그 사람처럼 될까요? 저는 그렇다고 생각하고 싶습니다.

우리 아버지의 정신을 물려받아 자신을 래리라고 부르라고 했

길 위의 인생

던, 자상한 피블스 박사에게 답장을 썼다. 나는 진심을 담아 감사한 마음을 전했다. 아버지가 돌아가시기 전에 병원에서 친숙한 두 얼굴을 만났다는 것을 처음으로 알게 된 것이다. 내가 너무 늦게 병원에 도착해서 아버지의 마지막을 보지 못했다고 설명하자, 이 사실을 몰랐던 래리는 바로 답장을 써 보냈다. 그 몇 년 뒤에, 자기 역시 너무 늦게 도착하여 자기 아버지의 마지막을 보지 못했다고 말하기 위해서. 래리는 나의 아버지가 "그런 것은 다 상관없다는 듯 괜찮아 보였다"고 장담했다. "보람찬 삶을 살았던 사람처럼."

우리는 각자 상대를 위로하고 있음을 알았다.

만일 모든 사람이 한 바퀴 원의 형태로 인간의 특질을 완성해간다면, 진보는 우리가 가보지 않은 방향에 놓여 있다. 거주에 대한 공포라는 아버지의 명백한 사례는 보들레르가 "커다란 질병"이라 불렀던, 그리고 특히 남성들 사이에 있었던, 너무 평범한 가정에 대한 두려움에 다름아니었다. 아버지는 똑같은 시간에 음식이 차려지고, 소리 나는 것이라곤 벽난로 위 선반에서 째깍거리는 시계가 전부인 아파트에서 자랐다. 심리학자 로버트 사이덴버그Robert Seidenberg는 이같이 변화 없는 가정에 사는 여성들을 연구하여 그 결과를 '사건 없음에 대한 트라우마'로 이름 붙였다. 나는 아버지도 어렸을 때 그것에 시달렸으리라고 생각한다. 그래서 자기 인생의 추를 정반대로 밀어붙였던 것이다.

물론 돈키호테 같은 천성이 큰 역할을 했고, 낙관론과 과잉 재능도 한몫했을 터이다. 하지만 아버지가 질서정연한 삶에서 도피하려는 게 아니었다면 그렇게나 위험스러운 삶을 굳이 선택했을까 의구심이 든다.

어머니 역시 천성적으로 모험을 즐겼다. 어머니는 두 딸에게 죄책감을 심어주는 것이 바른 행동으로 인도하는 길이라 여겼던 자신의 어머니에게 반항했고, 다음엔 춤까지 금지할 정도로 엄격한 교회에 반항했다. 어머니는 여자아이들이 하지 않던 농구를 하려고 아버지의 작업복을 입었던 이야기, 동네에서 누구보다 먼저 운전을 배운 이야기를 들려주었다. 대학에 다닐 때는 고급 리넨 숍에서 수를 놓거나 미적분을 가르친 돈으로 공부를 마칠 수 있었다. 어머니는 캠퍼스에서 앞일을 걱정하지 않는 천하태평의, 중산층 유대인 집안의 아들인 아버지를 만났다. 아버지는 어머니를 웃게 만드는 사람이었고 꿈으로 가득한 남자였다. 결코 용서가 없는 자신의 어머니와 철도에서 일하느라 자주 집을 떠나는 자신의 아버지와 정반대인 남성이었다. 어머니는 걱정하기를 거부하는 아버지에게 반해서 결혼했지만, 결국 혼자 걱정하는 사람으로 남았다.

어머니와 아버지 모두 균형을 잃은 삶에 대한 대가를 톡톡히 치렀다. 그러나 적어도 아버지는 자기가 원하는 여정을 선택할 수 있었다. 물론 한 번도 자신의 꿈을 실현한 적은 없었지만, 어머니는 꿈을 추구할 수조차 없었다.

나는 불변성과 변화, 가정과 길, 집에서 거주하는 하자르인의 삶과 천막에서 거주하는 아랍인의 삶 사이에서 하나를 선택해야 하는 상황에 놓인다면, 나 또한 마음속으로 길을 선택할 것임을 알고 있다.

나는 가끔, 내가 아버지의 유령 같은 길과 교차하여 우리가 같은 마을이나 같은 노변 식당으로 들어가고 있는 건 아닌지, 또는 밤비 속에서 어슴푸레 뻗은 까만 리본 같은 고속도로로 함께 들어가고 있는 건 아닌지 의아할 때가 있다. 마치 한 장의 저속촬영사진의 이미지들처럼.

우리는 아주 다르지만, 아주 많이 닮았다.

강연 동료였던 플로린스 케네디와 함께 1970년대 캠퍼스에서

글로리아 스타이넘 / 레이 볼드 제공

2장

이야기 모임들

아버지를 뿌리 잃은 유랑자로 보았던 나의 첫 해결책은 그 반대가 되는 것이었다. 나의 유별난 유년기가, 하나의 직업과 하나의 집을 갖고 1년에 한 번 휴가를 떠나는 성년기로 바뀌리라 확신했다. 사실을 말하자면 아마도 그런 환경에서 자란 사람들보다 훨씬 더 그런 삶을 갈망했을지도 몰랐다. 이마에 '집을 구합니다'라고 써 붙이고 다닐 수도 있었을 테지만, 진짜 집은 남편과 아이가 생길 때까지 기다려야 하는 것이라고 가정했다. 내가 생각한 운명이란 피할 수 없는 것인 동시에 내가 상상할 수도 없는 것이었다. 영화에서조차 혼자서 여행을 떠나는 아내는 본 적이 없었다. 결혼은 늘 행복의 결말이었지 시작점이 아니었다. 당시는 1950년대였고 나는 성장과 정착을 혼동했다.

　대학을 졸업하자마자 인도에 가서 2년을 지냈다. 좋은 사람이지만 나와 안 맞는 남자와의 약혼을 피하기 위한 것이기도 했다. 나는 아버지처럼 고립된 여행 방식이 유일한 여행 방식이 아니라는 사실을 알게 되었다. 밖에는 함께하는 길이 있었고, 그 길은 태곳적의 것인 동시에 아주 새로운 것이었다.

I.

뉴델리에 처음 도착했을 때 나는 인도 지역관리와 관광객에게 가능해 보이는, 차와 운전사가 딸린 '마님 여행'을 갈망했다. 느릿한 소달구지들, 쌩쌩 달리는 오토바이들, 호박벌처럼 생긴 노랗고 까만 택시들, 자전거를 탄 사람들의 무리, 어슬렁거리는 소 한두 마리, 안에는 승객들을 꽉 채워넣고 밖에는 무임승객들을 매달고 달리는 낡은 버스들, 그리고 정류장마다 먹을거리와 자질구레한 장신구를 팔려고 쏜살같이 달려드는 행상들로 미어터지는, 방향을 잃게 하는 그 거리를 다른 방식으로 다닌다는 것을 상상할 수도 없었다.

나는 델리대학교 부속 여자대학의 미란다하우스에서 사는 흔치 않은 외국인이었다. 그곳에서 마음씨 좋은 학생들에게 사리 입는 법과 버스 타는 법을 배우고서, 혼자서 차를 몰고 다닌다면 진짜로 인도에 있는 것이 아니라는 사실을 깨닫는 데 두 달이 걸렸다.

버스를 타지 않았더라면, 머리를 장식할 재스민 끈을 사려고 버스 창밖으로 몸을 내미는 여성들이나, 우는 아이들을 꿋꿋이 견디는 남녀들이나, 얘기하면서 남의 눈을 신경 쓰지 않고 서로 손을 맞대는 남성친구들이나, 깁고 풀 먹인 교복 차림에 복사본을 보며 큰 소리로 읊고 암기하던 앙상한 아이들을 나는 보지 못했을 것이다. 열네 가지 언어들 사이에 다리를 놓아주는 인도식 영어로 벌어지는 정치 논쟁을 듣지도 못했을 것이고, 인도 사람들이 읽는 신문의 믿기 어려운 다양성을 목격하지도 못했을 것이다. 평균적인 인도 사람에겐 그저 일하러 가는 것조차 얼마나 고달픈 일인지도, 나의 학교 친구들이 공공장소에서 여성들이 당하는 성추행과 접촉을 뜻하는 '이브 괴롭히기Eve teasing'를 피하기 위해 무리 지어 돌아다닌다는 사실도 알지 못했을 것이다. 다른 곳에서라면 긴급 신호를 보냈을 상황임에도 군중 속에서 인도 사람들이 보이는 평온함을 당연히 공유하지 못했을 것이다.

나는 절대로 비쩍 마른 사람이 모는 자전거 이륜차에 올라타지 않았다. 자전거 이륜차가 맨발로 달리는 인력거에서 발전한 형태라고 친구들이 확신했기 때문이다. 독립한 인도에서 인력거는 금지되었지만 제일 가난한 지역에는 여전히 있었다. 한 사람이 또 다른 사람을 태우고 달리는 일은 그저 식민시대가 남긴 수치의 흔적 같았다. 이런 경험은, 오랜 세월이 지난 뒤에 맨해튼에 인도식 자전거 이륜차가 수입되어 체력도 체격도 좋은 젊은 남성들이 분당 계산해 요금을 받으면서 달리는 것을 보았을 때 꽤나 아이러니한 기분이 들게 했다.

하지만 뉴델리에서 단체 여행을 경험하고, 또 인도 동부 해안을 따라 아주 오랜 여행을 하고 난 뒤, 나는 마침내 미국의 자동차 제조업자들이 복음으로 전파했던, 개인 여행이 여럿이 하는 여행보다 언제나 낫다는, 고향에서 배운 관념을 바꿀 수 있었다.[1]

나이 든 사람은 두 번 생각하지만 젊은 사람은 주저 없이 뛰어드는데 나 또한 그랬다. 캘커타에서 케랄라까지, 인도 남쪽 끝에 있는 인도에서 가장 오래된 지역을 혼자 여행하면서 마을과 사원을 둘러보기로 결심했다. 학교 친구들은 여성 전용 기차 칸을 이용하라고 설득했다. 그것은 영국의 유산으로, 인도아대륙을 사방으로 누비는 기차들에 여전히 남아 있었다.

그 아주 오래된 삼등칸에 올라타니 이동식 기숙사 같은 장면이 눈에 들어왔다. 다양한 연령과 체구의 여성들이 무리 지어 앉아서 이야기를 나누거나, 아기들을 보살피거나, 칸이 나뉜 놋쇠 도시락의 요깃거리를 나눠먹고 있었다. 사리를 입은 외국 여성인 나는 금세 호기심과 친절한 호의와 수많은 조언들을 불러일으켰다. 모든 소통은 우리가 공유하는 아주 적은 영어와 아주 적은 힌두어, 그리고 아주 많은 손짓 발짓으로 이루어졌다. 여러 작은 역에 정차하는 이틀간의 여행 내내 여성들은 나를 대신하여 모든 역에서 기차 창문들을 통해 뜨거운 차이chai, 화려한 빛깔의 차가운 음료, 케밥과 차파티, 그리고 중독성 아이스크림 쿨피kulfi를 파는 행상들과 흥정해주었다. 정차하는 전후로는 자기들이 싸온 카레, 쌀밥, 집에서 만든 빵을 내게 나눠주었으며, 테니스 칠 때 사리 매는 법을 포함하여 내가 가능하다고 상상했던 것보다 훨씬 더 많은 사리 매는 방식들을 가르쳐주었다. 아울러 서양 사람들이 와인을 논할 때처럼 다양한 망고의 종류에 대해 의견을 나누었다.

나는 개인적인 질문 던지기가 대단히 인도적인 습관이라는 것을 금방 알게 되었다. 과묵한 영국 사람이라면 틀림없이 미칠 지경이었을 것이다. "왜 가족들이 남편감을 안 구해줬어요?" "미국 사람들은 전부 부자인데, 왜 댁은 우리랑 삼등칸에 있어요?" "미국에서는 모두 총을 차고 다녀요?" "내가 당신 나라에 가면 환영해줄까요?" 서로에 대해 조금씩 알게 되자 이런 질문도 했다. "미국 여자들은 어떻게 하기에 아기를 많이 안 낳을 수 있어요?"

젊은 시절 인디라 간디가 여성 전용 기차 칸을 타고 여행했던 경험이 수상이 되기 위한 최고의 준비 과정이었다는 설명을 나는 나중에 듣게 되었다. 인디라 간디는 인도의 첫 수상이었던 자와할랄

　　　　　　　길 위의 인생

네루Jawaharlal Nehru의 딸이었지만, 개인적인 시각을 지닌 이 여성들에게 더 많이 배웠다고 느꼈다. 그녀들은 인도인이 손으로 짠 카다르 무명이 영국의 기계로 만든 천에 밀려나고 있다는 것을 알고 있었다. 비록 이것이 식민지에서 가져간 원재료를 영국에서 변형해 이윤을 남기고 되파는 전형적인 제국주의 방식이라는 사실은 몰랐지만 말이다. 그녀들은 마하트마 간디가 어째서 인도 독립의 상징으로 손으로 돌리는 물레를 채택했는지 알 수 있었다.

또 교육받지 못한 여성들은 산아제한을 하지 않으리라고 인구 전문가들이 믿음에도, 이 여성들은 자신의 몸이 너무 많은 임신과 출산으로 고통받는 시간을 아주 잘 알고 있었다. 그 때문에 인디라 간디는 수상으로서 최초의 범국민 운동 차원에서 가족계획 프로그램을 만드는 논란을 떠안았다. 젊은 시절의 여성 전용 칸 여행에서 그녀는, 평범한 여성들은 은밀하게라도 이 프로그램을 이용할 것이며, 글을 읽고 쓰는 능력은 이와 상관없다는 사실을 배운 것이다.

나는 배움뿐만 아니라 웃음도 기억한다. 미국 노래를 불러달라고 요청받았지만(인도 사람들은 모두 일상생활의 일부로 노래를 부르는 것 같다) 결국 그녀들은 내가 가수가 아님을 인정해야 했다. 또 어떻게 손을 모아 집어넣어야 내 손목 둘레와 별 차이 없는 유리 팔찌를 낄 수 있는지 가르쳐주었고, 사리 아래에 입는 꽉 끼는 상의 촐리choli가 인도식 브래지어라고 설명해주었다. 통조림에 든 리치조차 본 적 없는 나에게 신선한 리치를 맛보게 해주었고, 미국 여자랑 결혼하려는 인도 남자는 미국 비자를 받고 직장을 얻으려는 속셈이니 조심하라고 충고했다.

수십 년이 지났지만, 그때 만난 여성들은 여전히 내 기억 속에 살아 있다. 아마도 처음으로 가까이서 만난 외국인이었을 나도 그녀들의 기억 속에 여전히 살아 있을 것이다. 만일 나 혼자서 차를 타고 다녔다면 이런 이야기 모임은 결코 생겨날 수 없었을 것이다.

그녀들과 잘 가란 인사를 나눈 뒤에 나는 곧 주저앉을 것 같은 내륙 버스에 올라, 간디에게 영감을 받은 토지개혁 운동의 리더 비노바 바베Vinoba Bhave의 아시람으로 향했다. 간디는 10년 전에 암살당했지만 바베는 여전히 지주들에게 땅 한 뙈기를 땅 없는 자들에게 나눠달라고 부탁하면서 이 마을 저 마을을 걷고 있었다. 나는 이 운동에 참여했던 전 미국인 선교사에게 편지를 보냈고 그는 내가 근처의 게스트하우스에 묵을 수 있도록 조치해주었다.

하지만 내가 바베의 아시람에 도착했을 때엔 거의 모두가 떠나고 없었다. 한 어르신의 설명으로는, 남동쪽의 넓은 시골 지역 람나드Ramnad 근처에서 카스트 제도 항의 소요사태가 발생하였고, 멀리 뉴델리의 정부 지도자들이 방화와 살인을 막기 위해 이 지역 출입을 통제하라는 명령을 내렸다는 것이었다. 기자 출입도 통제되었다. 이런 긴박한 상황에도 서너 명의 아시람 팀들이 도로장벽 주변을 걸어 이 마을 저 마을을 다니며 회합을 열었고, 사람들에게 버려진 상황이 아니라고 다독이는 한편, 실제보다 더 끔찍하게 과장된 소문이 확산되지 않도록 애쓰면서 폭력의 소용돌이를 되돌리기 위해 현장에서 노력하고 있었다.

각 아시람 팀에는 적어도 여성 한 명을 포함시키도록 했다. 남성들은 여성들의 구역에 들어가 회합에 나오라고 초대할 수 없었고, 여성이 한 명도 없으면 다른 여성들은 어떤 경우든 회합에 올 가능성이 별로 없었다. 그러나 아시람에 남은 여성은 한 명도 없었다.

사리를 입은 외국인이든 뉴델리에서 온 사람이든 타지 사람이긴 마찬가지라는 말에 설득된 나는 컵과 빗, 내가 입고 있던 사리

외의 소지품은 모두 남겨두고 고물 버스에 올랐다. 나와 동행하게 된 아시람의 어르신이 설명하기를, 마을 사람들이 평화를 원한다면 중재자들에게 음식과 숙소를 내줄 것이고, 평화를 원하지 않는다면 타지 사람들이 도울 일은 어쨌든 없을 것이라고 했다. 여행을 시작하자 소지품이 없으니 이상하게 자유로운 기분이 들었다.

어디서든 정차할 것 같은 낡은 버스를 타고 몇 시간을 달려 우리는, 경찰의 철책이 람나드로 향하는 먼지 자욱한 길을 가로막은 지점에 도착했다. 우리는 자동차도 달구지도 타지 않고 완전히 길을 우회해, 카스트 소요사태로 크게 상처 입은 이 지역으로 걸어 들어갔다.

그 어떤 것과도 다른 특별한 일주일은 이렇게 시작되었다. 우리는 한낮의 더위 속에서 마을들 사이를 걷다가, 열기를 식히려고 얕은 개울가에 멈추거나, 야자나무 지붕 쉼터에서 차이와 이들리idli라는 찐 떡을 파는 작은 숲에서 그늘을 찾았다. 밤이면 동네 사람들이 작은 흙집이나 울안에서 느릿느릿 나와 석유램프 주위로 여섯 명, 스무 명, 또는 쉰 명이 원을 그리고 앉는 모습을 지켜보았다. 그들이 공포와 트라우마에 휩싸여 방화와 살인, 절도와 성폭력을 얘기하는 것에 귀를 기울였다. 굳이 통역이 필요하지 않았다. 이 폭력의 순환을 잠재울 방법을 떠올리기란 힘들었지만, 마을 사람들은 역시 자신처럼 위험을 무릅쓰고 밤중에 밖으로 나온 다른 이웃들에게서 위로를 얻었다. 사람들은 서로의 얼굴을 보면서 말하고 듣고, 소문과 진실을 구분했으며, 타지 사람들이 지금 이곳의 상황을 알거나 염려한다는 사실을 접하고는 안도하는 듯 보였다.

놀랍게도 이 기나긴 밤은 자주 약속으로 끝나곤 했다. 계속 회합을 갖고, 무엇이 사실이고 허위인지를 판별하고, 자신들을 결국 더 위험하게 만들 뿐인 복수의 순환에 참여하기를 거부하겠다는 약속이었다. 가끔 회합은 동틀 무렵에야 끝이 났고, 함께 집으로 돌아온 가족들은 우리에게 먹을 것과 밀짚으로 된 매트리스나 대마로 엮은 나무틀 간이침대를 제공해주었다.

누구나 순서대로 발언할 수 있고, 모든 이들이 귀 기울여야 하고, 합의가 시간보다 중요한, 고대에도 현대에도 통하는 집단의 이 마법을 나는 처음으로 목격했다. 그런 이야기 모임이 우리 모두의 조상인 남부 아프리카 코이산 인종부터 내가 사는 북미 대륙의 첫 번째 국가에 이르기까지, 인류 역사의 대부분 기간에 공통된 통치 방식이었다는 사실을 전혀 몰랐다. 그런 이야기 모임의 층이 세계에서 가장 오래 지속된 민주주의 형태인 이로쿼이 연맹*으로 변화되었던 것이다. 이야기 모임은 유럽에서도 홍수·기아·가부장제로 인해 계급·성직자·왕으로 대체되기 전까지 존재했었다. 우리가 람나드에 있는 동안에 이야기 모임과 '증언'의 물결이 내 나라의 흑인 교회에서 지속되고 있었다는 것은 물론, 시민권 운동에 불을 지폈다는 사실도 나는 몰랐다. 10년 후에 의식 고양 단체와 여성들의 이야기 모임과 페미니스트 운동의 탄생을 보게 되리라는 것도 짐작조차 못했다. 내가 아는 거라곤 내 안의 어떤 깊은 부분이 바로 그 마을 사람들과 함께 자라나고 변화되었다는 사실뿐이었다.

간디주의자들이 남의 말에 귀를 기울이는 만큼, 다른 사람들이 그들의 말에 귀를 기울이는 모습을 볼 수 있었다. 그들은 관대함에 의지했기에 관대함을 만들어냈다. 그들이 비폭력의 길을 걸었기

---

* Iroquois Confederacy. 뉴욕 북부의 여섯 부족이 각 부족의 방어를 위해서 연합한 북미 원주민 그룹.

에 그 길이 가능해 보이도록 만들었다. 그들이 내게 가르쳐준 실용적인 조직의 지혜는 이것이었다.

사람들이 당신의 말을 듣기를 원한다면, 당신이 사람들의 말을 들어야 한다.

사람들이 삶의 방식을 바꾸기를 원한다면, 당신이 사람들의 삶의 방식을 알아야 한다.

사람들이 당신을 보기를 원한다면, 당신이 사람들과 앉아 눈동자를 마주해야 한다.

당시에는 결코 알지 못했다. 내가 집으로 돌아가서 십여 년 후, 길 위에서 모임을 조직하는 일이 내 인생의 대부분을 차지하기 시작하리라는 것을.

나는 거의 20년 만에 인도를 다시 방문했다. 당시는 1970년대 말로 미국 내 시민권 운동과 베트남전 반대운동이 더 많은 변화를 자극했다. 이 운동들에 애정을 갖고 결정적인 역할을 했으나 실상 내부에서는 그리 동등한 대우를 받지 못한 여성들 사이에서도 마찬가지였다.[2] 이 여성들은 개별적이면서 글로벌한 젠더 정치학을 수용할 독립적이고 포괄적인 페미니스트 운동의 필요성을 절감했다.

이런 움직임은 많은 나라로 계속 확산되었다. 전반적으로 하나의 새로운 의식이 여자들끼리 만나면서, 그리고 서로서로에 대한 글을 읽으면서 퍼져나가고 있었다. 소모임과 지하 페미니스트 출판물을 통해, 또는 1975년 멕시코시티에서 열린 UN 여성회의 같은 세계적 규모의 행사를 통해. 불평등이라는 마른 불쏘시개는 어디에나 있었고 불이 붙기만을 기다리는 상태였다.

간디주의 경제학자이자 내가 인도에 살던 초기에 만난 친구인 데바키 제인Devaki Jain은 1970년대 말에 나를 다시 인도에 불러들여 이 새로운 여성 단체들과의 만남을 주선했다. 마치 그녀와 내가 원거리 텔레파시로 똑같은 문제의식에 이르기라도 한 듯했다. 우리는 서로 상대방의 문장을 자기 것인 양 끝낼 수 있었다. 서로 다른 길에서 고무되어 같은 지점을 향하고 있던 우리는, 간디의 전술들을 종합하여 여성운동이 벌어지는 곳이라면 어디서든 쓸 수 있는 팸플릿을 만들기로 했다. 마침내 간디의 비폭력 저항 방식인 사티야그라하satyagraha가 여성에게 잘 맞을 것이고, 대규모 행진과 소비자 불매운동이 적합하겠다고 보았다.

우리는 연구의 일환으로 인도 독립투쟁에서 보기 드문 여성 지도자 카말라데비 차토파디아Kamaladevi Chattopadhyay를 인터뷰했다. 카말라데비는 간디와 함께 일했고 간디의 전국 여성 조직을 이끌었으며, 간디에게 독립의 대가로 인도와 파키스탄을 분할하는 데 동의하지 말라고 경고했다. 그리고 분할로 인해 갈 곳을 잃은 수백만 난민들의 재능을 활용해 인도 수공예품의 부활을 이끌었다.

카말라데비는, 여성운동 단체에 간디의 전술을 가르치려는 우리의 계획을 끈기 있게 경청했다. 앉아서 베란다를 즐기고 차를 조금씩 들이마시면서. 설명이 끝나자 그녀가 말했다. "그럼, 물론이지, 친구들. 간디가 배운 모든 건 우리가 가르쳐준 거야."

그녀는 우리를 웃게 만들고서 설명을 시작했다. 영국의 지배하에 있던 인도에서 간디는, 죽은 남편의 화장용 장작더미에 부인을 제물로 바치던 관습인 서티suttee와 그 밖의 많은 것들에 저항하는 대규모 여성운동 조직을 목격했다. 영국에서 변호사가 되려고 공부하던 청년 간디는 참정권 운동도 지켜보았다. 훗날 간디는 인도의 자치를 위해 활동하던 사회운동가들에게, 영국에서 가장 유명하고 급진적인 여성 참정권 운동가였던 에멀라인 팽크허스트Emmeline Pankhurst를 추종하는 이들의 용기와 전술을 모방하도록 촉구했다. 간디는 남아프리카에서 인도인들에 대한 차별에 대항하는 모임을 조직하다가 인도로 돌아온 뒤에, 마을과 평범한 사람들의 일상생활 속에서 거의 뿌리 없이 자생한 독립운동을 발견하고는 깜짝 놀랐다. 간디는 스스로 마을 사람처럼 살면서 대규모 거리 행진과 소비자 불매운동을 조직하기 시작했고, 가장 가난하고 힘없는 마을 여성들의 삶에서 일어난 변화로써 성공을 가늠하기 시작했다.

카말라데비의 친절한 설명으로 데바키와 나는 역사적으로 위대한 남성의 이론은 알고 있었으면서, 우리가 끌어낸 전술이 온전히 우리 여성들이 만들어낸 것이라는 사실은 모르고 있었음을 자각했다. 카말라데비는 우리 둘을 다시 웃게 했고, 배우게 했다. 비타 색빌 웨스트Vita Sackville-West는 이렇게 썼다.

나는 죽은 남자들이 가졌던 힘을 경배했지,
내가 강하다는 사실은 잊고서.

나는 두 번째 인도 방문을 마치고 집에 돌아와서 나 자신의 과거를 달리 바라보게 되었다.

1950년대에 인도의 마을들을 걸었지만 분명 그때 그 마을들과 나의 삶은 아무 관계가 없었다. 하지만 이제 여성 혁명이 우리의 이야기 모임에서 태동하고 있었다. 집으로 돌아온 나는 구타당하는 여성들의 보호시설, 자율 여성 진료소에서부터 캠퍼스의 여성 센터, 생활보조금으로 연명하려는 싱글맘의 시위에 이르기까지, 여성운동이 있는 곳이라면 어디든 다녔다. 내가 떠돌아다니는 페미니스트 조직가가 된 것은 인도 마을 걷기의 서구식 버전일 뿐이었다.

기자나 참관인의 삶을 상상한 적은 있어도 어머니를 책임졌던 것처럼 다른 사람의 복지를 책임지는 사람은 절대로 되고 싶지 않았건만, 나는 동료들과 잡지에 전념하게 되었다. 우리가 지급할 급여 총액을 만들 수 있을지 걱정하느라 밤잠을 이루지 못하게 된 것이었다. 하지만 이 책임감은 하나의 공동체가 되었지, 짐이 되지 않았다.

여행하는 유년 시절에서 벗어나고 싶어 했음에도 나는 여전히 여행 중이었다. 나는 평범한 사람들이 현명하고, 현명한 사람들은 평범하며, 그들에게 영향을 받은 사람들의 결정이 최선임을 알게 되었다. 또 인간이 주변의 기대에 부응하는 데 거의 무궁무진한 능력을 지녔다는 사실을 발견했다. 이는 좋은 소식이기도 하고 나쁜 소식이기도 하다.

결국, 아버지에게서 흡수한 독립심과 가능성에 대한 사랑이 이제 하나의 목적을 갖게 되었음을 깨달았다. 모든 운동은 끝까지 고갈되지 않을 두세 사람이 필요하다. 당신이 의존적이라면, 당신이 의존하는 사람이나 대상의 승인에 대해 걱정을 버리기가 무척 어렵다. 나는 자유와 불안정의 혼합을 집처럼 느꼈고 그 덕에 여행하는 조직가가 될 수 있었다.

이것은 진로상담사가 가르쳐주거나 공개적으로 채용하는 직업이 아니고, 영화에서 보게 되는 직업도 아니다. 이 일은 예측 불가

길 위의 인생

능하고 종종 강연료·집필 기금·잡무·친구들·저축액으로 생계비 짜깁기를 뜻하기도 한다. 그러나 록 음악가나 음유시인이 되지 않는 한 다른 어떤 일도 당신에게 사회 변화에 모든 시간을 투자하도록 허용하지 않는다. 이 일은 아버지에게서 물려받은 자유에 대한 중독을 충족시켜준다. 또 아무것도 갖지 못한 어머니가 치렀던 대가를 지켜봄으로써 얻게 된 공동체에 대한 애정도 충족시켜준다. 그 때문에 이야기 모임들의 이동식 공동체야말로 내 인생에서 가장 중요한 발견이라고 단언하는 것이다. 이 집단들은 모든 오감을 동원하고, 의식을 변화하게 한다. 나는 그들을 따르면서, 아버지의 길처럼 고독하지도 않고 어머니의 길처럼 지지받지 못하는 것도 아닌 다른 길을 찾았다. 그들은 내게 말하기뿐만 아니라 듣기도 가르쳐주었다. 또 혼자 하는 일인 글쓰기가 공동의 일인 조직하기와 좋은 동반이 될 수 있음을 보여주었다. 어디에 있든 양쪽이 함께 가능하다는 사실을 발견하는 데 단지 시간이 조금 걸렸을 뿐이다.

II.

1963년에 나는 유명 인사나 패션 관련 글을 쓰는 프리랜서 기자로 일하고 있었다. 인도에서 돌아올 때 상상했던 분야는 아니었다. 나는 워싱턴에서 마틴 루터 킹 주니어가 일자리와 정의, 새 법률을 요구하는 한편, 시민권 청원 집회 참여자들에게 일어난 구타와 구속, 그리고 남부에서 종종 발생하는 경찰과 결탁한 살해를 규탄하고 연방 정부가 집회 참여자들을 보호해야 한다고 요구하는 가두행진을 주도했다는 소식을 접했다. 아쉽게도 나는 이와 관련된 기사를 쓸 기회를 얻지 못했다.

사실, 이 행사에서 연설하기로 되어 있던 제임스 볼드윈James Baldwin에 대한 기사를 쓰라는 연락을 받았다. 오랫동안 원했던 일이긴 했지만 수많은 인파를 뚫고 그의 뒤를 쫓아다니는 게 불가능하거나 방해만 될 것 같았고, 아니면 둘 다 해당될 것 같았다. 게다가 텔레비전으로 보면 그의 모습을 훨씬 더 잘 볼 수 있고, 연설도더 잘 들을 수 있었다. 언론도 사람들이 너무 적게 모여 실패하는 것, 혹은 사람들이 너무 많이 모여 폭력이 발생하는 것에 대한 심각한 경고들로 온통 도배되었다. 백악관은 이 행진을 지나치게 위험한 행위로 지목했는데, 시민권 법안을 통과시키기 위해 반드시필요한 국회 중도파의 표가 이 시위로 인해 이탈할까 걱정했기 때문이다. 반면 말콤 X는 이 행진을 지나치게 유순한 행위로 보면서,워싱턴에 도움을 요청하는 것은 너무 궁색하고 의존적인 방식이며, 성공하지 못할 것이라고 했다.

이 모든 이유로 나는 집회에 가지 않기로 결심했다. 내가 그곳으로 가기 전까지는 말이다. 후에 내가 할 수 있는 말은 이것뿐이다.모든 논리에 반대되는 어떤 일에 끌린다면 무조건 가라. 우주가 당신에게 무언가를 말하고 있다.

무더웠던 8월의 그날, 나는 인간들의 바다를 따라 천천히 떠다니는 한 사람에 지나지 않았다. 나는 인파에 떠밀려 '이름 끝에 e가붙은 미시즈 그린Mrs. Greene' 옆으로 밀려났다. 약간 나이 들고 통통한 이 여성은 밀짚모자를 썼고, 다 자란 우아한 딸과 함께 행진 중이었다. 미시즈 그린이 설명하기를, 트루먼 대통령 재직 시절 워싱턴에서 백인 직원과 커다란 방에서 함께 일했으나 자신은 칸막이뒤에 분리되어 있었다고 했다. 당시에는 항의할 수 없었기에 지금항의한다는 것이었다.

링컨 기념관 근처에 도착했을 때 그녀는 연단에 앉아 있는 유일한 여성이 도로시 하이트Dorothy Height라고 가리켰다. 도로시는 1930년대부터 인종 간 정의 구현을 위해 일해온 단체, 전국 흑인 여성 위원회National Council of Negro Women의 수장임에도 여태껏 연설 요청을 받은 적이 없었다. 미시즈 그린은 알고 싶은 게 많았다. "엘라 베이커Ella Baker는 어디 있지? 저기 학생 비폭력 조정 위원회SNCC 젊은이들을 전부 교육시킨 사람인데. 패니 루 해이머Fannie Lou Hamer는? 감옥에서 매를 맞았고, 완전히 다른 일로 미시시피 병원에 갔다가 불임 수술을 당했어. 저들이 필요하다면 일손을 낳아야 했고, 필요하지 않으면 낳을 수 없었기 때문이야. 우리 할머니는 지지리 가난했는데 아기를 정상적으로 출산할 때마다 75달러를 받았어. 할머니랑 패니 루가 다른 게 뭔지 알아? 지금은 농장시설을 갖췄다는 거야. 더 이상 예전만큼 일손이 필요하지 않게 된 거지. 이게 흑인 여자들의 이야기야. 누가 저들에게 이 이야기를 할 거냐고?"

나 자신조차 여성 연설가의 부재를 깨닫지 못하고 있었다. 그리고 여성의 몸을 통제하는 데 인종차별적 이유가 있으리라고 생각해본 적도 없었다. 머릿속에서 기어가 찰칵 맞아 들어간 기분이었다. 인도에서도 마찬가지로, 상층 카스트 여성들은 성적으로 구속받았고 하층 여성들은 성적으로 착취당했다. 이 행진은 자석과 같았다. 인도에서 생활한 경험이 내 나라에서 벌어진 차별 문제를 일깨워주었기 때문이다. 그러나 인종과 카스트 사이의 유사점을 이해하게 된 것은 오로지 미시즈 그린 덕이었다. 그녀 덕분에 여성의 몸이 어떻게 이 두 가지를 영속화하는 데 사용되는지도 이해하게 되었다. 서로 다른 감옥. 그러나 같은 열쇠.

미시즈 그린의 딸은 자기 어머니가 주 대표단 리더에게 불만을 토로했다고 내게 말하자 눈동자를 커다랗게 굴렸다. 리더는 머핼리아 잭슨Mahalia Jackson과 메리언 앤더슨Marian Anderson이 노래한다고 반박했지만,[3] 미시즈 그린은 "노래는 연설이 아니죠"라고 단호히 일축했다고 했다.

나는 감동받았다. 나는 그런 불만을 터뜨려본 적도 없었고, 정치 모임에서도 만일 남성이 제안하면 사람들이 더 진지하게 받아들이리라 생각하면서 그저 누구든 옆에 앉은 남성에게 내 제안을 건네기만 했었다. 미시즈 그린은 마치 내 생각을 읽기라도 한 듯 부드럽게 말했다. 당신 백인 여자들, 당신들이 자기 자신을 옹호하지 않으면 어떻게 다른 누구를 옹호할 수 있나요?

링컨 기념관과 연단을 향해 밀려든 인파 속에서 우리 셋은 갈라졌다. 나는 기자증을 보이고 계단을 올라 두 사람을 찾으려 했다. 하지만 몸을 돌렸을 때 눈에 들어온 것은 연단 위를 바라보는 얼굴들의 대양이 전부였다. 평생 잊지 못할 한 장면이었다. 드넓은 푸른 잔디를 채우고, 빛을 반사하는 물가를 지나고, 워싱턴 기념탑을 지나, 국회의사당까지 가는 그 길에, 25만 명이 있었다. 인간들의 바다는 고요하고, 평화로워 보였으며, 누구도 연사들 가까이로 가기 위해 사람들을 밀어내지 않았다. 마치 폭력과 무질서에 대한 공포가 틀렸음을 그들 한 사람 한 사람이 입증할 책임을 느끼는 듯했다. 우리는 국가 안의 국가와 같았다. 불쑥 이런 생각이 떠올랐다. 나는 이 지구상에서 다른 데 아닌 여기에 있겠다.

마틴 루터 킹 주니어는 다들 예견하고 있던 연설문을 깊고 친숙한 목소리로 읽어나갔다. 나는 언제나, 역사가 탄생하는 자리에 설사 내가 있다 하더라도 한참 시간이 지나야만 그것이 역사였음을 알게 되리라고 생각해왔다. 그럼에도 이것은 그 순간 역사였다.

킹이 연설을 마치자 머헬리아 잭슨이 외치는 소리가 들렸다. "꿈에 대해 말해요, 마틴!" 그리고 킹은 아무 설명 없이, 기억을 더 듬어 말하기 시작했다. "나에게는 꿈이 있습니다." 이미지가 지나 갈 때마다 "말해요!"라고 외치는 군중들과 함께. 가장 기억에 남는 것은 가장 적게 계획된 것이었다.

한 여성이 소리 높여 외친 것을, 모든 것이 그로써 달라진 것을 미시즈 그린이 들었기를 바란다.

50년이 지난 뒤에, 나는 그날의 첫 행진을 기념하기 위해 링컨 기 념관에 모인 수천 명의 사람들과 그 자리에 다시 섰다. 이번에는 여성들의 목소리가 있었다. 아버지가 첫 연설을 할 때 젖먹이로 집 에 있던 버니스 킹은 1963년의 여성의 부재에 대해 언급했다. 또 킹 목사가 연설할 당시 미시시피에 사는 아홉 살 소녀였던 오프라 윈프리도 참석했다. 그리고 50년 전에 시위자들이 참석을 희망했 을뿐더러, 정치 고문들의 반대를 무릅쓰고 백악관을 떠나 모습을 보이려 했으나 결국 그러지 못했던 대통령 존 F. 케네디의 딸 캐럴 라인 케네디도 함께했다. 마지막으로, 킹 목사조차 가능하다고 꿈 꾸지 못했을, 흑인으로서 미국 대통령에 두 번 당선된 버락 오바마 대통령도 그 자리에 있었다.

이는 엄청난 진보였다. 하지만 어떤 것도 알려지지 않은 진실을 대신할 수는 없다. 언젠가 킹 목사가 말했듯 "너무 오래 지체된 정 의는 거부된 정의이다." 로자 파크스, 패니 루 해이머 등이 50년 전 에 이 발언을 했더라면, 즉 1963년에 연사의 절반이 여성이었다 면, 시민권 운동의 일부는 백인 남성들이 흑인 여성들에게 가한 의

례적인 성폭행과 위협에 대한 항의였다고 전해졌을지 모른다.[4] 그 유명한 버스 승차 거부운동*이 시작되기 전에, 로자 파크스가 백인 남성들이 한 흑인 여성을 집단 성폭행하고서 그 시신을 몽고메리 버스정류장 근처에 버린 사건을 조사해달라고 전미 유색인종 지위 향상 협회NAACP로부터 의뢰받았던 사실도 전해졌을 수 있다. 한 나라가 그 자체 안에 폭력을 내재하고 있는지, 혹은 다른 나라에 군사적 폭력을 사용할 것인지를 가늠하는 가장 신뢰할 만한 예측 변수는 가난도, 천연자원도, 종교도, 심지어 민주주의의 수준도 아니고 여성에 대한 폭력이라는 사실을 더 일찍 알게 되었을 것이다. 여성에 대한 폭력은 다른 모든 폭력을 정상적인 것으로 만든다.[5] 미시즈 그린은 그 점을 알았다. 또 그것이 결국 여성들이 자신의 몸을 통제할 수 없게 만든다는 사실도 알았다. 그런 일은 콜럼버스가 원주민 여성들을 잡아 선원들의 성 노예로 삼고서 그들의 저항에 놀라움을 표현했던 이래로 줄곧 이 나라 역사의 일부가 되어왔다.[6]

아마도 미시즈 그린이 반세기가 지난 뒤 여성들이 발언하는 모습을 살아서 볼 수는 없었겠지만, 나는 그녀의 딸이 지켜보고 있기를 바랐다. 그전에는 어머니의 불평을 참기 힘들어했지만, 분명 이제는 자랑스러워할 것이다.

50주년 기념 연설이 끝난 후에 나는 한 젊은 아프리카계 미국인 여성 집단과 함께 서 있었는데 그중 몇몇은 스미스대학 티셔츠를

* 로자 파크스(Rosa Lee Louise McCauley Parks, 1913~2005)는 1955년 앨라배마 주 몽고메리에서 백인 승객에게 자리를 양보하라는 버스 운전사의 지시를 거부해 체포되었고, '인종분리법 위반' 혐의로 유죄 판결을 받았다. 항소와 함께 382일간 버스 승차 거부운동을 벌인 결과 인종분리 정책이 폐지되기에 이른다.

입고 있었다. 그녀들은 마틴과 코레타 킹 부부의 큰딸인 욜란다 킹도, 나도 이 대학을 다녔다는 사실을 알고 있었다. 우리는 다 같이 휴대폰으로 사진을 찍었다. 나는 그녀들에게 1956년의 강의실에 아프리카계 미국인 학생, 당시 흔히들 부르던 대로 니그로 걸Negro girl이 단 한 명도 없어 스미스대학 입학사정관에게 그 이유를 물었더니, "주변에 교육을 제대로 받은 니그로 남자가 없으니 니그로 걸을 교육하는 것에 대해 매우 신중해야 한다"라고 답했다는 이야기를 들려주었다.

젊은 여성들은 이 성차별·인종차별의 이중 재수남을 비웃었다. 그리고 마치 내가 부당한 취급을 받은 사람인 양 동정의 표시로 나를 안아주었다. 어떤 면에서 그들은 옳았다. 백인들은 백인 게토에서 문화적으로 박탈당한 것을 이유로 고소했어야 했다. 사람들이 연대하지 않고 계층을 나누면 모두가 패배한다.

이 젊은 여성들은 말콤 X가 우려했던 대로 워싱턴에 기대지도 않았고, 발언 기회가 오기를 기다리지도 않았다. 자신들만으로도 충만했다. 앨리스 워커의 『혁명적인 페튜니아Revolutionary Petunias』에 나오는 시구처럼.

장렬히 꽃을 피운다
혼자의 힘으로.

말콤 X 역시 그 젊은 여성들을 자랑스러워했을 것이다. 나는 말콤 X의 여섯 딸 중 장녀인 아탈라 샤바즈Attallah Shabazz를 알고 지냈다. 아탈라는 저 침착한 젊은 여성들이 풍부한 경험과 우아함을 갖추었을 때의 버전이었다. 작가, 연설가, 활동가였던 아탈라는 그 당시 할머니가 되어 있었다. 아탈라를 알게 된 것은 길에서 얻은 선물이었다.

우리가 다시 만났을 때, 아탈라는 내가 전혀 듣거나 읽은 적이 없었던 이야기를 들려주었다. 역사적인 1963년 행진이 벌어질 때 말콤 X는 워싱턴에 있었다. 그는 배우이자 운동가인 오시 데이비스Ossie Davis의 호텔 스위트룸에서 묵고 있었다. 오시 데이비스는 그날 행진에서 연설을 했고, 킹 목사에게 말콤 X가 뒤에서 지지한다는 사실을 알렸다. 하지만 말콤 X의 딸은 이렇게 설명했다. "아버지는 자신이 나타나면 행진에 지장을 주거나 초점을 흐릴 거라고 판단했어요. 그래서 큰 그림의 한 지지자로 남았죠."

어쨌든 잘 알려지지 않은 이 사실에 나는 큰 감동을 받았다. 이 두 남성은 서로를 향해 성장하는 것처럼 보였다. 킹 목사는 베트남 전쟁 같은 이슈에 대해 거침없이 발언하면서 더 급진적으로 변해갔고, 말콤 X는 무혈혁명에 대해 말하기 시작했던 것이다. 그들이 같은 이야기 모임에 참여하게 됐을지도 모를 일이다.

III.

미시즈 그린 덕분에, 그리고 용감하게 자기 자신과 다른 여성들을 옹호했던 많은 여성들 덕분에 나는 여성들이 하나의 외집단out-group이라는 사실도 이해하기 시작했다. 이러한 각성은, 왜 의회의 얼굴은 남성인데 복지의 얼굴은 여성인지, 왜 주부는 어떤 직업군보다 더 오래, 더 힘들게 일하고 돈은 덜 받음에도 '일하지 않는' 여성들을 지칭하는지, 왜 여성들은 전 세계 생산직의 70퍼센트를 차지하는데도 유급 무급 통틀어 부의 1퍼센트만 소유하는지, 왜 일

길 위의 인생

상의 이상한 춤에서 **남성성**은 이끄는 것을 뜻하고 **여성성**은 따르는 것을 뜻하는지 등의 수수께끼들을 해결해주었다.

이 새로운 세계관에 대해 보도하고자 하는 나의 열망은 커져만 갔다. 모든 이들에게 중요한 문제라고 느꼈다. 하지만 아직 1960년대였고, 가장 개방적이라고 여겨졌던 편집자조차 여성이 평등하다는 기사를 싣는다면 객관성을 유지하기 위해서 그 옆에 여성은 평등하지 않다는 기사도 실어야 한다고 말했다.

나는 한 발짝 물러서, 내가 될 수 없는 무용가인 마고 폰테인이나 존경하는 작가 도로시 파커, 솔 벨로우 등을 다룬 글을 썼다. 그 일이 내가 되고자 하는 작가에 가까이 다가가는 길로 보였다. 어느 날 한 강연 단체의 두 여성이 내게 편지를 보내, 여성의 자유라는 이 새로운 주제에 관해 호기심을 보인 모임들을 위해 강연을 해줄 수 있는지 물었다. 나는 최근에《뉴욕》에〈블랙 파워 이후 여성들의 자유〉라는 칼럼을 쓴 적이 있었다. 이 글은 내가 수년 전에 겪은 낙태 수술에 대해 그동안 침묵하고 있었고, 침묵할 수밖에 없었다는 자각에서 스스로 촉발된 것이었다. 여성들이 자기 자신의 몸에 대한 결정권을 갖지 못하는 정치적인 이유들이 있다는 것을 깨닫지 못한 채, 나는 많은 여성들과 마찬가지로 내 탓을 해왔던 것이다.

나는 강연 요청을 받고 흥미를 느꼈지만 큰 문제가 있었다. 대중 연설에 공포를 느꼈기 때문이다. 작가들이 글을 발표할 때면 그러하듯, 잡지들이 이런저런 기사들을 홍보하기 위해 텔레비전 프로그램 출연에 내 이름을 올려놓았는데 내가 툭하면 마지막 순간에 취소해버려 어떤 쇼 프로그램들은 나를 블랙리스트에 올려놓을 정도였다. 나에겐 다행히 도로시 피트먼 휴스Dorothy Pitman Hughes라는 친구가 있었다. 도로시는 성차별 반대운동의 선구자로 뉴욕 다

인종 아동 보호센터에서 일했다. 두려움 없는 연설가이자 어머니였고, 조지아 주의 시골에 사는 흑인 대가족의 일원으로 내가 갖지 못한 모든 것을 가진 사람이었다.

우리는 그녀가 운영하는 아동 보호센터에 대한 기사를 내가《뉴욕》에 쓰게 되면서 처음 만났다.[7] 함께 어린이용 의자에 앉아 종이 접시에 담긴 점심을 나누어 먹는데, 도로시의 조수로 일하던 젊은 이탈리아 급진주의자 남성이 우리에게, 자기가 사랑했던 여자가 결혼 후에도 일하는 것을 그가 허락하지 않으니 결혼하지 않겠다고 해서 슬프다고 털어놓았다. 도로시와 나는 서로 알지 못하는 사이였지만, 여성 평등과 나머지 급진적 정치학 사이의 유사점들을 함께 지적해나갔다. 실제로 효과가 있었다.

일대일 강의가 성공하자 도로시는 팀으로 청중들에게 연설하자고 제안했다. 그렇게 하면 각자 다르면서도 유사한 경험들에 대해 말할 수 있고, 만일 내가 얼어붙거나 지치면 도로시가 이어갈 수 있을 것이었다.

백인 여성과 흑인 여성이 함께 강연하니 각각 혼자서 강연할 때보다 훨씬 더 다양한 청중들을 끌어들일 수 있다는 사실을 바로 알게 되었다. 또 내가 대중연설에 공포심이 있다고 고백하면 청중들은 관대해짐은 물론 공감하기도 한다는 것을 발견했다. 여론 조사 결과 많은 사람들이 대중 앞에서 연설하는 것을 죽음보다 더 두려워한다고 한다. 나에게 친구들이 있었던 것이다.

우리는 학교 지하실에서 두세 사람과 접이식 의자에 앉아 강연을 시작하여 지역센터·조합 회관·교외 극장·복지권리 집단·고등학교 체육관·YWCA 들에 이어 한두 군데 축구 경기장으로까지 범위를 넓혀나갔다. 우리는 곧 모든 사람이 공유하는 인간성과 개별적인 독특성이야말로 성·인종·계층·성적 취향·민족성·종교적 유산, 또는 그 무엇이든 출생 집단에 따라붙는 꼬리표보다 훨씬 중대하다는 단순한 발상에 사람들의 관심이 강렬하다는 사실을 발견했다. 그런 이유로 나는 길에서 보낸 첫 십여 년간 여성 기업인 및 전문직 협회나 미국 대학 여성 협회, 심지어 전국 여성 기구 모임에도 가지 않았다. 나는 여러 대학들을 돌아다녔고, 전국 복지 권리 기구, 농장 노동자조합, 사무직 노동자들이 자신들을 위해 만든 새로운 집단인 '나인 투 파이브' 모임에 갔고, 주류 페미니스트와 게이 남성 양쪽으로부터 종종 배척당하는 레즈비언 집단, 베트남전을 반대하는 정치 캠페인에도 동참했으며, 새로운 페미니스트 후보들을 만나러 다녔다.

우리는 마침내 청중 자체가 하나의 커다란 이야기 모임이 될 수 있고, 그들이 부당함을 경험할 때나 고유한 자신과 공동체 양쪽 모두를 찾으려 분투할 때, 그들이 결코 미치지도 않았고 외톨이도 아니라는 사실을 알게 하는 어떤 맥락을 창조하는 것이 우리의 일임을 알게 되었다. 예전에 인도에서 그랬듯 모임에 참여한 사람들은 자신의 이야기를 했다. 대개 이런 이야기 모임들은 우리가 말하는 시간보다 두 배쯤 길어졌다.

1960년대가 끝날 무렵 우리가 처음 강연을 시작했을 당시엔 베트남전이 사회운동의 주요 명제였다. 사람들은 건물을 점거하고 징집영장을 불태웠다. 동시에 게이와 레즈비언 운동이 지하에서 공론의 장으로 나왔다. 또 북미 원주민 운동이 그들의 언어, 문화, 역사의 의도적 말살을 막기 위해 고투하고 있었다. 늘 그렇듯 자유라는 주제는 전염성이 있었다.

그보다 몇 년 전 1960년대에, 나보다 열 살쯤 많은 여성들은 여성학자 베티 프리단Betty Friedan이 베스트셀러『여성의 신비 *The Feminine Mystique*』에서 탁월하고 치명적으로 표현한 교외의 '여성의 신비'를 거부하고, 유급 노동인구 안에서 여성의 정당한 자리를 요구하기 시작했다. 프리단은 여성 잡지들이 독자들에게 강요하는, 공정하게 말하자면 광고주가 편집자들에게 강요하는 이 미화된 소비자 역할을 서슴없이 명명했다. 그러나 더 젊고 더 급진적인 여성들은 단지 일자리와 기존의 파이에서 한 조각을 원한 것이 아니었다. 그녀들은 완전히 새로운 파이를 굽기를 원했다.

더 보수적인 이 여성들은 페미니즘이 레즈비언, 생활보조금 수급 여성들, 성과 인종 문제가 뒤얽힌 유색인종 여성 등 모든 여성들, 그리고 모든 사람들을 포함해야 한다는 데 끝내 동의하기에 이르렀다. 그리고 다양한 인종과 계층으로 이루어진 더 급진적인 여성들은 시스템의 외부와 내부에서 모두 변화를 만들어야 한다는 점을 더 이상 거부하지 않았다. 이 다양한 운동가 집단들의 시작 지점은 이토록 달랐고 고통과 오해를 야기했다. 1970년대 말이 되어서야 그녀들은 동일한 운동의 까다롭고, 이상적이고, 다양하고, 효과적인 부분들로서 한데 뭉쳤다.

내가 갓 서른을 넘자 이 두 여성 집단들 사이에 놓이게 되었다. 한쪽으로는 통합을 위해 노력했고 다른 한쪽으로는 변화를 위해 노력했다. 그러나 내 경험 때문에 더 급진적이고 더 젊은 쪽으로 기울게 되었다. 나는 결혼하지 않고 교외에서 살고 있었다. 나는 항상 일터에 있었지만 언론계에서 성 게토는 그저 유리 천장만이 아니라 유리 상자였다. 인도는 또한 나에게 변화란 나무처럼 바닥에서부터 자라는 것이고, 카스트나 인종은 이중 삼중으로 여성을 억압할 수 있다는 사실을 가르쳐주었다.

페미니즘은 금세 작은 덤불에서 시작된 불이 되어 전국으로 번졌고 어떤 사람들은 똑같은 위험경보라고 보았다. 종교적인 우파 및 상당수의 주류에게 우리는 신·가족·가부장제를 거역하는 이들이었다. 좌파 및 일부 주류에게 여성에 대한 편견을 제기하는 것은 계층, 인종, 그 밖에 그들이 더 심각하다고 여기는 이슈들에 집중하는 것을 방해하는 것이었다. 왜냐하면 남자들도 영향을 받기 때문이었다. 하지만 평등에 대한 생각은 급속도로 전염되어, 우파는 곧 페미니즘을 세속적인 휴머니즘과 신을 믿지 않는 공산주의와 함께 최고로 위험한 사상으로 등급을 매겼다. 미국의 주류는 여론 조사에서 평등에 관한 이슈들을 지지하기 시작했다. 그때 일부 이슈들, 즉 성추행이나 가정 폭력 등은 여전히 그냥 '삶'으로 인식되었다.

도로시가 아이를 가져 여행을 줄이기로 결심한 뒤에는, 시카고 사우스 사이드 출신의 흑인 페미니스트 시인이자 활동가인 마거릿 슬론Margaret Sloan, 시민권 변호사이자 인용할 것이 무궁무진한 카리스마 넘치는 연설가 플로린스 케네디 같은 친구와 동료들이 나의 파트너가 되었다. 특히 플로(린스)는 나를 혹독하게 가르쳤다. 이를테면 내가 차별이 존재한다는 사실을 통계 수치로 증명해야겠다고 생각하자, 플로는 나를 은밀히 구석으로 불러 참을성을 발휘하며 말했다. "네가 도랑에 넘겨졌는데 발목 위로 트럭이 지나가면, 도서관에 사람을 보내 트럭 무게를 알아오라고 하지는 않을 거 아냐. 통계 따위는 집어치우라고!"

언제나 내가 먼저 강연했다. 특히나 플로 다음에 내가 강연하면 결말을 맥 빠지게 만들 게 분명했다. 우리는 인종, 성, 계층, 성적 취향, 그리고 남성들을 가두는 '남성성'의 감옥을 포함한 갖가지 상상적 한계들 때문에 재능이 낭비되는 사례들을 목도한 경험에 대해 얘기했다. 강사와 청중 간의 균형을 맞추기 위해서 우리는 강연 시간과 청중의 자유토론 시간을 동등하게 안배하려고 최선을 다했다. 누군가 강연장 한쪽에서 질문하고, 다른 쪽에서 다른 사람이 그에 대답하면 진행이 원활하다는 것을 알았다. 사람들은 일어나서 그동안 친구에게도 꺼낸 적이 없었던 생각과 경험 들을 얘기했다.

함께 그리고 따로, 우리는 페미니스트 자격을 박탈하기 위해 사용되는 또 다른 표현이 옳지 않음을 연사로서 입증했다. 즉 마치 여성운동을 묘사하는 단일한 형용사인 양 미디어에서 (그리고 이제 그 미디어가 잘라낸 조각들을 신뢰하는 학자들이) 사용하는, 우리는 모두 '백인 중산층'이라는 문구에 대해서 말이다. 실제로, 성 평등 이슈에 대해 처음으로 실시한 전국 규모의 여성 여론 조사 결과 아프리카계 여성들의 지지율이 백인 여성보다 두 배 정도 높았다.[8] 여론 조사에 라틴계, 아시아계, 북미 원주민, 그 밖에 다른 유색인종 여성들이 포함되었다면 결과는 훨씬 더 극적이었을 것이다. 결국 어떤 형태로든 차별을 경험했다면, 다른 형태의 차별을 더 잘 인식하게 마련이었다. 또 미시즈 그린과 수백만 명의 여성들이 경험한 것처럼, 인종차별과 성차별은 뒤얽혀 있어 그 뿌리들을 따로따로 근절할 수 없다.

다른 인종들이 모여 팀을 이룬 여행은 이 나라에 대한 중요하고도 불편한 진실을 내게 가르쳤다. 예를 들어 우리 두 사람 모두 여성해방에 대해 연설하는데도, 기자들은 내게는 여성에 대해 질문하고 도로시나 플로나 마거릿에게는 시민권에 대해 질문했다. 플로가 나보다 열여덟 살 위이고 페미니스트 변호사로 잘 알려져 있음에도 이것은 사실이었다. 우리는 우리를 분리시키려는 이런 노력을, 나중에 적절하게 명명하기 전까지는 신경 쓰지 말고 놔둬야 한다는 것을 배웠다. 플로는 분노와 유머로 대처했고, 마거릿은 소저너 트루스Sojourner Truth의 연설 〈나는 여자가 아닌가요?〉를 인용하여 역사적으로 접근했다. 이는 여성운동을 개척한 수많은 유색인종 여성들을 미디어가 보지 못하게 가리는, 그 일반적인 문제의 가벼운 맛보기에 불과했다. 이미지가 현실을 압도할 수 있다는 점에서, 이것을 자기 충족적 예언이 되지 못하도록 막은 것은 오로지 수십 년간의 투쟁이었다.

때때로 성 정치학은 시시하고 괴상한 형태로 나타났다. 이를테면 나는 삼십 대 중반에 페미니스트로 인정받기 전에는 '예쁜 여자'로 불렸다. 그러다 갑자기 '아름답다'고 불리게 되었다. 나는 예전보다 훨씬 더 많이 외모로써 언급됐을 뿐 아니라, 내 외모야말로 사람들의 주목을 끄는 유일한 이유라는 소리도 들렸다. 1971년 《세인트피터즈버그타임스》의 헤드라인은 〈미모가 글로리아의 의도를 착각하게 한다〉였다.[9] 나는 몇 년이 지나고서야, 똑같은 사람을 두고 갑자기 일어난 이 변화를 이해하게 되었다. 내가 관습적으로 페미니스트는 매력이 없으리라는 기대를 벗어난 사람으로 재단되어, 그 고정관념과 대조적으로 묘사되었던 것이다. 그 정황의 숨은 의미는 이러했다. 당신은 남자를 구할 수 있을 텐데, 왜 동등한 급료가 필요하지?

급기야는 오로지 외모 때문에 사람들이 내 말을 경청한다는 혐의까지 생겨났다. 미디어가 나를 창조한 것의 당연한 결과였다. 내가 프리랜서 작가로 생활했던 내내 외모 때문에 글이 실렸다는 말을 들은 적이 없었음에도, 이제 내가 아무리 열심히 해도 외모가 모든 것을 설명하는 꼴이 되어버렸다. 다음과 같은 반대의 경우는 더 생각하고 싶지도 않았다. 내 저작권 에이전트가 전국을 망라하는 한 주요 잡지에 내 프로필을 보냈더니 담당 편집자가 "우리는 예쁜 여자가 필요한 게 아니라, 작가를 원합니다"라고 일축해버린 것이다. 내가 무엇을 성취해내든 모두 외모 때문이라는 말은 내가 노년이 되어서까지도 편협하고 상처를 주는 비난으로 남을 것만 같았다.

다행히 여행과 강연은 소탈한 상식으로 가득한 청중들을 만나게 해주었다. 한 기자가 어떤 질문보다도 더 중요하다는 듯 내 외모에 대한 질문을 던졌을 때, 나는 아마도 이렇게 말해야 했으리라. 이를테면 한 나이 든 여성이 청중 속에서 일어나 나를 격려하며 말한 것처럼. "신경 쓰지 말아요, 연사님. 게임을 할 수 있고 이길 수 있는 사람은 '그 게임은 티끌만큼도 가치 없는 일'이라고 말하는 게 중요하죠."

내 강연 파트너들에게서도 배웠다. 특히 우리가 남부에서 겪은 일인데 청중 속에 있던 어떤 남자가, 함께 여행하는 흑인 여자와 백인 여자는 레즈비언으로 본다고 발언했다. 이에 플로린스 케네디는 나를 돌아보며 완벽한 답안을 제시해주었다. "당신이 나의 대안이야?"

결혼하지 않은 페미니스트들을 모두 레즈비언이라 여기던 당시, 누군가 나를 레즈비언이라고 부르면 그저 "감사합니다"라고 말하는 법도 배웠다. 이 대답은 아무 정보도 주지 않으면서, 비난자를 혼란에 빠뜨렸고, 레즈비언 여성들에게 연대감을 심어줄 뿐 아니라, 청중을 웃게 만들었다.

우리가 모두 한 공간에 있을 때에만 일어나는 이 상호 공감에 나는 또한 감사하게 되었다. 덕분에 나는 혼자서 나가는 일을 차츰 덜 주저하게 되었다. 긴장감은 말라리아처럼 여전히 도지곤 했지만, 우리가 말하는 만큼 청중의 말에도 귀를 기울이면 대체로 청중은 동료들로 변한다는 사실을 배웠다.

《미즈》를 시작하기 위해 작가와 편집자 들의 집단과 만나게 된 이후로는 여행하면서 이야기들만 찾아다닌 게 아니라, 남성들이 구매 결정을 하리라 확신하고서 머뭇대는 자동차 제조업자들에게 광고를 팔았고, 여성용품 제조업자들에게는 광고업체의 제품을 칭송하고 선전하는 패션, 미용, 요리 기사를 왜《미즈》가 싣지 않는지를 설명했고, 신문 판매 중개인에게는 다른 잡지들과 표지가 완전히 차별화된 이 새로운 여성 잡지를 취급해달라고 설득하며 다녔다. 이 도시 저 도시를 넘나들며 도넛과 커피를 사서, 새벽에 잡지 상자를 트럭에 싣는 남성들에게 건네던 기억도 난다. 그들이 신문 판매 중개인들이 우리 잡지 상자를 일단 열어보게라도 설득해주길 바라면서.

곧이어 나는 또한 성평등 헌법 수정안Equal Rights Amendment, ERA을 위해, 또는 여성 대다수의 요구와 입장을 대표할 새 여성 후보자들을 위해, 혹은 이런 일을 할 남성 후보자들을 위해서도 캠페인을 벌이며 여러 주를 돌아다녔다. 더불어 내가 특별히 마음을 썼던, 이 운동의 다양한 분야에 필요한 모금운동을 하기 위해서도 여행을 다녔다.

1980년대에 나의 진정한 첫 책으로 『발칙한 행동과 일상의 반란』을 출간하면서, 작가 투어라는 새로운 형태의 도로 여행을 발견했다. 주로 프리랜서로 일하는 작가 수행원들이 있었는데, 그들은 각 도시를 잘 알기에 저자 사인회와 방송 출연이 있는 곳으로 작가들을 데리고 다니는 일을 담당했다. 그 뒤로 두 권의 책을 더 출간해 1990년대에 작가 투어를 다니면서 서점이 훌륭한 지역 센터라는 사실을 깨달았다. 책을 사든 말든 누구든 출입이 자유로웠으며, 토론과 사인회에 할당된 공간들은 이야기 모임들을 초대해 들였다. 컴퓨터는 이런 특별한 연대를 제공할 수 없기에, 서점이 개인적일수록 더 지속될 수 있는 것 같다.

북 투어를 꺼리는 작가들이 있다는 것을 안다. 한 소설의 줄거리를 계속 반복해야 하는 일이라면 나도 그럴 것이다. 하지만 나는 쇼핑몰, 대학 서점, 그리고 거대 체인이 대신할 수 없는 전문 서점, 커피와 편안한 의자와 자기가 가지고 있는 줄도 몰랐던 관심을 둘러보고 발견하게 하는 책들이 있는 모든 공간에서 자생적으로 생겨나는 이 모임들을 점점 사랑하게 되었다. 최근에 내 책이 인도에서 출간되어[10] 자이푸르와 뉴델리부터 콜카타까지 서점 투어를 했다. 크고 활기찬 체인 서점들부터 풍부한 토론과 예술로 가득한 작은 서점들까지 다양한 서점이 존재했다. 뉴욕에서 케이프타운, 오스트레일리아에서 홍콩에 이르기까지 어디에서든 내가 시간을 보낼 장소를 하나 골라야 한다면 단연코 서점이 될 것이다.

모든 작가들은 그녀만의 또는 그만의 세계를 창조한다. 나는 베트 미들러Bette Midler가 피아노처럼 보이게 만든 발랄한 모자를 쓰고, 블록을 돌아 길게 줄 선 수백 명의 팬들을 위해 새로 나온 책에 일일이 사인해주는 모습을 보았다. 이란-콘트라 무기 판매 스캔들의 주인공인 올리버 노스Oliver North는 어설프게 총을 감춘 경호원 두 명을 대동하고 질문도 받지 않은 채 『포화 속에서, 한 미국인의 이야기—올리버 노스의 격정적인 자서전』이라는 책에 사인을 했다. 가사 노동자 연대를 만들어 맥아더 '천재'상을 수상한 아이젠 푸Ai-jen Poo는 책 사인회를 집회로 만들었다. 푸의 행사에 온 사

길 위의 인생

람 중, 오래 사는 것은 위기가 아니라 축복이라는 사실, 85세 이상 미국인의 수가 현재 1천2백만 명에서 2035년이면 두 배로 증가할 것이고, 지금보다 더 많은 가사 도우미가 필요할 것이며, 그들은 다른 곳에서 일하는 노동자들과 똑같은 법적 권리를 누려야 한다는 사실을 모르고 떠난 이는 한 명도 없었다.

요컨대 한 나라에 대한 영화 몇 편이 그 나라에 가는 것을 대신할 수 없듯이, 서점들을 완전히 대체할 기술을 나는 상상할 수 없다. 내가 어디에 가든 서점은 지금도 마을 광장에 가장 근접한 장소이다.

IV.

우리 삶을 그 이전과 그 이후로 나누는 사건들이 있다. 그런 사건을 들라고 하면 대부분의 사람들은 정서적인 연대감을 느끼게 해준 일들을 꼽는다는 것을 나는 알아차렸다. 예를 들어 아기의 탄생을 목격한 일이라든지, 9·11 사태 이후 뉴욕 거리를 걸었던 일이라든지, 우주 공간에서 찍은 연약한 우리 별의 사진을 보았던 일이라든지.

내게 있어 그런 일은 아마 여러분이 한 번도 들어보지 못한 일일 수 있다. 1977년 휴스턴에서 있었던 '전국 여성회의National Women's Conference'이다. 아무도 모르는 가장 중요한 사건을 뽑는다면 단연 수상감이다. 그 사흘, 거기에다 준비 서곡에 해당하는 2년을 합친 기간에 내 인생은 바뀌었다. 이슈들, 가능성들, 그리고 참호 안에서 알게 된 여성들과의 새로운 연대 의식에 의해서. 이 회의는 공유한 이슈와 가치 들을 한데 모아 거대하고 다양한 운동을 또한 가져왔다. 궁극의 이야기 모임이었다고 말할 수 있겠다.

휴스턴 회의 이후 다른 사람이 된 것은 나 혼자가 아니다. 몇 년 후에 나는 그 회의에 있었던 여러 여성들을 만났는데, 그녀들 모두 자기 역시 어떻게 변화했는지를 들려주었다. 세상을 위해, 여성 일반을 위해, 그리고 자기 자신을 위해 무엇이 가능한지에 대한 희망과 아이디어 들을 이야기했다. 56개국에서 1만 8천 명의 참관인들이 휴스턴에 왔고, 대표단들은 각 주와 지역의 구성을 대표하도록 선발되었기 때문에, 아마도 이 대회는 지리적, 인종적, 경제적으로 봤을 때 이 나라 역사상 최고의 대표조직이었을 것이다. 의회와는 비교도 안 될 어마어마한 규모였다. 휴스턴에서 채택된 이슈들은 각 주와 지역에서도 선택되었다. 이 나라의 절반을 차지하는 여성을 위한 합법적인 대회였다. 이제까지 우리는 나머지 절반에 의해 배제되어왔던 것이다.

만약 여러분이 왜 이 행사에 대해 들어본 적이 없을까 의아해한다면 반가운 일이다. 모든 일은 1972년에, UN이 1975년을 국제 여성의 해로 선포하면서 시작되었다. 아동의 해와 가족농업의 해와 경합을 벌인 끝에 말이다. 1974년 제럴드 포드 대통령은 미국 여성을 대표하는 39인 위원회를 임명하면서, 위원회를 이끌 사람으로 국무부 소속의 남성 한 명을 지명했다.

하지만 어떤 이슈와 바람이 실제로 이 나라의 절반인 여성들을 대표하는지 파악하는 과제를 맡았던 사람은, 결코 작게 생각하는 법이 없는 여성 국회의원 벨라 앱저그Bella Abzug였다. 벨라는 혁명적인 법안을 작성하는 일에 공동 저자로 여성 국회의원 팻시 밍크Patsy Mink, 공동 기획자로 여성 국회의원 셜리 치즘Shirley Chisholm의 참여를 요청했다. 이 법안은 개방되고, 경제적으로 인종적으로 대표하는 회의 56개를 2년간, 각 주와 지역에서 한 차례씩 치르는데 필요한 연방 기금을 요청했다. 각 회의에서 선발된 대표위원들과 채택된 이슈들은 휴스턴에서 열리는 전국 회의로 가기로 했다. 그곳에서 하나의 전국 행동 계획을 표결에 부치기로 한 것이었다. 세계의 다른 나라들뿐만 아니라 워싱턴과 각 주 의회에 있는 우리의 리더들 앞에 미국 여성들을 대표하는 것이 목적이었다. 마침내 고전적 질문인 '여자들은 무엇을 원하는가?'에 대한 민주적 답변들이 나오게 될까?

나는 벨라 말고는 그렇게 거대한 연속적 행사들을 꿈꿀 사람을 떠올릴 수 없고, 그토록 담대하게 이 행사의 비용을 의회에 요청할 사람은 더더욱 떠올릴 수 없다. 그녀를 좋아했던 맨해튼에서, 그녀를 두려워했던 워싱턴에서, 그리고 그녀에게 의지했던 여성 운동에서 함께 캠페인을 다녔지만 나는 그녀가 이렇게까지 거대한 구상을 세우는 걸 본 적이 없었다. 각 주와 지역의 여성들은 재생산의 자유reproductive freedom · 낙태 · 복지권 · 레즈비언 인권 · 가정 폭력 · 노동법의 가사 노동자 배제 등 논쟁적인 이슈들을 토론하고 결정하는 데 초대될 예정이었다. 벨라가 요구한 1천만 달러는 사실 미국 성인 여성 일인당 28센트로 낮게 책정된 액수였지만, 의회는 충격에 빠졌다. 의회는 첫 번째 주 회의가 열릴 예정이던 시기에서 1년이 지날 때까지 투표를 연기했다가, 절반인 5백만 달러로 정부지출금을 삭감했다. 그래도 자금은 승인되었고 전국 여성 회의는 1977년 11월 휴스턴에서 열기로 예정되었다.

이 거대한 사업을 조직하기 위해, 지미 카터 대통령은 국제 여성의 해 위원들의 새로운 그룹을 임명했다. 나도 그중 한 명이었다. 그런 연유로, 나와 약 30명의 새 위원회 일원들은 56개 회의 조직을 각 회의당 이틀씩 돕기 위해 전국을 누비고 돌아다니며 2년을 보내게 되었다.

고백하건대 나는 예전에 그랬던 것처럼, 두려움을 느꼈다. 이 대회를 조직하는 도전 과제는, 자원의 일부만 가지고 뛰어드는 대통령 선거 캠페인과 약간 비슷했다. 각 주와 지역에서, 이전에 한 번도 모이지 않았을 집단들을 포함해, 대표 계획기구를 창설하는 일을 돕는 것을 뜻했다. 나는 다른 사람들의 규칙을 반대하는 일과 자신의 규칙을 만드는 일 사이에, 즉 요구와 실천 사이에 큰 차이가 있음을 알게 되었다.

우리의 대표 선출 과정은 무시무시할 정도로 개방적이었다. 한 집단으로서 인종적으로나 경제적으로 주를 대표하는 결과가 나온다면 16세 이상 누구나 선출될 수 있었다.

성공은 실패만큼 재난이 될 수도 있는데 당시가 거의 그랬다. 여성들은 마치 우리가 지하에 묻혀 있던 욕망의 샘을 두드리기나 한 듯, 쥐꼬리만 한 우리 예산으로 마련한 캠퍼스와 정부 건물이 넘쳐나도록 회의장으로 몰려왔다.

버몬트에서는 1천 명이 넘는 여성들이 얼음과 눈을 뚫고 모여들어 그 지역 역사상 가장 큰 규모의 여성회의를 만들었다. 만일 대부분의 사람들이 도시락을 싸오지 않고 자기 아이를 돌보지 않았더라면, 우리의 조직은 전국 회의 중 처음으로 열린 이 회의에서 엉망진창이 되어버렸을 것이다.

알래스카에서는 6백 명을 수용하도록 설계된 강당에 7천 명을 입장시켜야 했다. 다행히 여성들이 대부분 성격 좋게도 바닥에 앉아주었다.

뉴욕 주의 주도인 알바니에서는 우리가 예상한 수의 네 배가 넘는 1만 1천 명 이상의 여성들이 무더운 7월의 열기 아래 정부 건물 밖에서 줄을 섰다. 그리고 밤에는 공기도 통하지 않는 지하에서, 대표와 이슈들을 채택하는 투표를 하기 위해 긴 시간을 기다렸다. 나는 알바니에서 열리는 개회식에 들렀다가 집으로 돌아가 글을 쓰고 생계를 꾸릴 생각이었으나, 결국 투표 행렬을 돕느라 침대도 칫솔도 없이 이틀 낮과 밤을 그곳에서 보내고 말았다.

몇몇 다른 주에서 열린 행사들이 우리가 거짓된 행복 안에 있었음을 깨닫게 해주었다. 다수의 입장을 대표하는 일이 꼭 모든 이들의 목적은 아니었던 것이다. 이를테면 워싱턴 주는 인구의 약 2퍼센트만 모르몬교도이지만, 참석한 여성들의 절반 가까이가 모르몬교도였다. 그런 불균형은 미시건과 미주리에서도 나타났다. 성평등 헌법 수정안에 대한 모르몬교도의 이 막대한 저지 노력은 비준 절차에 이어, 휴스턴에서 투표에 부쳐질 것이 분명했다.[11] 미국인의 60퍼센트 이상이 수정안을 지지했지만, 한 모르몬교도 여성은 성평등 헌법 수정안을 위한 캠페인을 벌인다는 이유로 교회에서 제명될 위기에 처했다.[12] 이러한 반대는, 성평등 헌법 수정안이 여성들에게 집 밖에서 평등을 제공함으로써 여성의 전통적인 역할을 벗어나게 만들지 모른다는 두려움 때문이라는 말도 있었고, 성별 통계표를 불법화하면 인종별 통계표의 경우에서 그랬듯, 모르몬교 소유의 보험회사가 돈을 잃을 것이라는 사실을 지적하는 이들도 있었다. (예를 들어, 담배를 피우지 않는 여성이 담배를 피우는 남성보다 종종 더 많은 보험료를 지불했다. 왜일까? 평균적으로 여성들이 더 오래 살기 때문이다.) 반대편의 인쇄물은 성평등 헌법 수정안이 남녀공용 화장실, 전투하는 여자, 더 이상 아내를 부양할 필요가 없는 남편들 따위를 의미한다고 말했다. 말하자면 하나도 정확한 것이 없었다.

밖으로 알리는 것이야말로 많은 병을 치료한다는 이론에 따라 벨라는 기자회견을 열어, 한 종교단체가 지나치게 많은 대표들을 차지하려 한다고 폭로했다. 모르몬교가 정치권력을 발휘하는 주들의 의원들은 벨라가 종교적인 편견을 가지고 있다고 비난하며 공개 사과를 요구했고, 벨라는 이를 수용해야 했다. 벨라가 힘에 굴복하는 모습을 본 것은 이때가 유일했다.

기타 몇몇 종교단체들도 대표회의에 적대적이기는 마찬가지였다. 미주리에서는 교회 버스들이 5백 명가량의 기독교 근본주의자 여성과 남성 들을 투표 시간에 맞춰 주 회의장에 데려왔지만, 공개 토론으로 망신당하기에 충분한 시간은 아니었다. 많은 주에서 가톨릭 단체들이 낙태와 피임 반대 팸플릿과 피켓을 들고 나왔다. 가톨릭 여성들 역시 적어도 비가톨릭 여성들만큼 낙태도 하고 피임도 하고 있음에도 불구하고. 아니면 아마도 그 때문인지. 오클라호마에서는 기독교 근본주의자들이 집안일을 "여자들에게 가장 중요하고 보람 있는 일"이라고 주장하며 그 모임을 끝장내기 위해 투표했다. 나는 어떤 이들에게는 종교가 단지, 누군가 함부로 비판할 수 없는 하나의 정치 형태라는 사실을 알아채기 시작했다.

미시시피에서는 다인종 회의에 대한 백인 우월주의 단체 KKK의 공포심이 날로 커져 많은 단원들을 동원했고, 적어도 아프리카계 미국인이 3분의 1을 차지하는 주임에도 거의 백인으로만 이루어진 위원회가 선출되었다.[13]

결국 우리는 처음부터 정했어야 할 규칙을 세웠다. 회의에 참석할 사람들은 버스에서 우르르 내려 문 앞에서 등록하는 게 아니라 미리 개별적으로 등록하도록 한 것이다.

미네소타에서 민주농민노동당의 페미니스트 총회를 창설한 코린 호벌Koryne Horbal은, 반평등 집단은 휴스턴에서 반대할 이슈들의 목록들을 배포하고 있지만, 친평등 집단은 지지할 이슈 목록을 배포하지 않고 있다는 사실을 알게 되었다. 코린은 모든 친평등 이슈들을 하나의 전국 행동 계획에 집어넣고 '나는 계획에 찬성합니다'라고 적은 배지를 만들어, 몇 주간 대표들에게 전화해서 각 이슈가 왜 중요한지를 일일이 설명했다. 휴스턴에 도착하자, 명확함을 만들어낸 코린의 작업이 많은 문제들을 해결해주었다. '나는 계획에 찬성합니다' 배지는 같은 편인지 몰랐던 여성들을 알아볼 수 있게 도와주었다. 반평등 대표들 역시 붉은색의 'ERA 정지' 배지를 착용해 서로 알아보았다.

이 길고도, 힘들고, 유머러스하고, 교육적이고, 화나게 하고, 단결하게 하고, 즉흥적이고, 기진맥진하게 한 2년의 과정은 아마도 우리 모두의 수명을 단축시켰을 것이다.

하지만 그럴 가치가 있었다. 1977년 11월의 어느 무더운 날, 2천 명의 선출 대표들과 1만 8천여 명의 참관인들이 휴스턴에서 가장 큰 경기장을 채우기 시작했다. 예술에서 복지에 이르는 이슈 분야들, 그리고 그것들에 투표하는 사흘간, 절박감과 흥분감이 있었고, 우리가 차마 떨치지 못했던 공포감도 약간 있었다. 또 수백 개의 성평등 헌법 수정안 반대, 낙태 반대 등의 피켓들이 우리가 성공하지 못하기를 염원하며 경기장 밖에서 행진하고 있었다. 건너편 지역에서는, 필리스 슐래플리 Phyllis Schlafly가 이끄는 우파의 종교적 반대회의 소식이 동등하게 미디어에 보도되고 있었다. 그들은 전국 여성회의가 가족과 신에 반대하는 것이고, 그래서 대표하는 것이 될 수 없다고 비난했다. 그런 반대회의 참여자들이 누구에 의해 선출된 것이 아니었음은 말할 것도 없었다.

내가 희망할 수 있는 것이라고는, 벨라가 생각할 수 있는 모든 민주주의 상징을 포함한 전략들이 차이를 전달하는 것이었다. 거기에는 영부인들, 걸스카우트 기수단, 그리고 투표권 투쟁이 시작되었던 뉴욕 주 세네카 폴스Seneca Falls에서 출발해 횃불을 들고 회의장까지 달리는 여성 릴레이 주자들도 있었다. 우파 라디오 진행자는 모습을 드러낸 영부인들을 공격했고, 앨라배마에서 필리스 슐래플리의 지지자들은 지역 주자들에게 휴스턴까지 이어지는 주요 고속도로 구간 달리기를 거부하라고 촉구했다. 위험을 무릅쓰고 휴스턴의 한 젊은 여성이 그 자리를 채우기 위해 앨라배마까지 비행기를 타고 날아갔다.

대표자들과 대체요원 수천 명이 속속 도착하면서 휴스턴의 호텔에서 몇몇 비즈니스 대회 참가자들의 체크아웃 시간이 지연되었다. 우리 대표들은 체크인을 하기 위해 몇 시간 동안 줄을 서서 기다렸다.

나는 로비의 줄을 따라 왔다 갔다 하면서 안심하려고 애썼다. 먼 나라에서 온 참관인들은 자기가 살던 주를 예전에 한 번도 떠나본 적이 없던 여성들 옆에서 야영을 했다. '타이틀 IX'* 선수들은 휠체어를 타고 있는 여성 장애인 옹호자들과 물을 나눠 마셨다. 하와이 원주민들은 알래스카 원주민들과 누가 더 장거리 비행을 했는

---

* 여성에게 동등한 교육 기회를 주기 위해 개정된 교육법의 하나로 1972년 미국 의회를 통과했다.

지 비교했다. 기업이나 정치계의 고위급 여성 지도자들도 다른 사람들처럼 줄을 섰다. 몇 차례 심각한 고비들이 있었지만, 대부분의 여성들은 정신없는 축하파티 같은 분위기 속에서 서로를 알아가는 듯했다. 반대 데모와 중대한 목표의 조합에 대해 그토록 우려하지 않았더라면 나 또한 축하파티를 즐겼을 것이다. 그때 상황에서는 그저 집에 돌아가, 베개 밑에 머리를 묻고, 지나치게 신경 쓰이는 이 행사를 잊어버리고만 싶었다. 실패할까 두려웠다.

이런 혼란 속에서, 인디언 거주 지구에서 온 스무 명가량의 여성 대표들은 직접 일을 진행하고 있었다. 그녀들은 로비에 손으로 안내문을 써 붙여 서로를 찾아냈다. 그리고 마땅한 회의실이 없자, 여성 라운지의 근사한 대기실에서 독자적인 이야기 모임을 만들었다. 멀리 떨어진 여러 인디언 거주 지구에서 온 이 여성들은 이전에 좀처럼 모일 수가 없었다. 그런 말을 들었을 때, 나는 처음으로 조직가의 자긍심을 떠올렸다. **이런 일이 일어난 것만으로도 충분하다.**

횡뎅그렁한 대경기장에, 빨간 티셔츠를 입은 젊은 여성 관계자들이 대표들을 참가자석으로 입장시키기 시작했다. 그룹들이 주별로 배치된 좌석들의 구역을 차츰 채워나가는 것이 마치 대통령 선거 전당대회 같았다. 밖에서는 피켓을 든 사람들이 여전히 분노에 찬 슬로건을 외치고 있었지만, 참가자석에서 그리고 참관인들로 채워진 관람석에서 웅성대는 소리에 곧 떠내려가버렸다.

젊은 주자 두 명이 세네카 폴스에서 시작된 횃불을 들고 중앙 통로 위로 나타났다. 기적적으로, 마야 앤젤루Maya Angelou가 이 행사를 위해 지은 시를 낭독할 때에 딱 맞추어. 나는 전 영부인 두 명과 당시 대통령의 부인인 버드 존슨Bird Johnson, 베티 포드Betty Ford, 로

잘린 카터 Rosalynn Carter가 대표단을 맞는 광경을 큰 무대 뒤에서 지켜보았다. 세 명의 영부인들은 아마도 그녀들의 남편들에게 반대하는 데모를 했을 사회운동가들의 박수를 받았다. 텍사스에서 온 아프리카계 미국인 여성 의원 바버라 조던 Barbara Jordan이 우아한 수사로 '가정 인권 프로그램'을 주창하는 연설을 하자 멕시코, 인도, 일본에서 온 참관인들이 응원을 보냈다. 십 대들은 인류학자 마거릿 미드 Margaret Mead의 반핵 연설에 기립 박수를 이끌었다. 비록 많은 사람들이 이 혈기 왕성한 노부인이 누구인지 전혀 몰랐을 테지만 말이다.

아동 양육에서 외교 정책에 이르는 주제들에 대해 각 주에서 선정한 26개의 복수 강령들을 두고 열띤 토론이 펼쳐졌고, 동시에 그 모든 것들을 토론할 시간이 있을지 암암리에 걱정하기도 했다. 시간이 흐르면서 의장과 의원들이 자리를 바꾸었고, 한 사람 한 사람이 하나의 거대하고 무질서한 오케스트라를 지휘하는 토스카니니처럼 보였다. 나는 진행 순서의 불가사의한 지점들에 대한 논란에 귀 기울였고, 진심 어린 강연, 모든 것을 방해하는 시위들, 토론장의 수많은 회의들도 경청했다. 여하튼 나는 행사가 그런대로 진행되어가고 있으며 유머감각이 가득하다는 사실을 믿을 수 없었다.

반ERA 배지와 미국 깃발을 단 모든 여성들의 열렬한 저항에도 아랑곳없이 그 논쟁적인 '성적 선호 sexual preference' 혹은 성적 지향 강령이 통과되었다. 회의는 평등한 고용과 아동 양육권에 대한 레즈비언의 권리를 지지했다. 가장 놀라운 일은, 베티 프리단이 토론장에서 지원 발언을 한 것이었다. 자신의 유명한 문구 '라벤더색 위협 Lavender Menace'이 당시 레즈비언 당사자들에 의해 유머와 공개적 대항으로써 채택돼 사용되기도 했던 그 베티가 "레즈비언을 포함시키면 여성운동이 손상되거나 실패할 것이다"라며 십여 년간 유지해온 자신의 입장에 종지부를 찍었다. 마침내 페미니즘이 모든 여성을 하나의 카스트로 인식한다는 점과, 모든 여성을 받아들일 때까지는 반레즈비언 편견이 어떤 여성에게 걸림돌이 될 수 있다는 점에 과반수가 동의한 것이다.

그때까지 나는 반대편이 우리보다 더 단결된 것을 두려워했다. 예를 들어, 피임과 낙태에 반대하는 집단은 동시에 동성 간의 성관계에도 반대했다. 표면적으로는 비논리적이었지만 종교적 우파는 임신으로 이어지지 않는 섹스는 무엇이든 반대했다. 이제, 인간의 성적 표현이 우리가 선택한다면 재생산의 방식일 뿐 아니라, 즐거움과 유대감의 방식이기도 하다는 점을 인정하는 데 대표적인 과반수가 의견을 모았다.

첫날의 마라톤을 끝낼 무렵, 벨라는 다음 멘트로 긴장감을 깨고서 웃음과 환호를 받았다. "잘 자, 자기들!"

나는 막판에 다양한 유색인종 여성의 회의들에서 일종의 서기가 되어달라는 깜짝 요청을 받았다. 나는 호텔방 여기저기, 회의실 여기저기를 전전하며 모두가 공유한 관심사들을 적고, 그들의 승인을 위해 여러 가지 언어를 조합하고, 각각의 모임 특유의 이슈들을 덧붙였다. 목표는 개별 주 회의에서 나온 이른바 '소수자 여성 강령Minority Women's Plank'의 한 대용물을 구성하는 것이었다. 그러나 유색인종 여성들은 집단으로 만날 기회가 없었다. 아시아계 여성들은 하와이에서 뉴욕까지 흩어져 있었다. 히스패닉계 총회는 주로 한쪽 해안의 멕시코계와 다른 쪽 해안의 푸에르토리코계였다. 아프리카계는 전국에서 왔고, 북미 인디언과 알래스카 원주민 총회는 모든 단체 가운데 가장 넓게 흩어져 있었다. 휴스턴은 그녀들이 만나서 공통 이슈와 개별 이슈 들을 포함한 하나의 강령을 제시할 처음이자 유일한 기회였다. 만일 낮 시간에 만난다면 중대한 회의장 투표를 놓치게 될 것이었다. 늘 그렇듯이 이중 차별은 두 배로 일이 많아짐을 의미했다.

나는 그녀들이 기분 좋게 부르는 '우리의 증표'가 되어, 유색인종이 아닌 유일한 사람으로서 아침 일찍이든 밤늦게든, 서로 다른 호텔방에서 만나 초안을 작성하는 집단들을 여기저기 찾아다녀야 했다. 나는 가능한 언어를 조합하여 특유의 이슈들을 목록화하고서, 모두의 승인을 받기 위해 다시 결과를 전달했다. 이 작업을 맡은 것은 영광이었지만 안 그래도 높은 내 불안 수위가 한층 더 높아지기도 했다. 나는 일을 엉망으로 만들까봐 두려웠다. 회의장의 혼돈 가운데에서 각각의 회의실에 다다르는 일이 육체적으로 가능한지조차 확신할 수 없었다.

나는 이런저런 총회들로 옮겨다니면서, 휴스턴식 베이글에서 텍사스-멕시코식 피자에 이르는 먹거리들로 아침이나 야식을 때우고 아무 바닥에서나 야영하는 여성들을 보았다. 3백 명의 아프리카계 대표들 중에는 의회 절차에 능숙한 국회의원들도 있었고, 이전에 한 번도 회의에 참석해본 적이 없는 여성들도 있었다. 실크 드레스를 입은 델타 여성들, 군 장화를 신은 학생들, 투표를 불신하는 급진파들, 엘리너 루스벨트를 만난 이후 투표권을 위해 싸워온 도로시 하이트 같은 시민권 베테랑들도 있었다.

아프리카계 여성들은 인종차별과 빈곤이라는 포괄적 이슈들을 제기했고, 아시아 태평양계 여성들의 총회는 언어 장벽, 노동력 착취, 미군의 아내로 이 나라에 온 여성들의 소외 문제를 보탰다.

히스패닉계의 총회는 미국에서 출생한 자식들과 떨어져 추방당한 멕시코계 여성들, 미국 시민권자가 아닌 것처럼 취급받는 푸에르토리코계 여성들, 고국과의 긴장 관계 때문에 가족들과 절연하게 된 쿠바계 여성들에 대해 발언했다. 어떻게든 이 모든 것들은, 회의장으로 가서 모든 대표들이 투표할 수 있도록 하나의 소수자 강령 대용물로 정리되어야 했다.

북미 인디언과 알래스카 원주민 총회에서는 아직 준비된 것이 하나도 없었다. 인디언 거주 지구에서 온 이 대표들은 교육이 가장 절실했다. 이를테면 원주민 여성들이 조약을 염두에 두고 '종료'에 반대하는 발언을 열정적으로 전개할 때, 소수자 총회의 다른 여성들은 '종료'를 임신과 관련하여 이해했다.* 다른 유색인종 여성들이 주류 안에서의 평등을 요구하며 싸울 때, 원주민 여성들은 거기에 주류 밖의 부족 자치권과 자결권을 보태어 요구했다. 조약에 따라 원주민 국가들은 워싱턴과의 관계에 있어 정부 대 정부의 지위를 가질 수 있었지만, 현실적으로는 학교에서 그들의 언어조차 가르칠 수 없는 상황이었다. 한 원주민 대표의 말대로, "다른 미국인들에게는 자기 고향의 역사와 가족과 유전자 공급원이 있습니다. 프랑스어나 아랍어는 미국에서 잊힌다 해도 다른 곳에서 여전히 사용됩니다. 우리에게는 다른 나라가 없어요. 만약 우리의 언어들이 쓸려 나가면 다시는 되돌아올 수 없어요. 우리가 여기서 사라지면 그걸로 끝입니다."

나는 이야기를 들으면서 내 나라에 내가 전혀 알지 못하는 중요한 문화들이 있고, 이 문화들이 남성과 여성, 인간과 자연 사이의

---

* 영어로 'termination'은 '종료'와 '임신 중절'의 뜻이 있다.

균형을 유지하거나 회복하기 위해 투쟁하고 있다는 사실을 깨닫기 시작했다. 현대의 사회 정의 운동이 자기네가 발명했다고 여긴 그 균형 말이다. **인디언 거주 지구**Indian Country라는 익숙한 용어도 미국 내에서 자치 구역만을 의미하는 것이 아니라, 첫 사람들First Peoples이 사는 곳이라면 대도시와 작은 마을 어디든 그 안에 존재하는 공동체의식 역시 뜻하는 것이었다. 한 체로키 운동가는 내게 이렇게 말했다. "**인디언 거주 지구**는 우리의 집이나 보호구역이나 도시의 약칭이 되었어요. 우리가 알려진 곳, 우리가 안전한 곳이라는 거죠."

나는 다른 여성 집단과 비교해 이곳에서는 유머가 훨씬 중요한 생존 전략임을 또한 파악했다. 누군가 물었다. "콜럼버스가 원시인을 뭐라고 불렀죠?" 답은 "여성이다Equal women."*

내가 얼마나 모르고 있고, 얼마나 많이 배우고 싶어 하는지를 깨달은 첫 순간이었다.

마침내 긴급한 이슈들이, 소수민족 여성 강령의 원본을 대용할 강령이 될 만큼 간략한 문안들로 축약되었다. 정리된 강령을 회의장에 제출하기 몇 분 전, 각 유색인종 총회의 대변인들이 텍스트를 최종 확인하기 위해 비어 있는 물품보관소에 모였다. 그리고 나서 회의장으로 급히 이동하여 거대한 대경기장의 마이크 주변을 둘러쌌다.

먼저 맥신 워터스Maxine Waters가 성과 인종이 복합된 차별의 영

---

* 'Equal women'은 '여성이다(=여성)'로 번역되는 동시에 '평등한 여성'으로도 번역된다.

향에 대한 서문을 낭독했다. 이 젊은 캘리포니아 여성 국회의원이 자신이 가진 조직력을 활용해 3백 명의 다양한 흑인 총회 멤버들을 한데 모은 것은 대단한 명예였다.

다음으로 체로키의 교육자이자 활동가인 빌리 네이브 매스터즈Billie Nave Masters는 북미 원주민과 알래스카 원주민 총회 대표로서, 자치권에 대한 그들의 특정 이슈를 상기시키고 '지구 어머니와 위대한 영혼'을 언급하며 연설했다. 나는 그런 단어들이 정치적 행동 계획에 속한 것처럼 보이지 않더라도 그대로 남겨두어도 괜찮을지 다른 총회에 질문했었다. 흑인 총회의 한 나이 든 여성이 찬성했다. "그런 말들은 우리 할머니가 관심을 가질 만한 유일한 단어들이에요. 이슈들은 머리이고, 그런 말들은 심장이죠." 빌리가 그것을 낭독했을 때 나는, 대표들이 누가 시를 낭독하는지 보기 위해 자리에서 일어나는 광경을 보았다.

다음 차례는 젊은 일본계 미국 배우인 마리코 체Mariko Tse로, 아시아 태평양계 미국인들이 겪는 언어 장벽, 문화적 편견, 노동력 착취의 현실, 반항도 말썽도 없으리라 보는 '모범적인 소수민족'이라는 고정관념에 대한 투쟁을 언급했다.

히스패닉계 총회에서는 세 명의 대표들, 멕시코계 미국인 리더인 샌디 세라노-세웰Sandy Serrano-Sewell, 쿠바계 미국인 아나 마리아 페레라Ana Maria Perera, 푸에르토리코계 상원의원 셀레스테 베니테스Celeste Benitez가 함께 마이크 앞에 섰다. 스페인어를 사용하는 상이한 집단들이 히스패닉으로서 전국을 가로질러 공적으로 단합한 것은 이때가 처음이었으며, 남성 동료들에게도 이런 모임을 추진해보도록 촉구하고 있었다. 세 사람은 번갈아 낭독하고, 이민자 권리와 이민 노동자의 최저 임금부터 스페인어를 사용하는 기자는 외국 언론이 아니라는 점을 미디어에 상기시키는 문제까지 모든 것을 함께 주창했다.

마지막 차례인 코레타 스콧 킹*은 경호원과 함께 오름으로써 과거의 비극과 현재의 위험을 떠오르게 했다. 코레타는 젊은 흑인 여성의 실업률이 젊은 흑인 남성보다 높다는 사실을 비롯해, 흑인 가족에 대한 주택 공급 차별, 흑인 아동 입양 문제 등에 대해서 언급했다.

그리고 모든 총회를 대변하여 "이 나라의 모든 소수민족 여성을 대신하는 이 대체 결의안에 열렬한 지지를!" 주창했다. 환호가 이어졌으나 코레타의 목소리가 그 소리를 뚫고 나왔다. "이 메시지가 휴스턴을 출발해 이 나라의 구석구석으로 퍼지게 합시다. 모든 불의에 대항해 새로운 힘, 새로운 이해, 새로운 자매애가 이곳에서 탄생했습니다. 우리는 다시는 분열되지 않을 것이고, 패배하지 않을 것입니다!"[14]

구호와 박수와 눈물과 함께 2천 명의 대표들은 새로운 소수민족 강령을 갈채로 수락했다. 회의가 절정에 다다랐다. 나는 이 회의를 순조롭게 진행한 역할에, 내 인생에서 성취한 어떤 일 못지않은 커다란 자부심을 느꼈다.

이 동굴 같은 대경기장 뒤쪽에서 누군가 〈우리는 승리하리라We shall overcome〉를 부르기 시작했다. 대양의 파도처럼 사람들도 일어서서 노래를 불렀다. 나는, KKK가 일부 장악한 주 회의로 선출된 집단인 미시시피 대표단의 한 백인 남성과 여성이 옆 사람들 너머

---

* Coretta Scott King, 1927~2006. 마틴 루터 킹 주니어의 아내로 그와 함께 인권운동과 행렬에 참여했고, 그의 사망 후에도 인권운동을 계속했다.

로 손을 뻗어 잡고 서 있는 광경을 보았다.

두 번째 코러스로 관람석과 미디어의 참관인들 역시 서서 노래를 부르고 있었다. 노래가 끝난 뒤에도 사람들은 머리 위로 손을 들어 박수를 치고 구호를 외쳤다. "이제 우리의 운동이 시작된다!" 아무도 이 순간이 끝나길 원하지 않는 것 같았다.

나는 내가 눈물을 흘리고 있는 것에 놀랐다. 이 여성들이 내가 작가로서 돕는 것을 신뢰해준 덕분에, 나는 그때까지 일상에서 나를 분열시켰던 두 가지, 글쓰기와 사회운동을 함께 할 수 있는 방법을 보기 시작했다.

그 2년을 기점으로, 내 인생은 이전과 이후로 나뉘었다.

휴스턴 이전에 나는, 적대적인 시위자들로부터 회의를 보호할 수 있을 퇴직 경찰관들에게 우리의 얼마 되지 않는 기금의 일부를 지불하는 데 표를 던졌다.

휴스턴 이후에 나는, 운동 경험이 있는 붉은 티셔츠를 입은 젊은 여성 자원활동가들이 퇴직 경찰관들보다 보안을 유지하는 데 월등히 뛰어나다는 사실을 깨달았다. 그녀들에 대한 내 믿음 부족은 나 자신에 대한 믿음 부족이었던 것이다.

휴스턴 이전에 나는, 소규모 집단의 여성들이 용감하고, 서로에게 충실하고, 서로의 차이를 존중할 수 있다는 사실을 알고 있었다.

휴스턴 이후에 나는, 여성들이 큰 차이를 뛰어넘어 중대한 목적을 위해서 대규모로 이런 일을 할 수 있다는 사실을 배웠다.

휴스턴 이전에 나는, 최소한 남성들만큼 여성들도 대규모 공공 행사들을 주최할 수 있다고 말했다.

휴스턴 이후에 나는, 그 사실을 믿게 되었다.

모든 대표들과 참관인들이 노래하고 구호를 외치는 감동적인 폐회식이 끝날 무렵, 무리를 지은 여성들은 몇 시간 동안 대회장에 남아 얘기하고, 주소를 교환하고, 계속 연락하자고 약속했다. 사흘 낮과 밤 동안 우리에게 유일한 현실이었던 이 공간을 떠나기를 주저하는 것 같았다. 그리고 마침내 쓰레기와 빈 좌석들 사이에 나 혼자 남게 되자, 아드레날린이 빠져나가고 피로가 몰려오는 것을 느꼈다.

나는 궁금했다. 미래의 누군가가 여기에서 일어난 일을 알거나 관심을 가지게 될까? 나는 대학의 역사 강의를 통해 한 세기에 걸친 노예제 폐지론자와 참정권 확장론자의 활동이 교재의 두세 단락으로 축약되어 있음을 알고 있었다. 자석처럼 강렬한 사람들을 동떨어지고, 지루하고, 상관없는 사람처럼 보이게 만들 수도 있었다. 신문 보도에서 휴스턴 회의는 이집트 사다트 대통령의 상징적인 단기간 이스라엘 방문으로 그늘에 묻혀 있었다.[15]

마치 내 의심에 부름을 받은 것처럼 젊은 원주민 여성 셋이 대경기장 회의장을 가로질러 내 쪽으로 걸어오고 있었다. 한 사람은 가장자리에 보라색과 황금색 리본을 두른 붉은 술이 달린 숄을 지니고 있었다. 다른 사람은 파란색과 흰색의 큰 메달 모양의 보석이 달린 긴 구슬 목걸이를 들고 있었다. 그녀들은 내 어깨에 숄을 둘러주면서 인디언 집회에서 춤출 때 입을 수 있다고 설명했다. "그리고 인디언 집회에서 춤을 추게 되실 거예요"라고 한 명이 미소 지으며 말했다. 그녀들은 내 목에 꽃으로 된 메달을 걸어주면서 우드랜즈 사람들 방식으로 엮은 것이라고 설명하고는, 이것이 나를 보호해줄 것이라고 말했다. "저희를 계속 지지해주시려면 이게 필요할 거예요"라고 한 명이 나를 안으며 말했다. 그들은 올 때처럼 신비롭게 떠나갔다.

길 위의 인생

나는 정말로 훗날 인디언 집회에서 춤출 때 나의 숄을 두르게 되었
다. 나는 기득권 앞에 나서야 하는 경우처럼 두려운 일을 해야 할
때마다 그 목걸이를 걸었다. 이를테면 마치 내가 이스트 톨리도나
트레일러 주차장에서, 또는 그 둘 다에서 막 빠져나온 느낌을 갖게
만드는 경우에 말이다. 그 목걸이는 하도 자주 걸어서 나중에는 끊
어져 떨어지고 남은 구슬을 그릇에 보관해야 했다.

　나는 휴스턴에서 집으로 돌아온 뒤 며칠간 잠을 잤다. 그런 다음
다른 여성들이 휴스턴 회의에 대해 쓴 것들을 읽기 시작했다. 회의
장에서 북미 원주민의 결의안을 낭독했던 빌리 네이브 매스터즈
가 쓴 글은 시를 포함하고 있었다. "생존이 걸린 문제인데도 사람
들이 진지하게 대하지 않는다면, 인디언들은 이를 수많은 상실의
역사에서 또 다른 상실로 받아들이고 그냥 떠나버립니다. 하지만
휴스턴에서는 그런 방식이 들어설 자리가 없었습니다……. 내 인
생에서 갖게 될 가장 강렬하고 의미 있는 경험이었습니다."[16]

　우리는 그토록 다른 삶들에서 왔지만, 휴스턴에 대해서는 같은
것을 느꼈다. 빌리에게는 인디언 거주 지구를 포함한 공공 행사를
찾기란 드물었다. 내게는 계층이 아닌 원형이 목적인 삶의 방식을
일별한 경험이었다.

　언젠가 있었던, 그리고 또 있을지도 모를 이 경험이 없었더라면
나는 지금과 같은 방식으로 여행하지 않았거나, 지금과 같은 나라
를 보지 않았거나, 지금과 같은 사람이 되지 않았을 것이다.

또 다른 여행을 시작하며, 뉴욕 시티, 1980년

© 매리 엘렌 마크

3장

내가 운전하지 않는 이유

자가용은커녕 운전면허증도 없으면서 나는 왜 길에 대한 책을 쓰고 있는가? 여행에 너무 익숙해져서 나는 이런 질문은 예상하지도 못했다.

　나도 한때는 다른 사람들처럼 독립의 상징으로서 운전에 사로잡힌 적이 있었다. 고등학교 졸업반일 때 차도 없고 그럴 형편도 아니었지만 운전면허학원에 등록했다. 어머니의 인생과 내 인생 간의 차이를 상징하기 위해 운전하리라는 마음은 그다지 크지 않았다. 어머니는 수동적인 승객이었기 때문에 면허증은 내게 도피의 시작일 수도 있었다. 여성의 운명이 개인적인 잘못이 아니라는 것을 아직 모르는 수많은 딸들이 말하듯, 나는 나 자신에게 말했다. **절대로 엄마처럼 되지 않을 거야.** 대학에 다닐 때 '자기만의 방' 이 필요하다는 버지니아 울프의 혁명적인 요청사항을 읽고는 말 없이 덧붙였다. 그리고 차도.

　하지만 인도에서 돌아왔을 무렵에는 누군가와 함께하는 여행이 내게 자연스럽게 여겨졌다. 차 안에 혼자 있는 것이 언제나 또는 일반적으로도 가장 보람 있는 여행 방법은 아니라고 배운 터였다. 함께 여행하는 동반자들과의 수다가 그리울 것이고, 창밖을 내다보는 일이 그리울 것이다. 내가 관심을 기울일 수 없다면 어떻게 가는 길을 즐길 수 있을까? 차를 가지려 하지 않는 보기 드문 미국인이 되기 위해 변명하는 일은 그만두었다. 환경 문제를 대거나 잭 케루악도 운전하지 않았다고 설명하는 일도 그만두었다. 케루악의 말대로 그는 "운전할 줄 몰랐고 타자 칠 줄만 알았다." 나는 뉴요커들이 가장 행복한 미국인들로 꼽혔다는 여론 조사 결과를 가끔 인용했다. 왜일까? 우리는 미국 내 비운전자들의 수도인 이곳에서, 쌩쌩 달리는 빈 깡통 안에서 고립되는 대신 거리에서 서로를 바라보기 때문이다.

그러나 사실은, 내가 운전하지 않기로 결정한 게 아니라 그렇게 결정되었다. 이제 누군가 정중하게 왜 운전하지 않는지 물으면 (여전히 이 질문을 받는다) 그저 이렇게 말한다. **문을 나서는 순간, 모험이 시작되니까요.**

I.

나는 친구 한 명과, 겨우 6년 전에 암살된 대통령의 이름을 딴 JFK 공항으로 가는 길의 택시 안에 있다. 우리의 나이 든 운전기사는 테네시 윌리엄스의 연극에 등장하는 거친 트레이드 캐릭터 trade character 같다. 문신이 비치는 내의, 택시면허증 틀에 찔러 넣은 오래된 해병대 사진이 완비된. 분명히 이곳은 그의 택시이고 그의 세계이다.

길 위의 인생

친구와 나는 연인 같은 티를 많이 내고 있다. 실제로도 연인이기에. 우리는 택시기사가 백미러로 우리를 쳐다보는 것을 또한 지나치게 의식하고 있다. 우리가 짐을 가지고 어둑해지는 거리에서 택시를 기다리는 동안, 백인 청소년들을 가득 실은, 차체가 아주 낮은 차가 휙 지나가면서 저녁 공기 속에 치명적인 단어 "깜둥이!"를 남기고 가버린 뒤였기 때문이다. 우리가 초현실의 공격과 지속을 잊고 평정을 찾기 위해 고투하는 것을 나는 지금 느낄 수 있다.

우리가 공항에 다다르자, 기사는 앞좌석과 뒷좌석 사이의 칸막이를 천천히 연다. 친구와 나는 둘 다 점점 더 긴장한다. 나는 늘 그 칸막이 구멍에 대고 말할 때마다 감자튀김을 주문하는 것 같다고 생각한다. 그러나 이번에는 그 장벽이 고맙다. 우리는 기사가 우리에 대해 무슨 생각을 하는지 모른다.

기사는 열린 구멍으로 무언가 밀어넣는다. 정장을 차려입은 젊은 남성과, 그와 팔짱을 낀 채 양손으로 지갑을 움켜쥔 통통하고 미소 띤 젊은 여성을 찍은 낡고 오래된 사진이다. 그가 말한다. "아내랑 결혼할 때 찍은 사진이에요. 내가 한국에 있을 때를 빼고 우리는 40년간 하루도 떨어지지 않았어요. 아내는 내 베스트프렌드이고 연인입니다. 그러나 정말이지, 당시 우리는 결혼하기 힘든 처지였어요. 처가는 폴란드 출신의 유대인이고, 우리는 시실리 출신의 가톨릭 집안이거든요. 첫 손자가 태어날 때까지 두 집안사람들은 서로 말도 하지 않았죠. 내가 이런 얘기를 두 분에게 하는 이유는, 오늘이 우리 결혼기념일이고 글쎄요, 이렇게 말해도 괜찮으시다면 두 분을 보니 옛날 생각이 나서요. 기분 나쁘실 것 없다면 두 분의 차비를 받지 않고 싶습니다. 그러면 집에 가서 아내한테 우리 같은 젊은 한 쌍을 도왔다고 말할 수 있을 테니까요."

놀라고 감동한 우리는 말만으로 충분하다고 거절하지만, 결국 택시기사에게 너무도 큰 의미가 있는 일이라서 그의 제안에 응하고 만다. 공항에서, 우리 셋 모두 택시 밖에 서서 악수를 하는데 약간 어색함을 느낀다.

기사가 말한다. "저희 부부, 그리고 두 분, 이 나라에 중요한 건 결국 우리 같은 사람이잖아요."

나중에 나와 친구는, 길거리에서 그 인종차별주의자의 외침이 내린 최악의 벌은, 우리가 처음 그의 택시에 탔을 때 이 남자를 불신하도록 만든 것이었음에 동의하게 된다.

몇 년이 흐른다. 친구와 나는 서로 다른 인생을 꾸려간다. 그는 서부 해안에서 아이들과 손자들을 두고, 내가 알 수 없는 삶을 산다. 우리가 확신하는 것이라곤 우리가 서로의 안녕을 기원한다는 것뿐이다.

우리가 거의 30년 후에 우연히 재회할 때, 그가 처음으로 내게 한 말은 "그 택시기사 기억해?"이다.

그리고 나는 기억한다.

택시를 타면 누군가의 삶 속으로 들어가게 된다. 계기판 위에 있는 아이들 사진, 백미러에 매달린 종교적인 물건이나 장식물들, 택시면허증으로 분명히 드러나는 이름, 그리고 아마도 출신 민족, 거기에 추가로, 작은 공간에서 운전사의 몸 자체로 전해오는 감각의 부딪침, 모든 것이 나를 움직이는 세계로 끌고 간다. 작가 피트 해밀Pete Hamill이 표현한 "고독에 맞선 일상의 전략인, 승객들과의 잠시 동안의 친밀함"[1]으로, 운전사들은 당신에게 이야기를 들려주고 당신의 이야기를 듣는 것에 행복해한다.

길 위의 인생

나는 처음 뉴욕에 살았을 때 달리는 차 안에서 이 말을 발견했다.《뉴욕》에 '시티 폴리틱The City Politic'이라는 주간 칼럼을 쓰기 시작한 이후 나는 목적지에 가기 위해서뿐만 아니라 여론과 선거에 대한 팁을 얻기 위해서도 택시의 도움을 받았다. 택시기사들은 사회 이슈들의 상황을 겉치레 없이 알려주는 가이드 같은 경향이 있고, 종종 대부분의 미디어 전문가보다 나은 정치 예측가들이다. 결국 그들은 여느 여론 조사에서 할애하는 시간보다 더 많은 시간을 무작위로 선택된 타인들의 이야기를 듣는 데 보낸다. 도청자가 듣는 내용보다 더 은밀한 대화를 우연히 듣기도 한다. 많은 경우 그들 자신이 새로운 이민자이거나, 새 이민자들과 함께 일한다. 그 때문에 그들은 여기는 물론 다른 나라에서도 실제로 일어나는 일들에 대한 정보의 보고이다.

한 예로, 9·11 테러 공격으로 맨해튼의 쌍둥이 타워가 넘어간 후 열흘 만의 일이었다. 나는 텔레비전에 나온, 당시 사무실 노동자들이 그 지옥에서 불타는 대신 죽음으로 뛰어내리던 장면 때문에 악몽에 시달렸다. 너무도 끔찍한 장면이었기에 방송국은 곧 그 장면을 보여주는 것을 중단했다. 다운타운 거리는 초현실적인 회색 재와 잔해로 뒤덮였고, 배수로는 날던 중에 타버린 새들의 시체로 가득 차 있었다.

내가 탄 택시의 기사는 꽤 젊은 백인 청년이었는데, 택시에 오르자마자 심각한 기운을 느꼈다. 우리가 지나가는 건설현장 울타리는 행방불명된 친지나 친구나 동료를 여전히 찾고 있는 사람들이 붙인 사진과 공고로 뒤덮여 있었다. 또 익명의 그래피티도 그려져 있었다. 마치 전염된 듯 뉴욕 곳곳에 붙었던 그 메시지와 함께. 우리의 슬픔은 전쟁을 위한 울부짖음이 아니다.

"뉴욕 사람들은 저렇게 느끼고 있어요"라고 기사는 말했다. "뉴욕 사람들은 폭파가 어떤 건지 알고, 그것이 지옥이라는 걸 알아요. 하지만 뉴욕 밖에 있는 사람들은 여기에 없었기 때문에 죄의식을 느낄 거예요. 죄의식과 무지 때문에 복수를 외칠 거예요. 우리는 범인이 잡히기를 원하지만 오로지 뉴욕에 없던 사람들만 다른 나라를 폭파하고 여기에서 일어난 일을 반복하기를 원할 거예요."

그의 말이 옳았다. 실제보다 원유에 더 눈독을 들인 듯한 조지 W. 부시 대통령이 만든 잘못된 주장에도 불구하고 이라크와 사담 후세인이 9·11과 아무 관련이 없다는 사실이 명확해지기 이전에 이미, 뉴욕 사람들의 75퍼센트는 미국의 이라크 폭탄 공격에 반대했다. 하지만 미국인들의 과반수는 지지했다.

나는 다른 도시의 택시기사들이 보인 정치적 안목에도 주목했다. 이를테면 내가 1990년대 초 미니애폴리스와 세인트 폴의 트윈 시티즈에 있을 때, 스웨덴식 이름을 가진 기사는 샤론 세일즈 벨튼Sharon Sayles Belton이 미니애폴리스의 첫 아프리카계 여성 시장이 될 것이라고 예측했다. 나는 샤론이 시 위원회 후보일 때 캠페인에 나선 일이 있지만, 그 공직조차 만만치 않을 것으로 보였다. 어떤 정치인이나 여론 전문가도 이 압도적인 백인 도시에서 샤론이 승리할 가능성을 내다보지 않았다. 영화 〈저주받은 도시Village of the Damned〉에 나오는 아이들처럼 금발에 파란 눈을 한 나의 택시 전문가는 달랐다. "내가 샤론에게 표를 던지고, 우리 가족도 샤론에게 표를 던지고, 손님들이 샤론에게 표를 던지니, 샤론이 이길 거예요." 기사는 자신만의 테스트 집단이 있었다. 그의 말이 옳았다.

시골의 작은 마을 기사들은 중서부의 민병대 포시 코미타투스Posse Comitatus와 북서부의 아리안 국가The Aryan Nation 같은 네오파

시스트 단체의 힘이 커지고 있다고 내게 경고했다. 지방 은행들은 그들 소유의 농장에 담보권을 실행하기를 두려워했고, 경찰은 농장주들이 중무장한 상태라는 사실을 알고 나면 그들의 농장과 곳간을 압류하는 일에 협조하기를 꺼렸다. 내가 이 뉴스를 뉴욕으로 가져오자 친구들은 과장이나 정신 나간 소리라고 묵살했다.

반면 운전은 많은 종류의 반항을 불러일으키는 외로운 직업이기에 극단주의적인 사람도 있었다. 몬태나의 빌링스에서 부업으로 택시를 운전하는 한 목장 주인은 UN이 미국 사람들을 감시하기 위해 검정 헬리콥터를 이용하고 있고, 세계 정부를 수립하려는 계획을 가지고 있다고 내게 말했다. 나도 그 사람을 정신 나간 사람으로 묵살했었다. 그러나 1년 후 몬태나의 시골 민병대원들이 그들 중 한 명이 소유한 목장에 모여 모든 헬리콥터들을 격추하겠다고 위협하고, 그럴 만한 무기도 가지고 있다는 기사가 여러 신문에 보도되었다. 내가 탄 택시기사도 그 사람들 중 한 명이 아닐지 의심스러웠다.

내가 뉴욕에 돌아와 "있잖아, 거기에 극우 단체가 있는데 완전히 무장한 상태야"라고 말했을 때, 도시 사람들은 여전히 이렇게 대답했었다. "꼴통들 몇 명뿐이야. 걱정할 필요 없어."

나중에야 언론에서도 극단주의 단체들을 심각하게 다루기 시작했다. 그때까지 그들은 여러 도시들에서 인종차별주의 살인을 저질러왔다. 진보적인 유대인 토크쇼 진행자 앨런 버그Alan Berg가 운전 중에 백인 민족주의 집단에 의해 피격된 것에서 시작해 오클라호마시티 정부 건물이 폭파되었고, 로스앤젤레스 탁아소의 유대인 어린이들에게 총격이 가해졌으며, 스포캔에서 마틴 루터 킹 퍼레이드 폭파 시도가 있었다.

북서부 시골 지역과 캐나다 일부에 무장한 분리주의자들의 국가를 수립하려고 하는 백인 지상주의자들에 관한 신문기사를 나는 아직까지 본 적이 없다. 그러나 내가 택시기사나 주유소 직원이나 시골 마을 관계자들에게 물어보면, 지역의 아리안 형제단Aryan Brotherhood이나 처벌받지 않는 작은 마을의 메탐페타민 실험실, 혹은 가지 않는 편이 신상에 좋은 몇몇 시골 지역을 확실한 사실들로 언급한다.

택시기사들은 시간이 있고, 듣지 않을 수 없는 청중이 있기 때문에 현대 신화의 매개체가 될 수도 있다. 예를 들어 볼더에서, 나는 잭 케네디가 린드버그의 아이라는 소리를 들었다. 솔트레이크시티의 한 택시기사는 "신을 믿지 않는 공산주의자들이 여성운동을 창조했다"고 내게 말했다. 댈러스의 어떤 기사는 페미니즘이 "기독교 가정을 파괴하려는 유대인의 음모"라는, 우익 기독교 근본주의자들에게서 많이 들을 얘기를 했다. 덴버 공항까지 가는 긴 여정에서, 예수 그리스도 살해부터 시작해 미국·유럽·일본 리더들의 사조직을 창립한 데이비드 록펠러까지 죽 이어지는, 국제 유대인 음모론의 일부로서 3국 위원회의 전체 스토리를 들었다. 나는 이 기사가 음모론 대회에서 우승감이라고 생각했었다. 뉴어크 공항에서, 3국 위원회가 9·11 세계무역센터 파괴의 배후에 있다고 확신하는 또 다른 기사를 만나기 전까지 말이다. 농담이 아니다.

이민자들이 처음 하는 일이 택시 운전인 경우가 많기 때문에 새 이민자들이 어느 도시로 가고 있는지도 알 수 있다. 워싱턴에서는 늘 불균형적으로 많은 아프리카 국가의 기사들을 만난다. 그들은 제일 빠른 길을 알지 못할 수도 있지만 더 중요한 이슈들에 대한 정보를 준다. 1960년대 말부터 현재까지, 에티오피아와 에리트

길 위의 인생

레아 출신의 기사들은 두 나라 사이의 무력 분쟁에 대한 최신 동향을 알려주었다. 미국·소비에트연방·카스트로의 쿠바 모두, 에티오피아가 훨씬 큰 나라이므로 에리트레아를 이길 것이라 판단하고 30년 전쟁에서 에티오피아를 지원했다. 하지만 택시기사들 말에 따르면 에리트레아가 이기는 것은 언제나 확실했다. 이 나라에서 온 기사들은 산악 지대의 독립 전투원들을 자랑스러워했으나, 에티오피아 기사 중 하일레 셀라시에 Haile Selassie 황제나 그 뒤를 이은 군국주의 정부를 위해 싸우기를 원하는 사람은 하나도 없었다. 다른 한편, 에리트레아 기사들은 군의 3분의 1이 여성들이고, 그중에는 장군도 있다는 것, 전투원들이 폭탄에도 끄떡없는 산속 동굴에 학교와 병원을 세운 것, 그리고 "문화 부대"라 불리는 음악가들이 전투원들을 위해 연주했고 유럽에서 순회공연도 했다는 사실을 자랑스럽게 얘기했다. 한 에리트레아 기사는 내게 이렇게 설명했다. "에티오피아 장군 한 명이 살해되면 부대들이 우왕좌왕합니다. 에리트레아 장군 한 명이 살해되면 전투원 하나하나가 장군이 됩니다."

결국 작은 나라 에리트레아가 전쟁에서 이겼다. 하지만 혁명 지도자들이 미디어를 장악하고 혁명을 배신함으로써 에리트레아 출신 택시기사들의 마음을 찢어놓았다. 두 나라 사이에 또 다른 국경전이 벌어졌을 때 어느 쪽도 고향에 돌아가 싸우려 하지 않는다는 사실을 나는 목격했다.

최근 에티오피아 택시기사 한 명과 케냐 택시기사 몇 명은 더 우려스러운 언급을 했다. 누군가는 이렇게 말했다. "제2의 식민주의 물결을 보게 되리라고 전혀 생각하지 못했는데 지금 나타나고 있어요. 중국 제국주의예요. 중국이 우리나라를 완전히 장악하고 있어요."

아마도 미국의 정책 결정자들은 택시기사와 이야기해야 할 것
이다.

II.

나는 아버지의 딸로서, 스스로 자신의 주인이 된다는 점이야말로
자유로운 영혼들, 철학자들, 그리고 다른 일을 하기에는 너무 독립
적인 사람들에게 택시 운전이 매력적인 이유라는 것을 안다. 학생
들이나 비정규직 주부들도 근무시간을 충분히 조절할 수 있는 직
업이지만, 여성 기사는 아직 드물다. 나는 여성 기사를 만날 때마
다 만나서 얼마나 기쁜지 모르겠다고 말한다. 운전사 내면의 인간
을 알게 되는 일 역시 전적으로 모험이다.

• 맨해튼에서 평생 택시 운전을 한 사람을 만나서 반갑다. 이
  사람은 택시 운전을 하도 오래 하다 보니 '내 등 뒤에서Behind
  My Back'라는 책까지 쓰고 있다고 말한다. 나는 훌륭한 제목이
  라고 답한다. 그의 책은 이미 그를, 갑부와 유명인사와 동급이
  라고 느끼는 드문 미국인으로 만들었다. 그는 차에서 자기 관
  심사를 말하는 일로 시간을 보낸다. "로버트 레드퍼드는 생각
  보다 키가 작아요……. 셰어Cher는 현실적인 사람이고 팁도
  많이 주지만 성형수술을 너무 많이 했어요……. 도널드 트럼
  프는 자부심이 대단해서 나한테도 깊은 인상을 주려고 하더
  라고요……. 토니 모리슨은 엘리자베스 여왕보다 더 여왕다
  워요. 캐럴라인 케네디한테는 꼭 선거에 나가야 한다고 내가

말했어요……. 은행가들 말을 들으니까 서브프라임 모기지 시장이 무너질 거란 걸 알겠더라고요."

나는 이 남성이 괜찮은지 별로인지 맘을 정할 수 없다. 너무 유명인에 관심이 많아서 일반 승객들에 대한 태도는 어떨지 모르겠다. 바로 그때 어떤 노숙자 여성이 자신의 일상용품을 전부 담았을 쇼핑 카트를 밀며 우리 눈앞에 뛰어든다. 기사는 그녀를 치지 않으려고 피하다가 거의 버스 측면을 들이받을 뻔했다. 나는 욕설이 튀어나오리라 예상하지만 기사는 그녀에게 이렇게만 외친다. "조심해, 자기!"

잠시 후 그는 부드러운 사람이 되었던 것을 변명이라도 하듯 말한다. "뭐, 저 여자도 누군가의 자기잖아요."

• 평생 택시 운전을 한 또 다른 기사는 내 손을 사진으로 찍어 그림을 그린 다음, 집으로 보내주면 어떻겠냐고 한다. 다합쳐 30달러에. 계기판 주변과 승객용 문에 그의 작품 샘플들이 도배되어 있는데, 마치 유령의 손이 박수를 치는 것 같다. 그는 예전에는 다른 거리 화가들과 센트럴 파크에 이젤을 놓고 그렸지만, 여기에는 여름이면 냉방 장치가, 겨울에는 난방장치가 있다고 설명한다. 나는 그림은 원하지 않지만 그의 이동 작업실에 30달러를 기부하고 싶다고 말한다. 그는 처음에는 거절하더니, 메트로폴리탄 미술관 입장료 25달러만 받겠다고 한다. 그는 미술관에서 그림들을 보면서 손만 모방해 그린다고 한다. 나는 그가 이제껏 만난 가장 행복한 사람들 중한 사람이라고 말한다.

• 부업으로 영화 단역배우 일을 하는 택시기사를 만나는 것
도 놀랄 일이 아니다. 맨해튼은 커다란 영화 무대로, 경찰, 소
방관, 노숙자 들도 푼돈을 벌려고 가끔 단역배우로 출연한다.
하지만 이 남성 역시 택시 이야기라는 장르의 달인이다. 그는
어디서 읽은 듯 "친밀함과 익명성의 결합이 위대한 드라마 장
치를 만든다"는 말을 되풀이한다. 또 마틴 스코세이지의 〈택
시 드라이버〉로 시작하여, 몰래 카메라에 걸린 승객들이 택시
기사의 유도로 관음적인 섹스 스토리를 털어놓는 저예산 리
얼리티 쇼 〈택시 안의 고백〉으로 끝을 맺는 필모그래피를 내
놓는다. 사람들이 사생활 공개를 허락한다는 것이 믿어지지
않는다. 그러나 내가 이 말을 하자, 기사는 만일 내가 어떤 리
얼리티 쇼라도 실제라고 생각한다면 잘 속는 사람에 속한다
고 말한다. "할리우드 사람들, 찢어진 청바지를 입고서 3만 달
러짜리 롤렉스를 찬 사기꾼 무리들……. 베드 스타이Bed-Stuy*
나 할렘에서는 하나도 살아남지 못할걸요……. 사람들한테
돈을 쥐어주고 가짜 섹스 얘기를 하게 하는 거예요……. 택시
기사가 강도를 당하든 총에 맞든 상관 안 해요. 그게 리얼리티
죠……. 그 사람들은 모두 로스앤젤레스로 돌아가야 해요."

훈계를 받은 나는 요금을 지불한다. 앞좌석에는 상의를 벗
고 운동선수처럼 섹시한 몸을 드러낸 운전사를 찍은 8×10인
치 광택 인화지 더미가 작은 밥 말리 사진과 함께 있다. "〈법
과 질서Law and Order〉에 나오는 사람 중에 아는 사람 있어요?"
남자는 근심 가득한 목소리로 물으며 이유를 말한다. "우리

---

* 센트럴 브루클린의 이웃 지역 베드포드–스타이브센트Bedford-Stuyvesant의 줄임말.

애가 아파서 드라마에 출연해야 해요."

갑자기 나는 남자가 왜 그렇게 화가 났는지 알 것 같다. 그 모든 쇼들은 승객들의 이야기이지 기사들의 이야기가 아니다. 내 말에 남자가 말한다. "바로 그거예요! 이 나라는 돈 가진 사람한테 관심 있지, 나처럼 돈이 필요한 사람한테는 관심 없어요."

남자 말이 맞는 것 같다. 나는 '택시기사들의 고백'이라는 제목의 쇼를 봤으면 좋겠다.

• 머리칼을 적갈색으로 염색한 여성 기사는 서른다섯에서 예순 사이의 어떤 나이라 해도 믿을 것 같다. 여성 기사를 만나서 반갑다고 하니 정통파 랍비는 자기 차에 탑승 자체를 거부했고, 회사 차고에는 남성 기사들이 너무 많아 라커룸 같다고 말한다. 그러고는 마치 내 도움이 필요 없다는 걸 입증하려는 듯 이전 직업들을 나열한다. 주택 페인트공, 스쿨버스 운전사, 철제 장식품 용접공. 또 끼어들려는 운전사들에게 큰 소리로 욕하고, 도로요금 정산소에서 기다리는 동안 아프간 스웨어 뜨개질을 한다. 공해상의 해적이 자신의 작은 배를 지휘하는 모습이다.

나는 그녀의 독립성을 과소평가한 것을 벌충하기 위해, 성모 마리아와 파란색 크리슈나 조각상 아래 계기판에 놓인 다섯 장의 즉석사진 속 남자들에 대해 묻는다. 이런 대답이 돌아온다. "내 애인들이었어요. 내 기억에 남은 남자들이죠. 영성으로 가는 길은 무아지경의 섹스를 통해 펼쳐지고, 무아지경의 섹스로 가는 길은 영성을 통해 펼쳐진다고 생각해요. 안 그래요?"

이것이 단지 수사법상의 질문임을 다행이라 여기면서 나는 그녀가 말을 잇는 동안 대꾸 없이 잠자코 있다. "나는 저 남자들 중 둘 사이에서 아이들을 낳았어요. 둘 중 하나는 록밴드를 해요. 전부 다 지금도 나의 베스트프렌드들이에요. 왜냐고요? 내가 저 남자들한테 섹스에 대해 가르쳐줘서죠. 그냥 섹스만 하는 게 아니라 주말 내내 침대에 머무르며 하는 섹스, 탄트라 섹스, 음악이랑 마약만이 데려가는 어떤 차원에 이르는 섹스요."

나는 태연하려고 애쓰면서, 왜 힌두교의 신 크리슈나를 가지고 있는지 묻는다. "왜냐하면 탄트라 섹스에 들어간 유일한 남자 신이거든요. 그래서 크리슈나는 항상 여자들에게 둘러싸여 있어요. 나는 옛 애인들에게 그런 섹스를 여자친구들이랑 아내한테 전해주라고 말했어요. 한 남자의 아내가 작년에 나한테 전화해서 고맙다고 한 거 알아요?"

그녀는 공항에 도착하여, 리무진 한 대를 제치고 마지막 남은 자리를 차지한다. 그리고 트렁크에서 책들로 가득한 내 가방을 깃털처럼 들어 올린다. "나같이 얌전 떨지 않는 여자에 대해 글을 써야 해요. 여자애들은 규칙을 깰 수 있다는 걸 알아야 해요. 수녀님들이 나한테 그런 말을 해줬더라면, 20년은 덜 까먹었을 텐데."

내가 걸어 나가자 뒤에서 그녀가 외친다. "댁같이 설쳐대는 여자들이 나 같은 외톨이도 도왔어요." 이는 그녀에게서 나온 극찬이다.

• 뉴어크 공항으로 가기 위해 집을 떠나, 화난 부처처럼 생긴 거구의 나이 든 운전사 뒤에 앉게 된다. 그는 도심의 교통 정체를 뚫고 가며 멈추고 달리고를 반복한다. 라디오의 하워드 스턴Howard Stern 토크쇼 소리 위에 러시아어로 투덜대면서. 스턴은 콜로라도 리틀턴에서 반 친구들과 선생님들을 총으로 쏘아 죽인 두 명의 백인 십 대 소년들에 대한 농담으로, 평소에도 충격적인 발언을 일삼던 그 수위를 한 계단 더 넘어선다. 스턴은 남자아이들이 여자 희생자들을 죽이기 전에 섹스를 했어야 한다고 말한다.

나는 라디오를 꺼달라고 부탁하지만, 운전사는 도로를 건너는 사람들에게 욕설을 퍼붓느라 바쁘다. "더럽고 게으른 인간들!" 남자는 창밖으로 소리를 지른다. "니들이 이 염병할 나라를 망치고 있어!" 이 말은 남미계 십 대 소년 세 명을 조준한 것이다. "더러운 범죄자들!" 이 말은 젊은 흑인 커플에게 던진 것이다. "너 깔아버린다!" 이 협박은 자메이카 티셔츠를 입은 자전거 배달원을 향한 것이다.

"제발 소리 지르지 말아요." 내가 말한다.

내 말을 들은 남자는 욕설에 '흑인'이라는 말까지 덧붙인다. 왜 남자가 소리를 지르고 있는지 훨씬 더 분명해진다.

나는 생각한다. '좋아, 여기서 뉴어크에 가는 동안 내가 이 남자를 바꿀 수는 없겠지. 하지만 이 남자의 헛소리를 지적하지 않으면, 괜찮다는 뜻이 되고 말아. 그렇다고 내가 정말로 화를 내면, 나는 울게 될 거고, 그건 난처한 일이야.'

"있잖아요, 여기 어떤 사람들은 러시아에서 온 이민자도 좋지 않게 생각해요, 그 사람들이 틀린 거지만……."

"당신 미쳤어?" 남자가 폭발한다. "나는 우크라이나에서 왔어, 러시아가 아니고! 우크라이나는 좋은 곳이야. 모두 백인이라고! 더러운 종족들이 없어!"

분명히, 내가 그를 러시아 사람이라고 부른 것은, 그가 고함을 질러대던 사람들과 공통점이 있다고 말하는 것만큼이나 기분 나쁜 일이다.

나는 다시 시작한다. "우크라이나에 흑인이나 갈색 피부의 사람이 없다면 어떻게 그들을 알고……?"

"망할 년!" 남자가 끼어든다. "네가 뭘 알아? 흑인 놈들이 이 염병할 나라를 망치고 있다고!"

나는 월요일에 화가 났다는 사실을 금요일에나 인정하는 사람이다. 하지만 이번에는 용기를 끌어모아 그가 우크라이나에 먹칠을 하고 있다고 말할 순간이다. 그런데 그때 갑자기, 유모차를 끄는 젊은 흑인 여성에게, 그가 가는 길에 끼어들었다는 듯 소리를 내지른다. "염병할 년!"

놀란 여성의 표정을 보니 인내심에 한계가 온다.

나는 그에게 "네 나라 러시아로 가버려"에 가까운 몇 마디 말을 위험스럽게 내던지고는 '나는 우크라이나를 말한 거야'라고 생각한다. 그리고 차들이 달리는 한가운데로 나와 택시 문을 쾅 하고 닫는다.

나의 퇴장 드라마는, 그가 경찰에게 나를 체포하라고 소리 지르기 시작하자 망쳐버렸다. 나는 택시비를 내지 않았다는 걸 깨닫는다. 나는 운전석 창문으로 돈을 던지고서, 그가 지폐와 동전 하나하나를 세는 동안 옆에 우두커니 서 있는 불명예를 감수한다. 유일한 위안은 유모차를 미는 여성이 그에게 가운뎃손가락을 들어 올리는 모습을 본 것이다.

나는 또 다른 택시기사의 자비를 구한 뒤에 겨우 뉴어크에 도착해서, 폐에 손상이 올 정도로 공항을 누비고 질주하여 간신히 비행기를 탄다. 샌프란시스코까지 가는 동안 내가 퍼부었어야 할 강력한 말들을 생각해본다. 나중에야 떠오른 말들은 비행기를 타고 날아 올라간다.

다음 날, 하워드 스턴이 자신의 끔찍한 발언 때문에 방송 중단은 아니더라도 완전히 박살났다는 사실을 알게 된다. 팬들에게도 도가 지나친 망언인 탓에 사장이 그를 대신해 사과할 수밖에 없게 된 상황이다. 왠지 그 택시기사도 패배시킨 것 같은 기분이 든다. 분노와 과체중이 그를 무너뜨리는 행복한 공상을 해본다.

나는 점수를 더 보탠다. 거리에서 여전히 일어나는 인종차별의 허튼짓을 보았다. 러시아와 우크라이나가 같은 나라가 아니라는 사실을 배웠다. 분노를 느낄 때 그것을 표출했고 그러면서도 울지 않았다.

택시 한 번 타서 얻은 것들치고 괜찮다.

• 한 주에만 공항으로 세 번째 이동하는 길이다. 억수 같은 빗속에서 택시를 잡으려 하고 있다. 나는 늦었고 짜증이 난다. 마침내 택시를 타게 되었으나 이 꾀죄죄한 이십 대 백인 아이하고 말할 기분이 아니다. 시야에 들어온 유일한 개인 물품은, 운전석 옆자리에 세워진 거대한 눈동자 드로잉이다. 나는 호기심을 억누른다.

한참을 조용히 있다가 기사가 내 직업을 묻는다. 나는 "작가예요"라고만 잘라 말하고 대화를 더 이어가지 않길 바란다.

"나는 책을 안 읽으니까 모르는 분이겠네요"라고 그가 진지하게 말한다.

건방진 녀석이라 생각하고 대답하지 않는다. "나는 텔레비전도 안 봐요." 남자가 말을 잇는다. "인터넷도 안 보고 신문이나 책도 안 보고 비디오 게임도 안 해요. 그런 거 안 한 지 1년 정도 됐어요. 어떤 것도 나 대신 세상을 해석해주길 바라지 않아요. 내 인생에 푹 빠져 지내요."

나의 단호한 결심이 풀어지고 있다. 그의 말을 들으니, 플라톤이나 셰익스피어나 단테를, 마치 우리가 그 책들을 거리에서 찾아 그 작가들이 누구인지 전혀 모른다고 가정한 채 읽어보라 했던 고전학 교수가 생각난다. 나는 언제나 그 교수의 작품 자체에 대한 신뢰를 좋아했고, 우리에 대한 신뢰 역시 좋아했다.

마침내 나는 더 이상 저항하지 못하고, 이 남성에게 왜 일상적인 신호들을 모조리 차단하고 사는지 묻는다. 그가 설명하기를, 여자친구가 여성학과 흑인학 수업 등을 듣고 있는데, 저자 이름을 테이프로 가리고는 그에게 작가들의 신상을 짐작해보라고 했다는 것이다. 그는 이것이 굉장히 혼란스럽다는 것을 깨닫고, 자신에게 무엇을 생각하라고 지시하던 필터들을 세어보기 시작했다. "필터들은 컵 안에 들어갈 수 있게 하지만, 대양 바깥에 머물게 하죠."

택시 운전은 그의 1년 계획 중 일부일 따름이고, 전국 횡단을 계속 해나가고 있고, 생계유지를 위해 차를 수리하고 과일을 따는 등 잡다한 일들을 하고 있으며, 그러는 내내 미디어는 완전히 끊었다는 사실을 나는 알게 된다. 그는 자신이 보고 있는 것에 대해 먼저 다른 사람의 이야기를 듣지 않은 채 미국을 보는 중이다.

나는 그가 조직가들과 공통점이 많다고 말한다. 우리는 상대방을 먼저 어떤 범주에 넣지 않고 사람들이 서로 듣고 말할 수 있는 공간들을 만들려고 노력한다. 나는 그에게 1년의 계획이 끝나면 배운 것을 취해서 다른 사람들에게 가르치라고 제안한다.

라과르디아 공항에 들어서자 그가 진지하게 말한다. "그렇죠? 이게 필터가 없어서 생기는 일이에요."

그는 팁 대신 협상을 요청한다. "내 실험을 글로 써주세요. 진짜 사람 대신 영화에 나오는 사람에 대해 꿈꾸었던, 지금은 회복 중인 과거 미디어 중독자를 만났다고 설명하세요. 예전에는 서평가들이 추천하지 않는 책은 절대 안 읽었어요. 뉴스를 달고 살아서 잠자리에도 헤드폰을 끼고 있었어요. 여자친구랑 섹스하는 중에도 이메일을 놓칠까 걱정했어요. 미디어 중독자였지만 이제는 미디어 없이 삶을 보려고 노력 중이에요."

그는 진지하게 말한다. "끊은 지 여덟 달 됐어요. 내가 존재한다는 걸 겨우 믿기 시작하고 있어요."

마지막으로 내가 거대한 눈동자 드로잉에 대해 묻자 이렇게 말한다. "여자친구가 만들었어요. 나 자신의 눈으로 보라고 상기시키기 위해서요."

나는 그에게 배웠다. 나도 나 자신의 눈으로 보려고 노력 중이다.

• 텍사스의 카일에서 운전은 삶의 한 방식이다. 술을 너무 많이 마셨거나, 운전하기에 너무 나이 든 사람, 차 없이 생활 보조금으로 사는 사람들, 나처럼 오스틴 공항으로 가는 방문 객들이 주로 택시를 이용한다. 내가 탄 택시의 멕시코계 여성 기사는 자신의 택시를 하나의 세계로 만들었다. 그녀는 아기를 태운 세탁 바구니를 옆자리에 놓고 모빌 장난감을 조수석 앞 사물함으로 고정해놓았다. 내가 창의적이라고 말하자 그녀는 이렇게 해서 딸아이와 떨어지지 않고 돈을 벌 수 있다고 설명한다. 나는 시간이 새벽 여섯시이고, 꽤 더워질 것 같은 날씨라서 힘들지 않은지 묻는다. "아뇨." 그녀는 단호하게 답한다. "정작 힘든 건 큰 딸이 혼자 학교에서 집으로 돌아오는 걸 걱정하는 일이에요. 딸 둘 모두를 데리고 운전한 게 내 인생에서 제일 행복한 일이었어요."

• 디트로이트에서 만난 인상이 거친 꽤 젊은 백인 운전사는 마치 모르몬교 선교사처럼 셔츠에 나비넥타이, 정장 상의를 입고 있다. 그는 오늘이 아내의 생일인데 선물로 살 여자 속옷에 대해 조언을 구한다. 팬티에 관한 질문들에서 시작된 대화는 점점 세부적으로 들어간다. 나는 그에게 아내 따위는 없다는 걸 깨닫기 시작한다. 그가 쓰는 대명사조차 '그녀'에서 '나'로 바뀌었다. 그러다가 끈 비키니의 상대적 장점에 대해 떠벌리더니 내가 입은 속옷 얘기를 하게 만들려고 유도한다.

마치 달리는 음란전화 같다. 그뿐 아니라 그는 내가 점점 불편해하는 모습을 즐기는 것처럼 보인다. 차에서 내릴 것이냐, 그가 의도한 절정의 목적지에 도달하도록 놔두느냐 하는

길 위의 인생

선택의 기로에 선 여성 승객이 내가 처음일 리 없다.

고속도로를 달리고 있으니 다른 택시를 잡을 수도 없다. 나는 세 번째 옵션을 시도한다. 내가 발휘할 수 있는 모든 엄중한 권위를 끌어모아 그에게 말한다. 나와 다른 승객들에게 그의 환상을 덮어씌우는 짓을 그만두지 않는다면, 그의 이름과 택시 번호를 사장과 경찰관에게 신고하겠다고.

그는 필사적으로 사과하고, 다시는 안 그러겠다고 맹세하고, 치료를 받겠다는 약속까지 한다. 그리고 조용해진다. 지나치게 조용하다. 목적지에 도착하여 내가 문을 나설 즈음, 그가 수상할 정도로 차분하게, 그리고 마치 풀려났다는 듯 말한다. "나를 가혹하게 해주어 너무 기뻐요. 나를 처벌해주어 고마워요."

나는 보도에 이르러서야 깨닫는다. '정확하게 그 녀석이 염두에 둔 대로 해주고 말았어.'

몇 년이 지나 나는 이 괴이한 사내를 잊는다. 그리고 디트로이트에 다시 오게 되었을 때, 두껍게 화장을 하고 향수를 들이부은 흔치 않은 사십 대 여성 기사의 택시에 오른다. 평상시처럼 나는 여성 기사의 차를 타게 돼서 기쁘다고 말한다. 그녀는 아무 말도 하지 않는다. 도착할 무렵에야 내게 묻는다. "오래전에 당신을 태우고 속옷에 대한 조언을 구했던 젊은 남자 기억해요?"

나는 그렇다고 말한다. 물론 기억하다마다.

"내가, 그 불쌍한 남자였어요." 그녀가 말한다. "이제는 모조리 다 바꿨어요. 나는 행복한 여자예요."

나는 그녀의 선택을 축하한다. 점차 많은 사람들이 자아의 내면 감각을, 태어날 때 부여받지 않았던 성염색체의 자리에 맞출 수 있게 되었다.

그리고 시간이 흐르고, 내가 스스로 던져야 할 질문은 다음과 같다. 만일 내가 처음부터 남성이 아닌 여성과 얘기한다고 생각했더라면 무엇을 느꼈을까? 성이라는 이분법의 구분 짓는 힘이 바로 이런 것이다.

• 아나폴리스에서 멀지 않은 프렌드십 공항으로 가는 택시에 타자, 기사는 교재를 옆자리의 책더미에 도로 올려놓는다. 그가 틈이 날 때마다 공부하고 있다는 것은 분명하다. 그가 부업으로 해군사관학교에서 외식업에 종사하고 있으며, 기술자가 되려고 공부하고 있다고 설명한다.

강한 기시감이 느껴진다. 오래전 1972년에 강연 파트너인 도로시 피트먼 휴스와 함께한 첫 강연 중 하나는 해군사관학교에서 4천 명 이상의 사관후보생이 대상이었다. 강연 시리즈 중에서 우리만 여성 연사였고, 댈러스 카우보이즈의 쿼터백, 소설가 허먼 우크*, 국방부 부장관 등이 그 밖의 연사들이었다. 사관생들은 모두 남성이었고, 4천 명 중 80명쯤만 제외하고 전부 백인이었다. 우리는 무대에서 멀리 떨어져 연대별로 줄을 맞춰 앉은 이 엄청난 수의 청중들에게 여성운동을 소개하기 위해 최선을 다했지만, 응답으로 들려온 함성이 공감의 표현인지 반감의 표현인지 알 수 없었다. 어떤 후보생들

---

* Herman Wouk, 1915~. 전쟁 중 해군생활을 다룬 베스트셀러 『케인호의 반란』으로 퓰리처상을 받았다.

은 저녁식사에서 가져온 오렌지를 무대로 던졌다. 우리는 이 것이 장미를 대신한 건지 썩은 달걀을 대신한 건지 확신할 수 없었다.

우리는 강연하기 직전에 해군사관학교장 제임스 캘버트 제독의 집에서 저녁을 함께했다. 도로시와 나는 식사를 나르는 사람이 필리핀 남성들뿐이라는 데 놀랐다. 수년간 필리핀 남성들에게 이런 집안일을 맡기는 것은 여성 없이 여성의 일을 보는 해군의 방식이었지만, 나는 1960년대와 시민권 운동이 이 모든 것을 바꿔놓았을 것이라 생각했다. 내 질문에 캘버트 제독은 필리핀 사람들이 이런 일자리를 얻어서 행복해한다고 확신했다. 도로시가 응수했다. "조지아에서 우리 민족들이 목화를 따면서 행복해했던 것처럼요?" 우리가 베트남전에 대한 논쟁으로 돌아가자 제독이 안도하는 게 느껴졌다.

디저트를 먹는 동안 내 옆에 앉은 사관생도 한 명이 필리핀 종업원들 중 한 명은 그렇게 행복하지 않을 것이라고 속삭였다. 그 필리핀 남성은 사관생도의 공학 책들을 빌려달라고 했다고 한다.

이제 내가 아나폴리스 택시기사에게 그 기억에 대해 이야기하자 그가 말한다. "세상에. 손님한테 식사 시중을 든 남자가 우리 형이었던 것 같아요. 형은 정말 기술자가 되었고, 마닐라에서 제일 큰 공연장 중 하나인 포크 아트 극장 공사를 도왔어요."

나는 공항으로 들어가다가 뒤돌아, 택시 안에서 천장 등을 켜고 공부하고 있는 그를 보았다. 여행을 오래 하다 보면 이야기 하나하나가 소설이 된다.

내게 가장 오래 기억에 남은 두 가지 택시 스토리는 택시기사들과 더불어 내 친구들 덕분에 경험한 것이다.

• 플로 케네디와 내가 함께 강연을 다닐 때, 우리는 택시 뒷좌석에 앉아 보스턴 공항으로 가는 길에 플로의 책『낙태 랩』에 대해 토론하고 있었다. 나이 든 아일랜드 여성 기사는 지금까지 보아온 기사 중에서도 아주 독특한 부류였는데, 신호등 앞에 정차하자 우리를 돌아보며 불멸의 명언을 남겼다. "언니들, 남자들이 임신할 수 있다면 낙태는 성체성사가 될 거라고요!"

그녀가 이 문구를 공적으로 자기 것으로 하기를 바랐을까? 그건 모르겠지만 당시 기사의 이름을 물어보았으면 좋을 뻔했다. 강연 중에 플로와 내가 이 택시 이야기를 하자, 이 택시기사의 문구는 티셔츠, 정치운동에 사용된 배지, 병원의 벽, 워싱턴부터 바티칸 광장까지, 아일랜드에서 나이지리아에 이르기까지 항의 현수막에 실려 퍼져나갔다. 2012년, 그 택시를 탄 지 거의 40년이 지난 뒤, 낙태를 범죄시하는 정치적 견해를 가진 미트 롬니를 대선 후보로 지명한 탬파의 공화당 전당대회장 밖에는 그 택시기사의 말이 현수막으로 걸렸다. 플로도 그 택시기사도 미트 롬니 후보가 낙선한 것을 살아서 보지 못했지만, 그녀들은 거기에 있었다.

• 몇 년 전, 친구 한 명과 브루클린에서 자주 지내는 동안 나는 블랙 펄 Black Pearl을 이용하기 시작했다. 블랙 펄은 주민의 3분의 1 이상이 아프리카계인 제일 오래된 구역의 차량 서비

스 업체였다. 맨해튼의 옐로 캡Yellow Cab이 종종 흑인 동네를 피해 다니고, 또 법적으로는 승객이 원하는 곳이면 어디든 가도록 되어 있음에도 다른 구역으로 가는 장거리 운행을 거부하기 때문에, 수많은 집시 택시와 차량 서비스 업체들이 갑자기 생겨났다. 그중에 가장 오래된 것이 블랙 펄이다. 이 업체의 구호는 늘 이렇다. "우리는 옐로가 아닙니다. 어디든 갑니다."

내가 비상 차량 배치 담당자에게 전화하면 몇 분 만에 기사가 늘 차체가 낮은 크고 오래된 미국 자동차를 타고 나타났다. 차 안에는 향을 피워 편안함을 주고, 좌석은 인조 모피로 덮여 있고, 입체 음향으로 음악이 나오고, 기사와 얘기하는 것을 가로막는 안전 차단막도 없다. 오래된 블루스와 레게부터 최신 댄스 음악이나 랩에 이르는 모든 장르의 음악을 들으며, 마치 엄마 뱃속에서 마빈 게이Marvin Gaye, 아레사 프랭클린Aretha Franklin, 차카 칸Chaka Khan과 함께 가는 느낌이었다.

더없이 행복하고 교통상황에 신경 쓰지 않아도 되는 이런 최고의 경험을 제공해주어 기사에게 처음으로 고맙다고 말하자, 그는 미소 지을 뿐이었다. "하루는 몸을 돌려 뒤를 봤더니 뒷좌석의 커플이 춤을 추고 있더라고요."

나는 기사들을 통해 이런 차량 서비스가 얼마나 중요한지 알게 되었다. 많은 옐로 캡들은 길에서 흑인들을 그냥 지나치거나, "죄송하지만 브루클린은 안 갑니다"라고 말했다. 심지어 출산이 임박한 흑인 여성들도 병원에 데려다줄 택시를 기대할 수 없어서 미리 차량 서비스 업체를 찾아야 했다. 그러다 캘빈 윌리엄스라는 한 아프리카계 미국인 남성이 한국전쟁 참전 후에 브루클린으로 돌아와 블랙 펄을 만들었다. 블랙 펄의 인기가 얼마나 높았던지, 캘빈 윌리엄스는 뉴욕 주 의회에 당선되어 두 차례의 임기를 보냈다.

블랙 펄에서 일하는 모든 기사에게는 이야기가 있다. 한 기사의 차를 두 번 타게 되자 나는 왜 이 차에만 베니션 블라인드가 있는지 물었다.

기사는 브루클린의 베드포드-스타이브센트 동네의 거리들을 가리키면서 말한다. "이 주변에는, 돈이 사생활보다 구하기 쉬워요. 돈은 빌리거나 훔칠 수 있지만 개인 공간은 찾을 수가 없어요. 우리 집안에 형·누나·동생이 일곱이다 보니, 여자친구는 계단 아래에서 쥐랑 술주정뱅이들을 피해 다니며 만나야 했고, 친구들은 길모퉁이에서 만나 얘기하느라 엉덩이가 떨어져나갈 것처럼 추웠어요. 브루클린 폭스에 당시 꼬마였던 스티비 원더를 보러 갈 때도, 경비원들이 좌석 통로 위아래를 손전등으로 비춰보고 다녔죠. 내가 바란 거라고는 여름에 시원하고 겨울엔 따뜻하게 있는 것, 음악을 듣는 것, 그저 행복을 느낄 작은 개인 공간을 하나 갖는 거였어요. 그래서 직장에서 은퇴한 뒤에 블랙 펄에 들어와 운전을 시작하면서 생각했죠. '그래 이거야! 나는 구조대다! 은빛 갑옷을 입은 흑기사다!' 나는 언제나 내 차에 총이나 마약이나 술을 가지고 타지 못하도록 확인합니다. 그러고 나서 음악을 틀고, 블라인드를 내리고, 손님이 원하는 만큼 차를 몰고 다녀요."

단골손님 중에는, 교제가 금지된 남자친구들과 함께 승차하는 가톨릭 학교 여학생들, 아내가 죄악의 음악을 못 듣게 하는, 다섯 아이를 둔 흑인 무슬림 가장, 이 도시에서 가장 유명한 동성애자 혐오 기관에서 일한 뒤 함께 퇴근하는 두 명의

남성 소방관, 일과 아이를 벗어난 시간이 필요한 싱글맘, 자녀
와 손자들이 볼 수 없는 곳에서 손을 잡는 결혼하지 않은 한
노년 커플이 있다.

"음악과 사생활보다 더 중요한 건 먹을 것과 물뿐이에요."
그는 진지하게 말한다. "나는 구조대예요."

III.

택시 운전사들은 거리의 사업가들이다. 우리 아버지처럼 그들은
운전하며 꿈을 꾼다. 하지만 항공 승무원들의 경험은 단체로 작동
한다.

내가 1970년대 초 처음으로 비행기를 자주 이용하기 시작했을
당시, 비행기는 오로지 생각 비우기, 전화에서 탈출하기, 상황에
따라 영화 한 편 감상하기, 그리고 대부분은 잠자기를 의미했다.
선반 위에 일거리를 올려놓아도 하늘 위를 나는 순간 꾸벅꾸벅 졸
았다. 마치 파블로프의 개의 비행기 버전처럼, 창공에서 내 몸이
실려가는 것만으로 더 애쓸 것이 없다는 느낌을 받았다.

한번은 꽤 오랫동안 깬 채로 한 승무원의 올리브색 능직 유니폼
바지를 감탄하며 보았는데, 그 승무원 덕에 나는 할인가로 바지를
주문할 수 있었다. 덕분에 쇼핑이 여행과 결합되었다. 그때부터 하
늘에서 친구들을 찾는 삶이 시작되었다.

스튜어디스들은 모두 젊고 전부 여자라는 것을 알아챘지만, 나
는 다른 일을 하기 전 몇 년간 여행을 원해서이거나, 항공사 임원
이 되기 위한 초심자들의 일이자 경로라고 추측했다. 그들에게 주
목하게 된 것은 뉴욕에서의 《미즈》 창간과 워싱턴에서의 전국 여

성 정치 회의 조직 때문에 계속해서 왕복 여행을 하던 때였다. 너무 고단해서 손에 신용카드를 쥔 채 잠든 적이 있었는데, 친절한 스튜어디스가 카드를 빼서는 당시 지불 방식대로 단말기에 신용카드를 긋고는 나를 깨우지 않고 손에 도로 쥐어주었다. 그녀나 다른 사람들은 내가 누구인지, 어째서 국가의 수도로 가는 대부분의 남성 승객들 사이에서 그렇게도 자주 비행하는 별종이 되어야 했는지 알 길이 없었을 테지만, 우리는 아웃사이더라는 느낌을 공유했던 것 같다.

여러 항공사를 통해 더 장거리 여행을 하게 되면서, 내가 질문하고 답을 들을 수 있는 공간인 기내 주방에서 많은 시간을 보내기 시작했다. 나는 스튜어디스들이 처음엔, 비행기 여행이 새로운 것이고 비행기 멀미가 흔했고 승객들이 비행을 무서워했던 초창기에 승객들에게 안전하다는 느낌을 주기 위해 고용된 공인 간호사였다는 사실을 배웠다. 어떤 조종사들은 남성들만의 항공 세계에 여성들이 침입한 것에 너무도 분개한 나머지 일을 그만두기도 했다. 소련 여성을 우주에 보내는 것을 원숭이를 보내는 것에 비유했던 초기 미국 우주비행사들처럼, 여성과 함께하는 것이 남성 영역의 가치를 떨어뜨린다고 보았다.

남성 출장 승객들이 항공사의 주 소득원이 되자 모든 것이 바뀌었다. 스튜어디스들은 게이샤처럼 교육받은 장식용 웨이트리스로 고용되었다. 스테이크와 브랜디와 스튜어디스들이 불을 붙여주는 시가가 완비된 남성 전용의 "임원용 비행기"도 있었다. 그녀들은 승객 대처 방법과 응대 방법은 말할 것도 없고, 응급 처치, 75가지 비행기 종류만큼이나 많은 종류의 대피 절차·수중 구조·응급 신호법·항공 납치 예방책·그 외 기술을 6주간 수업으로 익혀야

길 위의 인생

했다. 그럼에도 나이·키·체중(정기적인 체중 측정 관리)·헤어스타일·화장(립스틱 색조 지정 포함)·치마 길이 등 용모 규정들도 따라야 했으며, "넓은 코"는 허용하지 않는 등 기타 신체적 요건들까지 있었다. 이 요건은 수많은 인종차별적 이유들 가운데 한 가지일 따름이었고 그 결과 스튜어디스들은 압도적으로 백인이 많을 수밖에 없었다. 나이가 젊고 게다가 미혼이어야 했고, 결혼하거나 나이가 서른이 넘으면 해고되었다. 요컨대 항공사 임원들의 목적은 똑똑하고 젊은 장식용 여성들을 고용해서 광고 어필에 이용하고 힘들게 일을 시켜 빨리 늙어 떨어져나가게 만드는 것처럼 보였다. 비행 일정은 무자비할 정도로 빡빡해서, 어떤 항공사의 스튜어디스 평균 근무 기간은 18개월에 지나지 않았다. 유나이티드에어라인의 한 임원이 남긴 말은 유명하다. "만일 기내승무원이 3년 후에도 계속 일하고 있다면…… 잘못된 아가씨를 뽑았던 거겠지요. 그 아가씨는 결혼하지 않을 테니까."[2]

기내 주방 이야기로 돌아가면, 스튜어디스들은 "나는 샌디예요. 나를 날려주세요" "그녀가 당신에게 서비스를 제공합니다, 끝까지" 같은 광고 캠페인 문구부터 짧은 바지만 입고 기내 통로를 왔다 갔다 하는 "에어 스트립"에 이르기까지, 그녀들이 겪은 모욕적인 경험들에 대해 그저 너무나도 기꺼이 내게 들려주었다. 이런 이미지에 영향을 받은 승객들은 스튜어디스들을 농부의 딸들 다음가는 성적 농담 대상으로 취급했다. 이 이미지는 〈나랑 같이 하늘을 날아봐요〉와 〈활기찬 스튜어디스들〉 같은 X 등급 포르노영화로 널리 유포되었다. 어떤 조종사들은 기착지에서 성 접대를 받기를 기대했다. 승객들은 스튜어디스들이 단호하게 거절한 경우에도 승낙한 것이 분명하다고 여겼다. 항공사들은 승객을 돌보고 음식을 제공하는 일이 특별히 "여성적"이라며, 유모와 정자 기증자에게나 해당될 '실질적 업무 능력BFOQ'을 고수하면서까지, 남성 승무원 고용 거절에 대한 성차별 소송을 피해갔다. 스튜어디스들은 불쾌한 만취 승객에게 말대답을 하거나 이미 만취한 승객에게 술을 더 판매하기를 거절하는 등 어떤 규칙 위반으로도 "보고"될 수 있었다. 기착지에서 남성 직원은 독방을 쓰는데 스튜어디스들은 방을 나누어 써야 했다. 당연히 임원직으로 가는 사다리에는 오르지도 못했다.

그러나 조종사들은 신체 조건이 훨씬 중요할 텐데도 제약 요건이 훨씬 적었고, 불그스름한 얼굴과 불룩한 배로 보아 명백한 과체중이더라도 체중 측정을 받지 않았다. 또 평균 연봉도 기내승무원보다 4백 퍼센트 많았다. 대부분의 조종사에게 돈을 지불하고 훈련시킨 공군이 제2차 세계대전 이후로 여성 조종사는 훈련하지 않았기 때문에 조종사 자리는 남성들이 꽉 움켜쥐고 있었다. 앵글로색슨계 백인 신교도WASP들이 대서양을 건너 비행기들을 수송했지만, 전쟁 이후 아멜리아 에어하트 같은 여성들은 지원할 필요가 없었다.

이 모든 것을 들으면 들을수록, 미소 짓기를 멈추면 바로 벌점을 받는 규정이 있음에도 인간성을 유지하는 이 여성 집단을 더 존경하게 되었다. 누군가는 내게 이렇게 말했다. "내 얼굴도 내 것이 아니에요."

물론 처벌당해본 사람들은 가끔 그 처벌을 물려주기도 한다. 특히 그들의 가치를 깎아내리는 집단의 일원들에게. 연설 동료인 도로시 피트먼 휴스와 함께 그녀의 갓난아기를 데리고 캠퍼스 강연을 위해 캔자스로 날아가는 중에, 한 스튜어디스는 딸에게 젖을 먹이는 도로시에게 수유가 무슨 외설적인 행위라도 된다는 듯 화장실로 가라고 지시했다. 도로시가 격하게 거부하고, 내가 이것에 대해 쓰겠다고 위협하고, 가까이에 있던 백인 여성 승객이 화를 내고 나서야 그 스튜어디스는 물러났다. 플로 케네디와 여행 중이었을 때 한 스튜어디스는 플로가 핸드백을 좌석 위의 짐칸에 넣어두지 않으면 비행기가 이륙할 수 없다고 주장했다. 플로는 백인 여성들이 무릎에 올려놓은 비슷한 핸드백들을 가리키며 자기 것을 갖고 있겠다고 딱 잘라 거부했다. 그리고 그 스튜어디스에게 왜 자신도 억압당하고 있으면서 다른 여성들을 억압하는지 물었다. 나는 플로와 연대하여, 짐칸에 넣었던 진짜 짐이었던 책가방을 다시 꺼내 무릎에 올려놓았다. 플로도 나도 조금도 물러서지 않았다. 마침내 비행기는 이륙했다.

우리는 나중에 그런 실랑이들을 두고 웃었다. 플로는 그들이 우리에게 가르칠 기회를 준 것을 누차 강조했다. 하지만 이런 사건들은 영혼까지도 처벌하는 것이었다.

그렇더라도 스튜어디스들 대부분은 앞으로 일어날 혁명의 주역이었다. 필리스 슐래플리의 고향에서 제일 가까운 공항인 세인트루이스에서 비행기를 탔을 때, 한 기내승무원이 내게 속삭였다. "내가 탄 비행기에 필리스 슐래플리가 탑승했었는데 내가 중간 좌석에 앉혔어요!" 필리스 슐래플리는 기회공평 원칙의 창조물이라 할 수 있는데 미디어가 찾아낸, 성평등 헌법 수정안에 반대한 보기 드문 여성이기 때문이었다. 샌프란시스코에서 비행기를 탔을 때 나는 상황이 변하고 있음을 알게 되었다. 그리고 이런 배지를 단 스튜어디스를 발견했다. "나는 린다예요. 당신 자신을 날려주세요." 그러고서 몇몇 기내승무원들은 자기들 명찰에 이름만 표기하는 것에 항의했다. 조종사들은 사령관 로스가트나 기장 암스트롱이라고 하면서, 왜 그녀들은 수지나 낸시라는 이름으로 불려야 하는가? (나중에는 성 앞에 '미즈'를 붙여 결혼 여부를 알지 못하도록 요구했다.) 이름에 대한 요구는 봉급이나 안전과 함께 중요한 문제였다. 엘리자베스 케이디 스탠튼Elizabeth Cady Stanton은 이렇게 썼다. "노예가 족쇄를 벗어나 제일 먼저 하는 일은 자기 자신을 명명하는 것이다."

1970년대 중반에, '여성 권리를 위한 스튜어디스들Stewardesses for Women's Rights'이라는 단체가 새로 생겨 록펠러센터에 작은 사무실을 열었다. 나는 그곳을 방문하여, 여러 다른 항공사에서 온 여성들이 연합 기자회견을 하는 것을 보았다. 그녀들은 어용조합 안팎에서 압력을 행사하고, 항공사 광고의 여성 이미지에 항의하고, 그들과 승객들을 위험에 빠뜨리는 재순환 공기의 위험성을 폭로했다. 또 남성들이 하는 일이라면 더 존중받으리라는 사실을 알고 있었기에, 여성 조종사를 남성뿐인 조종석에 통합시키는 작업 못지않게 남성들을 여성뿐인 기내 일터에 통합시키는 작업도 우선순위에 두었다. 그녀들은 스튜어드라는 용어가 직무를 성별로 표시하게 되므로, 스튜어디스라는 용어를 기내승무원으로 바꿔 사용하도록 밀어붙였다.

똑똑하지 않은 사람처럼 취급되는 이 똑똑한 여성들의 이야기를 경청함으로써 나는 1960년대의 스튜어디스들이 "남자 금지" "결혼 금지"라는 회사 방침을 바꾸기 위해 평등 고용 기회 위원회EEOC에 소장을 제출했다는 사실을 알게 되었다. 이 위원회의 유일한 여성이자 아프리카계 미국인이었던 에일린 허난데즈Aileen Hernandez가 이들을 지원했다. 수년이 흘러 마침내 그들이 이겼으나, 항공사들은 허난데즈가 위원회를 떠난 뒤에 전국 여성 기구의 회장이 되었다는 이유로 판결이 "부적절하다"고 항의했다. 한 판사가 실제로 동의했다. 그래서 내가 비행기 여행을 자주 하기 시작했을 때 차별이 용인되었고, 1986년까지도 여전히 용인된 것이다.

기업 사냥꾼 칼 아이칸Carl Icahn은 TWA 항공사를 인수하면서 (거의 남자들뿐인) 기계기술자와 조종사 들과 달리, 기내승무원들이 월급은 깎이고 일은 더 많이 하는 근로 조건을 받아들일 것이라 기대했다. 1986년 기내승무원 비키 프랑코비치Vicki Frankovich는 전례 없이 길고 단결된 파업을 이끌었고, 차별을 이유로 TWA 공공 불매 캠페인을 벌였다.《미즈》는 비키를 올해의 여성 중 한 명으로 선정했다. 아이칸은 조종사와 기계기술자 들의 지지로 어느 정도 승기를 잡았으나, 장기간에 걸친 승무원 파업으로 1억 달러의 비용을 물게 되었음을 인정해야만 했다.[3] 정말 우연히 아이칸을 만났을 때 나는 그가 프랑코비치를 지지한《미즈》기사에 단단히 화나 있는 것을 보았다. 그는 자기가 여성들을 차별하지 않는다고 내게 말했다. 그는 증거로 만일 최고위 남성 간부 중 한 명이 국경일에 필요한데 그 사람이 일 대신 가족과 휴가를 보낸다면 그 사람도 해고할 것이라고 말했다.

나는 승무원들이 어떤 문제에 저항했는지 알 수 있었다. 그때까지 나는 비행기를 굉장히 많이 탔고 굉장히 많은 이야기들을 들어, 직장 문제에 대해 말할 때 '우리'라는 말을 쓰지 않도록 애써야 할 정도였다. 나는 또한 초창기 비행에서 첫 장을 보았던 여성들 이야기의 또 다른 끝에 이르기 시작했다.

이를테면 1970년대에 밀워키로 가는 비행기에서 한 스튜어디스는 자기가 하는 일을 남성들도 할 수 있고 여성들도 조종사가 될 수 있다고 페미니스트들이 말하는 데 분개한다고 했다. 그리고 이렇게 힘주어 말했다. "세상은 그렇게 돌아가지 않아요. 당신들은 우리 본성과 생명작용에 들어 있는 것과 싸우라고 사람들에게 말하고 있어요. 여성들한테 불가능한 일을 하라고 말해서 불만만 갖게 만들고 있다고요." 1980년대 말에 나는 앨버커키에 가는 비행기에서 다시 그녀를 마주쳤다. 지금은 어린 두 딸의 어머니였고, 항공사들이 흔히 가족 승객을 환영할 때 하는 식으로, 기내승무원 핀과 조종사의 날개를 비행기에 탄 남자아이들과 여자아이들에게 하나씩 원하는 대로 나눠주고 있었다. 그녀는 승객 돌보는 일을 좋아하는 남자아이들이 있고, 비행기를 조종하고 싶어 하는 여자아이들이 있다는 사실을 알게 되었다고 했다.

무엇이 그녀의 마음을 바꾸었을까? 그녀는 두 가지라고 말했다. 자신의 항공사가 결국 고용 민주화를 받아들일 수밖에 없게 되어 남성 승무원과 일하게 되면서 "사람은 사람"이기 때문에 남성들도 승무원 일을 할 수 있다는 사실을 깨달았다고 했다. 둘째로 이미 고인이 된 시민권 운동 지도자 휘트니 영Whitney Young이, 아프리카에서 비행기를 탈 때 조종사가 흑인인 것을 보고 자기도 모르게 두려움을 느꼈다고 고백한 글을 읽었기 때문이었다. 그는 인종차별 문화로 인해 자기혐오가 얼마나 강력하게 그 안에 내면화되어 있는지를 깨달았다. "나도 나와 다른 여성들을 불신했어요." 그녀는 눈가에 눈물이 맺힌 채로 말했다. "나는 그런 걸 어머니한테서 배웠지만 딸들에게는 물려주지 않을 거예요." 마지막으로 보았을 때 그녀는 비행기 앞쪽에 서서 두 어린 소녀에게 조종사의 날개를 나누어주고 있었다.

어떤 여성들의 이야기는 소설 그 자체였다. 타미 후토-블레이크Tommie Hutto-Blake는 1972년 '여성 권리를 위한 스튜어디스들'의 첫 모임이 있던 맨해튼 교회 지하에서 보았을 때 기내승무원이었다. 다음에 1977년 휴스턴 전국 여성회의에서 다시 만났다. 그다음에 만난 1994년 댈러스의 정치 행사에서는 활동가로 변신해 있었다. 2008년에는 힐러리 클린턴을 위해 캠페인을 벌이고 있었다. 그다음은 38년간 기내승무원으로 일한 뒤 퇴직을 바로 앞둔 시점에 아메리칸에어라인의 기내에서 만났다. 그녀는 38년 중 35년은 노조 활동가로 온종일 정치운동의 책임을 맡았다. 마지막으로 만났을 때에는 존경받는 승객이었다. 나는 타미가 젊은 승무원 두 명과 앉아 있던 기내 뒤쪽으로 안내받았다. 그중 한 명은 막 로스쿨을 끝낸 노조 부회장이었다. 시가에 불을 붙여주고 에어 스트립을 하던 시절로부터 기나긴 여정이었다.

1970년대에, 얼마 안 되는 흑인 승무원들이 최대한 "백인"처럼 보여야 했을 당시에 한 아프리카계 미국인 승무원이 아프로 스타일의 둥근 머리를 하고 나타났다는 뉴스 기사를 읽은 적이 있다. 그녀는 엘드리지 클리버Eldrige Cleaver의 책 『얼음 위의 영혼Soul on Ice』*을 소지했다는 이유로 더 심각하게 공격받았다. 비행할 조종사가 그녀가 내리기 전에는 이륙하지 않겠다고 버틴 것이다. 나는 그 항공사를 이용하게 되었을 때 한 스튜어디스에게 그날 항의가 있었는지 물었다. 그녀는 있긴 했지만, 자기가 아는 바로 조종사는 아무 처벌도 받지 않고 넘어갔다고 했다. 바다에서 배의 선장처럼 그는 원하는 것이면 무엇이든 할 수 있었다.

---

* 엘드리지 클리버(1935~1998)는 급진적 흑인운동 단체인 흑표범단Black Panther 소속으로, 대표작 『얼음 위의 영혼』은 백인 여성에 대한 성폭력을 자백해 논란을 불러일으켰다.

20년이 훨씬 더 지나 나는 뉴스 인터뷰 때문에 어느 대도시의 라디오 방송국에 갔다. 방송국의 한 여성 매니저가 내게 여기저기를 안내해주었다. 매니저의 85퍼센트가 남성인 이 업계에서 흔치 않은 여성이었기에 나는 어떻게 그 위치까지 오르게 되었는지 물어보았다. 그녀는 이혼한 뒤 다시 학교에 다녔고, 라디오 방송국에서 바닥부터 시작했으며, 공동체를 만들어내는 라디오의 힘을 좋아할뿐더러, 자신에게 사람들을 다루는 재능이 있음을 발견했다고 설명했다.

투어를 마칠 때쯤 그녀가 내게 물었다. "엘드리지 클리버를 읽는다는 이유로 흑인 승무원을 비행기에서 내리게 했던 비행기 조종사에 대한 뉴스를 혹시 기억하세요?"

나는 물론 기억한다고 말했다. 나는 그가 어떻게 되었을지 늘 궁금했다.

"실은 그 조종사가 내 남편이었어요." 그녀는 차분히 말했다. "그래서 남편과 이혼했어요. 그런 진실한 행동 하나가 나의 시작이었어요."

수년간 하늘의 그 이야기들은 규제 철폐, 요금 전쟁, 무노조 항공사에서부터 이라크 전쟁 후 유가, 항공 납치에 대한 공포, 황금 낙하산 임원들을 제외한 전원에게 감봉을 요구한 파산에 이르기까지 내가 상상했던 것 이상을 가르쳐주었다. 나는 기내승무원들의 친절을 경험했다. 퍼스트클래스의 디저트나 식사를 가져다주거나, 허리 경련이 생기자 통로 중앙에 눕게 해주거나, 연결된 세 좌석의 팔걸이를 올려 동서 횡단 여정 내내 잘 수 있게 해주거나, 퍼스트클래스에 빈자리가 있을 때 규칙을 어기고 그 자리를 내어주거나, 자신들의 업무 투쟁을 지지해준 데 대한 고마움으로 샴페인 한 잔을 가져다주기도 했다. 그녀들은 여전히 항공사 임원 지위와 연결되는 사다리를 오르지 못하고 있다. 이제 기내승무원의 4분의 1이 남자임에도, 거의 전부 남성인 기계기술자와 조종사보다 훨씬 더 많은 감봉 요구를 받고 있는 것으로 보인다. 하지만 결혼을 넘고 삼십 대를 넘어 일할 권리를 획득한 이래, 수십 년 전에 비행을 시작했다고 얘기하는 승무원들을 점점 더 많이 보게 된다. 현대의 여객기는 세월이 지나도 변치 않는 인도의 마을과 매우 다르지만, 내 모든 비행 여행이 오래전 인도 마을을 걸었던 것과 공통점이 많다는 사실을 어느 날 깨달았다. 만약 사람들이 소중히 생각하는 일을 당신이 한다면 그 사람들이 당신을 보살펴줄 것이다.

어머니 루스 눈빌러 스타이넘과 함께, 오벌린대학, 1972년

오벌린대학 자료실 제공

4장

커다란 캠퍼스

나는 어떻게 캠퍼스를 사랑하는가? 사랑하는 방식들을 헤아려보겠다. 나는 자리에 앉아 얘기하거나 얼마 동안이고 둘러볼 수 있는 커피숍과 독서실을 사랑한다. 주소 없이 설립 역사만 표시된 건물들과, 바깥세상에서는 통하지 않을 특이한 옷차림들을 사랑한다. 이상한 장소에서 시작해 딴 곳으로 못 옮기는 깜짝 파티와, 어떤 토론에서든 생겨날 수 있는 깜짝 세미나를 사랑한다. 그 자체로 교육이 되는 게시판, 다른 데서라면 절대 못 만났을 사람들과의 우정, 컴퓨터에 동력을 공급하는 운동용 자전거 같은 것을 개발하는 창의성의 시간을 사랑한다. 무엇보다도, 나는 졸업식을 사랑한다. 졸업식은 개인적이면서 공동체적이고, 끝이면서 시작이고, 결혼식보다 더 영속적이고, 종교보다 더 포괄적이고, 아마도 지구상에서 가장 감동적인 의식일 것이다.

사람들은 종종 내게 얼마나 많은 캠퍼스를 방문했는지 묻는다. 사실은 나도 모른다. 길 위에서 보낸 평생 동안 매달 여러 대학들을 방문했고, 두 번 이상 방문한 대학도 많다. 내가 확실히 아는 것이라면, 대학 캠퍼스들은 고등학교와 예비학교까지 합쳐 내 여행 파이에서 가장 넓은 조각을 차지했고 지금도 여전히 그렇다는 사실이다.

내가 캠퍼스를 돌아다니기 시작할 당시, 징병제와 베트남전에 반대하는 시위로 대학생들은 정치적인 세력이 되었고, 캠퍼스에서는 더 많은 운동들이 이어졌다. 무엇을 배우는지에서 누가 종신 교수가 되는지까지, 대학이 어떻게 돈을 투자하는지에서 어디에서 선수 유니폼을 만드는지까지, 캠퍼스 의사 결정에 있어 학생들의 역할부터 캠퍼스 성폭력에 항의하는 '밤 되찾기' 행진까지, 계층·인종·성별·신체적 장애로 인한 소외 문제에서 다양한 사람과 새로운 과목을 포함하는 것에 이르기까지, 캠퍼스의 다양한 운동들은 수많은 변화를 가져왔다.

나는 대학에서 행정학을 전공하면서 여성에게 투표권이 그냥 "주어진" 것이 아니라는 사실, 실제 노예 반란의 숫자는 반란이 확산될까봐 숨겨졌다는 사실, 혹은 미국 헌법의 모델이 고대 그리스가 아니라 이로쿼이 연맹이라는 사실을 알지 못한 채 4년을 보내버렸다. 그리고 아프리카가 우리 모두의 탄생지이고 유럽·중국·인도·미국을 합친 것보다 훨씬 큰데도, 유럽 관련 과목이 아프리카 관련 과목보다 훨씬 많았다. 요즘 대학의 강의 목록을 보니 예전에 소외되었던 과목들의 상대적 중요성이 더 잘 반영되긴 했지만 여전히 갈 길이 멀다.

대학에서 무엇을 가르치느냐 하는 질문은 언제나 있어왔다. 일반 여성의 역사는 물론 아프리카계 미국 여성의 역사에서도 선구자 역할을 한 거다 러너Gerda Lerner가 요약한 대로, "오래전에 우리는 성폭행이 우리를 위협하고 복종하도록 유지하는 수단이었다는 사실을 알았다. 이제 우리는 부지불식간에 우리의 정신을 성폭행하는 데 스스로 동참해왔다는 사실도 안다."[1]

여성의 지적 자부심이 교육을 많이 받을수록 떨어진다는 연구 결과는 놀라운 일이 아니다. 우리는 우리 자신의 부재를 공부하고 있기 때문이다. 나는 캠퍼스가 사회 정의 운동을 창조하는 일을 돕는 것만이 아니라, 그런 운동을 필요로 하기도 한다는 사실을 상기시키려 한다.

이제 캠퍼스는 인종과 민족을 보자면 더 미국처럼 보인다. 그러나 실상은 아직 거기까지 가지 못했고, 편견은 학위를 받아도 지속될 수 있다. 어떤 캠퍼스에서는 여학생 수가 남학생 수를 훨씬 넘어서지만, 여학생의 학위는 종종 핑크칼라*에서 화이트칼라로의 게토 이동을 가능하게 하는 수단이 된다. 여성들은 여전히 평균적으로 평생 수입이 남성보다 적지만, 갚아야 할 학비 융자금 액수는 같다.

캠퍼스의 연령대도 더 다양해졌다. 대학생의 3분의 1 이상이 25세를 넘었고 이 연령층은 학생들의 관습적인 연령층보다 훨씬 빨리 증가하고 있다. 참전용사들과 제대자 원호법 GI Bill of Rights**이, 뒤이어 나이 든 여성들이 교정으로 돌아오면서 선도된 변화이다. 서른 살의 임신부가 열여덟 살짜리 남학생과 의료 체계에 관해 논쟁하는 모습을 보면서, '이건 교육상 좋을 수밖에 없어'라고 생각했던 기억이 난다.

* 주로 서비스 직종에 종사하는 저임금 여성노동자를 가리키는 말.
** 퇴역군인들에게 교육·주택·보험·의료·직업훈련 기회를 제공하는 법률 및 프로그램.

캠퍼스의 관점에서 누군가는 내가 대학에서 각종 변화들을 거쳐왔다고 말할지도 모른다. 등사판 인쇄에서 트위터까지, 통금시간에서 은밀한 연애까지, 무학점 여름학기 여성학 강의에서 전국 여성학 협회National Women's Studies Association까지, 흑인 학생들의 요구에 따른 아프리카계 미국인 역사부터 모든 학생들이 기대하는 그런 역사까지, 캠퍼스 모임이 금지된 게이 레즈비언 집단에서부터 모든 젠더 이분법에 도전하는 트랜스젠더와 트랜스섹슈얼 학생들까지, 단답형 시험부터 사라져가는 손글씨 기술까지, 제한된 세미나에서 제한 없는 웹 모임까지.

이를테면 캠퍼스를 돌아다니던 초기에 나는 학생들이 여성이 성폭행을 당한 곳마다 바닥에 붉은색으로 커다란 X를 칠하는 모습을 보았다. 그들은 칭찬을 받는 대신 공공기물 파손죄로 체포되었다. 이제 그들의 딸과 손녀 들은, 스포츠를 포함해 교육에서 차별을 금하는 연방 시민권 법인 '타이틀 IX'을 이용하여, 성폭행 때문에 여성 교육에 적대적인 환경이 조성될 경우 연방 기금을 받지 못할 것이라고 대학 당국을 위협한다. 수십 년 동안 고등교육 기관들은 대학의 명성을 지키는 한편 학부모들이 딸들을 보내도록 장려하기 위해 성폭행 비율을 은폐했다. 이제는 캠퍼스에서 여성 다섯 명당 한 명꼴로 성폭행을 당하고, 몇몇 남성들도 피해 대상이라는 실정을 정직하게 밝히고 대처 방안을 마련하는 몇몇 대학들을 볼 수 있다.[2] 비로소 문제에 대해 진지한 태도를 보이기 시작했으며 학부모는 그러한 대학들을 신뢰한다.

페미니즘이 무엇을 가르칠지를 확장시킴으로써 학계를 변화시킨 것과 마찬가지로 학계도 종종 페미니즘을 변화시켰다. 학문적 언어란 이론에 치우치는 경향이 있기 때문에 페미니즘의 원천이 여성들의 살아 있는 경험에 있다는 사실을 깨닫지 못하기도 한다. 내가 여행하면서 듣는 가장 슬픈 말들 중 하나는 이렇다. "페미니스트가 되기에는 내가 아는 게 많지 않아요." 심지어 이런 말도 들었다. "페미니스트가 되기에는 내가 별로 똑똑하지 않아요." 마음 아픈 말이다.

그러나 이 모든 차이들에도 불구하고, 시간이 지나면서 나는 캠퍼스 방문에 일정한 패턴이 있음을 발견했다. 이런 식이다.

나는 공항이나 기차역이나 버스정류장에 도착하여 나를 초대한 강인한 활동가 집단의 한 명 또는 다수를 만난다. 캠퍼스나 호텔이나 강의실이나 기자회견장으로 가는 길에 차 안에서, 나는 그들이 염려하고 있음을 알게 된다. 남부나 중서부에서는 여기가 내가 지금껏 가본 곳 중에서 가장 "보수적"이라고 경고한다. 만일 동부나 서부 해안이라면, 여기가 가장 "무관심하다"라고 말할 가능성이 많다. 혹은 어쩌면 그것이 "활동가"일 것이다. 활동가임에도 환경적, 경제적 측면에 있어, 여성들에게 지나치게 많은 아이들을 가지라고 압박하는 것이 환경적인 고충을 야기하는 가장 큰 원인이 된다는 점과, 경제 과정이란 생산뿐 아니라 재생산으로도 시작해야 한다는 점을 이해하지 못하는 것이다. 그들은 오늘 밤 강연을 위해 강당을 예약했고 행사 광고를 했지만, 사람들이 오지 않을까 걱정한다. 이제껏 그들은 페미니즘이 지나치게 극단적이거나 충분히 극단적이지 않다는 말, 반남성적이거나 남성 모방적이라는 말, 남성은 화성에서 왔고 여성은 금성에서 왔기 때문에 불가능하다는 말, 이제 포스트 페미니즘, 포스트 인종차별주의 시대이기에 불필요하다는 말을 들어왔다. 부정적인 의견들의 본성과 세부사항은 부분적으로 지역과 연도에 좌우되지만, 공통된 맥락은 바로 자기 의심이다.

나는 그들이 최선을 다했으니 이제는 우주에 맡기자고 말한다. 그러고 나서 요즘 캠퍼스에서 일어나는 사건이나 논란거리에 대해 묻고는, 강연 중에 어떤 사례들을 사용할지 알게 된다. 결국 내 임무는 내가 오기 전보다 내가 떠나고 난 뒤 그들의 활동을 더 수월하게 만드는 것이다. 나한테는 이미 쉬운 일이다. 나는 좋은 성적을 받거나 학사 정책을 협상하거나 종신직을 얻어내거나 학교 신문에 글을 내거나 학과장이 되거나 학계 사람들이 넘어야 할 다른 장애물들을 넘는 것에 대해 걱정할 필요가 없다. 나는 학생들이 원하는 문제들과 가능성들을 제기할 수 있다. 또 벌과 꽃의 조직 모델처럼, 한 대학에서 얻은 구상들을 다른 대학에 전달할 수도 있다. 나는 그 구상들이 합리적으로 보이도록 만들기 위해 여기에 있다. 그리고 이런 일들을 하고서 나는 아침에 떠난다.

우선 학생 주최 측은 지구 온난화나 외교 정책 등 멀리 있는 주제들을 언급한다. 마치 크고 멀고 잘 알려진 것들만 진지한 것이 될 수 있다는 듯. 그러나 혁명은 집처럼 제일 밑에서부터 지어지기에, 나는 학생들에게 캠퍼스와 그들의 일상에서 보고 싶은 변화가 무엇인지를 묻는다.

이런 식으로 나는 교육대학은 여전히 반원형 막사에 있으나 경영대학은 새로운 건물이 생겼다는 사실, 주 의회가 등록금은 올리고 장학금은 줄이는 한편 이익을 목적으로 감옥을 운영하는 와켄헛Wackenhut에 수감자당 연 5만 달러를 지급하고 있다는 사실, 신병 모집자가 가난한 남녀 학생들에게 입대 대가로 고액의 보너스를 제공하면서도 전투나 성폭행 통계 자료에 대해서는 사전 경고를 거의 하지 않는다는 사실, 혹은 유색인종 교수는 절대로 학과장 자리에 앉을 수 없다는 사실, 대부분이 여성인 비전문직 직원들은 급여가 형편없고 노동조합 가입이 금지되어 있다는 사실, 여학생이 성폭행 가해자들을 신고할 경우 남학생회가 명예훼손 소송을 하겠다고 위협함으로써 성폭행 고발에 맞서 형제들을 보호한다는 사실, 최근에 "커밍아웃한" 레즈비언 농구 코치가 농구팀 여행 중 교수진의 감시를 받아야 한다는 사실, 어떤 로스쿨 교수는 오로지 여학생들에게만 성적 요소가 포함된 소송에 대해 묻는 것으로 유명하다는 사실, 한 남성 의대 교수가 산부인과 검사를 설명하기 위해 성매매 여성들을 고용한다는 사실, 인조잔디에서 많이 훈련하는 럭비팀에게 뇌 손상을 예방할 수 있는 조치를 하지 않는다는 사실 등, 변화가 요구되는 다른 수많은 지표들을 발견한다.

요컨대 진지한 정치는 바로 여기 캠퍼스에서 일어나고 있다.

한두 수업을 참관하고, 학생 대표들과 교수진과 함께 저녁을 먹기도 한다. 그런 자리에서 캠퍼스에서 일어나는 일들에 대해 더 많이 알게 된다. 그리고 우리는 강연장으로 간다. 강연장은 이미 사람들로 꽉 차 있고, 바깥에서 기다리는 사람들도 있다. 아마도 인원 초과 때문에 장내 방송 설비를 연결하거나, 밖에 있던 사람들이 폐쇄회로 텔레비전이 있는 실내로 안내되고, 주최측이 종이를 나누어주어 강연 후 토론 시간에 소개될 의견을 적게 될 것이다. 개별적인 여성들이 자주 과소평가되듯 여성운동 역시 과소평가되지만, 실제는 이렇다. 만일 누군가 이런 깊고도 일상적인 관심사에 대해 기꺼이 말하려 한다는 것을 사람들이 깨닫는다면 그들은 그 자리에 나타난다.

이제 강연을 조직한 사람들은 생각이 짧았다며 사과한다. 여론 조사는 여성운동이 제기하는 거의 모든 이슈들에 대해 다수의 지지층이 있다고 오래도록 입증해왔다. 하지만 여성이든 남성이든 자신을 페미니즘으로 정체화하는 우리의 일부는 여전히 고립되고 잘못되고 열외로 취급되는 느낌을 갖는다. 처음에 페미니스트들은 단지 불만에 찬 교외 주부들로 여겨졌다. 그러다 소수의 여성 해방 운동가, "브래지어를 불태우는 여자들"[3]로, 그리고 극단주의자로, 나중엔 생활보조비를 받는 여성들로, 다음엔 서류가방을 든 남성 간부 모방자로, 아이 갖기를 잊어버린 충족되지 못한 여자들로, 성별 차이에 따라 투표함으로써 실제로 선거를 결정할 수 있는 여성 유권자들로 변천했다. 마지막 지적은 너무 위험했다. 그래서 우리는 너무나 갑작스럽게 "포스트 페미니스트" 시대에 당면했다는 소리를 듣게 되었고, 안심하고 활동을 그만두고 떠나야 할 상황이 되어버렸다. 사실 이 모든 이질적이고 모순되는 묘사들에 포함된 공통된 의도는 현재의 위계질서에 대한 도전을 둔화시키고 멈추는 것이다.

하지만 논란은 선생님이 될 수 있다. 페미니즘이 가족에게 나쁘다는 비난은, 페미니즘이 가부장적인 다양성에는 나쁜 것이지만 민주주의의 초석인 민주적인 가족들에게는 좋다는 이해를 이끌어낸다. 여성들이 "여성에게 최악의 적들"이라는 말은, 우리가 원할지라도 그 원하는 것이 될 힘이 없음을 인정하라고 강제한다. 이따금 반낙태 집단의 폭파 위협을 받고서 강연장을 비우고 보안 검색해야 할 때, 강연장으로 돌아오면 지지하는 청중들이 훨씬 많아진다는 사실을 목격했다.

지금까지 나는 청중의 절반이 여성이고 절반이 남성인 경우, 여성들이 주변 남성들의 반응에 대해 염려하는 것을 주시했다. 하지

길 위의 인생

만 청중의 3분의 2가 여성이고 3분의 1이 남성일 때, 여성들은 여성들끼리만 있을 때처럼 반응하고, 남성들은 여성들이 솔직하게 말하는 내용을 듣는다. 유색인종이 소수가 아니라 다수인 경우, 청중들은 종종 백인 청중에게 최고의 교육이 된다.

가끔 적대감이 나타나는데, 이것은 그 자체로 교육적이다. 기독교가 강세인 바이블 벨트Bible Belt의 캠퍼스가 아니었다면 나는 여성들의 종속적 역할은 신이 정한 것이라는 믿음이 여전히 우리에게 남아 있다는 사실, 그렇기 때문에 엄격한 기독교 가정, 또는 유대인이나 무슬림 가정 출신의 학생이 신약이나 구약이나 코란을 문자 그대로의 진실로 가르치지 않는 대학에 가려면 용기가 필요할 수도 있다는 사실을 알지 못했을 것이다. 밥존스대학의 한 여학생은 성폭행을 당한 뒤 학교에 상담 요청을 했으나 가해자를 유인한 것처럼 몰렸고 "회개"하라는 말을 들었다. 텍사스에서 나는 강연하기로 한 공연장 밖에 모인 사람들을 보았다. 나는 그들이 나를 가리켜 휴머니스트라고 쓴 표지판을 보고 환영받는다고 생각했다. 나중에 한때 기독교 근본주의자였던 사람이, 기독교인들에게 휴머니즘은 악하고 세속적인 것이기에 그 표지판은 내 연설에 반대해 시위하던 것이라고 설명해주기 전까지 말이다.

일부 청중들은 불평등한 결혼이나 보육 시설 부족, 폭리를 취하는 고용주를 비난하는 대신 페미니즘이 이혼율을 높이고 출생률을 낮추고 월급을 깎아먹는다고 비난하지만, 이 역시 교육이 된다. 평등한 급여에 동의하지 않을 사람은 없으리라고 생각하는 사람들은, 자유시장이 평등한 급여를 관리한다고 발언하는 사람을 통해, 불평등한 급여는 여성들이 다른 고용인들만큼 급여를 받을 만한 자격이 없음을 뜻할 뿐이라는 주장을 배울 수 있다. 우리가 포스트 페미니스트 시대에 살고 있다고 믿는 사람들은 여아 살해와 조혼부터 명예 살인과 성 밀매에 이르는 여성에 대한 폭력으로 인해 역사 기록 이래 처음으로 여성이 남성보다 적은 세상이 되었다는 사실을 배우게 될 것이다. 다른 한편으로 남성들이 말 그대로 자신들을 죽이는 "남성적인" 역할이 보다 더 인간적이길 원하고, 자기 아이들을 직접 키우고 싶다고 말하는 것을 들은 사람들은, 더 이상 과거의 기준으로 진보를 측정하지 않고 미래의 새로운 기준을 제시하게 된다.

나는 이제까지 충분히 많은 변화들을 봐왔기에 앞으로도 더 많은 변화들이 일어나리라고 굳게 믿는다.

I.

• 1971년, 나는 이제 막 여성운동에 대한 이야기를 시작하고 있다. 아직 혼자가 아니라 도로시와 함께 다닐 때인데, 나는 《하버드 법학 리뷰 *Harvard Law Review*》 연회에서 연설해달라는 초청을 받는다. 우수한 학생만 참석할 수 있는 이 연례행사에 그동안 초청된 연사는 주로 정치 지도자나 저명한 법학자로, 당연히 모두 남자였다. 나를 초대한 일이 장난이 아니라는 사실이 밝혀지자 나는 간단하게 사양한다. 그리고 그들에게 초청해야 할 여성은 하버드 로스쿨 최초의 여학생 중 한 명이자 미국 시민 자유 연맹에서 처음으로 여성 권리 계획 Women's Rights Project을 창안한 훌륭한 변호사 루스 베이더 긴스버그 Ruth Bader Ginsburg라고 말해준다.

그리고 브렌다 페이건 Brenda Feigen의 전화를 받는다. 역시 하버드 로스쿨의 초창기 여학생이자, 현재 루스와 함께 여성 권리 계획을 운영하는 친구이다. 브렌다는 내가 연설해야 한다고 말한다. 루스는 하버드를 떠나 컬럼비아 로스쿨에 갔기 때문에 절대 초청받지 못할 것이고, 게다가 만약 내가 안 한다고 하면 주최 측은 평소대로 남성 연사에게 눈을 돌릴지 모른다고 말한다. 브렌다는 자료 조사를 도울 것이고 지금 로스쿨에 다니는 여학생들에게도 부탁하겠다고 약속한다. 나는 나의 대중연설 공포증이 브렌다의 비행 공포증만큼이나 심각하다고 상기시키지만, 브렌다는 할 말을 일일이 적으면 되지 않느냐고 말한다. 그러면 연설이 아니라 낭독이 되고 말 것이다. 이런저런 논쟁이 결국 나로 하여금 최악의 악몽이 될 일을 승낙하게 만든다.

이렇게 해서 나는 하버드대학 캠퍼스에서 브렌다와 함께, 로스쿨에서 단 7퍼센트를 차지하는 여학생들을 인터뷰하게 된다. 나는 여성들이 수업 중에 발언 기회를 갖는 유일한 날인 "숙녀들의 날Ladies Day"이라는 차별적인 전통이 최근에야 폐지됐으며, 교수진은 여전히 백 퍼센트 백인이고 남성이라는 사실을 알게 된다. 당국자들은 자부심에 차 있어, 도서관 서가의 남성 화장실 위에는 단지 '교수진'이라는 표시만 되어 있다. 나는 이 모든 것을 기록하면서 점점 더 긴장한다. 이 학생들은 내게 의지하고 있다.

결국 나는 보스턴의 쉐라톤 플라자 호텔 연단에 서게 된다. 평소 연회가 열리는 보스턴의 하버드 클럽에서 여성들은 옆문을 이용해야 한다. 중고의류 가게에서 찾아낸 1930년대풍 긴 드레스를 내려다보니, 무릎이 덜덜 떨려 벨벳 치마가 가볍

게 흔들리고 있다. 나는 이 신경과민 상태가 목소리에서 얼마나 드러날지 불안하다. 브렌다는 내가 괜찮아 보인다고, 식은 죽 먹기라고 가장하고 있다. 하지만 27년 후, 당시에 하버드 로스쿨 3학년생으로 청중석에 있던 아이라 루푸Ira Lupu는 그날의 기억을 이렇게 적는다. "연설 내용은 수사학적으로 인상적이지 않았다. 연사는 긴장한 듯 보였고, 조용하게 말했으며, 강렬한 효과나 제스처도 사용하지 않았다."[4]

그는 내 연설의 절반도 알지 못했다.

나의 연설 제목은 '여성들에게 하버드 로스쿨이 필요한 것보다, 하버드 로스쿨에 여성들이 더 필요한 이유'이다. 나는 평등만이 법을 존중하게 만들고, 민주적인 가족들만이 민주주의를 만든다는 논리를 펼치면서 본론을 진행해나간다. 청중들은 로스쿨 여학생들이 탄약을 제공한 사실을 이미 알고 있었다. (이 학생들을 인터뷰하는 것만으로도 교수진은 격노했고 불평불만을 쏟아냈다.) 이를 알고 나는 마침내 이들의 증언을 이야기하기 시작한다.

이런 휴머니스트 비전을 가진다면, 한 사람의 여성이 하버드 로스쿨에서 어떻게 고통을 당하는지 상상할 수 있을 겁니다. 여학생과 남학생 들이 자신을 괴짜로 보기 때문에 많은 시간을 혼자라는 기분으로 외롭게 지냅니다. 나머지 시간은 화가 나서 폭발할 것 같은 기분으로 보냅니다. 설상가상으로, 대학요람은 인류의 절반인 여성에 관심 없음을 폭로합니다. 인종차별과 미국 법에 대한 강의는 있지만, 남녀차별에 대한 강의는 없습니다. 국제 포경법에 대한 강의는 있지만, 국제적인 차원의 여성 권리에 대한 강의는 없습니다. 고명한 행정법 교수님은 바로 어젯밤, 평등 고용 기회 위원회가 무엇인지 몰랐다고 말했습니다. 같은 분이, 여성 전임교수를 한 명이라도 채용해달라는 요구에, 여성 교수들은 "성적인 기운" 때문에 문제를 일으킨다는 말로 답했습니다……. 고명한 안전 관련법 전문가는 주가 하락의 사례를 설명하기 위해 "멍청한" 과부들과 아내들이라는 표현을 썼습니다……. 교수님들이 합리적인 여성 같은 건 없다고 설명하면서 "합리적인 인간reasonable man" 시험에 대해선 농담할지도 모릅니다. 그들은 성폭행을 "아주 사소한 폭행"이라고 표현하고, 맨 앞줄에 앉은 학생들의 가슴과 다리를 입을 벌린 채 쳐다볼지도 모릅니다. 여학생이 교실에서 여성의 권리에 대해 발언할 경우 흔히 따라오는, 남학생들의 쉿쉿, 우우 하는 경멸과 야유 소리를 부추기고, 어떤 법적인 사항을 실증하기 위해 여성들에게 모욕감을 주는 "멍청한 여자" 이야기나 성적인 농담을 사용할 수도 있습니다……. 만일 한 남성의 일이 집이나 사무실에서 여성들의 무임금이나 저임금 노동에 의존하는 것이라면, 이제부터 그는 자신을 자유주의자라거나 급진주의자라고 말할 수 없습니다. 심지어 페어플레이를 하는 보수적인 변호사라고도 말할 수 없습니다. 정치는 워싱턴에서 시작되지 않습니다. 정치는 바로 이곳에서 억압받는 사람들과 함께 시작됩니다.

나는 연설이 끝났다는 사실에 안도하느라, 청중의 박수가 찬성의 의미인지, 반대의 의미인지, 예의상 나오는 건지 알수 없다. 그러나 그때 어떤 일이 일어나는데, 나중에야 이것이 전례 없는 일이라는 것을 알게 된다. 턱시도를 입은 약간 뚱뚱한 남성이 얼굴이 분노로 붉게 달아올라 자리에서 일어나, 내 강연 내용이 아니라 내가 하버드 로스쿨을 감히 판단한다는 그 발상에 항의한다. 나는 그가 누구인지 모르지만 엄청나게 화가 났다는 건 분명히 안다. 마침내 그가 자리에 앉자, 연회장에 정적이 감돌았다. 잠시 후 마치 화산을 덮는 대양처럼 대화가 서서히 재개된다.

나중에 브렌다가 그 남성이 하버드 로스쿨에서 채무와 채권 관계를 가르치는 버논 컨트리맨 교수라고 알려준다. 그의 반응에 내가 두려움을 느끼는지 자랑스러움을 느끼는지 확실히 알 수 없지만, 무언가가 후자 쪽이 더 맞다고 내게 말한다. 그는 하버드 로스쿨에서 여학생들이 어떤 문제를 감당하는지 몸소 행동으로 보여준 것이다.

수십 년이 지나서야 청중석에 있던 그 로스쿨 학생이 그 순간 내가 느낀 감정을 확인시켜준다. "하버드 로스쿨 교수가 공개적으로 그렇게 앞뒤가 안 맞는 말을 하고 감정을 제어하지 못하는 모습을 보일 수 있다는 데 충격을 받은 기억이 난다." 아이라 루푸는 이렇게 적었다. "교수의 지적은 스타이넘이 한 말을 조목조목 논박하기보다, 스타이넘을 하버드 로스쿨의 실재와 가치를 교육받지 못한 젊은 여성으로 못 박으려는 의도로 보였다. 연회는 조용하게 끝났지만 컨트리맨이, 여성에 대한 남성의 천박함과 무례함이라는 스타이넘의 주제를 돋보이게 했다는 인식이 퍼졌다. 스타이넘의 말만으로는

길 위의 인생

가능치 않았던 방식으로 말이다.[5]

마침내 루푸는 왜 제일 먼저 내가 초청되었는지 그 수수께끼를 풀어주었다. 루푸의 때늦은 에세이에 당시 그의 아내였던 재나 색스가 "남편의 법학 교육에 반영된 원칙과 방법들로부터 큰 소외감"을 느꼈다는 설명이 있다. 그녀가 나를 연사로 추천했고,《하버드 법학 리뷰》의 회장이 동의했다. 우리는 각자의 역할을 했다. 한 사람의 아내, 로스쿨 여학생들, 브렌다, 나, 심지어는 분노한 교수까지도.

이렇게 하버드 로스쿨은 내게 커다란 선물을 준다. 적대적인 반응에 대해 덜 걱정하게 된 것이다. 결국 그런 반응들은 청중을 교육한다. 나중에 위대한 플로 케네디는, 우리 둘이 함께 연설을 시작할 때 이렇게 제안하게 된다. "그냥 잠시 쉬어. 청중들이 그 적대감을 빨아들이게 놔두란 말이야. 그다음에 이렇게 말해. '나, 저 남자한테 그런 말 하라고 돈 주지 않았어요.'"

• 1972년, 마거릿 슬론과 나는 텍사스 대학들을 여행하고 있다. 그중 하나는 미래의 농부들이 농업을 공부하는 이스트 텍사스주립대학교이고, 또 하나는 미래의 리더들이 무엇이든 좋아하는 것들을 공부하는 댈러스의 남부장로대학교이다. 두 학교는 꽤 성격이 다르지만 두 대학의 여학생들 모두 짝을 이루어 우리에게 나중에 다가와서 똑같이 열정적인 메시지를 전한다. "여기가 나쁘다고 생각하신다면 텍사스여자대학교에 가셔야 해요." 각 대학에서 짝을 이룬 여학생들은 한 명은 백인, 한 명은 흑인 여성으로, 흔하지 않은 조합이다.

뉴욕으로 돌아온 우리는 텍사스여자대학 학생들의 이야기를 더 많이 듣게 된다. 그리고 캠페인 때문에 그곳으로 간다. 유료 강연 프로그램은커녕, 누구 하나 기꺼이 우리를 초청하지 않는다. 그러니 가지 않고 배기겠는가?

덴튼은 로데오와 뜨거운 여름으로 알려진 작은 마을이다. 학생들은 우리가 대학 교정을 둘러보도록 안내한다. 낮은 건물들이 있고 탑이 하나 있는데 그 꼭대기의 학장실은 학생들이 지적하듯 마치 감옥을 내려다보는 교도소장의 요새 같다. 좋은 뉴스는, 주에서 지원하는 여자대학이어서 학비가 저렴하기 때문에 흑인과 라틴계 학생들을 포함해 대학에 가기 힘든 환경의 여학생들이 다닐 수 있는 대학이라는 점이다. 그다지 좋지 못한 뉴스는, 텍사스여자대학이 두 개의 학과로 유명하다는 점이다. 하나는 가정학으로 원래는 여성의 집안일의 가치를 향상시키자는 것이었으나, 이제는 학생들이 결혼이나 가사 관련 직업을 얻기 위해 훈련받는다고 여기는 분야가 되었다. 또 하나는 간호학으로 주로 여성들이 종사하는 직업 가운데 가장 조직화되었지만, 비슷한 업종임에도 약학처럼 주로 남성들이 종사하는 직업보다 여전히 보수가 훨씬 낮다. 최악의 뉴스는, 캠퍼스에서 발생하는 수많은 성폭행 때문에 담을 설치하고 통행금지 조치를 취하고 피해자를 줄이기 위해 남성 경비원들을 두었지만, 가해자를 줄이기 위한 조치는 없다는 점이다. 사실 학생들은 두 경비원이 성폭행의 범인이라고 의심한다.

마거릿과 나는 텍사스여자대학 대강당에 있다. 강당은 학생들로 꽉 차 있고 새로운 페미니즘의 열기로 폭발할 것 같다.

길 위의 인생

시민권과 블랙파워가 결합된 이 새로운 페미니즘에, 멕시코계 미국인 리더들이 텍사스에서 창당한 전국 정당 인종연합La Raza Unida이 합세하면서 열기가 더 뜨거워졌다. 이미 인종연합은 낙태를 포함하여 재생산의 자유reproductive freedom를 지지하는 첫 번째 전국 정치 정당이 됨으로써 예상을 물리치고 있다.

여기에 온 학생들 중 다수는 성과 인종이라는 이중 차별을 경험했다. 주류에서는 물론 여성운동 안에서는 인종 때문에, 그리고 블랙파워 운동에서는 성별 때문에. 학생들은 마거릿의 말에 박수를 보낸다. "내 머리에는 아직 흉터가 있고, 셀마에서 다리를 건너 행진*하느라 발가락 사이에 먼지가 가득해요. 한때 나는 죽게 내버려졌습니다. 하지만 운동이 조직되기 시작하자 나더러 커피를 타라고 하더군요." 그리고 이어지는 말에 학생들은 안도하며 웃음을 터뜨린다. "혁명이 올 때 그 부스러기나 요리하고 있지 않으리라고 확실히 말하고 싶습니다." 그리고 이렇게 요약한다. "나는 월요일, 화요일, 수요일에는 흑인이 아니고, 목요일, 금요일, 토요일에는 여성이 아닙니다."

또 많은 이들이 여성스러움이라는 전통적인 남부의 사고방식을 가지고 자라다 보니, 여성들이 토요일 밤이든 평생에 걸쳐서든 동행한 남성 없이 홀로 서 있으면 반쪽짜리 사람이 된 듯한 느낌을 받는다고 내가 언급하자 학생들은 환호한다.

* 1965년에 흑인의 참정권을 요구하면서 셀마에서 몽고메리까지 87킬로미터를 행진한 사건을 말함.

어떤 남성이 서 있느냐는 거의 상관없다는 것을 남성들이 알게 되면 그들도 깜짝 놀랄 거라고 나는 설명한다. 웃음소리가 더 커지고, "말해요!"라는 외침도 나온다. 학생들은 한 흑인 여성이 백인 남부 자매들에게 한 말에 반갑게 공감한다. "동상 받침에 받들어 모시는 것은 어떤 좁은 공간보다도 더할 게 없는 감옥입니다."

청중 가운데 몇몇은 마거릿이 간간이 사용하는 욕설에 항의하는 소리를 지른다(어쨌든 마거릿은 시카고의 사우스 사이드 출신 시인이다). 마거릿이 자기가 말하는 방식이 맘에 들지 않으면 비평가들은 나가도 된다고 말하자 박수가 쏟아진다. 누군가 내게 신을 믿느냐고 물어서 안 믿는다고 하니(나는 사람을 믿는다) 고요한 침묵이 돌아온다. 나는 계속 말을 이어간다. 일신주의에서 신이 남자면, 남자는 신이다. 왜 신은 수상하게도 지배층과 닮았는가? 왜 중동에서 태어난 유대인 남자 예수는 금발에 푸른 눈인가? 후련하다는 웃음도 나오고, "말해요!"라는 외침도 이따금 들려온다.

마침내 행사를 주최한 학생들이 우리에게 최고의 찬사를 보낸다. 우리에게 와달라고 설득하느라 보낸 1년이란 시간에 걸맞은 결과라는 것이었다. 그에 견주어 표현하자면, 우리는 그러한 학생들의 노력을 타당해 보이도록 만든 것이었다.

뉴욕으로 돌아와 덴튼의 신문 스크랩을 읽는다. 우리가 다룬 주제는 "성차별·인종차별·직업차별·아동·복지·낙태·동성애·양성애"로 요약되었고 토론은 "감정적이고, 논란의 여지가 많고, 시사하는 바가 크고, 적절하다"고 서술되었다. 강연을 들었던 청중의 말을 인용하기도 했는데, 이 강연과 토론이 "당혹스럽고", "내가 들어본 것 중 최악"이라고 말한다. 누구는 화가 나서, 누구는 영감을 받아서 강연장을 떠난 듯하다. 이 기사는 마거릿이 전국 흑인 페미니스트 기구National Black Feminist Organization를 공동 창립하기로 결심하는 데 일조한 요청서가 된다. 평등 고용 기회 위원회의 엘리너 홈즈 노튼Eleanor Holmes Norton, 여성 행동 연맹의 제인 갤빈 루이스Jane Galvin Lewis, 예술가 페이스 링골드Faith Ringgold, 작가 미셸 월러스Michele Wallace 외에 많은 이들과 함께.

마거릿은 오클랜드로 이사한 뒤, 계속해서 여러 여성 센터들을 조직하고 그곳에서 일했다. 마거릿을 만나러 가면 우리는 1년도 안 되는 시간 동안 함께 방문했던 수십 개의 캠퍼스들을 회고하지만, 대화는 항상 텍사스여자대학교로 돌아간다.

나는 35년이 지나서 다시 텍사스여자대학을 방문한다. 이번에는 2008년 대선 예비 선거에서 힐러리 클린턴 캠페인을 하고 있다. 나와 함께 연설하는 젊은 아프리카계 여성 제무 그린Jehmu Greene은 나처럼 긴 시간 스스로 분석한 끝에, 극우파와 오랜 기간 싸웠다는 이유로 클린턴을 위해 캠페인하기로 결심했고, 나중에는 오바마를 지지하기로 마음먹었다. 많은 대학들은 여전히 여성학 전공조차 없는데 이곳은 지금 여성학 석사학위를 제공하고 있다. 대단히 드문 경우로, 앞으로 곧 박사학위도 수여할 예정이다. 또 여성들뿐 아니라 남성들도 간호학 프로그램에 들어가도록 독려한다. 가장 남다른 점은, 다문화 여성학 강의를 수강하지 않으면 누구도 졸업할 수 없다는 것이다. 오프라 윈프리가 여기서 두 번이나 연설했다는 것은 놀랄 일도 아니다. 여전히 요리책 컬렉션으로 유명한 도서관을 제외하면 이 캠퍼스는 과거와의 유사성을 찾기 힘들다.

간략한 이야기와 예상표 획득에 대한 활발한 토론이 끝나자 한 여성이 다가와 몇십 년 전 마거릿과 내가 강연했을 때 그 자리에 있었다고 말을 건넨다. 그녀는 우리의 방문을 조직의 원년을 만든 "충격 요법"이라고 부른다. 교내 인권운동은 행정부서를 압박해 학생들의 불만을 처리하고 성차별과 인종차별 문제를 전담하게 했고, 이제는 노스 텍사스의 미등록 이민자들과 함께 일하고 있다.

나는 마거릿이 텍사스여자대학에서 강연한 뒤 1년 후쯤 딸과 함께 캘리포니아로 이사했고, 오랜 투병 끝에 겨우 57세의 나이로 사망했다는 것을 그녀에게 얘기할 수밖에 없다. 마거릿의 딸은 캘리포니아에서 추도식을 열었고, 그와 동시에 우리는 뉴욕에서 추도식을 치렀다. 이 캠퍼스에서 한때 그토록 생기 넘치던 마거릿이 이제는 이 자리에 없다는 사실이 믿기지 않는다.

"텔레비전에 나오는 병원 쇼 아세요?" 그 여성이 묻는다. "어떤 사람의 심장이 멈추면 전기 장치로 다시 뛰게 해야 하잖아요? 그런 일을 두 분이 저희들에게 해주셨어요. 마거릿의 따님께 우리의 심장이 그때 이후로 계속 뛰고 있다고 꼭 전해주세요."

• 우리는 제일 모르는 곳에서 제일 많이 배운다. 내게는 워싱턴 D.C.의 갤러뎃대학이 그런 곳이다. 이 대학은 청각장애

학생들을 위해 설계된 세계 유일의 고등교육 기관이다. 그것은 일종의 계시이다.

나는 1983년에 그곳에 도착해 낮에 학생들을 만나고, 저녁에 강연을 한다. 내게 수화 통역사가 필요한 것 말고, 이 캠퍼스는 다른 곳들과 다를 바 없어 보인다. 학생들은 대학 잡지를 만들 생각으로, 내게 어떻게 《미즈》를 시작하게 되었는지 묻는다. 나는 학생들에게 어떤 과목을 좋아하는지 묻는다. 학장에 대한 논란이 있다. 학생들은 다음 학장을 선택할 때 어떤 역할을 하고 싶어 한다. 그리하여 결국 그들처럼 청각장애가 있고 그들의 세계를 이해하는 지도자를 세우려 한다. 우리는 청원서에서 등록금 시위까지, 목적을 이룰 수 있는 전술에 대해 대화한다. 여느 대학 같지 않은 곳에서 위험을 감수하는 일이 더 힘들다는 사실을 나는 알지만 학생들은 단호하다. 내가 만난 학생들을 포함하여 이곳 학생의 80퍼센트 이상이 청각장애가 없는 가정에서 태어났다. 그들은 자신들의 경험과 문화를 공유하는 사람들과 보내는 이 짧은 시간을 소중하게 여긴다.

나는 수화를 해석해주는 통역사가 아니라, 내게 말하고 있는 학생들을 쳐다보는 것으로 충분히 알 수 있다. 이해하고 이해받는 기분이 든다.

하지만 갤러뎃대학의 학생들과 보내는 시간이 길어질수록, 표현의 살아 있음이 일종의 보편적인 예술 형식이 되는 세계로 더 깊이 들어가게 된다. 그들의 단어가 동적이고 얼굴 표정이 풍부하기에, 마치 흔치 않은 방식으로 내가 대화 안에 완전히 현존하고 있는 느낌을 받는다. 다리 역할을 하는 수화 통역사가 없다면 많은 내용들을 놓치게 되리라는 것은 분명하지만, 그래도 나는 대화 속에 들어가기 위해 애쓰고 있다. 젊은 여성들은 이를테면 청각장애가 없는 남성들로 꽉 찬 방 안에 있으면 자신들이 얼마나 잘못 이해된다고 느끼는지 얘기한다. 그 남성들은 청각장애 여성은 이중으로 무력하다는 고정관념을 지니고 있기 때문이다. 이 여성들이 실제로 얼마나 강한지와 상관없이 말이다. 이런 이중 잣대 때문에 청각장애 여성들이 청각장애 남성들보다 취업이나 결혼, 장기적인 관계 유지에 성공할 가능성이 훨씬 낮다는 것을 나는 통계로 알게 된다. 하지만 남성과 여성 모두, 내게 말할 때도 자기들끼리 말할 때도 아주 빠르고 섬세하고 미묘해서, 귀로 들을 수 있는 나의 말은 마치 벽돌 같고 눈에 보이는 그들의 말은 마치 조가비나 깃털처럼 느껴질 정도이다.

주디 휴먼Judy Heumann과 다른 장애인 활동가들이 1977년 휴스턴에서 계기를 만들어낸 덕에 이후 페미니스트 연사들이 회의장에 수화 통역과 휠체어 통로를 확보해달라고 요청하는 것이 한결 수월해졌다. 요청이 늘 받아들여지는 것은 아니지만.

그런데 갤러뎃대학에서는 수화 통역사가 청중들만 볼 수 있고 나는 볼 수 없는 자리에 한 명만 있는 게 아니라, 무대 양 끝에 한 명씩, 그리고 청중 주위에 마련된 아주 특별한 연단 십여 군데에도 각각 한 명씩 배치되어 있다. 다시 말해 연설하는 동안 나는 몸짓 합창을 바라볼 수 있다. 노래와 시를 나타내는 수화 통역도 있다. 마치 발레를 구경하는 것과 같다. 시도만 한다면 모든 이들이 배울 수 있을 민주주의의 발레를 말이다.

수화의 세계를 떠나 들리는 사람들의 세계로 돌아갈 무렵 나는 이전과 같은 사람이 아니었다. 나는 그동안 걸어 다니던 세계와 다른, 표현으로 넘치는 시각적인 세계를 보았다. 집에 돌아오자 우울해진다. 그 표현력 넘치던 사람들은 모두 어디에 있나?

5년 뒤에 나는 그곳에서 '이제 청각장애 학장을'이라는 놀라울 만큼 직접적인 이름의 학생운동이 성공을 거두었다는 글을 읽는다. 1988년 갤러뎃대학에 마침내 첫 청각장애 학장이 취임하고, 심지어 처음으로 신탁이사회에 청각장애 이사장이 임명된다. 이는 에이브러햄 링컨이 첫 학위를 인가한 대학에 너무 늦게 찾아온 승리이다. 나는 또한 다른 대학에서는 활동가들이 청각장애와 장애를 교정이 필요한 의료 문제가 아니라 시민권 이슈로 다루어 판을 짜는 것을 보게 된다. 그들은 장애학이라는 완전히 새로운 분야를 개발하고 있다. 흑인학과 여성학과 마찬가지로 사회 정의 운동을 통해 시작된 이런 프로그램들은 사람을 제도에 맞추는 것이 아니라 제도를 사람에 맞추어 변화시키고자 한다. 스키 사고부터 전쟁 부상까지, 출산부터 노화까지, 그리고 목발 사용 등 신체장애란 누구나 들어가기도 나오기도 할 수 있는 상황이기에, 계단 대신 경사로를 설치하는 문제는 대부분의 사람들에게 분명히 중요해지는 시기가 있다. 몇몇 사람들은 전 세계 청각장애 인구가 3억 6천만 명(미국은 1백만 명)임을 인용하며 수화 언어를 필수 언어로 공부하고 있다.

수화 언어를 배우는 것이 읽고 쓰기 능력의 일부가 되는 날이 올까? 들리는 언어와 몸의 언어 모두를 아는 것이 보편적인 일이 될 날이 올까? 갤러뎃 학생들 덕분에 나는 그런 일을 상상할 수 있다.

• 접대 교육이나 호텔 경영 과정이 있는 대학을 방문하는 손님들은 종종 학생들이 실습하는 호텔에 머문다. 중서부에 있는 한 호텔 로비에서 커피를 마시고 있는데, 키가 크고 팔다리가 긴 금발 청년이 카우보이 부츠를 신고 나타나 나에게 앉아도 되겠냐고 묻는다. 수줍음이 아주 많아 보이기에, 그리고 오랫동안 나를 특정 야구선수와 더불어 존경해왔다고 말하기에 나는 놀란다. 내가 그런 식으로 짝지어진 적은 한 번도 없었다.

컨트리 인country inn을 개업하고 싶다는 그의 희망에 대해 함께 얘기하면서 나는 또 다른 여자와 대화하는 것 같은 기이한 느낌에 압도된다. 그는 카우보이이고 아주 과묵하고 남성적이지만, 내가 받은 이 느낌을 떨쳐버릴 수 없다. 마침내 용기 내어 이 느낌을 얘기하자 남자가 말한다. "그럴 거예요. 제가 여자아이로 자랐거든요."

그러더니 남자는 내게 이야기를 들려준다. 기억을 더듬어 여러분에게 전한다. 쉽게 잊을 수 있는 종류의 이야기가 아니다.

저는 가족과 함께 마을에서 떨어진 사막의 크고 낡은 집에서 자랐어요. 3대가 함께 살았어요. 나는 할아버지가 내 아버지이기도 하고, 내 어머니의 아버지이기도 하다는 건 알았지만 그게 잘못된 건지는 몰랐어요. 내가 알면서 싫어했던 건, 차에 기름을 채우려고 멈췄는데 돈이 충분치 않을 때마다 어머니나 다른 친척이 나를 주유소로 보내 거기서 일하는 남자 것을 빨아주라고 시킨 거였어요. 언제 시작된 일인지 기억은 안 나는데, 아마 네다섯 살 때였을 거예요. 하지만 그전에 할아버지를 위한 성적 서비스로 처음 배웠어요. 할아버지는 나더러 손녀로 태어났어야 했다고 말하곤 했어요. 아마도 남자애랑 이런 걸 하는 게 이상했나봐요. 어머니는 나한테 여자애 옷을 입히고, 여자애 이름으로 부르기 시작했어요. 학교에 갈 때는 남자애 옷을 입었지만, 친구가 없었어요. 나는 다른 집에서 애들한테 어울리지 말라고 하는 가족이 바로 우리 가족이라는 걸 곧 알게 됐어요.

도망칠 수 있는 나이가 되자마자 나는 나이를 속이고 해군에 입대했어요. 집에 있는 것보다 더 안전한 느낌이었어요. 가출은 나를 살린 첫 번째 일이었어요. 고향에 돌아와 마을에서 방을 구했는데 부근에 한 여성 센터가 있었고, 그곳의 모임들 안에서 수많은 이야기를 나누더라고요. 어린 시절의 성적 학대를 포함해서 말이죠. 나는 이런 일이 다른 사람한테도 일어났을 줄은 상상도 못했어요. 그곳의 치료사가 그러더라고요. 여자들이 일단 서로 얘기하기 시작하면, 이런 일이 여자아이들한테만 많이 일어나는 게 아니라는 걸 알게 된다고요. 학대에서 살아남은 사람들이 도움이 필요한데 치료받을 여유가 없을 경우에 이 치료사는 모임을 만들 수 있게 도와줬고, 저도 거기에 참가했어요. 여자

여섯이랑 저였죠. 저는 그 일이 제 잘못이 아니라는 걸 알게 됐어요. 하지만 마을 사람들이 우리가 가족의 비밀에 대해 얘기를 나눈다는 사실을 알게 되자, 여성 센터도 그 치료사를 내보내야 했어요. 그래도 치료사는 따로 우리와 만남을 계속 이어갔어요.

하지만 정말로 나를 구원한 건 선생님이 느끼셨던 그 점이에요. 나는 여덟 살 때까지 여자애처럼 옷을 입고 살아서, 내가 할아버지 같은 남자라고 한 번도 느끼지 못했어요. 치료사가 지적한 대로, 나는 가해자와 나를 동일시하지 못했어요. 만약 그랬다면, 나도 학대하는 사람이 되었을지 몰라요. 희생자가 되고, 섹스만이 나를 가치 있게 하는 유일한 것이라고 믿게 되는 건 끔찍한 일이에요. 도움을 받지 못하면 여자아이들은 그렇게 믿으면서 자라죠. 하지만 어떤 남자아이들은 다른 사람들을 학대하기 시작해요. 그게 남자가 되는 길이니까요. 그것은 죄책감을 뜻하기도 해요. 만일 진실을 말하면 체포될까 겁먹고 모든 공감능력을 차단하는 거죠. 이 모든 것이 빠져나오는 걸 더 어렵게 만들어요. 내가 운이 좋았다고 말할 순 없지만, 내가 다른 사람들을 지배하고 학대해야 한다고 생각했다면 나는 훨씬 비참했을 거예요.

남자는 내게 감사하다고 말하기 위해 자기 이야기를 들려주고 있다. 여성운동이 서로 이야기를 나누는 여성들로부터 탄생한 덕분에 유년기의 성적 학대가 프로이트의 환상이 아니라 사실로 밝혀졌으며, 아이들의 말이 믿음을 얻기 시작한

길 위의 인생

것이다.

우리는 커피를 마저 마신다. 그는 여자가 되는 것이 어떤 것인지 아는 흔치 않은 남자이고, 학대를 한 세대로 끝장낸 사람이기도 하다. 나는 남자에게 살아남아주어서, 그리고 가르침을 주어서 감사하다고 전한다. 캠퍼스에는 많은 종류의 수업이 있다.

• 1995년, 나는 샌프란시스코 근처의 도미니칸칼리지에 있다. 이 대학의 야외 원형극장은 1천 명을 수용할 수 있기 때문에 가족계획 연맹Planned Parenthood의 모금 행사장으로 쓰일 예정이다. 아무도 반대하는 잡음을 내지 않았다. 가족계획 연맹의 병원들은 많은 사람들을 위해 아주 오랫동안 의료 서비스를 제공해왔기에, 미국에서 가장 신뢰받는 기관의 하나가 되었다. 일부 반낙태 시위자들도 이 병원들을 대상으로 시위하면 여론을 등 돌리게 만들 뿐이라고 계산한 것 같다. 특히 가족계획 연맹 서비스의 3퍼센트만 낙태와 관련되었기 때문에 더 그러하다.

하지만 이것은 폭풍 전의 고요이다. 샌프란시스코의 존 퀸John Quinn 대주교는 나를 "미국에서 사실상 규제 없는 낙태 옹호의 선두주자"라고 비난하는 편지를 학장에게 쓴다. 이 대학은 가톨릭교회로부터 한 푼도 지원받지 않지만, 오래전 도미니코수도회 수녀들이 세운 학교이다. 그곳에 더 이상 그들을 대변할 것이 없음에도 대주교는 그들의 유산을 배신하고 있다고 말한다.

비난도 행사도, 모든 것이 그대로 진행된다. 마음 아프게도 몇몇 기부자들은 이 대학에 주기로 한 기금을 정말로 보류한다. 하지만 이사들이 대학의 무료 강연에 대한 지지를 확고히 고수하자 새로운 기부가 들어와 이 손실을 보전한다. 오히려 대주교는 신자 수 대폭 감소, 사제들의 고령화, 십여 개의 역사적인 교회들 폐쇄, 사제들의 성범죄 폭로를 포함하여 수많은 다른 추문들의 시대라는 언론 보도를 증가시키기만 하여, 결과적으로 이 대책을 협의하기 위해 바티칸으로 소환되고 만다.

행사 당일, 나는 반낙태 현수막을 휘날리며 원형극장 위를 빙글빙글 도는 시위용 소형비행기를 보고 충격받는다. 누군가 소리친다. "저것 봐. 낙태 금지법 지지자가 공군을 대동했어!" 웃음바다가 된다. 행사는 그대로 이어진다. 이 외로운 소형비행기가 생일, 결혼, 광고를 위해 쓰이는 상업용임을 알긴 하지만, 멈추지 않고 원을 그리는 그 상징성이 나를 슬프게 한다.

나중에 평생 농장 노동자들의 조직가로서 진보 여성 선출을 위해 분투한 30년 친구 돌로레스 후에르타Dolores Huerta와 이야기하면서, 나는 교회를 대변하는 비행기와 땅에서 여성들의 실제 삶 사이의 이 상징적인 거리에 슬픔을 떨칠 수가 없다고 말한다.

그녀는 내게 조직가들의 만트라를 상기시킨다. **뿌리는 꽃 없이 존재할 수 있지만, 뿌리 없이 존재할 수 있는 꽃은 없다.** 종교는 꽃이 될 수 있을 테지만, 사람들이 그 뿌리이다.

석 달 후에 존 퀸 대주교는 66세의 나이로 정년을 9년 앞두고 퇴임한다. 샌프란시스코 신문들은 대주교가 사람들과 너

길 위의 인생

무 괴리되었다고 보도한다.

• 소떼와 가을밀 옆 들판에서 유정油井이 자라는 오클라호마 교외에서, 나는 학생들로 가득 찬 대학 강당에서 강연 뒤 토론에 참여하고 있다. 종신교수이든 취학을 앞둔 아이들을 둔 사람이든 대부분 어떻게 일상생활을 더 공정하게 만들 수 있을지 찾아내려고 노력 중이다. 그러나 나는 전부 백인에다 예수 티셔츠를 입은 스무 명가량의 한 그룹이 제대로 참여하지 않고 있다는 것을 알아차린다.

마침내 티셔츠를 입은 젊은 남성이 일어나 내가 합법적인 낙태를 지지하는 데 항의한다. 우리가 낙태에 대해 한마디도 하지 않고 있었기에 어이없는 일이다. 그는 낙태가 헌법에 나와 있지도 않은데 어떻게 보호될 수 있냐고 묻는다. 열두 살 정도로 앳돼 보이는 여학생이 일어나, 여성들은 헌법에 포함되어 있지도 않지만 이제 우리는 시민이고 우리는 헌법이 보장하는 사생활에 대한 권리의 일부로 재생산의 자유를 갖는다고 말한다. 미국 헌법 제정자들인 건국의 아버지들이 건국의 어머니들을 포함시켰더라면 그 재생산의 자유야말로 권리장전의 서두가 되었을 것이다.

군중은 박수를 친다. 사람들이 서로 묻고 답하기 시작할 때, 나는 우리가 마법의 지점에 이르렀음을 보게 된다. 나는 그저 듣고 배운다. 예수 티셔츠 그룹의 리더로 보이는 나이든 남성은 성서가 "살인하지 말라"는 계명으로 낙태를 금지한다고 말한다. 하지만 신앙이 독실한 바이블 벨트이니만큼 사람들이 성서를 정말로 잘 알아, 어떤 나이 든 여성이 출애

굽기 21장 22~23절, 임신한 여자를 유산하게 만든 남자는 벌금형을 받지만 여자가 죽지 않는 한 살인죄를 받지 않는다는 부분을 인용한다. 이같이 성서는 의존적인 삶은 독립적인 삶과 같지 않음을 분명히 하고 있다.

이내 티셔츠를 입은 사람들은 조용해지지만, 아마도 오래가진 않을 것이다. 그들이 상의하는 광경을 지켜본다. 그동안 다른 학생이 일어나 젊은 여성을 마치 부모나 주 정부의 소유물인 것처럼 취급하는 친권법과 사법 합의 규율에 반대하며 말한다. "임신하기에 충분한 나이라면, 임신하지 않기에 충분한 나이도 됩니다."

한 남성은 만약 군 복무를 하는 여성이 다른 병사 또는 적군에게라도 성폭행을 당하면, 군인 병원이나 정부 기금으로 운영되는 병원 어디에서도 낙태 수술을 받을 수 없다는 사실을 지적하며 맞장구친다. 그녀 스스로 낙태 수술할 곳을 찾기 위해 유급휴가를 받을 수 있을지도 장담할 수 없다. 반대와 학습의 웅성임이 일어난다.

한 간호사가 일어나 자기가 끼고 있는 금속 팔찌에 대해 설명한다. 사랑하는 사람의 생일을 새긴 전쟁 포로의 팔찌처럼 보이지만, 그녀는 자기 팔찌에 로지 지메네스Rosie Jimenez의 생몰날짜를 새겼다고 설명한다. 로지 지메네스는 하이드 수정조항Hyde Amendment이 군인세뿐 아니라 보건세나 어떤 세금도 낙태에 사용하는 것을 금지한 탓에 불법 낙태로 사망한 첫 번째 여성이다. 그러나 마지막 사망자는 아니다. 로지는 생활보호 대상자로, 몇 달 후면 교사 자격증을 받고 졸업해 자신과 다섯 살 난 딸을 부양할 수 있게 된 상황이었다. 하지만 임신을 했고, 자기 돈으로 감당할 수 있는 유일한 방법으로서 멕시코 국경을 넘어 낙태 수술을 받으러 갔다가 텍사스로 돌아온다. 그리고 그로부터 7일간 병원에서 통증과 고열에 시달리며 패혈성 쇼크 치료를 받는다. 한 번의 낙태로 세금의 수백 배에 이르는 비용을 치르고서. 로지는 어린 딸과 그녀의 전도유망한 미래의 증거였던 장학금 7백 달러짜리 수표를 남기고 사망했다. 이 일은 하이드 수정조항이 발효되고 겨우 두 달 만에 일어났다. 여성 수백 명, 어쩌면 수천 명이 그 이후로 건강이나 목숨을 잃었다.

나는 티셔츠 집단에 시선을 주고서, 재생산의 자유는 말 그대로의 의미와 함께 아이를 가질 권리를 보호하는 것이기도 하다고 설명한다. 불임수술이나 그 외의 수단으로 출산을 못하게 막을 수 없듯, 어떤 여성도 낙태를 강요당할 수 없다. 여성운동은 아이를 부양할 경제적 능력을 포함해 전자와 후자 양쪽을 위해 헌신한다. 안전하고 합법적인 낙태를 반대하는 사람들이 낙태 문제에만 초점을 맞추기 때문에 한쪽으로 치우친 것처럼 보일 뿐이다.

나는 고요한 티셔츠 집단이, 이것이 자신들의 선택을 보호하는 것이기도 하다는 사실을 깨닫는 중이기를 바란다. 산아제한과 낙태를 금지할 힘을 지닌 정부는 거꾸로 산아 제한 혹은 낙태를 강요할 수도 있는 것이다. 하지만 그런 행운은 일어나지 않는다. 갑자기 티셔츠를 입은 전원이 일제히 일어나 "낙태! 살인! 낙태! 살인!"을 외치며 집단 퇴장한다.

그 뒤를 이은 침묵 속에서 나는 사람들이 무엇이 잘못된 건지 파악하려 애쓰고 있음을 느낀다. 나 또한 내가 무엇을 말할 수 있었는지, 무엇을 할 수 있었는지 의문을 던진다. 나는 그들의 퇴장에 유감을 표현한다. 그것은 마법을 깨뜨린 것 같다.

청바지를 입은, 호리호리하고 수줍어하는, 이십 대 후반으로 보이는 백인 남성이 손을 들고는 별 상관없어 보이는 이야기를 시작한다. 그는 유전 굴착 장치를 위한 새로운 유형의 비트를 발명했다. 바로 특허를 팔고 예상치 못한 거금을 받았다. 그는 뜻밖의 횡재로 번 돈의 절반인 9만 달러를, 언론의 자유처럼 기본적인 인권인 재생산의 자유라는 대의에 기부하고 싶어 한다.

침묵이 흐르고 곧 웃음소리가 들리고, 이어 환호성이 울린다. 나의 40년간 여행과 모금운동 사상 이런 일은 다시 일어나지 않는다. 사람들이 기부를 약속할 때는 대개 호소한 결과이거나 일정 금액을 요청한 경우이다. 또는 다른 사람들이 기부하는 것을 따라 기부하는 경향도 있다. 그 공간의 나와 모든 이들에게 이 젊은 남성은 요청받지 않고도 능력에 따라 기부하는 방법을 보여주었다. 뜻밖의 횡재를 나누는 것이므로 능력 이상으로 기부한 것이겠다. 그는 우리 모두에게 자발성, 그리고 희망이라는 선물을 주었다.

우리는 계속 연락을 주고받는다. 그는 뉴욕에 와서 인사를 하러 들른다. 내가 또 다른 여행 중에 만난 한 젊은 여성은 그의 여동생이라고 자기를 소개한다. 그와 내가 덴버에서 동선이 겹쳐, 함께 아침을 먹는다. 몇 년 주기로 길은 우리를 다시 만나게 해주는 것 같다. 오클라호마의 그날은 우리 모두의 인생에서 획기적인 사건이 되었다.

길 위의 인생

II.

대학이나 다른 곳에서 강연을 마친 뒤에 함께 이야기하고 조직을 만드는 일은 나에게 큰 보상이 된다. 그런 가운데서 배움을 얻기 때문이다. 우리는 종종 레스토랑이나 캠퍼스에서 계속 시간을 보내거나 아니면 그냥 제일 가까운, 앉을 만한 바닥에 앉는다. 공유된 강연에 대한 응답으로, 그리고 추가로 내가 위계적 설정을 극복하고 우리가 5백 명이든 5천 명이든 원형으로 전부 앉아 있다고 가정해보자고 요청하면, 사람들은 자리에서 일어나 어쩌면 친구나 가족에게도 털어놓지 못할 이야기를 한다. 마치 청중들이 자기들만의 자기장을 만들어내는 것처럼 이야기와 생각 들을 끌어내는 것이다.

나는 청중석에서 보내온 쪽지를 큰 소리로 읽기도 한다. 이를테면 아직 중요 커리큘럼에 들어가지 못한, 어렵게 따낸 새 과목들은 축소되고 새 축구 경기장에는 엄청난 돈이 할당되었다는 내용들을 말이다. 왜냐하면 나는 처벌받지 않고 그렇게 읽어도 되기 때문이다. 가끔 연금술 같은 일이 일어난다. 강당 한쪽에서 누군가 질문하면, 다른 쪽에서 누군가 대답한다. 나는 마법이 일어났다는 것을 알게 된다. 집단은 그 자체의 생명을 획득했다.

여성뿐 아니라 남성에게도 제일 밑바닥에 간직된 주제들이 있다. 남성들이 제일 많이 이야기하고 싶어 하는 주제가 있다면, 그것은 그들을 보살펴줄 아버지 또는 누구든 자기에게 관심을 가져줄 다른 남성을 간절히 갖고 싶어 한다는 것이다. 일단 그런 주제에 깊숙이 들어가면, 질문은 그들 스스로 어떻게 그런 아버지나 남성이 될 수 있는가에 이른다. 어릴 적의 이런 소망은 그들이 폐미니즘 편에 서게 되는 가장 큰 요인이 되기도 한다. 남성들은 또한 어머니가 아버지나 양아버지에게 폭행당하거나 모욕당하는 모습을 보았다고 이야기한다. 나는 제일 덩치가 크고, 제일 험악하게 생긴 대학생 운동선수들이 어머니가 구타당하는 것을 목격하면서 느꼈던 감정을 떠올릴 때 그들의 얼굴을 타고 흘러내리던 눈물을 보았다.

나는 청중의 구성이 어떠하든, 일반적으로 강연 자체보다 더 길게 진행되는 토론에서 나오는 재치 있고 재미있고 계시를 주는 응답들과 예기치 못한 놀라움을 신뢰하는 법을 배웠다. 할 수만 있다면 그 수많은 이들의 유튜브 동영상을 여기에 가져오고 싶다. 자리에서 일어나 알고 싶은 것을 묻거나, 배웠던 것을 공유하거나, 자기 이야기를 들려주거나, 도움을 청하거나, 내가 해결할 수 없는 난관에 빠졌을 때 구해준 그 사람들의 모습을 말이다.

사례를 들어보면 이렇다.

• 캐나다의 로스쿨에서 우리는, 법은 보편적인 도구이기에 페미니스트들이 유연성을 기대해선 안 된다는 내용의 토론에 몰두하고 있다. 나는 유연성이 있으니까 재판관이 있는 것이지, 그렇지 않다면 정의는 컴퓨터에게 맡길 수도 있을 것이라고 논쟁한다. 대부분이 남성인 로스쿨 학생들은 어떤 예외도 위험하며 "파멸에 이르는 비탈길"을 만든다고 주장한다. 예외를 하나 만들면 그 수가 증가할 것이고, 법이 사실상 뒤집어질 것이라는 말이다.

나는 변호사가 아니다. 말문이 막힌다. 저 젊은 남성들은 청중 가운데 상식을 가진 다수를 대표할 수도 있고 아닐 수도 있다. 하지만 그들은 승리감으로 의기양양했다.

그때 청바지를 입은 키 큰 젊은 여성이 뒤쪽에서 일어난다. 그녀는 조용히 말한다. "저기요, 제가 보아뱀을 한 마리 키워요." 이 말에 바로 청중들은 조용해진다.

그녀는 이야기를 계속한다. "한 달에 한 번, 학교 해부 실험실에 가서 보아뱀한테 먹이로 줄 냉동 쥐들을 얻어요. 그런데 이번 달에 새 담당 교수가 말하길, '냉동 쥐들을 줄 수 없어요. 만약 내가 학생한테 냉동 쥐들을 주면, 모든 사람들이 달라고 할 테니까요.'"

그야말로 폭발적인 웃음이 터져 나왔고 논쟁을 벌인 남학생들도 웃음을 참지 못한다. 그녀가 정곡을 찔렀다. 모든 사람들이 똑같은 것을 원하지는 않는다. 정의로운 법은 유연성을 가질 수 있다. 정의롭기 위해서 법은 유연성을 가져야 한다. 그 여학생이 그날을 구원했다.

• 캘리포니아의 지역 전문대학community college에서, 강당을 가득 채운 늦깎이 여학생들은 자신의 남성 파트너에게 집안일과 아이 돌보기를 동등하게 공유하기가 얼마나 어려운지를 두고 길고도 진지한 토론에 빠졌다. 그것이 어려운 이유는 단지 남성들이 저항하기 때문이 아니라, 여성들 스스로 죄책감을 느끼거나, 잔소리꾼처럼 보이기 싫어하거나, 남녀가 일과 아이 돌보기를 분담하는 것을 집에서 한 번도 본 적이 없어서 어떻게 해야 할지 방법을 모르기 때문이다.

한 여성이 일어나 말한다. "눈을 감고 여자랑 산다고 생각해보세요. 그럼 어떻게 집안일을 나누겠어요?"

긴 침묵이 흐른다. "이제, 기준을 낮추지 마세요." 동의의 환호가 일어난다.

• 또 다른 캠퍼스에서 어떤 여성들은, 바닥에 속옷을 벗어 두고도 주워야겠다고 생각하지 않거나 심지어 내버려뒀다는 사실을 의식조차 못하는 남성들에 대해 얘기한다. 이때 고함과 웃음소리가 꽤 소란스러워져, 나는 앞자리에 앉은 조용한 젊은 일본 여성이 걱정되기 시작한다. 어쩌면 우리가 그녀를 불쾌하게 만들고 있는지도 모른다.

마치 내 생각의 호출을 받기라도 한 듯 그녀가 일어나 몸을 돌려 5백여 명의 여성들과 마주한다. 그리고 조용히 말한다. "제 남편이 속옷을 바닥에 버려두면, 저는 그대로 바닥에 팽개쳐 두는 게 아주 효과적일 거라고 생각해요."

웃음과 환호에 둘러싸인 이 수줍은 젊은 여성은 자신도 웃고 있다는 데 놀란 것 같다. 그녀는 모두에게, 대중 앞에서 뭔가 얘기해본 것이 이번이 처음이라고 말한다.

• 자기보다 나이가 어린 남성을 남편이나 애인으로 두면 여성을 평등하게 대할 확률이 더 많기에 이점이 있다고 토론하는 중에 한 여성이 일어나 말한다. "물론 어린 남자들이 이해를 더 잘하죠. 우리가 그 남자들의 엄마였으니까!" 앞자리에서 동의하지 않는 표정을 짓고 있는, 훨씬 나이 많고 점잖은 풍모의 한 여성을 쳐다보며 나는 다시 한 번 걱정한다. 우리가 불쾌하게 만들고 있는 건 아닌지 내가 묻자, 그녀는 일어나 청중을 돌아보고 말한다. "젊은 남자랑 바람피울 때 ('만일

바람피우면'이 아니라, '바람피울 때'라고 말한 것에 나는 주목한다)
절대로 위에 올라가지 마요. 여러분이 불도그처럼 보이니까."
예상 밖의 여성, 그러나 경험해봤음이 분명한 사람의 이 발언
은 우레 같은 갈채를 받았다.

대학 방문을 통해 내가 확인할 수 있었던 한 가지는, 기적을 낳는
지는 몰라도 인간미는 없는 인터넷 가지고는 충분치 않다는 사
실이다. 노예제 폐지론자와 참정권 확대론자들의 시대, 말하자면
학생 수가 백 명인 대학이 고작 6백 개쯤이고, 그림케 자매Grimké
sisters, 프레더릭 더글러스Frederick Douglass, 소저너 트루스Sojourner Truth
처럼 돌아다니며 운동을 조직했던 사람들이 마을 강당·농가·교
회·캠핑장에서 강연하기 위해 여행을 다녔던 시대와 마찬가지로,
같은 공간에 함께 있는 것을 대체할 만한 것은 아무것도 없다. 바
로 그런 이유로 우리는 일시적인 모임의 세계를, 크든 작든, 대학
이든 다른 어떤 곳에서든 계속해서 만들어야 한다. 그 안에서 우
리는 혼자가 아니라는 사실을 발견하고, 다른 사람에게서 배우고,
그렇게 해서 공동의 목표를 향해 나아가게 된다. 시민권 운동에
서 개별적으로 활동한 운동가들은 전화나 등사기만 이용하지 않
고 흑인 교회 네트워크를 이용했으며, 베트남전에 반대하는 연설
을 하던 참전용사들은 커피하우스와 록 콘서트를 이용했다. 이제
는 적어도 천오백만 명 이상의 학생들이 4천 개의 대학에 다니고
있다. 아직도 충분히 다양하진 않지만, 이전의 그 어느 때보다 훨
씬 다양해졌다. 캠퍼스는 그러한 이유로 나처럼 돌아다니며 운동
을 조직하는 사람들에게 주요 무대이다.

일주일 또는 1년, 한 달 또는 평생 동안 이러한 풀뿌리 조직을

만들어, 어떤 것이든 당신이 이 세상에서 보고 싶어 하는 변화를 위해 일해보기를 권한다. 그러다 보면 어느 날 한 낯선 사람과 이야기하게 될 것이다. 그가 축하하는 승리에서 당신이 어떤 역할을 했는지 아무것도 모르는 한 여성 혹은 남성과 말이다.

이를테면 당신은, 학생과 교직원과 교수진이 함께 보육 체계를 만들어내 누가 대학에 갈 수 있는지를 변화시킨 것을 알게 될 것이다. 또는 최고의 자격을 갖춘 후보가 최고의 부를 가진 후보를 제치고 당선된 것을 보게 될 수도 있다. 미국 고등학생들이 아프리카 고등학생들의 학비를 대기 위해 여름에 일을 한다거나, 자기 방어로 학대자를 살해한 여성을 비롯해 부당한 유죄 판결 사례들을 알게 된 한 주지사가 모든 사형수들의 형을 감형시켰음을 알게 될 수도 있다. 또는 남성 임원들이 육아 휴직과 균등하게 아이들과 함께할 시간을 요구한 일, 어떤 주에서 감옥과 공립학교를 기업 이윤의 중심으로 변경하는 데 모든 시민들이 일제히 반대하고 일어난 일, 가정 폭력이 경찰을 해고하는 근거가 되고서 경찰의 가혹 행위가 급격히 줄어든 일에 대해 듣게 될지도 모른다. 또 어느 학교 기관이 모든 대륙과 인구를 동등하게 다루는 교재를 주문했다거나, 미국 역사가 사실은 사람들이 거북 섬 Turtle Island이라고 부른 이 땅에 처음 거주했을 때 시작되었다는 것, 총기 소지가 줄고 대중교통 이용이 늘어났다거나, 재생산의 자유가 제5의 자유가 되었다는 것을 보게 될 것이다. 그리고 지금의 당신과 미래의 당신만이 상상할 수 있는 다른 희망들을 보게 될 것이다.

그러다가 마치 몇 년 전에 던져진 수수께끼에 대한 해답처럼, 이러한 성장이 당신이 뿌렸거나 물을 주었거나 이곳저곳으로 옮겨 나른 씨앗들로부터 나온 것임을 깨닫게 될 것이다. 그리고 당신은 공동체적 존재인 우리가 가장 필요로 하는 방식으로 보상받을 것이다. 즉 당신이 차이를 만들었음을 알게 될 것이다.

벨라 앱저그와 함께,
정치적으로 "우리 모두 같은 배를 타고 있다"고 말하기를 시도하며

뉴욕 《데일리 뉴스》, 존 페딘의 사진

5장

정치적인 것이 개인적인 것이 될 때

대공황 시절의 고통, 그리고 프랭클린 루스벨트 대통령과 영부인 엘리너 루스벨트가 어떻게 우리를 그 고통에서 빠져나오도록 도왔는지에 대해 어머니가 들려준 이야기들은 정치가 일상생활의 일부라는 사실을 가르쳐주었다. 어머니는 감자 껍질 찌꺼기로 수프를 만들고서, 루스벨트의 라디오 연설을 들으며 영혼을 살찌웠다고 얘기했다. 담요를 잘라 언니의 따뜻한 외투를 만들어주고는, 사람들이 새로운 스타일의 영부인을 좋아한다면 새로운 스타일의 외투도 좋아할 거라고, 언니가 놀림받지 않도록 보호한 이야기도 들려주었다. 또 할아버지가 사람들 말처럼 폐렴으로 돌아가신 게 아니라 일해서 번 것을 모조리 잃고 상심해서 돌아가셨다고 얘기했다. 루스벨트 대통령이 다리 건설, 숲 조성, 심지어 우체국 벽 페인트칠 등으로 가장 절실한 곳에 일자리와 자존감을 창조해가는 모습을 할아버지가 살아서 볼 수 있었더라면, 아직도 우리 곁에 계셨을 거라고 어머니는 확신했다.

내가 보기에 어머니의 이야기들이 개인적인 자리에서 시작해 정치적 지점으로 넘어온 것은 완벽하게 앞뒤가 맞았다. 프랭클린과 엘리너가 상류층 출신이었음에도 우리 하층민의 삶을 이해했다는 어머니의 믿음도 마찬가지로 일리 있었다. 어머니는 이렇게 말했다. "언제나 사람들이 뭘 하고 있는지를 봐. 누구인지를 보지 말고." 또 루스벨트 부부는 우리가 의존적이지 않고 독립적이기를 바랐다고 어머니는 확신했다. 나는 대부분의 아이들처럼 "이건 공정하지 않아요" "이래라저래라 하지 마세요" 같은 말을 할 때마다 그래서 대통령 부부가 점점 더 좋아졌다.

어머니의 이야기가 모두 행복하게 끝나는 건 아니었다. 경찰이 피부색이 검은 사람들을 도로에서 질질 끌고 가는 수수께끼 같은 신문 사진을 봤을 때, 어머니는 니그로라는 사람들한테는 대공황이 결코 끝나지 않았기에 디트로이트 근처에서 인종 폭동이 일어났다고 설명했다. 나는 사람들이 감자 껍질로 수프를 만들고 담요로 외투를 만드는 것을 상상하긴 했지만, 어쩐지 우리 가족이 경찰의 공격을 받는다는 것은 상상할 수 없었다. 어머니는 나와 함께 앉아 강제 수용소라는 장소에서 살아남으려는 한 어머니와 아이를 다룬 라디오 드라마를 듣기도 했다. 나는 어머니가 나를 겁주려는 게 아니라 심각한 무언가를 가르치고 싶어 했을 뿐이라고 생각했기에, 내가 중요한 사람이자 어른이 된 것처럼 느꼈다. 몇 년 후에 나는 어머니가 척박한 현실을 내게 그런 식으로 소량 투여함으로써 우울증에 대한 면역력을 길러주려 의도했던 게 아닐까 생각하게 되었다. 어머니는 슬픈 영화나 상처 입은 동물처럼 아주 사소한 것으로도 우울증이 도질 수 있었다.

하지만 나는 천하태평 아버지가 왜 정치에는 도통 관심이 없는

지 한 번도 묻지 않았다. 두 분 모두 친절하고 다정했다. 단지 너무 달랐을 뿐.

내가 열한 살 때 루스벨트 대통령이 사망했다. 당시 어머니와 나는 부모님이 갈라선 뒤 매사추세츠의 작은 마을로 옮겨와 살고 있었다. 어머니가 내게 소식을 전하려고 밖으로 나왔을 때, 내가 자전거를 타고 있던 보도에 난 금의 모양을 지금도 정확히 떠올릴 수 있다. 프랭클린과 엘리너가 더 이상 우리 삶의 일부가 아니라는 사실을 믿기 힘들었다. 모든 사람들이 그 죽음을 안타까워하는 게 아니라는 사실을 깨달았을 때는 더 믿기 힘들었다. 어떤 마을 사람들은 대통령이 우리를 제2차 세계대전으로 몰고 갔다고 비난했고, 어떤 사람들은 대통령의 UN이라는 구상이야말로 외국인들이 우리한테 이래라저래라 간섭할 빌미를 주었다고 생각했다. 한 신문 만평은 이렇게 썼다. "로젠펠트 대통령에게 작별 인사를." 어머니는 루스벨트가 유대인이 아니며, 편견에 찬 사람들이 자기들이 싫어하는 것들을 그와 결부시킨 것뿐이라고 설명했다.

우리와 함께 루스벨트의 죽음을 애도한 유일한 이웃은 길 건너편에 사는 노인이었는데, 그는 루스벨트의 이니셜인 FDR을 수놓은 넥타이를 착용하여 마치 공모자들에게 하듯 우리 앞에 내보였다. 어머니는 검은 천을 두른 대통령 사진을 집 앞쪽 창문에 놓아둘 정도로 용감했지만, 이웃 사람들에게 그것을 설명할 정도는 아니었다. 나는 낮이 밤으로 이어지듯 정치가 갈등으로 이어진다고 의심하기 시작했지만, 갈등은 그저 생각하는 것만으로도 안 그래도 우울한 어머니를 더 우울하게 만들기에 충분했다. 나는 화가 날 때 울음을 터뜨리곤 했는데 그러고 나면 처음에 왜 화가 났는지 설명할 수 없게 되어버렸다. 나중에야 이것이 여자들이 갖는 특질임을 깨달았다. 화는 "여성적이지 않은 것"으로 간주되기에 우리 여성들은 그것을 억누른다. 마침내 가득 차올라 넘칠 때까지.

나는 어머니가 털어놓고 말하지 못해 상태가 악화되었다는 것을 알 수 있었다. 이로써 나는 우울증이 내면으로 전이된 화이며 여성들이 우울증에 걸릴 확률이 두 배나 더 높다는 자명한 사실을 처음으로 감지하게 되었다. 어머니는 크나큰 대가를 지불하고 자신의 우울증에 엄청나게 신경 썼음에도 할 수 있는 것이 거의 없었다. 이런 식으로 어머니는 자신이 절대로 갈 수 없었던 활동가의 길로 나를 이끌었다.

나의 정치적 삶은 고등학교 졸업반이 되어서야 시작되었다. 나는 언니와 워싱턴 D.C.에서 살았다. 언니는 백화점에서 구매 담당으로 일했고, 젊은 직장 여성 세 명과 집을 나누어 썼다. 그들은 내가 틀림없이 향수병을 앓겠거니 생각했고, 내가 진실을 말하는 것은 마치 배반과 같았다. 사실 나는 오로지 나 자신만 책임지면 되었기에 천국에 있었던 것이다.

새로운 고등학교에서는 모두가 대학을 목표로 하는 것처럼 보였다. 개중에는 '그저 연습 삼아' 대학입학 자격시험을 미리 본 학생들도 있었는데 이는 처음 들어보는 얘기였다. 그런 애들은 급여 봉투 대신 은행 계좌를 갖고 있고, 냉동식품 텔레비전 디너 대신 만찬을 열고, 나의 톨리도 친구들 가족이 가난 때문에 도망쳐온 나라들로 휴가를 떠나는 집안 출신이었다.

새 학교 친구들 중 많은 아이들이 고위 장교 집안에서 태어났고, 대통령 후보 드와이트 아이젠하워를 전쟁 영웅이자 아버지상이 결합된 존재로 여겼다. 내 눈에는 민주당에서 선발되어 마지못해 후보자로 나선 애들레이 스티븐슨Adlai Stevenson이 루스벨트에 더 가깝게 보였지만, 논쟁할 생각은 없었다. 잘생긴 새 남자친구 는 웨스트포인트 육군사관학교를 목표로 하고 있었는데 그의 아 버지도, 할아버지도 장교였다. 나는 정말로 우연히 스티븐슨의 대 통령 선거 임시 사무실이 전차로 한 번에 갈 수 있는 거리에 있다 는 사실을 알게 되었다.

전화벨이 울려대고 급하게 오가는 사람들로 꽉 찬 그 커다란 방 에 들어선 순간, 내가 이제까지 가본 곳 가운데 가장 짜릿한 곳이 라고 느꼈다. 직원들은 어수선한 책상에서 회의를 주재하고 있었 고, 자원활동가들은 봉투를 채워넣으며 열정적으로 이야기를 나 눴다. 십 대들은 중도 성향인 D.C. 사람들과 달리 실제로 대선에 서 표를 줄 사람들이 사는 인근의 메릴랜드와 버지니아에 배포할 잔디밭 표지판을 쌓고 있었다. 제일 놀라운 일은 이 모든 것이 길 가다 들른 누구에게나 공개된다는 사실이었다.

곧 나는 다른 젊은 여성 자원활동가들 옆에 일자리를 배정받았 다. '스티븐슨을 지지하는 학생들'이란 문구를 대량으로 찍어내는 커다란 북 모양의 등사기를 만지작대느라 양손은 보라색 잉크 범 벅이 되었다. 이 소식지는 21세 미만은 선거권이 없었기 때문에 자 원활동가를 끌어모으기 위해 기획된 것이었다.

나는 사무실에 분명한 위계질서가 있음을 알아차렸다. 남성 직 원들은 결정을 내렸고 여성 직원들은 어머니뻘 나이라 할지라도 그 결정 사항들을 수행했다. 유급 직원들은 백인 남성들이고 몇 안 되는 흑인 여성과 남성 들은 자원활동가이거나 심부름꾼이었 다. 그래도 이곳이 나의 새 고등학교보다 훨씬 더 현실 세계 같았 다. 나는 학기 초반의 며칠간, 학생들로 가득한 공간들이 왜 그토록 이상해 보이는지 알아내려고 고심했었다. 별안간 모두가 백인이기 때문이라는 사실을 깨달았다. 내가 한 선생님에게 이 사실이 백인만 사는 동네임을 반영하는 것인지 묻자 선생님은 당연히 그렇지 않고, 분리되었음을 반영하는 것이라고 답했다. 선생님 말에 따르면 워싱턴은 두 개의 도시로 분리되어 있고 대다수 흑인들도 분리된 학교들을 원했다는 것이다. 더욱이 워싱턴은 노예들이 백악관을 지은 이래 장족의 발전을 이뤄왔다.

내게는 새로운 이야기였다. 전에 다녔던 톨리도 고등학교도 사회적으로 분리되어 있었다. 인종 때문만이 아니라, 텔레비전을 가졌는지, 집에서 폴란드어나 헝가리어를 사용하는지, 혹은 아버지가 생산 라인에서 노동하지 않는 현장 감독인지에 따라서도. 하지만 적어도 우리는 모두 똑같은 수업을 들었고, 똑같은 구내식당에서 먹었고, 똑같은 럭비 팀을 응원했다.

전반적으로 스티븐슨 대선 사무실은 내가 가본 곳 중에서 가장 개방적이고 우호적인 곳이었다. 그러나 어느 토요일, 나는 다른 젊은 여성들과 함께 도착하여 위층으로 쫓겨 올라갔다. 우리는 망연자실했다. 한 직원이 스티븐슨이 직접 이곳을 방문할 수도 있다면서, 그가 어머니뻘 나이의 여성을 제외하고 어떤 여성과도 함께 있는 모습이 눈에 띄어서는 안 된다고 설명했다. 알고 보니 스티븐슨은 예전에 어떤 대통령도 하지 않았던 이혼이라는 끔찍한 일을 저지른 남성이었다. 아이젠하워가 전쟁 중에 자신의 운전사였던 아름답고 젊은 영국 여성을 수입해와서 미국 시민권까지 주었다는 사실이 공공연하게 알려져 있긴 했지만 그에게는 영부인으로 적합한 아내 메이미가 있었다. 품격 있는 외모야말로 가장 중요한 기준이었다.

길 위의 인생

누구도 몸을 숨기는 데 반대하지 않았다. 우리는 마치 소중히 여기는 대의명분을 위험에 빠뜨릴지도 모를 전염병 보균자처럼 느껴졌다. 근처 화이트 캐슬로 10센트짜리 햄버거를 먹으러 나갔을 때 우리는 숨었던 일에 대해 이야기했다. 우리가 얘기하지 않은 것은, 남성 직원들이 우리의 외모에 등급을 매기고, 가까이 있으면 몸을 스치고 지나가고, 어디로 움직일지 살펴야 할 위험 요소가 되었다는 점이었다. 우리의 존재 자체가 문제였다. 그들의 행동은 불가피한 것이었다. 그들이 자신의 에고를 온전히 유지하는 동안, 그저 피해 다니는 것이 우리 일의 하나였다.

솔직히 말하자면, 우리는 외부인들을 위해 싸우는 분위기로 가득한 이 짜릿한 공간에 남기 위해서라면 어떤 것도 참아냈을 것이다. 우리도 외부인이라는 것을 아직 알지 못하긴 했지만 말이다. 바꿔 말하면, 우리가 내부인이 될 수 있으리라고 믿지 않았다. 나는 정치적인 변화가 나를 거리에서 더 안전하다고 느끼게 해줄지, 결혼 대신 나만의 정체성을 갖게 해줄지, 나의 톨리도 학교 친구들을 공장이 아닌 대학에 보내줄지, 내 현재 학교 친구들을 백인 게토에서 벗어나게 해줄지 알지 못했다. 정치를 통해 만들어진 변화가 어머니를, 내가 태어나기 전에 몇 년간 일했던 대로 선구적인 기자로 남도록 도와줄 수도 있었다는 사실을 나는 깨닫지 못했다.

내 생각은 오로지 '**다른 어디에서 이런 개방성과 흥분과 희망을 발견할 수 있을까?**'였다. 나는 매료되었던 것이다.

그리고 오늘날까지 캠페인에 매료되어 있다. 수많은 결점이 있지만 그럼에도 캠페인은 개개의 표가 중요하며 따라서 개개의 사람들이 중요하다는 사실에 기반을 둔다. 독립적인 사회처럼, 캠페인은 학계보다 더 개방적이고 단체보다 더 이상주의적이고 종교보다 더 통합적이고 정부 자체보다 더 접근이 용이하다. 캠페인 시즌은 우리가 미래에 원하는 것에 대해 공개 토론을 벌이는 유일한 시간이다. 누가 당선되느냐보다 의식을 더 많이 변화시킬 수 있다. 요컨대 캠페인은 우리가 가진 것 가운데, 민주주의 자체에 가장 가까운 것인지도 모른다.

사람들이 투표하기 위해 몇 시간, 심지어 며칠 동안 줄을 서는 인도에서의 생활이 나의 별난 캠페인 사랑을 더욱 확고하게 만들었다. 또 등록하고 투표하기 위해 기꺼이 목숨을 거는 사람들의 용감한 시민권 운동이 성장한 것을 귀국 뒤에 발견하고서도 그랬다.

그러나 프리랜서 작가로서, 내가 좋아하는 것과 내가 하는 일을 결합시키기는 어려웠다. 주요 정치 지도자를 다루는 기사를 배정해달라고 하면 대신 그의 부인에 대해 쓰라고 주문받았다. 내가 열심히 일하면 자랑스러워할 과제들을 얻을 수 있을지 모른다. 이를테면 트루먼 카포티Truman Capote의 약력이나 피임약에 대한 장문의 기사들을. 하지만 정치 세계는 여성들을 거의 허용하지 않았다. 기자로서도.

그리고 1968년《에스콰이어》의 내 담당 편집자 클레이 펠커Clay Felker를 주축으로《뉴욕》이라는 잡지 창간을 준비하는 작가들의 모임에 가담하게 되었다. 나는 유일한 "여자 기자"였지만 마침내 정치에 대한 글을 쓸 수 있게 되었다. 이 모임은 톰 울프Tom Wolfe와 더불어 뉴욕 생활을 다루는 거리 연대기 작가인 지미 브레슬린Jimmy Breslin이 실천한 뉴 저널리즘의 발상지였다. 울프는 그가 싫어하는 주제들을 외부자 관점으로 풍자하고, 브레슬린은 그가 좋아한 사람들의 삶에 대해 내부자 관점으로 쓰면서, 논픽션 작가

들이 개인적인 동시에 정치적일 수 있는 권리를 확립하도록 도왔다. 우리가 아는 한 그렇다.[1]

나는 캠페인 비행기의 기자단에 합류하여, 사람들 한 명 한 명이 각 후보의 캐릭터를 반영하는 듯하다는 사실에 주목했다. 유진 매카시는 혼자 떨어져 철학을 이야기했고, 잘 교육받은 이들만이 자기를 지지한다는 사실을 마치 좋은 일이라도 되는 양 기자들에게 말했다. 참모진의 분위기도 마찬가지여서 냉담하고 무덤덤했다. 반면 리처드 닉슨은 들르는 곳마다 똑같은 연설을 하고, 지역 정치 지도자들과 닫힌 문 뒤로 사라지고, 매 선거 여행 때마다 한 번씩 비행기 뒤로 걸어와 기자들에게 일일이 인사하면서 기자들 개인에 대해 세심하게 암기한 정보들을 언급했다. 대부분 유효기간이 지난 정보들이었다. 비행기에 탄 기자들은 닉슨을 별로 좋아하지 않는다는 것을 마치 벌충이라도 하려는 듯, 그에게 덜 비판적인 태도를 취하는 것처럼 보였다. 대통령 후보와 대화를 나눈다는 예의 그 흥분의 분위기는 전혀 없었다.

존 F. 케네디의 동생인 바비 케네디Robert Francis Kennedy의 애칭의 캠페인 비행기가 인디언 보호구역 방문 일정을 잡자 그의 참모진은 표가 너무 적은 지역이라 시간을 들일 필요가 없다며 반대했다. 케네디는 참모진에게 배려가 없다고 나무라고는 예정대로 비행기를 세웠다. 아마도 기내에서 기타를 연주하는 포크 가수를 태운 유일한 비행기였을 것이다. 너무도 많은 기자들이 바비를 좋아했기 때문에 기자들은 오히려 비판적인 태도로 대처했다. 훗날 나는 기자들의 개인적 감정에 대한 이러한 자책감 탓에 독자들은 바비 케네디가 죽고 난 뒤까지도 그의 본모습을 알 수 없었던 게 아닐지, 혹은 리처드 닉슨이 백악관에 들어간 뒤에도 그의 본모습을 알 수 없었던 게 아닐지 생각해보게 되었다.

자원활동가로 캠페인에 참여하는 것은 내게 여러 가지 일을 의미했다. 나는 봉투에 내용물을 채워넣고, 전단을 나눠주고, 피켓을 들고 나가고, 폰뱅킹을 하고, 기금을 모금했다. 로비하고 조사하고 연설문을 썼고, 한번은 공약 위원회에서 일한 적도 있다. 벨라 앱저그가 이 일을 할 수 없는 상황이었기 때문이다. 나는 정치대회들을 통해 무엇이라도 이뤄보려고 애쓰며 수명을 단축시켰는데, 그 정치대회들에서 배제된 단체들의 이동 시위를 위해 성명과 보도 자료 초안을 만드느라 밤을 지새우면서 그 수명은 더 줄어드는 것 같았다. 나는 기억나는 것보다 훨씬 많은 후보들을 위해 캠페인을 했다. 1996년 한 해만 해도 일정표를 돌아보면 나열된 후보들이 대통령을 빼고 29명이다. 나는 뒷마당에서 십여 명의 이웃 사람들에게 연설했고, 록과 그런지 밴드의 거대한 콘서트에서 연설했고, 조용한 거실에서 함께 차를 마시며 연설했고, 트레일러 위에서 확성기를 잡고 연설했고, 호별 방문 선거운동을 위해 걸어 다니며 연설했다. 여성운동이 한창 진행 중일 때는 1백만 명 이상이 모인 워싱턴 행진에서 연설하는 경우도 있었다. 나는 이 모든 일들을 여기저기 다양한 장소에서 해보기를 권한다. 캠페인의 멋진 점 중 하나는 경험이 모든 것을 능가한다는 것이다. 그리고 사람들은 꼭 필요한 일을 해내기 위해 최선을 다할 따름이다. 최저 임금 보장을 주장하는 가사노동자가 주요 연사일 수도 있고, 박사학위 소지자가 예상표 획득을 위한 투표 독려 전화를 할 수도 있다.

되돌아보면 세 가지 단계가 있었다. 당시에는 그것들이 각 단계임을 알지 못했지만.

첫 번째 단계에서 나는 캠페인 내에서 자원활동을 하고 있었고, 시키는 일이라면 무엇이든 했다. 이를테면 폰뱅킹은, 수화기를 내 귀에서 수술로 떼어 내야겠다고 생각될 정도로 많이 했다. 다른 도시로 여행하는 중에 대도시의 기부자들에게 전화할 때엔 "여기가 어떤 상태인지 모르실 거예요"라고 말할 수도 있었다. 때때로 특수한 과제들을 맡기도 했다. 예를 들어 조지 맥거번George McGovern이 대통령 후보였을 때엔 옷을 더 길게 입고 텔레비전 방송에 맞는 양말을 신으라고 충고했고, 케네디 자원활동가들을 위해 중국 음식을 가지러 나갔고, 배리 골드워터Barry Goldwater에 맞선 린든 존슨Lyndon Johnson의 캠페인 기금을 모금하기 위해 디스코텍 운영을 도왔다. 가장 자랑스러운 순간은 1972년에 셜리 치즘이 미국 대통령 후보로 나왔을 때 그녀의 텔레비전 연설문을 쓴 것이었다. 셜리는 14개 주에서만 득표했지만, 최초의 다수당 흑인 대통령 후보이자 민주당 대통령 후보 경선에 나선 최초의 여성이었다. 셜리는 아무 지원 없이 단독으로 백악관 문밖에서 "오로지 백인 남자들"이라는 구호를 치켜들었다. 셜리는 뉴욕 예비 경선 전 텔레비전 토론에서, 플로 케네디의 표현대로 "흰색으로 지워졌다." 이에 치즘과 캠페인 매니저 루드윅 겔롭터Ludwig Gelobter는 다른 후보와 동등한 시간을 요구하며 소송을 제기했다. 셜리는 마지막 순간에 30분을 배정받았다. 루드윅은 멀리 미래를 내다보는 셜리의 관점들을 잘 결합한 연설문을 밤사이에 써달라고 내게 부탁했다. 꼬박 밤을 새우고서, 마침내 셜리가 그 연설문을 읽는 장면을 텔레비전으로 본 일은 잊지 못할 최고의 순간이었다.

둘째 단계에서 나는 여성운동 단체 창설을 돕고 그들과 함께 캠페인에 나섰다. 예를 들어 '전국 여성 정치 회의National Women's

Political Caucus, NWPC'는 선출 및 임명직에 여성의 동등한 기용을 지지하는 단체였고, '선택을 지지하는 사람들 Voters for Choice'은 재생산의 자유를 지지하는 당의 남녀 후보들에 조력하는 정치 행동 위원회였다. 《미즈》는 동등한 급료와 양육 문제부터 시작해, 군대와 사형제 지지 등 남성다움의 과시 요인 Machismo Factor에 이르기까지 모든 면에서 대통령 후보들을 평가해 순위를 매겼다. 이것으로 리처드 닉슨이 백악관에 못 들어가게 막진 못했지만, 《미즈》 사무실을 방문했던 몇몇 오스트레일리아 여성들은 노동당을 도입하는 데 우리의 평가 체계를 사용했다고 말했다. NWPC는 고위직에 임명될 자격을 갖춘 다양한 여성들의 명단도 작성했다. 40여 년 뒤, 미트 롬니는 매사추세츠 주지사로서 "여자들로 가득한 서류철"을 가지고 있다는 이유로 자신의 신용도를 주장하려 했고, 대통령직에 적합한 자격의 하나라고 선전했다. 사실 그 서류철들은 매사추세츠 여성 정치 회의가 수십 년 전부터 만들어 온 것으로, 오히려 미트 롬니를 압박하기 위한 수단이었다.

　나는 육십 대가 되어서야 어느 조직에도 의존하지 않는, 내가 가장 좋아하는 세 번째 캠페인 형태에 도달했다. 역시 사회운동가이며 조직가인 친구 두세 명과 밴을 타고 전국을 누비면서, 지역 운동가들이 우리를 필요로 하는 경합 주에서 머물 장소들을 찾아, 학교 체육관·도서관·쇼핑센터·볼링장·록 공연장·뒷마당 바비큐 파티장·대학 집회장·지하철역·노동조합 강당·이민자 행렬·영화관·베이글 가게 등 투표권자들이 있어도 후보자들이 잘 안 가는 모든 장소에서 회합을 열었다. 나는 어떤 후보의 대리인도 아니었기에 해당 후보가 말하려는 것만 말할 필요가 없었다. 말을 더한다고 그 사람을 곤경에 빠뜨릴 일도 없었다. 우리 모두 친구들의 소액을 모금해 자비로 활동하는 자유 직업인이었기 때문에, 시민 자격 외에 어떤 식으로도 이득을 볼 게 없는 사람들로서 신뢰받는 메신저가 될 수 있었고, 왜 우리가 한 후보를 지지하는지 말할 수 있었다.

2008년 오바마의 백악관행 선거 캠페인 당시, 우리는 이런 독립적인 원정을 먼 거리까지 확장했다. 콜로라도는 오바마의 승리에 결정적이면서도 위협적인 투표 움직임을 보인 경합 주였다. 우리는 덴버에 집을 빌려 근거지로 삼아 매일 여러 집의 거실들을 돌아다녔고, 민주당이 가장 방치할 법한 집단인 무소속 여성이나 공화당 여성으로 가득한 지역센터들을 방문했다. 공화당 여성들은 '여성에 맞선 공화당의 전쟁'에서 버려졌다고 느끼면서도, "어떻게 공화당원일 수 있어요?"라는 민주당 여성들의 비난 섞인 말에는 귀를 닫고 있었다. 대신 우리는 정당이라는 딱지와 상관없이, 우리를 지지하는 정치 지도자들을 우리가 지지하는 이유들에 관해 얘기했다. 오로지 운동으로만 할 수 있는 캠페인 방식이었다.

결국 콜로라도는 수정란에 합법적인 인격을 부여하려는 시도 등 편견에 찬 투표 움직임을 물리쳤고, 역시 오바마를 지지했다. 선거 당일 밤, 오바마는 주민의 80퍼센트가 백인인 이 주에서 전 인종을 통틀어 여성 유권자의 60퍼센트의 표를 얻고, 싱글 여성의 70퍼센트의 지지를 받아 승리했다. 미국의 나머지 다른 주들보다도 높은 여성 지지율이었다. 만일 남성들만 투표했다면 존 매케인이 승리했을 것이다. 우리는 덴버 도심 거리에서 군중들과 춤을 추며, 위대한 정신과 따뜻한 마음을 지닌 남성인 버락 오바마가 미국 최초의 아프리카계 대통령이 된 것을 축하했다.

아주 좋았던 시절에 나는 우리의 작은 모임이, 마차와 기차를 타고 여행하며 거실·마을 회관·교회·사택·농가·헛간에서 모임을 만들던 노예제 폐지론자와 참정권 확대론자 들의 위대한 전통과 맥을 같이한다고 보았다. 우리가 텔레비전·이메일·스카이프·트위터에만 기대선 안 되는 것처럼 그들도 말을 전파하는 데 편지·신문·책에만 기댈 수 없었다. 그때나 지금이나 우리는 지역 모임을 만들기 위해 길에 오른다. 그 모임을 통해 청중은 말할 수 있고, 연사는 들을 수 있고, 사실을 두고 논쟁할 수 있고, 감정을 나누며 신뢰와 이해를 형성할 수 있다.

캠페인의 이런 단계들을 거쳐오면서 나는 영감을 받고 분노하고 절망하고 희망을 갖고 잠 못 이루고 놀라고 배신당하고 지치고 교육되고 에너지를 얻고 체념하고 안달했지만, 절대로 후회한 적은 없다. 나는 캠페인의 정식요원으로 참여할 생각을 해본 적이 없다. 정식요원의 일은 중요하긴 하지만 일방통행로이다. 시민으로, 혹은 이슈 집단이나 운동의 일환으로 자원활동을 하면 생각이 양방향으로 흐를 수 있다. 나 자신이 후보가 될 생각도 해본 적이 없다. 후보가 되었다면 매일 먹는 음식처럼 갈등을 떠안아야 했을 것이다. 나는 위대한 정치 지도자들이 갈등을 통해 에너지를 얻는 것을 보아왔다. 나는 사람들의 이야기들을 듣고 함께 해결책을 찾아가는 일에서 에너지를 얻는다. 그것이 조직가의 일이다.

때때로 이 모든 일들 한가운데에서 어머니의 말이 들려온다. "민주주의는 네가 매일매일 해야 할 일일 뿐이야. 양치질하듯."

I.

마침내 나는 프리랜서로서 미국의 수도에서 임무를 부여받았다.

케네디 백악관의 스타일에 대해 쓰라는 것이었다. 뉴욕에서 워싱턴까지 왔다 갔다 할 경비도 안 되는 원고료였지만, 누구나 그렇듯 나도 케네디 일가에 매료되었다. 또 캠페인에서 만난 JFK의 연설문 작성자 테드 소렌슨Ted Sorensen의 서관西館 사무실에서 재미없는 연구 자료도 읽어야 했다. 그래도 정치적 에너지 장에 있는 것만으로도 충분한 보상이 됐다. 테드 소렌슨이 스스로 유머감각이 부족하다고 여기는 탓에, 나는 마감시간에 맞춰 마무리 중이던 그의 연설문에 한두 단어를 보태는 사소한 기회를 얻을 수 있었다.

냉철한 네브래스카 혈통의 남성인 테드는 별도로 자기 우표들을 구입했는데, 이는 업무와 무관하다고 여겨질 수도 있는 만일의 편지에 대비한 것이었다. 당연히 테드는 케네디의 화려한 사교 생활에 동참하지 않았다. 사실 케네디의 내연관계를 못마땅하게 여겼는데, 특히 그가 때때로 덮어주는 역할을 해야 했기 때문이다. 또 테드는 여자가 담배를 피우면 비도덕적으로 보인다고 생각했다. 나는 담배 연기도 제대로 못 들이마시면서 담배야말로 나를 작가처럼 보이게 한다고 생각했기에 담배를 피웠고, 테드에게 심판받는다고 느꼈다. 그보다 훨씬 중요한 것은, "국가가 당신을 위해 무엇을 할 수 있는지 묻지 말고, 당신이 국가를 위해 무엇을 할 수 있는지 질문하라"처럼 우아하고 영감을 주는 테드의 완벽한 병렬형 언어 구사 능력이었다. 나는 그의 사무실에서 하루 이틀을 보내면서 뭔가 배우거나 보탬이 되기를, 또는 두 가지 모두 가능하게 되기를 내심 바랐다.

그리하여 11월의 어느 날, 나는 기사 조각들을 분류하고 있었고 테드는 케네디의 댈러스 연설문 마무리를 서두르고 있었다. 테드는 최종 원고를 들고, 대통령을 전용 비행기인 에어포스 원으로 데려갈 헬리콥터가 기다리는 백악관 잔디로 달려갔다. 나는 한 번도 만나본 적 없는 친숙한 남성 케네디가 헬리콥터 날개짓이 돌아가는 바람 속으로 걸어 들어가는 모습을 바라보았다.

테드와 내가 케네디를 마지막으로 본 순간이었다.

다음 날 뉴욕에서 나는, 거리에서 사람들의 표정만으로 총격 사건을 아는지 모르는지 알아볼 수 있었다. 테드가 전화통화로 총탄이 대통령의 두개골을 산산조각 냈다고 말했다. 가망이 없었다.

나는 이렇게 생각했다. 과거가 죽으면 우리는 죽은 자를 애도한다. 미래가 죽으면 우리는 우리 스스로를 애도한다.

부통령 린든 존슨이 대통령이 되자, 바비 케네디는 법무장관으로서 연단을 내려와 자신의 이름으로 린든 존슨에게 대통령 권한을 부여했다. 그러고 나서 이 젊은 케네디는 뉴욕 주 연방 상원의원 선거에 출마하겠다고 선언했다. 형의 자리를 채우는 일은 고통스러운 수고처럼 보였다. 바비 케네디는 대중연설도 싫어했다. 나는 그의 짧은 연설을 한 번 들은 적이 있는데, 한 문장에서 다음 문장으로 넘어갈 때마다 그가 편치 않은 여행을 하고 있음을 알아챌 수 있었다.

나는 프리랜스 기사가 실리기를 기대하면서, 뉴욕에서 캠페인을 벌이는 하루 동안 바비 케네디 주변을 맴돌았다. 그는 굉장히 특이한 후보였다. 이를테면 어떤 질문을 회피할 때 대부분의 정치인들처럼 요령껏 답을 얼버무리지 않고 이렇게 말했다. "보시다시피 저는 그 질문을 피하려고 합니다." 그는 정말로 답을 몰라서 질문하는 사람들만 상대로 얘기하는 데 관심 있는 듯했다.

《더 빌리지 보이스》의 잭 뉴필드는 바비를 인터뷰할 수 있는 비밀을 내게 알려주었다. 주제를 모르는 사람을 함께 데려가거나, 더 좋은 방법은 그에게 동의하지 않는 사람을 데려가는 것이다. 그러면 바비는 설명의 목적을 알게 될 것이고, 기자는 인용할 말을 많이 건지게 될 것이다.

맨해튼에서 필자로 유명한 기자 게이 탈리즈와 소설가 솔 벨로우가 케네디의 상원의원 선거 캠페인 당일에 참여했다. 나는 탈리즈는 이미 알고 있었고, 벨로우는 최근에 만나 그가 사랑해마지 않는 시카고에서 주변을 따라다니며 인터뷰한 적이 있었다. 우리 셋은 택시를 함께 타고 케네디 행사장으로 갔다. 나는 뒷좌석에서 두 사람 사이에 앉아 잭 뉴필드의 유용한 조언을 따르던 중이었다. 탈리즈는 나를 가로질러 몸을 기울이고는, 마치 내가 얘기도 안 하고 그 자리에도 없다는 듯 벨로우에게 말했다. "아시겠지만, 뉴욕에 와서 작가 행세를 하는 예쁜 여자가 매년 있죠. 뭐, 글로리아가 올해의 예쁜 여자네요." 그러더니 두 사람은 끔찍한 교통체증을 논하기 시작했다.

처음엔 당혹스러웠다. 벨로우가 지금 자격 미달로 불리는 작가와 인터뷰한 것을 후회할까?

그러나 택시에서 내려 자신만만한 그들로부터 멀어지고 나니 화가 치밀었다. 어떻게 탈리즈는 내가 마치 그곳에 없는 것처럼 행동했을까? 왜 나는 항의하지 않았나? 소리도 안 지르고? 택시 문을 쾅 닫고 내리지도 않고?

4년 후 나는 유진 매카시의 민주당 후보 지명을 앞두고 예비 선거 준비를 위해 자원활동을 하고 있었다. (이에 대해 글을 쓰게 되리라고는 상상도 못했다.) 맨해튼의 황량한 3층 캠페인 본부를 향해 계단을 올라, 다른 작가들과 편집자들과 함께 곧 무너져내릴 듯한 의자에 동그랗게 모여 앉아, 우리가 만난 적도 없는 후보를 위해 보도 자료와 성명서 만드는 일을 도왔다. 매카시는 베트남전 반대 평화 운동 진영에서 접촉한 세 번째 사람이었지만, 1968년 캠페인의 뉴햄프셔 첫 예비 선거에서 존슨 대통령에게 도전하는 데 응한 유일한 사람이었다. 상원의원 로버트 케네디에 이어 상원의원 조지 맥거번이 먼저 베트남전 반대운동 진영의 제안을 받았지만 두 사람 모두 거절했다. 베트남전에 반대하는 이라면 누구에게나, 미네소타의 이 내성적이고 냉소적인 상원의원이 유일한 선택이었다.

이 모든 것이 우리가 그토록 이질적인 사람들의 집단일 수밖에 없던 이유였다. 우리 집단에 들어온 한 공화당 여성은 반전 쟁점을 강화하면 공화당 예비 선거에서 비둘기파 넬슨 록펠러가 매파 닉슨을 이기는 데 도움이 되리라 기대하고 있었고, 또 다른 일원인 민주당 탈당자는 베트남에 보내도록 책정된 우리의 세금 일부를 납부하지 않기 위해 작가와 편집자 들을 조직하던 중 알게 된 사람이었다. 우리는 엄청난 결과를 예상했지만, 결과는 베개에 대고 주먹질을 해댄 격이었다. 우리가 납부하지 않은 세금이 은행 계좌에서 징수되어버렸으니, 참으로 기괴한 투표 방식이었던 것이다.

매카시가 모금 행사에 참석하기로 했기에, 자원활동 작가인 우리 네 사람은 매카시를 인터뷰하여 한 일요 신문에 실릴 뉴햄프셔 캠페인 부록 기사를 집필해야 했다. 우리는 주요 이슈에 대한 질문지를 완비하고서 매카시가 묵는 세인트 레지스 호텔 스위트룸으로 갔다. 어떤 만남이 될지 미리 알았더라면 집에 남아 있어도 될 뻔했다. 우리가 무슨 질문을 하든 매카시는 보좌관에게 의지

길 위의 인생

했고, 과거의 이런저런 인용문을 찾으라고 지시했다. 그는 거리를 두었고 냉랭했다. 바비 케네디와 달리 우리가 답을 알든 말든 상관하지 않고, 그저 인터뷰에 한번 응했다는 데 의의를 두는 듯했다. 이 거북한 분위기가 더 고조된 것은, 매카시가 우리더러 베트남에 관해 쓰지 말라고 주의를 주었을 때였다. 왜? 뉴햄프셔가 "매파의 주"이기 때문에.

황당한 분위기에서 가까스로 헤어난 우리는 베트남전 반대야말로 그를 어필하는 원천이라고 항변했다. 특히 뉴햄프셔에서 자원활동가로 일하려고 미국 전역에서 온 아이들한테는 더더욱 그렇다고, 심지어 그들은 히피 장발도 자르고 "유진을 위해 깨끗하게 Clean for Gene"라는 모토까지 채택했는데 어쩔 거냐고. 결국 매카시는 우리 기사에 베트남 이야기를 넣는 데 동의했지만 그의 참전 용사 수당 지지 선언 바로 옆에 기사를 넣으라는 조건을 달았다. 만남이 끝날 때쯤 그의 모습에서 나는 우리 아버지가 대출을 간청하는 것을 경청하고는, 몸을 뒤로 젖힌 채 손끝을 첨탑처럼 맞대고서 "안 됩니다"라고 답하던 하우스홀드 파이낸스 임직원이 떠올랐다.

뉴햄프셔에서 매카시의 놀랄 만한 성과에 뒤이어, 바비 케네디는 결국 대통령 선거에 출마하겠다고 선언했다. 또 잘 알려지지 않은 이 미네소타 상원의원에 당황한 현직 대통령 린든 존슨도 불출마를 선언함으로써 전국을 충격에 빠뜨렸다. 이제 오로지 바비 케네디만이 강력한 외부 경쟁자였기에, 매카시 캠페인은 바비 케네디의 이미지를 "뉴햄프셔의 눈밭"에 용감히 맞서지 않은 기회주의자로 각인시키는 전략에 착수했다. 바비 케네디는 예비 선거 부재로 모든 공덕이 지워진 반면, 매카시는 단지 뉴햄프셔에서 나온 것만으로 모든 과실이 지워졌다.

내가 여전히 자원활동가로 일하던 매카시 본부의 고위층에서는, 매카시가 후보로 나서기에는 이제 역부족이고 케네디에 맞설 남성으로 다른 사람이 나서야 한다는 이야기가 흘러나왔다. 이슈에는 동의하는 사람들 사이에서 쓸쓸한 사회적 분열이 일어났다. 친구들은 더 이상 서로 말하지 않았고, 공동 목표는 잊었다. 갑자기 누가 누구에게 정치적으로 옮겨갔더라는 소문은 누가 누구랑 바람을 피우더라는 소문만큼이나 흥미진진해졌다. 그러나 관대함은 줄어들었다.

40년이 지난 뒤, 힐러리 클린턴과 버락 오바마의 지지자들이 비슷한 분열에 빠지자 그날의 고통스러운 긴장관계가 떠올랐다. 두 대통령 후보는 여러 가지 이슈에서 매카시와 케네디 때보다 훨씬 비슷한 성향을 보였다. 케네디를 경멸하고 나쁜 가톨릭교도로 취급했던 매카시와 달리, 클린턴과 오바마는 실제로 서로 좋아했다. 하지만 오바마는 매카시가 뉴햄프셔 이후에 그랬듯 미래의 얼굴이 되었고, 결국 힐러리 클린턴은 바비 케네디가 그랬듯 가족과 똑같은 이름을 정치적으로 공유한 탓에 과거의 일부가 되었다.

물론 완전히 똑같지는 않다. 바비 케네디는 그를 희망의 상징으로 지지했던 흑인과 히스패닉계 대다수에게 "과거"가 아니었고, "미래"를 위해 매카시를 지지하던 유권자들은 압도적으로 백인이 많았고 가난하지 않았다. 또 매카시도 케네디도, 힐러리 클린턴과 버락 오바마가 이룬 거대한 역사적 돌파구를 구현해내지 못했다. 힐러리 클린턴과 버락 오바마의 정치는 지나치게 유기농organic이어서 둘 중 누구도, 이를테면 유진 매카시가 나중에 지미 카터에 맞선 로널드 레이건을 지지함으로써 "유진을 위해 깨끗하게" 발맞췄던 나이 먹어가는 이상주의자들을 충격에 휩싸이게 만든 식으로 변하리라고 상상할 수 없었다. 하지만 시대마다 국내 사회 정의와 해외 파병 비난에 대한 뿌리 깊은 정서 때문에, 내용은 그리 다르지 않더라도 형태와 방식이 확연히 달라 친밀한 동지들 간에 갈등을 만들어내는 후보들을 양산했다. 매카시/오바마는 새롭고 유명하지 않았기에 희망을 상징하게 되었다. 반면 케네디/클린턴은 권력 가까이에 있었기에 실리주의자로 비쳤다. 사실 네 사람 다 양쪽 모두에 해당되었다.

나는 이 야만스러운 내분을 피해 캘리포니아로 갔다. 그곳에서 세자르 차베스와 그가 이끄는 미국 농장 노동자 연맹United Farm Workers은 내게 소비자 불매운동 이야기를 유포하는 데 도움을 달라고 부탁했다. 그들은 농장주들이 농장 노동자에게 다른 노동자와 동일한 권리를 부여하도록 압박하기를 기대했다. 세자르와 그의 조직가 돌로레스 후에르타는 내가 인도에서 배운 것, 즉 가장 명확한 관점은 언제나 밑바닥에서부터 온다는 점을 상기시켰다. 소외된 이들과 동화하는 케네디의 특별한 공감 능력은, 그가 출마를 선언한 것이 뉴햄프셔 예비 선거 전인지 후인지보다 훨씬 중요했다. 농장주들이야말로 민주당의 주요 기부자들임에도 불구하고, 바비 케네디만은 농장 노동자들의 파업을 지지했다. 바비 케네디만이 국가 안의 국가인 라틴계와 아프리카계 미국에 받아들여질 자격증과 실적을 갖추었다.

한 달 뒤 뉴욕 집 텔레비전으로 인디애나폴리스에 간 바비 케네디가 대부분 흑인인 군중 앞에서 마틴 루터 킹 주니어의 암살 소식을 전하는 모습을 보았다. 경호원과 선거운동 요원 들은 어떻게 돌변할지 모를 이 군중 앞에 나서지 말라고 말렸지만, 바비 케네디는 무대에 올랐다. 그는 조용히 마이크 앞에 서서 기다렸다. 잠시 뒤 무언가 잘못되었음을 간파한 군중도 조용해졌다. 그때 그는 마틴 루터 킹의 죽음을 알렸다. 눈물과 탄식이 터져 나오는 중에도 그는 낮은 목소리로 말을 계속했다. "사랑과 정의"에 헌신한 킹 목사의 유지에 대해, 킹 목사를 쏘고 체포된 백인 남자에 대해, 그리고 이제 복수와 치유의 기로에 선 이 나라의 선택에 대해.

마지막으로 그는 말했다. "흑인으로서 증오와 불신으로 불타오르는 여러분에게 말합니다……. 내 가족 중에도 살해당한 사람이 있습니다……. 백인 남자에게."

침묵이 흘렀다. 그다음에 이어진 박수는 멈출 줄을 몰랐다.

그 후 두 달이 채 안 되어, 바비 케네디는 캘리포니아와 사우스다코타 주 예비 선거에서 승리를 거둔 직후 민주당 후보 지명을 받을 즈음 로스앤젤레스에서 승리 기념 연설을 하고 떠나는 길에 아랍 민족주의자라고, 자신을 밝힌 사람에게 암살당했다. 나는 여행 중에 호텔방에서 케네디의 연설을 지켜보고 있었다. 그 자리에 케네디를 축하하러 온 돌로레스 후에르타와 레이퍼 존슨 같은 친구들의 친숙한 얼굴도 보였다. 그러다가 총성이 울렸고, 케네디의 몸이 콘크리트 바닥에 쓰러졌다……. 나는 계속 지켜보았다. 똑같은 살해 장면들을 몇 번이고 반복해서 보는 일은 국가장례의 한 형식이 되었다.

매카시가 다시 유일한 반전 후보가 되자, 클레이 펠커는 나에게 매카시 캠페인 비행 기자단에 합류해《뉴욕》에 실을 '유진을 사랑하려는 노력'이라는 제목의 기사 집필을 제안했다.[2] 사실대로 말하자면 실제로 나와 다른 많은 사람들이 노력 중인 일이었다.

5일 동안 4개 주를 비행하면서 나는 순방 정치 문화를 접했고, 앞으로 참여하게 될 수많은 캠페인을 위해 나 자신을 준비할 수 있었다. 첫째로 후보자의 참모들은 직업적 실리주의자와 진정한 신봉자로 나뉘었고, 각 집단은 상대 집단이 후보자에게 영향을 끼칠 것을 우려했다. 둘째로 들르는 지역마다 잘하든 잘 못하든 좀 작은 장소를 구해 여러 가지 행사에 각각 걸맞은 군중을 모아주는 현지인들이 있었다. 그러면 기자들은 "넘쳐나는 군중을 향한 연설……"이라고 쓰는 것이다. 셋째로 바로 그 기자들에 관해서라면, 순방 기자단은 객관성이라는 갑옷 아래 자신의 감정을 숨기고 기사 발송 직전에 독특한 토막기사라도 좀 얻으려는 목적으로 후보 옆자리에 앉으려고 다투었다.

나는 이 기자단 서열상 최하위라서 매카시의 옆자리에 단 한 차례 앉을 수 있었다. 내가 그 안에서 유일한 여성이기도 하다는 사실과는 상관없는 위치이기를 내심 바랐다. 매카시의 정치적 어필이 린든 존슨의 전쟁을 반대하는 데 기반했기에, 나는 그동안 궁금했던 것을 질문했다. 린든 존슨의 부통령이 되지 않았던 것이 지금은 좋으냐고. 매카시는 애매모호한 답을 건넸다. "그렇죠. 부통령은 정책에 그다지 영향력이 없습니다." 만약 그가 원했던 자리에 선택되었더라면 지금까지도 평화를 상징하는 후보로 남을 수 있었을까? 정적이 한참 흘렀다. 예전 인터뷰에서 나는 그가 어떤 질문에 답하지 못하면 바로 다음 질문을 던졌다. 이제는 답을 얻으려면 그를 더 오래 기다려주는 것이 비결임을 간파했다. 그가 말했다. "아마 나는 침묵했을 겁니다." 사임은커녕 반전에 대해서도 일언반구 없었다.

최근에 청년 보좌관 몇 명을 해임한 데 대한 나의 질문이 유일하게 그의 감정을 건드렸다. 그는 자신이 보기에 통상적이고 정당한 해임 건에 언론이 비판한 데 분노했다. 매카시는 이렇게 표현했다. "그들 중 몇은 여름철 스키광 같습니다. 집에 돌아가 일을 구해야죠. 그런데 그저 어슬렁거리기나 좋아하더군요."

그를 믿고 정치 캠페인을 운동으로 변화시킨 젊은이들을 이렇게 묘사하는 것에 나는 깜짝 놀랐다. 그 인터뷰를 마친 뒤에 나는 살아남아서 기내에 함께한 몇 안 되는 젊은 직원들을 유심히 살펴보기 시작했다. 뉴햄프셔 지상 부대였던 열혈 지지자들과 달리 그 젊은이들은 매카시의 냉정함, 냉소, 감정 무시를 채택한 이들이었다.

본능대로 했더라면 나는 매카시를 만난 순간 자원활동을 그만두었을 것이다. 그리고 바비 케네디가 출마를 선언하자마자, 캘리포니아로 도망가는 대신 그를 위해 일했을 것이다. 그토록 맹렬하게 매카시를 지지하던 이들과의 갈등을 두려워한 나머지 내가 알아낸 사실을 스스로도 신뢰하지 못했던 것이다.

민주당이 베트남전을 선점했으니 공화당 대통령이라면 전쟁을 앞당겨 끝낼 수도 있을까? 이 질문을 던지는 것이 리처드 닉슨의 캠페인 비행기를 타고 다음 장기 취재 여행에 오른 나에게《뉴욕》이 준 과제였다. 마틴 루터 킹 주니어와 두 케네디 암살이라는 세 번의 참극을 거쳐 이제 이 나라는 닉슨과 허버트 험프리 중에서 선택해야 하는 상황에 놓였다. 두 사람 중 누구도 이제 베트남전에 반대하는 미국의 대다수를 대변하지 않았다. 이 선택은 그때까지 내 캠페인 인생에서 최악을 기록했다.

8일간 대륙을 가로지르며 캠페인 여행을 마친 뒤에, 비행기에 탄 기자들과 캠페인 참모들은 마침내 탬파에 종착했다. 플로리다 주지사 클로드 커크는 강당을 애국주의 현수막으로 가득 채웠고, 구호를 외치는 닉슨 지지자들이 관람석을 메우고 있었다. 우리는 유세장이 내려다보이는 높은 기자석에 앉았건만, 풍선과 현수막과 연출된 열광으로 서로의 얼굴도 안 보일 지경이었다. 닉슨이 '그 연설'을 하는 동안 기자단이 집중을 유지하려고 개발한 게임을 재개하는데 《뉴욕타임스》의 맥스 프랭클이 우리에게 메모를 건넸다. "흑인 얼굴을 처음 보는 사람한테 주는 상금 1달러는 여전히 유효함." 얻기 힘든 1달러였다.

우리 뒤에서 합창단이 〈조국 찬가The Battle Hymn of the Republic〉를 부르기 시작했다. 노예제 폐지론자 줄리아 워드 하우Julia Ward Howe 가 쓴 그 가사는 주의 깊게 들어보면 전쟁과 "분노의 포도"의 종말을 축하하고 있다. 아무도 그렇게 주의를 기울이진 않았지만 말이다. 그 친숙한 음악이 잠시 동안 제대로 인식되지 못했어도, 인식되는 순간 내 주변의 남성 기자들에게서 객관성의 갑옷 일부가 금가기 시작했다. 한 기자가 풀린 목소리로 말했다. "바비가 제일 좋아했던 찬가를 저 사람들이 불러선 안 돼. 이건 저 사람들 노래가 아니야."

갑자기 눈물이 차올랐다. 마치 분개하는, 이웃을 두려워하는 사람들, 아니 그렇다기보다 이웃을 두려워하는 본능이 작동된 선량한 사람들이 우리를 에워싼 것 같았고, 이 옹졸한 이들이 이길 것 같았다. 단지 이번 선거만이 아니라 그들 스스로 강요하는 권력을 거머쥐어, 이 나라와 수많은 다른 나라에 기나긴 암흑기가 올 것이다. 나는 여러 장례식과 1968년 시카고의 잔혹한 거리와 수많은 개인적 슬픔을 눈물 없이 겪어왔지만, 이 터무니없는 탬파 집회는 해도 해도 너무했다. 한 남자의 승리도 아니었고, 그렇다고 또 다른 남자의 죽음도 아니었다. 시민권과 반전운동과 저항하는 여성들이 만들어가던 새로운 다수를 두려워하는 이들의 분노였다. 나는 당시 이렇게 적었다. **보수주의자들이 떠나고 연민을 지닌 남성들이 돌아오기 전에 우리는 더 늙어버릴지 모른다.**

몇 년이 지나서야 알게 될 일이지만, 당시 나는 절반도 예측하지 못했다. 닉슨도 성평등 헌법 수정안을 지지했고, 법무부가 시민권을 지지하도록 허용했다. 골드워터와 훗날 아버지 부시 대통령 역시 그랬다. 하지만 아들 부시 대통령 때에 이르자 이전 후보들 중 누구도 하지 않았던 일이 벌어졌다. 공화당 예비 선거가 버스에 실려 온 약 3만의 기독교 근본주의 교회 신자들과 그 밖의 극단적 보수주의 백인 유권자들로 넘쳐난 것이다. 그들 중 다수는 흑인·유색인종·여성이 늘어나 당이 "너무 포괄적"으로 변하기 전에는 민주당원이었다. 잔류하던 진보나 중도 성향의 공화당원들이 우파 전국 정견 발표에 나갈 수 없게 된 것도 이전에 없던 새로운 일이었다. 공화당 우파는 유명한 인종주의자이자 과거 노스캐롤라이나 민주당 상원의원으로, 남아프리카 인종격리에 대한 제재를 오랫동안 반대했던 제시 헬름스 상원의원 같은 부류가 장악하고 있었다. 제시 헬름스는 1964년 시민권 법안에 분노한 나머지 민주당을 버리고 공화당원이 된 첫 인물들에 속했다. 이런 상황이었다면, 군수 산업 단지에 반대하여 경고한 바 있는 아이젠하워 대통령은 확실히 공화당에서 더 이상 자리를 찾을 수 없었을 것이다.

공화당의 정견과 대다수 예비 선거의 지배권은, 인종·성별·계층·성적 취향을 이유로 평등을 증가시키는 노력을 반대하는 경제적이고 종교적인 이해관계에 서서히 점령당했다.[3] 그들은 클린턴 대통령 시대에 반대하여 더 단단히 자리잡았고 오바마 대통령 시대에는 한층 더 단단해졌다. 코크 형제Koch brothers 같은 돈 많은 극단 보수주의자들이 지원하는, 대중 조직으로 추정되는 우익 집단 '티 파티Tea Party'는 공화당을 지나치게 극단으로 몰고 가는 바람에 많은 공화당 정견이 대다수 공화당원의 여론 조사에서 지지받지 못하게 되었다. 결과적으로 몇몇 민주당원들은 자금 마련에 더 악착같이 달려들고, 승리라는 이름에 신중한 태도를 갖게 됐다.

나는 공화당이 처음으로 성평등 헌법 수정안을 지지했기에 한때 평등 면에서 공화당이 민주당에 뒤지지 않거나 더 낫다고 말할 수 있었던 공화당 여성들이 특히, 무소속으로 속속 빠져나가거나, 정치계를 떠나거나, 공화당이었다는 이유로 비난하는 민주당 여성들 때문에 자취를 감춰버리는 모습을 보았다.

거리에서 캠페인을 하면서 공화당이나 무소속 여성들을 만날 때 내가 하려던 말은 이렇다. 당신은 당을 버리지 않았습니다. 당이 당신을 버렸습니다. 당 이름은 잊어버려요. 이슈에 따라, 평등을 지지하는 후보들에게 그냥 투표하면 됩니다.

II.

내가 1970년 벨라 앱저그의 국회의원 선거 캠페인 전에 이미 정치와 캠페인에 매료되어 있었다면, 그것들에 빠져 온전히 전념하게 된 것은 벨라 앱저그 캠페인 이후였다. 벨라는 내가 캠페인을 도운 첫 여성이었다. 똑똑하고 용감하고 야심 있는 1인 여성 운동체인 그녀는 많은 페미니스트들이 여전히 국회 반대 시위를 하고 있을 때 맨해튼에서 감히 국회에 진출하고자 했다.

1960년대 중반에 펜타곤 밖의 베트남전 반대 시위 현장에서 처음 만났을 때 나는 벨라가 설쳐대는 것이 불쾌했다. 여성스러워야 한다는 요구에서 그토록 자유로운 여성은 본 적이 없었다. 그러다가 1965년 존 린지 뉴욕 시장 선거 캠페인에서 자원활동을 하면서 벨라의 따뜻한 면모와 친절함, 그리고 정치적인 기량을 보았다. 그리고 벨라에 대한 나의 첫 반응이 벨라의 문제가 아니라 나의 문제라는 사실을 서서히 이해하기 시작했다.

나는 벨라를 알게 되면서, 그녀가 젊은 변호사 시절에 맡았던 한 시민권 소송이 워낙에 평판이 안 좋은 사건이라 미시시피의 버스정류장에서 잠을 자야 했다는 이야기를 들었다. 어떤 호텔도 벨라에게 은신처를 내주려 하지 않았고, 흑인 가족들은 벨라가 백인 여성 성폭행 혐의로 기소된 흑인 남성 윌리 맥기를 위해 나서준 데 고마워하고는 있지만 잠자리를 제공할 경우 위험에 처할 수 있었다. 전원이 백인인 배심원단은 2분 30초간 심의하고서 맥기에게 사형을 선고했고, 벨라는 사형 집행을 연기해달라고 상소했다. 하지만 8년간 수감된 끝에, 그가 여전히 무죄를 주장하는 가운데 사형이 집행되었다.

벨라는 핵실험에 반대하는 선구적인 운동가이자 글로벌 여성 평화운동의 리더이기도 했다. 아이러니하게도 벨라는 '평화를 위한 여성 파업Women Strike for Peace'의 대변인 직을 거부당한 적이 있다. 행복한 결혼 생활을 하는 두 딸의 어머니였음에도 벨라의 이

길 위의 인생

미지는 그다지 "어머니답지" 않았던 것이다.

요컨대 벨라는 통상적인 후보 인선을 넘어 사회 정의 운동으로 자신을 확장시킨 훌륭한 사례였다. 그녀는 여론에 반응하기만 한 것이 아니라 여론을 변화시켰다. 바람의 방향을 감지하는 대신 스스로 바람이 되었다.

또 마음이 넓은 만큼 자기상도 커서 자기가 대통령이 되어야 한다고 믿었고, 남편인 마틴 앱저그도 그리 믿었다. 그럼에도 그녀는 자기 자신에 대한 유머감각을 발휘할 수 있었다. 나는 유진 매카시를 지지했던 진보적인 교외 지역에서 벨라를 위해 모금운동을 조직하던 중에 그녀의 출마에 대한 이곳 민심이 그다지 좋지 않다는 소식을 알려야 했다. 그녀는 말했다. "물론 안 좋지. 나야말로 그 사람들이 교외로 이사 와서 피하려고 한 핵심이거든." 그리고 브롱크스 출신의 이민 유대인 정육업자의 딸인 자신은 계급을 한 단계 낮추는 사람이지만, 미네소타 출신의 대단히 비유대인적으로 생긴 은발의 시인 매카시는 계급을 한 단계 높여주는 사람이라고 설명했다. 그녀는 이런 이야기를 아주 쾌활하게 했다. 길에서 구슬치기할 때 남자애들을 이겼다거나, 어머니가 점심으로 싸준 간₩소시지 샌드위치를 들고 지하철을 타고 대학에 다녔다거나, 아버지의 가게인 '살아라 그리고 살게 놔둬라 정육점 the Live and Let Live Butcher Shop'은 이름이 정말 근사했다고 얘기할 때와 마찬가지로.

벨라와 함께 일하는 것은 굉장한 경험이었다. 예를 하나 들면, 내 제안을 사람들이 진지하게 받아들이도록 하기 위해 옆에 앉은 남자에게 건네는 짓을 더 이상 하지 않아도 되었다. 또 하나를 들면, "여자는 안 돼"라는 말로 전략 회의에서 쫓겨나지 않았다. 벨라와 길을 걷는 것만도 교육이었다. 트럭 운전사들은 창문 밖으로 몸을 내밀고 소리쳤다. "본때를 보여줘요, 벨라!" 여자들은 가던 길을 멈추고 벨라 덕에 긍지를 느낀다고 말했다. 이웃들은 못살게 구는 임대주나 새 보육 시설 문제를 해결하는 데 그녀가 도움을 줄 수 있는지 물었다. 지극히 뉴욕다운 방식으로 그녀는, 마을을 누비고 다니는 간디주의자들의 걸음을 떠오르게 했다.

벨라의 첫 의회 경선 상대는 배리 파버로, 무슨 주제로든 끝없이 말하는 능력을 보유한 보수 라디오 토크쇼 진행자였다.[4] 벨라는 슈퍼마켓과 지하철역에 가기, 그리고 말하기와 동시에 경청하기로 그를 눌러 이겼다. 그래서 1970년 베트남에서 전쟁이 맹위를 떨치고 리처드 닉슨이 백악관에 있을 때 국회의원으로 선출되었다. 벨라와 닉슨만큼 서로 판이한 두 사람을 상상하기란 힘들었다. 실제로 워터게이트 스캔들이 터졌을 때 그녀는 닉슨의 탄핵소추안을 처음 발의한 의원 중 한 명이었다.

선거를 치르고 1년이 지나 벨라는 셜리 치즘, 또 다른 자매 국회의원인 하와이 출신의 팻시 밍크와 역사를 앞당기기로 결심했다. 페미니즘의 이 새로운 물결은 여러 사안들을 다루는 수많은 단체들을 두었지만, 친평등 여성들을 더 많이 모아 그 모든 단체들을 선출 및 임명직으로 나아가게 할 전국적인 조직은 부재했다. 공화당도 민주당도 독자적으로 이런 일을 하지 않을 것은 분명했다. 사실 양당은 선거에서 이길 수 있는 여성이나 임명직에 "자격을 갖춘" 여성이 있는지도 의심했다.

벨라·셜리·팻시는 새로운 전국 기관 설립을 논의하기 위해 열명 남짓한 우리를 국회 회의실로 불렀다. 나는 우리가 그 자리에 있는 것만으로도 이미 장애물을 돌파하고 있는 듯한 느낌이 들었다. 그 첫 회의를 시작으로 수많은 회의가 이어졌다. 우리의 업무는 YWCA · 전국 흑인 여성 위원회 · 전국 유대인 여성 위원회 같은 기존 여성 단체는 물론 새로운 페미니스트 단체의 여성들까지 포함하는 창립 회의를 조직하기 위해 수백 개의 단체명을 조사하는 것이었다. 다가오는 1972년 선거에 영향력을 가질 수 있는 전국 규모의 단체를 만들기로 한 이상, 그전에 모든 일을 완수해야 했다.

워싱턴은 더위가 굉장히 심해질 수 있는 지역이어서 언젠가 영국 대사관이 열대 기후에서 일한다는 이유로 직원들에게 별도 수당을 지급한 일도 있었다. 다양한 여성 320명이 속속 도착하여 사흘간 낮에는 전체 회의를, 밤에는 간부 회의를 함께한 1971년 7월도 그토록 무더운 여름이었다. 우리 중에 호텔 밖에 나가 햇빛을 본 사람이 있었을까 모르겠다. 평등 고용 기회 위원회의 첫 아프리카계 미국인이자 첫 여성인 동시에 전국 여성 기구의 첫 아프리카계 미국인 회장이었던 노동자 조직가 아일린 허난데스의 창의적인 의장직 수행이 우리를 혼란에서 구원했다. 우리는 투표를 거쳐 우리를 전국 여성 정치 회의NWPC로 부르기로 결정했고, 주 · 도시 · 지방 회의를 아우르는 단일 구조를 갖추어 모든 단체들이 서로 지원 관계를 맺고, 선거와 임명을 통해 친평등 여성들을 공직으로 내보내 성차별 · 인종차별 · 제도적 폭력 · 빈곤에 반대하는 성명서를 채택하기로 의기투합했다.

나는 벨라 · 베티 프리단 · 셜리 치점 · 패니 루 해이머 · 도로시 하이트 · 전국 복지 권리 기구의 불라 샌더스 · 북미 원주민 지도자 라도나 해리스 등 많은 여성들과 함께 24인의 임시 정책 위원회에 선출되었다. 우리가 맡은 일은 주와 시의 총회를 시작하는 것,

NWPC에 대한 보도만 읽고 전염되어 이미 결집된 사람들을 만나는 것이었다. 나는 익숙한 캘리포니아부터 익숙지 않은 테네시까지 십여 개 주를 여행했다. 이 모든 일이 어찌나 경황없이 일어났는지, 뉴욕에서 필라델피아행 기차를 타고 가다가 착각하여 잘못 내린 적도 있었다. 어떤 역에서 한 단체를 보고는 분명 NWPC 지부이리라 생각하고 헐레벌떡 내렸으나, 정작 내가 만날 단체는 다음 역에 있었던 것이다. 다행히도 두 단체는 나중에 병합되었다.

집에 돌아와서는 맨해튼 여성 정치 회의의 창립 모임에 갔다. 뉴욕시 인권 위원회 수장 엘리너 홈즈 노튼이 주재한 종일 회의에 적어도 여성 6백 명이 참석했다. 그중에 최소 3분의 1은 아프리카계·라틴계·아시아계 등으로 구성되었다. 내가 여태껏 맨해튼에서 본 회의들 가운데 진짜 맨해튼처럼 보였던 유일한 회의였다.

일단 지부가 설립되고 체계가 잡히자 NWPC는 1972년 공화당과 민주당 양당의 전당대회에 나갈 여성 대표자 수와 다양성을 증가시키고, 성평등 헌법 수정안, 재생산의 자유, 그 외 양당의 정견에 들어갈 평등 관련 기본 사안들을 마련하는 것을 목표로 삼았다. 몇 년을 공들여 해볼 만한 과제였다. 모든 주에 NWPC 지부가 설립되고 운영될 즈음 첫 번째 전당대회는 이제 두 달도 채 남지 않은 상황이었다.

마이애미에서 7월에 열린 민주당 전당대회에서 정치계 여성들은 참정권 획득 이래 최초로 전 국민의 이목을 끌며 스포트라이트를 받았다. 우리 모두 흥분과 두려움을 동시에 느꼈다. 당시만 해도 전당대회는 그저 텔레비전에 나오는 정치적 공개 행사가 아니라 여전히 중대한 결정을 내리는 실무 회의였다. 우리는 매일 아침 여성 대표 수백 명이 모여 여성을 대변하지 못하는 대표단의 의석에 도전할지 결정하고, 아울러 소수자 정견 강령을 위한 투쟁, 미디어 질의에 대한 답변, 우리 운명이 달린 그 밖의 일상적 딜레마 등을 놓고 전략적인 결정을 내릴 공간들이 필요했다. 벨라, 셜리, 그리고 다른 리더들 외에 NWPC는 각 당 전당대회를 위한 여성 대변인을 선출하여 기자단과 다른 외부인들이 문의할 수 있도록 했다.

이 대변인 역할은 정말로 맡고 싶지 않은 일이었기에, 나는 후보에 올리지 말아달라고 부탁하고서 대변인 선출이 진행될 NWPC 회의에서 멀리 떨어져 있었다. 유감스럽게도, 열성적인 대변인은 언론의 조명을 추구할지 몰라도 주저하는 대변인은 오히려 더 그 집단을 대표한다고 간주된다는 사실을 알게 됐다. 베티 프리단은 회의장에서 대변인 선거 후보 중 한 사람으로 참석하고 있었지만, 부재중인 내가 선출되었다. 갈등을 피하려고 하면 도리어 갈등이 나를 찾아내고 만다는 사실을 나중에 배우게 되었다.

그리하여 갈등이 일어난 것이다. 나는 베티를 단체 회의장에서만 보았다. 일반적인 믿음과 달리 모든 페미니스트들이 서로 잘 아는 것도 아니고, 우리는 나이도 다르며, 다채로운 특질을 가진 한 운동의 서로 다른 부분에서 출발한 사람들이다. 대변인 선거에 출마했다가 실패하면 누구나 고통스럽겠지만 베티는 특히 그랬다. 그녀는 '삶에는 분명 이보다 더 많은 것들이 있을 거야'라고 느끼며 교외에 사는 수백만 명의 고학력 주부들을 각성시킨 책『여성의 신비』를 펴내고서《뉴욕타임스》에 의해 "여성 해방의 위대한 어머니"로 등극했다. 그해 이른 여름, 베티는 NWPC의 자리에 재선되지 못하자 고소하겠다고 위협했고 변호사를 보내 투표용지를 조사하게 했지만, 아무런 부정도 발견되지 않았다.

그녀는 "백인 남성 중산층 엘리트를 다른 백인 여성 중산층 엘리트로" 교체하고 싶지 않았다는 벨라 앱저그의 말을 개인적인 공격으로 받아들이기도 했다. 나는 벨라의 의견에 동의했고, 우리에게도 해당되는 사안이었기에 그렇게 말해도 괜찮다고 생각했다. 우리는 시스템을 변화시키기를 원하지, 모방하길 원하진 않는다고 설명했다. 하지만 베티는 벨라가 엘리트에 반대한다며 소리를 질렀고, 내가 연설 동료 플로 케네디를 NWPC 창립 회의에 초대했다며 소리를 질렀다. 실제로 플로가 통합적인 분위기를 만들었음에도 베티는 플로가 회의를 "위협"할지 모른다며 두려워했다. 또 벨라·케이트 밀렛·나 등등이 레즈비언, 생활보조금 수급 어머니들, 그리고 베티가 주류 밖이라 보는 다른 이슈들을 지지하느라 운동을 망치고 있다는 견해를 수년간 미디어에 명확하게 밝혀왔다. "여성운동의 훼방꾼들은 계속해서 레즈비언 관계나 남성혐오를 부추기려는 사람들이었다. 그들 중 다수가 레즈비언도 아니고 사적으로 남자를 혐오하는 것처럼 행동하지도 않았으면서." 베티가 《뉴욕타임스》에 이렇게 썼을 때 플로 케네디·케이트 밀렛·로빈 모건 등과 함께 나도 훼방꾼 중 한 명으로 지칭되었다.[5]

벨라와 나와 다른 몇몇에 대한 베티의 반감은 수년간 지속되었다. 예를 들어 《미즈》를 시작했던 우리 모두가 금전적인 희생과 필요한 자금 모금에 동의했음에도 베티가 우리를 "운동에서 부당이득을 취한다"고 비난한 것을 보고 모두 충격을 받았다. 가장 가슴 아팠던 일은, 노동조합 여성의 지도자였던 밀리 제프리가 우리 어머니를 소개하려 할 때 베티가 악수를 거절한 것이었다. 벨라와 나는 이 적개심에 각자의 방식대로 대처했다. 벨라는 베티에게 맞받아쳐 소리를 지르다가 정말로 성대 손상을 입은 적이 있는

데, 그 결과 베티는 벨라를 덜 공격하게 됐다. 나는 여자들끼리는 잘 지낼 수 없다는 고정관념을 부추기고 싶지 않다는 이유로 직접적이든 글을 통해서든 절대로 응답하지 않았기에, 베티는 나를 겁내지 않았고 더 공격했다. 솔직히 돌이켜보면 나는 갈등을 회피하고 있었다. 어머니의 딸이 되었던 것이다. 나는 갈등에서 살아남기 위해 선생님이 필요했고, 베티는 단연코 선생님이었다.

민주당 대회가 마이애미에서 열리기로 되었을 때, 나는 사적인 긴장관계가 공적인 것으로 변질될 것을 우려했다. 상대는 벨라와 나뿐만이 아니라, NWPC의 주도권을 놓고 베티 프리단과 경쟁하던 이들 가운데 텍사스 의원인 시시 패런톨드Sissy Farenthold처럼 떠오르는 별들도 해당됐다. 이 긴장관계는 많은 민주당 임원·방송인·베티가 머물던 화려한 해변 호텔부터 NWPC 본부와 우리 대부분이 묵던 싸구려 모텔 사이의 거리로 상징되었다. 노라 에프론Nora Ephron의 보도대로, "베티는 다운타운의 우중충한 벳시 로스 호텔에 있는 NWPC 본부에 매일 전화해서 기자회견을 열어 회의를 폭로하겠다고 위협했다. (⋯⋯) 운동의 리더들은 섬뜩한 집착을 느끼며, 베티 프리단이 다음에는 무슨 일을 하려나 지켜보았다."

그러나 대회 안팎에서 이어진 여성들의 새로운 참여와 능동적 실천은 모든 걱정을 만회하기에 충분할 만큼 좋은 소식들을 만들어냈다. 대의원의 3분의 1 이상이 여성이었는데, 이는 4년 전 수치인 13퍼센트를 훨씬 능가했을 뿐만 아니라 1936년 엘리너 루스벨트의 기록인 15퍼센트 역시 넘어선 것이다. 50 대 50이라는 엘리너(또는 우리)의 목표에는 미치지 못했지만 15퍼센트는 기록적인 수치였다. 4년 전에는 아무것도 없었던 정견에는 강력한 여성 강령이 포함되었다. 유일하게 실패한 것은 재생산의 자유를 지지하는 강령을 포함시키지 못한 것이었다. 가능성 있는 후보였던 상원의원 조지 맥거번이 그 강령을 가지고 출마하기를 꺼렸기 때문이었다. 그래도 재생산의 자유라는 인권이 다수당의 이슈로 올라 투표된 것은 처음이었다.

또 NWPC의 공동 창립자인 셜리 치즘이 정치적 평등을 요구하고 베트남전을 반대하며 나선 상징적인 출마에서 151명의 대의원에게 지명 투표를 받았다. 그녀는 첫 국회 연설에서도 베트남전에 반대했었다.[6] 경선에서 셜리의 존재만으로도 NWPC의 목표가 전국적인 관심을 받았다. 캠페인 총 예산이 아마도 다른 대선 캠페인의 배달 음식비 정도였을 텐데도, 그녀는 그저 계속해서 나아갔다. 만일 지명이 끝나기 전에 맥거번이 승점을 넘지 않았더라면, 사실 셜리는 대의원 표를 더 많이 받았을지도 모른다.

유력한 후보가 아니면 별로 관심을 갖지 않는 대선 기고가 시어도어 화이트조차 NWPC가 여성들을 정치 지도에 올려놓았다고 보도했다. 그는 "버려진" 벳시 로스 호텔로 불리던 우리의 초라한 본부에 대해서 이렇게 적었다. "한데 모인 여자들의 높은 음역대, 방 안에 놓인 흐트러진 침대, 반쯤 풀다 만 여행가방, 요구르트 통, 청바지에 브라만 걸친 모습을 재미있어할지 모른다. 하지만 그것은 잠시뿐. 벳시 로스 호텔은 발전소였다. 등사판과 복사기가 전단지를 뿜어냈고 (……) 배전반은 과부하가 걸려 퓨즈가 나갔다. 매일 밤 어두워지고 나면, 배달원들이 버스에 올라 콜린스 가를 따라 북쪽으로 가서 40개 이상의 주요 호텔 야간 직원에게 전단지를 우편함에 넣어달라고 설득하거나 대의원 방문 아래로 밀어넣게 했다. 대회가 끝났을 때 1972년 여성 파워는 현실이었다."

그것은 후보자의 텃밭이 아니라 운동 내부에서 출발한 캠페인의 시작이었다. 그때까지 나는 글을 쓰거나 자원활동을 하면서 캠페인을 지원해왔다. 이제 최고의 지원은, 원칙들을 구현하는 운동을 강화하는 것, 그렇게 하면 운동 자체가 그 원칙들에 찬성하는 후보 지지를 이끌어낼 수 있다는 사실을 배우는 중이었다. 후보자 경선 내부의 어떤 자원활동가나 직원보다도, 기자나 외부에서 주장하는 활동가보다도, 운동이 새로운 이슈들을 더 많이 개척하고 유권자들을 더 많이 고무할 수 있다. 벨라가 늘 알고 있던 것처럼, 당신은 지지를 호소하기만 한 것이 아니라 지지를 만들어낸 것이다. 바로 벨라가 "젠더 차이the gender gap"라 명명했던 것에서 출발하여. 모든 단체의 여성들은 평등·건강·교육을 남성들보다 더 많이 지지하는 경향이 있었고, 갈등 해결책으로서 폭력에 더 많이 반대하는 경향이 있었다. 이것은 생물학이 아니라 경험에 관한 이야기였다.

1984년에, 내가 보게 되리라고 확신할 수 없었던 것을 보게 되었다. 단지 상징적인 존재가 아니라 이길 가능성이 있는, 다수당 공천 부통령 후보로 나선 한 여성을 말이다. 제럴딘 페라로는 나보다 나이가 많지도 않았고 나보다 갈등을 더 즐기는 사람도 아니었지만, 밑바닥부터 캠페인을 하면서 정치적 반대와 미디어 공격에 맞서 살아남았다. 함께 출마한 대통령 후보 월터 먼데일보다 실제로 전국을 더 많이 누비고 다녔고, 상대편인 로널드 레이건과 조지 부시가 다닌 거리를 합친 것보다 두 배 더 많이 다녔다.

나는 제럴딘이 크고 작은 강당에 모인 평범한 시민들에게 지지받는 모습에 주목했다. 그녀는 샌프란시스코의 민주당 대회에서조차 엘리트 고위층의 리셉션 대신 NWPC가 조직한 대중 행사를 선택했고, 두어 해 전이었다면 작은 방조차 채우지 못했을 부류인 여성 리더 당선자들에 둘러싸여 커다란 무대에 올라섰다. 부모들은 어린 딸들을 어깨에 태워 미래를 보게 했고 많은 여성들이 눈물을 흘렸다. 그들이 목격한 것은 단지 한 여성의 승리가 아니라 그들 자신을 포함하여 우리가 미래에 무엇이 될 수 있는가 하는 그 가능성이었다.

그리고 페라로는 그들의 지지가 필요했다. 어디에서든 가톨릭 임원들은 그녀가 가족계획과 낙태 합법화를 지지한다고 비난했다. 하지만 그들은 똑같은 방식으로 낙태를 찬성하는 가톨릭 신자였던 상원의원 테드 케네디Edward Moore Kennedy의 애칭는 공격하지 않았다. 마치 강하고 반항적인 여성들은 문젯거리라고 암묵적으로 시인하는 듯했다. 또 기자들은 계속해서 페라로에게, 선전포고 여부를 의미하면서 여성이 "단추를 누를" 만큼 "강인해질" 수 있는지 질문했다. 남성 후보들에게는 단추를 누르지 않을 만큼 지혜로워질 수 있는지 묻지 않으면서 말이다. 수두룩한 신문이 페라로의 헤어스타일 얘기에 빽빽하게 지면을 할애했다. 분명히 드러나도록 염색하고 스프레이를 뿌려 뒤로 빗어 넘긴 레이건의 헤어스타일에 대해선 그러지 않으면서 말이다. 바버라 부시는 기자들에게 페라로가 텔레비전으로는 전달될 수 없지만, "부자들과 잘 맞는" 유형이라고 말했다. 무엇보다 페라로는 남편의 미심쩍은 부동산 거래로 폭리를 취했다는 혐의를 받았는데, 이는 그들의 이탈리아식 성에 따라붙곤 하는 일종의 요금과도 같았다. 그런 혐의는 기자들이 질문할 거리가 떨어질 때까지 페라로가 몇 시간을 답변하고 난 이후에야 가라앉았다.

나는 페라로의 도착을 기다리는 펜실베이니아의 한 캠페인 집회에서 임시 무대에 올라 다른 기자들과 한쪽에 섰다. 그토록 다양한 청중의 환호에 나는 깜짝 놀랐다. 페라로가 무대에 오르자 그녀 역시 환호를 받았으나 그 수는 더 적고 소리도 아까만큼 크지 않았다. 어째서 그랬을까? 역사를 만들고 있는 것은 그녀이지 내가 아니었다. 나는 경험 많은 한 기자에게 그렇게 말했다. 그는 내가 공기 중에 산소가 있더라고 말하기라도 한 듯 나를 쳐다보았다. 그리고 참을성을 발휘하며 설명했다. "미국 사람들은 정치인들을 별로 안 좋아해. 저 사람들이 페라로를 신뢰한다면, 그건 여성운동을 신용하는 거야. 그리고 당신은 여성운동의 일부고."

이 말에 나는, 미래에 우리 중 사회 정의 운동의 일부로 널리 알려진 사람이라면 누구든 우리가 믿는 후보들을 지지하기 위해서 자기 자신을 이용해야 한다는 사실을 뼈저리게 납득하게 됐다. 우리의 운동이 얼마나 논쟁적이든, 적어도 유권자들은 그 운동이 원칙들을 대변한다고 생각한다. 누군가 배경이 되어주는 것은 정치인들이 모두 똑같지 않음을 알릴 수 있는 방법이었다.

내 생각에 나의 초기 캠페인 운동 스타일은 **운명이 내게 좋은 경험을 보내주었으니 나도 계속 함께하겠다**는 식이었다. 그리고 해가 갈수록 멋진 여성들과 점점 더 많이 함께하게 되었다. 실제로 1992년은 '여성의 해'로 명명되었다. 그러나 상원의원 바버라 미컬스키는, "우리는 일시적인 유행도, 공상도, 1년짜리도 아니다"라고 지적했다. 그녀는 훗날 다섯 번 재선되고 30년간 의원직을 수행함으로써 자기가 지적한 바를 입증했다.

1992년 여성 의원들의 비약적인 증가는 클래런스 토머스 연방 대법관의 인준 청문회 여파가 낳은 결과였다. 위엄을 갖춘 애니타 힐Anita Hill*이 전부 백인이고 남성뿐인 연방 법사 위원회와 대면한 모습을 바라보고, 이어 토머스가 대법관으로 인준되는 것을 보면서, 더 많은 여성이 의회에 선출되도록 고취되어 그해에만 지난 10년보다 더 많은 여성이 의회에 진출했다. 비록 남녀 비율이 50 대 50이어야 할 전체 의석의 10퍼센트가 조금 넘는 숫자에 불과했지만 말이다. 이 기록은 2013년이 되어서야 깨져 상원에 20명, 하원에 81명의 여성 의원이 선출되었다.

그러나 상원 법사위 청문회로 인한 가장 광범위하고 오래 지속된 영향은 여성의 해 제정이 아니었고, 심지어 극우익이며 젊기까지 한 클래런스 토머스가 필시 오래도록 재직하게 될 대법원에 오른 일도 아니었다. 그것은 여성을 부하로 두는 수단으로 성적인 협박이 사용된다는 사실을 전 국민이 새롭게 이해하게 된 것이었다. 나라 전체가 성희롱이 불법이라는 배움을 얻었다. 수백만 여성들이 자신만 성희롱을 경험한 것이 아니라는 사실을 알게 되었다. 모욕하고 군림하기 위해서 성을 이용하는 것이 다시는 정상적인 것으로 치부되지 않게 되었다.

III.

나는 캠페인을 하는 내내 두 가지 질문을 받았다. "언제쯤 여자 대통령이 나올까요?"와 "언제쯤 흑인 대통령이 나올까요?"였다.

---

* 1991년 10월, 아프리카계 미국인으로는 두 번째로 미 연방 대법관 후보에 오른 클래런스 토머스의 청문회에서, 역시 아프리카계 미국인이면서 부하 직원이자 로스쿨 교수였던 애니타 힐은 토머스의 성희롱에 대해 증언했지만 청문회는 토머스를 대법관으로 승인했다.

아이러니하게도 2008년 힐러리 클린턴과 버락 오바마 간에 벌어진 예비 선거 캠페인은 두 질문 모두에 대한 기회가 되었는데, 후보로 보면 최고의 경쟁이었고, 갈등으로 보면 최악의 경쟁이었다.

나는 힐러리 클린턴을 모두 아는 대로, 좋은 시절과 나쁜 시절을 겪은 공인으로, 우리 삶의 일부, 심지어 우리 꿈의 일부가 된 사람으로 알았다. 언젠가 뉴욕 시티 조찬 모임이 있던 호텔 연회실에서 1천 명의 여성들에게 힐러리를 소개한 적이 있다. 그녀가 연설하는 동안 그 뒤에 서 있던 나는 연설문을 세심하게 배열한 백악관 서류철이 연설대 위에 놓여 있는데 그녀가 원고를 읽지 않는다는 걸 알아차렸다. 대신에 앞에서 말하는 사람들에게 응답하고, 청중석에 보이는 활동가들과 지도자들에게 직접 말을 건네며, 그들의 일을 국내외적인 맥락으로 설명하고 있었다. 이 모든 것이 대단히 명확하고 우아한 문장들로 이루어져 어느 누구도 힐러리가 미리 쓴 것이 아니라고는 짐작할 수 없을 정도였다. 그것은 즉석에서 만들어진 역작으로, 그때까지 들었던 연설 중에 최고였다.

그러나 내가 정말로 확신하게 된 것은 이브 엔슬러의 연극 〈필요한 목표들Necessary Targets〉 공연이 끝난 뒤 힐러리의 발언을 경청했을 때였다. 그 작품은 전 유고슬라비아 민족 내전에서 말할 수 없는 고통과 모욕과 고문을 견뎌낸 여성들을 치료하기 위해 세운 수용소 여성들의 인터뷰를 가지고 만들었다. 가슴이 찢어지는 공포담을 막 듣고 난 청중 앞에서 발언하기란 누구에게도 불가능해 보였고, 게다가 힐러리는 이런 대량 학살을 중단시키는 데 더디다고 비판받던 클린턴 행정부를 대표하는 짐까지 지고 있었다.

그럼에도 그녀는 조용히 일어나, 뭔가 준비할 수조차 없었던 상황에서 차분하게 이야기를 시작했다. 고통에 대해서, 고통의 목격자가 된다는 것의 중요성에 대해서. 가장 결정적인 것은 이 나라가 내전 개입에 더디다는 사실을 인정한 것이었다. 다시 자리에 앉을 때쯤 이미 그녀는 청중을 하나로 화합했고 우리 모두가 통하는 모임의 장으로 만들었다. 단순한 진실을 공유한 것이다.

그래서 힐러리가 백악관을 떠나 어떤 영부인도, 심지어 엘리너 루스벨트도 엄두내지 못한 미국 상원의원이 되기 위해 새로운 고향 뉴욕 주에서 출마하기로 결심했을 때, 나는 그녀를 향한 일부 여성들의 적대감으로 불시 습격을 받은 느낌이었다. 그들은 힐러리가 차갑고 계산적이고 야심만만하고 아내로서 얻은 정치적 경험을 이용하는 걸 보니 "페미니스트답지 못하다"고 말했다. 그들은 아칸소 주 부동산 사기부터 힐러리와 내연관계로 추정되는 백악관 보좌관 살해에 이르기까지 클린턴 부부의 모든 것을 비난하던 극우파도 아니었다. 정반대로 이슈들에서는 대부분 힐러리에 동의하면서도, 일부는 힐러리에 어찌나 반대하는지 '힐러리를 싫어하는 사람들Hilary Haters'이라고 불릴 정도였다. 나는 돌아다니면서 몇 주간 사람들 얘기를 듣고 나서야 그 이유를 이해하기 시작했다.

나는 댈러스에서 시카고까지 여러 거실에서 나눈 대화를 통해, 힐러리를 싫어하는 사람들이 흔히 그녀처럼 백인이고 고학력이며 권력자 남성과 결혼했거나 관련된 여성들임을 알게 되었다. 전부 그런 건 아니었지만, 그 빈도는 여전히 놀라웠다. 또 그들은 부시나 록펠러나 케네디 가문처럼 가족 관계와 정치적 이름을 경력에 이용하는 아들·형제·사위 들에게는 반대하지 않았지만, 똑같은 일을 하는 힐러리에게는 반대했다. 이야기를 많이 나눌수록 그 여성들의 남편들은 권력을 배우자와 공유하지 않았다는 사실이 더 명확해졌다. 힐러리의 남편이 늘 이 나라는 "대통령 한 사람 값으로 대통령 두 사람을 얻었다"고 얘기했을 정도로 아내와 자신을 동등하게 보는 남성이었다면, 이것은 그 여성들이 권력과 존중을 누리지 못한다는 것을 더 강조할 뿐이었다. 밤새 수많은 와인을 함께 마신 끝에 한 여성은 내게 힐러리의 결혼 때문에 자신의 결혼이 얼마나 불평등한 것인지 알게 됐다고 털어놓았다.

샌프란시스코와 시애틀에서, 스스로 힐러리를 싫어하는 사람들이라고 밝힌 이들은 힐러리가 그 유명한 혼외정사를 겪고도 남편 곁에 남아 있다고 비난했다. 나중에 알고 보면 그들 중 상당수 역시 충실하지 못한 남편 때문에 괴로워했지만 남편을 떠날 능력이나 의지가 부족했다. 그들은 자기들을 대신해 힐러리가 권력자 남성을 공개적으로 처벌해주기를 원했다. 내가 루스벨트에서 케네디까지 대통령들이 바람을 피웠다는 것을 상기시켰지만, 힐러리를 싫어하는 사람들은 자신을 그 영부인들과 동일시하며 그들은 남편을 떠날 수 없었을 거라고 추정했다. 말하자면 힐러리를 비난하게 만든 것은 바로 힐러리의 힘과 독립성이었던 것이다. 힐러리가 그런 개인적인 이유로 백악관에서의 임무를 저버렸다면 공공연한 비난으로 고통받았을 것이라고 설명하려 하자, 많지는 않지만 몇몇 사람들이 생각을 바꾸었다.

결국 나는 클린턴 부부가 셰익스피어의 표현대로 "진실한 영혼들의 결혼"이라고 생각하는 내 나름의 이유를 설명하기로 했다. 나는 백악관에서 열린 자유의 메달 수상자를 위한 행사에서 긴 오후 내내 클린턴 부부가 함께 있는 모습을 보았다. 수상자 한 명은 내 친구 윌마 맨킬러Wilma Mankiller로 체로키 부족국가의 추장이었다. 그녀와 나 둘 다 클린턴 부부에게서 느껴지는 뚜렷한 연대감에 크나큰 인상을 받았다. 이 연대감은 그들이 일단의 수상자들과 그 가족들을 만나고서 또 다른 집단으로 계속 옮겨다니며 손님들에게 그리고 서로에게 얘기할 때 전해져왔다. 흥미로운 사람들로 가득한 방에서 두 사람은 서로의 이야기에만 관심이 있는 것처럼 보였다. 두 사람이 무엇을 나누고 있었는지는 모르지만, 분명한 것은 두 사람의 친밀감과 동반자로서 느끼는 즐거움이었다. 결혼한 지 오래된 부부 중 몇이나 그런 말을 들을 수 있을까?

그러나 내가 이런 이야기를 꺼내자 힐러리를 싫어하는 몇몇 사람들은 더 화를 냈다. 그중에 많은 이들은 오래 결혼 생활을 한 아내이거나 나이 든 전처 자리에 들어간 새 아내였지만, 빌이 힐러리를, 힐러리가 빌을 동등한 동반자로 평가한다는 사실이 자신들의 결혼과 다르다는 것을 더 뚜렷하게 인식하게 만든 것 같았다. 성적 유대만이 남편과 아내를 묶어준다면 혼외정사는 아내를 대체될 수 있는 존재로 느끼게 만든다는 것을 이해하게 되었고, 아마도 정말로 그녀를 대체할 수도 있겠다는 생각이 들었다. 이것이 사회적 정체성과 경제적 안전을 잃어버리는 것까지 의미한다면, 단지 감정적으로만 고통스러운 게 아니라 굉장히 치명적인 일이었다. 힐러리는 상당수 여성들이 견디는 위태롭고 불공평한 삶의 대단히 공적이고 노골적인 반대편을 대표한다는 사실을 나는 이해하기 시작했다. 고전적인 의미에서 그들은 메신저를 죽이려 하고 있었다.

그들의 심리적 투사를 보며 나 또한 그녀에게 투사하고 있음을 깨달았다. 나는 힐러리가 워싱턴으로 돌아가기 위해 제일 먼저 상원의원에 출마한 것을 도무지 이해할 수 없었던 것이다. 정치적인 포식자들이 돌고 도는 백악관에서 8년을 보내고, 움직일 때마다 반클린턴 음모론에 무제한의 돈을 쏟아붓는 극우 단체에게서 적대적인 소송과 미디어 공격을 당하고도, 왜 상원에서 명백한 표적이 되어 6년을 더 보내려고 할까? 더군다나 자신만의 재단을 만들거나 전 세계적으로 여성 파워를 키우는 등 훌륭한 대안들을 갖고 있는 바로 지금, 그것은 돈키호테 같았고 자기 처벌 같아 보였다.

결국 나는 그 후자의 대안들이 내 선택은 될 수 있을지언정 힐러리의 선택은 될 수 없다는 사실을 받아들여야 했다. 나로선 상상도 할 수 없는 수준의 전투에 그녀가 기꺼이 나서고자 한다면 나는 축하를 보내야 했다.

나는 그녀의 상원의원 선거 캠페인에서 나만의 역할로서 힐러리가 직접 모금운동을 벌이는 거실 행사에 힐러리를 싫어하는 사람들을 초대하기 시작했다. 놀랍게도 몇몇을 제외하고 거의 전부가 일단 그녀와 시간을 보내고 나자 태도를 바꾸었다. 그들이 똑똑하고 차갑고 계산적일 거라고 상상했던 이 여자가 알고 보니 똑똑하고 따뜻하고 공감하는 사람이었던 것이다. 남편의 행동을 용서한 사람 대신, 누군가 말했듯이 그녀는 잠재적으로 그들의 뒤를 봐주는 "훌륭한 여자친구"였다.

그들은 또한 힐러리의 전문성을 보았다. 이를테면 헝가리 출신 금융업자이자 자선가인 조지 소로스는 그의 맨해튼 응접실에서 그녀를 이렇게 소개했다. "힐러리만큼 동유럽에 대해 많이 아는 미국인은 없습니다."

힐러리는 자기 실력으로 미국 상원의원에 당선되었고 발전적으로 일했다. 심지어 그곳의 오랜 적들과도 함께. 그리고 두 번째 임기에 굳건하게 재선되었다. 대통령 후보로서 힐러리 클린턴에 대한 진지한 이야기가 처음으로 나오기 시작했다. 2008년 선거가 다가올 때쯤, 그녀는 공화당이나 민주당의 어떤 잠정 후보보다도 높은 인기를 얻고 있었다.

한편으로 나는 '선택을 지지하는 사람들'과 함께 일리노이 주의 캠페인을 하면서, 버락 오바마라는 젊은 주 의회 재선 의원이, 낙태권을 인정한 1973년 대법원 판례인 로우 대 웨이드Roe v. Wade 사건을 약화시키기 위해 만든 법안을 물리치는 데 힘을 보탰다는 것을 알게 되었다. 그리고 2004년 보스턴 민주당 대회에서는 그의 감격적인 연설 블록버스터를 보고서 다른 미국인들과 마찬가지로 깜짝 놀라고 말았다. 오바마의 부상은 기존의 정치보다는 하나의 운동이 일으킨 사건에 훨씬 더 가까웠다.

오바마는 연방 상원의원에 선출된 뒤에, 맨해튼에서 열린 거실 모금운동 행사를 축하하고 그의 캠페인 빚 청산을 돕기 위해 그 자리에 참석했다. 지지자들은 오바마에게 신참 상원의원에 부과될 전통적인 규칙에 굴복하지 말고, 새로 당선된 이들이 보이는 소극적인 모습을 따르지 말라고 당부했다. 그는 주저하면서 자기가 배워야 할 필요가 있다는 점과 부시 행정부의 권력을 언급했다. 나도 그에게 당부했다. 어쨌든 모든 이들이 조지 W. 부시가 그의 가문이 아니었다면 절대 대통령이 될 수 없었을 것이고, 또 오바마가 모든 악조건을 물리치고 상원의원이 되었다는 것을 알고 있었다.

그다음 해까지만 해도, 상원의원뿐 아니라 새 대통령 후보도 찾던 진보 세력이 오바마에게 출마를 제안하며 접근하자 그가 말했다. "시원한 쿨에이드나 한잔 하세요." 그가 이렇게 거절했음에도 출마 권유 노력은 차차 그 자체로 생명을 지닌 운동이 되어갔다. 과거에 하원의원 셜리 치즘과 목사 제시 잭슨 같은 아프리카계 리더들이 출마한 적이 있지만, 오바마는 다수당 후보가 될 실질적인 가능성을 가진 첫 번째 아프리카계 미국인이었다. 그와 힐러리 두 사람은 이번 선거를 역사상 처음으로 진짜 미국을 반영하는 후보들의 선거로 바꿀 수 있었다. 아직 캠페인 시즌은 아니었지만 내가 캠퍼스부터 거실까지 어디에 가든, 새로운 유형의 대통령이 가능하겠냐는 질문들이 나오고 있었다.

오바마는 힐러리보다 나이도 적고, 국내적으로, 국제적으로, 그리고 상원에서도 경험이 적지만, 나는 아직도 이 나라가 여성을 최고 사령관으로 받아들이기에는 너무 이르다고 생각했다. 더욱이 오바마의 케네디식 어필은 인종의 벽을 깨는 흔치 않은 소중한 기회를 만들어냈다. 그러나 내게는 두 사람이 공유한 내용이 서로 다른 형식보다 더 중요했다. 힐러리는 시민권 옹호자였다. 오바마는 페미니스트였다. 그들은 노예제 폐지론자와 참정권 확대론자 시대가 현대로 넘어온 반향이었다. 백인 남성 지상주의자들이 그토록 애써 가혹하게 분리시키려 했던 흑인 남성·흑인 여성·백인 여성 집단은 보편적인 성인 참정권 획득을 위해 함께 일함으로써 이 나라를 전도시켰다.

나는 예비 선거에 앞서 길에 오를 때마다 과거의 어느 때보다 정치에 관심을 갖는 청중들 속에서 무의식의 연합체가 되살아나는 것을 보았다. 하나의 공유된 세계관을 대표하는 이 새로운 두 얼굴에 열광하고 있었다. 다양한 정치적 색깔을 지닌 각 주의 청중들 안에서 지지는 인종과 성에 의한 구분이라기보다, 좌우 대칭의 불규칙한 무늬가 어떤 모양으로 보이는지에 따라 성격을 분석하는 로르샤흐 테스트 같았다. 예를 들어, 흑인 민주당원의 94퍼센트가 힐러리 클린턴에게 호의적이었던 반면, 오바마에게는 88퍼센트가 호의적이었다. 결국 오바마는 국내 무대에 신인이었고 클린턴 부부는 인종을 포괄해 명성을 획득하여, 널리 알려진 대로 아프리카계 미국인 소설가 토니 모리슨은 빌 클린턴을 "최초의 흑인 대통령"이라고 불렀다. 백인과 흑인 여성들은 남성 유권자들보다 힐러리 클린턴을 더 지지하는 것으로 보였고, 또 내가 관찰한 바로는, 힐러리 클린턴이 승리하지 못하리라고 더 믿는 것으로 나타났다. 흑인 유권자들은 백인 유권자들보다 오바마를 더 지지했고, 역시 오바마가 승리하지 못하리라고 더 믿는 경향이 있었다. 각 집단은 그들이 경험했던 편견의 깊이 탓에 비관론을 갖게 된 것이다.

대부분 백인인 몇몇 청중은 이 나라가 오바마를 선출함으로써 과거를 속죄할 수 있기를 희망하는 것 같았다. 한 백인 음악 교사가 청중 속에서 일어나 말했듯이 "인종차별주의는 나 역시 감옥에 집어넣습니다. 죄책감이라는 감옥에." 어린 딸들을 둔 많은 부모들이, 흑인이든 백인이든 딸들을 클린턴 유세장에 데려와 그 아이들은 자기도 대통령이 될 수 있다는 것을 알게 되었다. 나이가 많은 여성들은 특히 힐러리 클린턴을 자기 생에서 백악관의 여성 대통령을 볼 마지막 기회이자 최고의 기회로 보았다. 그렇다고 아무 여성이나 지지하는 것은 아니었다.[7] 누군가 말했듯 "이것은 단지 생물학적인 문제가 아니에요. 우리는 급식 아동들에게 우유를 뺏어버린 마거릿 대처 같은 여자는 원하지 않아요." 그들이 힐러리를 원한 이유는 그녀가 여성들의 주요 관심사를 지지했기 때문이었다. 다른 한편으로, 수많은 젊은 흑인 싱글맘들은 오바마를 지지하는 이유가 자기 아들에게 긍정적인 흑인 남성 역할 모델이 필요하기 때문이라고 말했다. 어느 백인 이혼남은 오바마의 인생 스토리에 감명받아 매주 아들을 보러 수백 킬로미터를 운전한다며 이렇게 설명했다. "나는 오바마가 거의 만나보지 못한 그의 아버지 같은 사람은 되고 싶지 않아요. 오바마가 갖고 싶어 했던 아버지가 되고 싶어요." 텍사스의 오스틴에서 80세 흑인 여성은 힐러리 클린턴을 지지하는 이유를 이렇게 말했다. "너무나 많은 여자들이 자기 노력으로 성취를 이루고, 너무나 많은 젊은 남자들이 그냥 나타나서 얻어만 가는 걸 봐왔기 때문이에요."

그러나 언론은 이렇게 공유된, 그리고 종종 경계를 가로지르는 견해들을 민주당의 자산으로 보도하는 대신, 민주당 유권자들이 결국 후보를 단일화해야 한다며 실망스럽다고 반응했고 생색을 내기까지 했다. 뉴스거리가 될 만한 분열을 원하는 것 같았다. 이것이 충족되지 못하자 곧 제풀에 지친 기자들은 힐러리 클린턴과 버락 오바마 간의 1밀리미터 차이를 1킬로미터로 부풀려 갈등을 조장해냈다. 내용이랄 만한 것이 거의 없었기에 기자들은 형식 차이를 강조했다. 클린턴은 전적으로 성별로 재단되었고, 오바마는 전적으로 인종으로 재단되었다. 기자들은 마치 미식축구를 보러 왔는데 선수들이 모두 같은 팀이어서 격분한 스포츠팬들 같았다.

나는 노예제 폐지와 참정권 확대 운동이 벌어졌던 과거에, 흑인 남성과 흑인 여성과 백인 여성의 보편적인 참정권 운동 역시 투표권을 흑인 남성에게만 부여함으로써 의도적으로 분리되었다는 사실을 이해하게 되었다. 그리고 나중에는 폭력과 불가능한 문자 해독 능력 테스트와 투표세 등을 동원해 투표권을 제한했던 것이다. 이제 과거의 이런 분리와 정복의 반향은 장벽을 허무는 "첫" 두 후보의 유권자들을 양극화하여, 두 사람 모두 내용에 있어서는 거의 같다는 사실을 자각하지 못하게 만들었다. 역사에서 보듯 잠재적으로 강력한 다수가 단단하게 자리 잡은 강력한 소수에 의해 분리되고 있었다.

아마도 분리와 정복 동기 탓으로 돌리는 것이 모든 것을 경마 대회처럼 다루는 나라에서는 정당하지 않을 수 있다. 하지만 내가 길에서 목격했던 것, 즉 비슷한 목적을 가진 두 "첫" 후보를 만나는 반가움이 보도될 가치가 있다는 사실을 언론이 고려하지 않았던 데는 틀림없이 이유들이 있었다.

한 후보를 선택한 사람이나 집단은 곧 다른 편의 비난을 받게 마련이었다. 수년간 여러 이슈에서 동지였던 사람들 사이에 틈이 벌어지는 것을 느꼈다. 기자들의 긴 칼과 거기에 더해 두 캠페인의 근시안적인 몇 신봉자들이, 피를 흘릴 때까지 그 틈을 깊게 만들었다.

인종차별과 성차별의 경중을 비교하는 대신 그것들을 연결하고, 전국 선거에서 이 두 첫 후보들을 하나로 통합하는 것의 정당함을 입증하기 위해 나는 '연합 대 경쟁'이라는 제목으로 《뉴욕타임스》에 논평을 썼다.[8] 두 후보의 이슈가 너무나 동일하므로 나는 둘 중 어느 쪽이냐는 식의 미디어 질문을 "멍청하고 파괴적"이라고 불렀다. 또 누가 예비 선거에서 살아남을지 짐작하기에는 일러도 너무 일렀기에 이렇게 글을 마쳤다. "우리는 두 후보 중 한 후보를 반대할 게 아니라, 두 후보 중 한 후보를 위해 일함으로써 우리의 기회를 두 배로 늘릴 수 있다. 지금으로선 기자들이 내게 힐러리 클린턴과 버락 오바마 중 누구를 지지하는지 묻는다면 그저 이렇게 대답해야 할 것 같다. "그렇습니다."

뉴욕 예비 선거가 다가오자, 나는 확실히 어느 후보도 반대하지 않았지만 누구에게 투표할지 결정해야 했다. 그래서 나는 자리에 앉아 노란 메모장을 놓고 각 후보의 장점과 단점을 적어내려갔다.

이슈 면에서 강조하는 것에 차이가 있을 뿐 두 사람 모두 개인의
미래가 성별이나 인종, 계층이나 성적 취향에 제한받지 않는 나라
를 원했다. 두 사람 모두 원유와 독재자 지지는 줄이고 민주주의
와 환경 문제의 지지는 늘리는 외교 정책을 옹호했다. 힐러리는
상원에서 미군의 이라크 첫 공습에 표를 던져 몇몇 오바마 지지자
들이 이를 문제 삼기도 했지만, 오바마는 만일 당시에 자신이 상
원에 있고 똑같이 이라크가 "대량 살상 무기"를 가지고 있다는 잘
못된 정보를 얻었다면 어떻게 투표했을지 모르겠다고 솔직하게
말했다. 유일하게 두드러지는 차이는 경험이었다. 동반자로서 힐
러리 클린턴은 주 정부에서 12년, 백악관에서 8년을 보냈고, 자기
힘으로 당선된 미국 상원에서 8년을 보내는 내내 한때 공화당의
산물을 한때 장악한 극우주의자들과 싸웠다. 차기 대통령도 똑같
은 공격에 직면할 것이다. 오바마는 다문화라는 중대한 경험 속에
서 성장했고, 내게 의미가 큰 지역인 시카고에서 조직가로 오랫동
안 활동했으며, 7년을 주 의원으로, 3년을 연방 상원의원으로 일
했지만 정치적 극우파와 싸우고 공격당한 경험은 훨씬 적었다. 좋
은 점이기도 하고 나쁜 점이기도 한 것은 그가 중재자이고 중도의
길을 찾는 데 노련하다는 것이었다. 이 예비 경선은 여성 후보가
남성 후보보다 대규모 정치적 갈등에 더 경험이 많다는 점에서 드
문 경우였다. 그녀는 극단주의자들에게 타협안이란 없음을 더 잘
알고 있었다.

여성운동 밖이라면 내가 오바마를 선택할 경우 더 호감을 얻으
리라는 것을 알고 있었다. 여성들은 스스로 대의에 희생하면 언제
나 더 호감을 얻는다. 그리고 남성들에게 대의란 일반적으로 여성
들을 포함하는 것을 의미하지 않음에도 대의는 언제나 남성들을

포함하는 것을 의미한다. 힐러리를 선택하면 나는 나 "같은" 여성을 지지한다는 이유로 이기적이라고 여겨질 것이다. 그러나 그 점은 경고이기도 했다. 승인을 필요로 하는 것은 여성의 문화적 질병이고, 종종 잘못된 일을 행한다는 신호이다.

노란 메모장에 적은 것이 하나 더 있었다. 나는 여전히 힐러리든 다른 여성이든 여성을 최고 사령관으로 수용하기에는 너무 이르다고 믿었기에 이렇게 적었다. 내가 오바마라면, 새로운 동지로서 나 같은 사람의 지지가 없다고 해서 개인적으로 배신감을 느끼지는 않을 것이다. 내가 힐러리 클린턴이라면, 오랜 지지자였다가 새로운 인물 때문에 자신을 떠난 사람에게 배신감을 느낄 것이다. 다른 말로 하면, 오바마는 승리하기 위해 내가 필요하지 않았다. 힐러리 클린턴은 패배하기 위해 내가 필요할지도 몰랐다.

유권자들이 무엇을 따르는지 보여줌으로써, 길은 나를 다시 한 번 교육시켰다. 나는 여성 대통령에 대한 기다림이 내가 생각했던 것보다 오래되었으리라고 생각하기 시작했다. 공항 선물가게에서 힐러리 클린턴처럼 생긴 호두까기가 선거철 소품으로 팔렸다. 다리가 손잡이였고, 가랑이가 호두를 깨는 자리였다. 워싱턴 D.C. 공항의 한 판매원에게 항의하는 사람이 있는지 물었더니, 그녀는 몇 사람 있었고 그래도 판매는 잘된다고 했다. 혹시 남성 후보자를 가지고 만든 비슷한 호두까기가 있냐고 물었더니, "당연히 없죠!"라고 답했다.

캠퍼스에서, 젊은 남성들이 'O. J. 심슨이 힐러리랑 결혼하지 않아 정말 안타깝다TOO BAD O. J. DIDN'T MARRY HILLARY'라는 문구가 찍힌 티셔츠를 입고 있었다. 그런 티셔츠를 입은 사람들은 모두 백인이었다. 이 문구를 어떻게 생각하는지 학생들에게 묻자, 저열하다고 입을 모았다. 그리고 수많은 남자들이 자기 티셔츠와 페이스북에 '여자보다 형제BROS BEFORE HOS'라는 문구를 넣는다고 내게 확인시켜줬다.

나는 MSNBC 정치 분석가 터커 칼슨이 힐러리 클린턴에 대해 말하는 것을 보았다. "나는 힐러리가 텔레비전에 나오면 나도 모르게 다리를 꼬게 된다고 자주 말했습니다." 나는 생각했다. 그 호두까기가 잘 팔리는 게 놀랄 일도 아니다. 역시 MSNBC에서 크리스 매튜즈는 이렇게 공표했다. "잊지 맙시다. 단도직입적으로 말하겠습니다. 힐러리 클린턴이 연방 상원의원이 된 이유, 대통령 후보가 된 이유, 어쩌면 대표 주자가 될지도 모르는 이유는 남편이 빈둥거려서입니다. 그래서 뉴욕 상원의원이 된 겁니다. 우리는 그걸 잊어버리고 있었습니다. 그녀는 자기 능력으로 이긴 게 아니었습니다."[9]

《워싱턴 포스트》의 한 여성 기자는 힐러리의 정장 상의가 가슴골을 약간 드러냈다면서 그것을 "도발"이라고 불렀다. 그런 혐의는 존 F. 케네디든 오바마든 남성 대선 후보들이 수영복 차림으로 바닷가에서 사진 찍혔을 때엔 동일하게 적용되지 않았다. 러시 림보는 힐러리에 대해 다음과 같이 질문했다. "이 나라가 매일 한 여자가 늙어가는 모습을 보고 싶어 할까요?" 다른 폭스 뉴스Fox News 분석가에 따르면 "저것이 경험의 얼굴이라면, 많은 무소속 유권자들을 겁주어 쫓아버릴 것입니다." CNN 여성 통신원들은 카메라 앞에 설 때 바지 정장을 입지 말라는 지시를 받았는데, 너무 힐러리처럼 보일지 모른다는 게 이유였다.

이 모든 단순화의 논평이 모든 예비 선거 후보자들을 향한 것이었더라면 공정한 게임이라고 할 수 있었을지 모른다. 가령, 상원의원 조 바이든의 의심할 여지없는 모발 이식이나, 상원의원 존 에드워즈가 바비 인형의 남자친구 켄 인형과 닮았다는 것이나, 주지사 미트 롬니의 치관 씌운 치아와 염색한 모발, 또는 상원의원 존 매케인의 키높이 구두, 주지사 빌 리처드슨이 흐트러진 침대 모양으로 생겼다는 것이나, 상원의원 오바마가 자기 스스로도 농담거리로 삼는 귀에 대해. 하지만 그런 논평은 없었다.

그런 여성혐오가 언론에서 거의 다루어지지 않은 것은 놀랍지 않았다. **여성혐오가 언론이었다.**

나는 힐러리 클린턴과 버락 오바마의 긍정적인 점과 부정적인 점들을 열거하면서, 내가 화났다는 것을 알았다. 부시 부자 2대가 백악관에서 함께 지내지 않았음에도 정치적인 가부장제의 권력을 물려받은 것은 허용되지만, 힐러리가 20년을 남편의 완전한 정치적 파트너로 살면서 그에게서 권력을 물려받고 경험을 주장하는 것은 허용되지 않았기 때문에 화가 났다. 정치계의 젊은 남성들은 떠오르는 별처럼 취급되지만 젊은 여성들은 그냥, 젊은 여성들로 취급되기 때문에 화가 났다. 모든 여성 후보들이 아이 양육으로 자신의 정치적 역량을 잠시 보류하고, 모든 남성 후보들은 그렇지 않기 때문에 화가 났다. 단지 여성의 몸으로 태어났다는 이유로 인간적 재능이 상실되고, 남성의 몸으로 태어났다는 이유로 평범함이 보상받는 데 화가 났다. 그리고 언론이 인종차별주의는 심각하게 다루거나 아니면 그러는 척이라도 하지만, 성차별주의는 신경 쓰는 시늉조차 거의 하지 않기 때문에 화가 났다. 흑인 싱글맘들을 악마처럼 그려내는 방식에서든, 강력한 여성이 남성들 기를 죽인다는 진부한 농담의 방식에서든, 여성들의 분노는

길 위의 인생

여전히 안전해 보였다.

용인될 수 없는 편견의 다른 사례들 가운데에서 나는 인종이나 성별이나 민족성이나 성적 취향 등을 뒤집어보고서 똑같은 반응이 나올지 지켜보는, 예부터 내려오는 유서 깊은 운동 전술을 사용해보았다. 몇 달 동안 억누른 화를 연료로 삼아 나는 이렇게 질문했다. 오바마처럼 공감할 수 있는 남성이 완전히 똑같은 조건을 갖추었는데 여성으로 태어났다면 어떤 일이 벌어졌을까?

나는 그 결과물을 "변화에 대한 어떤 짧은 역사"라고 불렀다. 《뉴욕타임스》칼럼에서는 '여성들은 절대 대표 주자가 아니다'라는 제목으로 바뀌었다. 뉴햄프셔 예비 선거 당일 아침에 게재된 이 칼럼은, 어째서 성별 장벽은 인종 장벽만큼 심각하게 취급되지 않는지를 질문했다.

그 이유들은 우리가 호흡하는 공기만큼 만연해 있다. 성차별은 예전에 인종차별이 그랬듯 여전히 자연과 혼동되기 때문이다. 남성에게 영향을 주는 것이라면 그게 무엇이든, 인류의 절반인 여성에게"만" 영향을 주는 것보다 더 심각한 것으로 여겨지기 때문이다. 아직도 아이들은 대부분 여성들이 양육하기에 (부드럽게 표현하자면) 남성들은 강한 여성을 상대할 때 특히 유년기로 퇴화하는 느낌을 갖는 경향이 있기 때문이다. 인종차별이 흑인 남성들이 더 "남성적"이라는 고정관념을 오래도록 심은 탓에, 일부 백인 남성들은 흑인 남성들의 존재를 (그 수가 지나치게 많지만 않다면) 남성성의 확인으로 보기 때문이다. '다들 아는 그렇고 그런 사람'이 아니라 공권력을 가진 여성이 될 "올바른" 방법이 아직 없기 때문이다.

나는 제일 강한 사람을 뽑는 경쟁을 옹호하지 않는다. 성과 인종의 카스트 제도는 상호의존적이어서 오로지 함께 뿌리 뽑힐 수 있다. (……)

모든 장벽을 깨뜨리는 데 동등한 자부심을 가질 시간이다.

나는 힐러리 클린턴을 오로지 경험이 더 많다는 이유로 지지한다고 덧붙였다. 오바마에 대해서는 이렇게 썼다. "만일 그가 후보가 된다면 나는 자원활동을 할 것이다. (……) 부시 대통령이 남긴 난장판을 말끔히 청소하려면 클린턴 대통령의 2회 임기와 오바마 대통령의 2회 임기가 필요할지 모른다."

첫 반응은 압도적으로 긍정적이었다. 힐러리 클린턴이 뉴햄프셔에서 예상치 못한 승리를 거두면서 내 칼럼도 어느 정도 신용을 얻었다. 《뉴욕타임스》는 그 영향력에 대해 한 유권자가 써 보낸 편지를 게재했다. 마치 내가 많은 사람들이 생각하고 있던 것을 칼럼으로 쓴 것 같았다. 훌륭한 여성의 굴욕에 대해 내가 목소리를 높인 것에 대다수가 그저 기뻐하는 것 같았다.

그러나 얼마 안 있어, 내가 힐러리를 지지함으로써 성과 인종에 등급을 매겼다고 상정하며 인터뷰를 요청하는 전화가 몇 통 걸려왔다. 나는 평생 동안 성차별주의와 인종차별주의는 연결되어 있지 등급이 매겨질 게 아니라고 주장했고, 분명 칼럼에서도 성과 인종의 카스트 제도는 상호의존적이어서 오로지 함께 뿌리 뽑힐 수 있다고 썼는데, 성차별주의를 인종차별주의보다 더 심각하게 다뤄야 한다고 요구하는 사람으로 이해되고 말았다.

나는 어떤 텔레비전 쇼에 나가, 오바마를 지지하는 한 흑인 여성 교수에게 "백인 여성들은 흑인 남성과 흑인 여성 들을 억압하는 데 공모해왔다"고 비난받았다. 그녀는 나보다 훨씬 많이 얘기했고, 부당한 폭력을 언급했으며, 다음과 같이 말했다. "《뉴욕타임스》에서 이런 태도를 취하는 건 페미니즘이 줄 수 있는, 그야말로 최악이라 심한 타격을 받았다." 나는 "이렇게 분리되는 것은 거부한다"라는 식으로 말할 수밖에 없었고, 예비 선거에서 힐러리가 이기든 오바마가 이기든, 그녀와 내가 총선에서는 한편으로 연합될 것이라고 지적했다. 이후 나는 미식축구 수비수에 치인 기분이었다.

그때부터 아침마다 새로운 공격이 들어왔다. 나는 낯선 번호에 지정된 핸드폰 벨소리를 두려워하게 되었다. 나는 유아 살해범에서 가정 파괴범까지 별별 수많은 것들로 불린 바 있지만, 그것들은 내가 진정으로 동의하지 않는 사람들에게서 나온 말들이었다. 이번 공격들은 내가 가치를 두는 의견을 지닌 사람들에게서, 그리고 내가 어떤 입장을 취하지 않았는데도 취했다고 비난하는 사람들에게서 나온 것이었다.

온라인에서 나는 그 이유를 조금 알게 되었다. 《타임스》가 내 칼럼 전체를 특징짓는 데 애매모호한 마구잡이 발췌를 사용한 것이었다. "젠더는 아마도 미국인의 삶에서 가장 강력한 제재력일 것이다. 누가 부엌에 있어야 하는지를 질문하든, 누가 백악관에 있을 수 있는지를 질문하든." 나는 이것을, 부엌에서 백악관까지 문제가 만연해 있다는 관점에서 말한 것이지, 어느 쪽이 더 중요하거나 덜 중요하다고 말한 것이 아니었다. 그렇지만 나는 침울한 기분으로, 이 문맥에서 '가장'이라는 한 단어가 욕이나 다름없다는 점을 생각했어야 했다는 것을 깨달았다. 오로지 갈등만이 뉴스가 된다. 그리고 나는 전화로 편집사항을 확인하느라 문장 하나하나에 방탄막을 만드는 데 실패했다. 명백하게 나의 잘못이다. 이 인용문은 웹을 통해 전 세계로 돌아다녔고, 실제 칼럼보다 훨씬 더 많은 사람들에게 읽혔다. 나는 《뉴욕타임스》를 통해 배급망에서 전체 내용을 철회하도록 조치했지만 소용없었다. 공격은 점점 맹렬해졌다.

당신이 옳을 때는 누구든 당신 곁에 있을 수 있지만, 당신이 엉망일 때는 오직 친구들만 곁에 남는다. 많은 이들이 위로의 전화를 해주었다. 적어도 명망 있는 한 아프리카계 여성 리더는, 나를 상대로 거센 공격을 개시해달라는 오바마 캠페인 측의 요청을 거절했다는 얘기를 들려주었다. 그녀는 그들에게 내가 내 생각을 말할 권리를 갖고 있다고 말했다.

만일 힘든 일을 겪더라도 그 일에 궁극적인 목적이 있다면 더 이상 그렇게 힘들지 않다. 그러한 까닭에 나는 배운 것들을 열거했다.

1. 네가 생각하지 않은 것인데도 네가 그렇게 생각한다고 사람들이 생각할 수도 있다는 사실을 잊기 쉽다.

2. 화가 나 있고 마감 시간이 임박해서, 네 의도를 아는 친구들에게만 검증받을 시간이 있고 모르는 사람들에게 검증해볼 시간은 없다면 글을 쓰지 마라.

3. 작가에게 가장 큰 보상은 많은 사람들이 느끼고 있지만 명명되지 않은 것을 명명하는 것이다. 작가에게 가장 큰 처벌은 오해받는 것이다. 같은 말이라도 양쪽 어느 편에든 놓일 수 있다.

나의 연설 동료이자 이제 고인이 된, 너그럽고 맹렬하고 독보적인 플로 케네디의 지혜도 갑자기 떠올랐다. 플로는 어떤 종류의 갈등에서든 가치를 발견해냈다. 그녀는 종종 설명했다. "엉덩이 걷어차기의 목적은 네 엉덩이가 딱 맞아야 할 때라서 걷어차는 것도 아니고, 딱 이유가 있어서 걷어차는 것도 아니야. 네 엉덩이를 민감하게 유지시키려는 거지."

　플로의 말을 떠올리며 나는 큰 소리로 웃어버렸다.

오바마가 승리하자, 각기 오바마 캠페인과 힐러리 캠페인 소속이면서 연락을 계속 취해왔던 몇몇 지혜로운 사람들은 치유가 필요하다고 생각했다.

　나는 오바마 캠페인에서 여성 관련 이슈를 담당했던 내 친구이자 동료인 주디 골드Judy Gold와 함께, 우리가 알기로 수많은 치유 모임들의 첫 번째 모임을 계획했다. 이제 살아서 백악관의 여성 대통령을 볼 수 없으리라는 사실에 상심한 나이 든 여성들이 있었다. 무엇이든 될 수 있다고 들으며 자랐는데, 힐러리가 받은 공격과 패배를 보고 충격에 빠진 젊은 여성들이 있었다. 힐러리를 지지했던 아프리카계 여성들과 남성들 또한 자신들이 다른 인종 편에서 일한 것을 두고 누군가 응징하지 않을까 걱정했다. 오프라 윈프리를 비롯하여 오바마를 지지했던 다른 여성 공인들 역시 대가를 치렀다. 어떤 이들은 그 여성 공인들이 주로 여성들에게서 지지를 받고 표를 얻으면서도 힐러리 클린턴을 지지하지 않았다고 비난했다. 백인 여성으로 오랫동안 중요한 페미니스트 리더였고 오바마를 지지했던 캐런 멀하우저Karen Mulhauser 역시 마찬가지로 비난받았다. 나는 그들이 오바마를 선택할 권리가 있음을 호소하기 위해 글을 쓰고 연설을 했다. 그리고 이제 그들 역시 힐러리 클린턴의 패배로 인한 상처를 치유하는 데 힘을 실었다.

나는 마지막 캠페인 활동으로 이런 문구를 넣어 배지 수백 개를 만들었다.

힐러리는 오바마를 지지한다
나도 그렇다

그런 다음 나는 워싱턴으로 가는 비행기에 올라, 힐러리의 역사적이고 관대한 패배 승복 연설의 관중으로 참석했다. 힐러리는 이 연설에서 전폭적으로 오바마를 지지하겠다고 약속했고, 이 배지들을 청중들에게 나누어주었다. 배지를 원하는 사람들이 아주 많았다.

IV.

내가 캠페인에 전념한 세월은 명확한 메시지를 남겼다. 투표는 우리가 할 수 있는 최대한이 아니라 최소한이라는 것이다. 민주주의를 가지려면, 한 사람을 원해야 한다. 아직도 나는 과거를 돌아보는 것만으로 이 사실을 완전하게 깨닫는다.

1980년대 초에, 나는 연방 상원의원에 출마한 해리엇 우즈의 캠페인을 위해 미주리에 갔다. 그녀는 훌륭한 후보였고, 나는 그녀가 여성 기자로 보낸 힘겨운 시간에 공감했다. 정치를 향한 그녀의 여정은 너무도 사실 같지 않아, 아무도 이야기로 지어낼 수 없을 정도였다. 어린 두 아이의 어머니였던 해리엇은, 조용하던 거리에 맨홀 뚜껑 위로 자동차가 지나갈 때마다 시끄러운 소리를 내서 아이들을 깨우는 문제를 가지고 항의했다. 시 위원회에 항의할 데가 없자, 거리에 차의 출입을 통제해달라는 청원서를 동네에 돌렸다. 효과가 있었다. 이 성공을 계기로 시 위원회 선거에 출마했다. 당선되어 8년을 일한 뒤에, 주 고속도로 위원회에 임명된 그녀는 주 의회 선거에 출마해 성공적인 유세를 했고 주 의원으로도 재선되었다. 또 많은 사랑을 받은 지역 텔레비전 쇼의 제작자가 되었다. 이 모든 일로 해리엇은 주 전체를 망라하는 후보감이 되었다.

하지만 그 주의 민주당 내 상황은 달랐다. 연방 상원 경선의 예비 선거 후보를 뽑을 시간이 되자, 민주당은 어떤 직에도 출마해보지 않고 수표만 기재했던 부유한 은행가를 지지했다. 냉정하게 본다면, 우즈는 어떤 여성도 주 전체를 망라하는 공직에 올라보지 못했던 미주리에서 가망이 없어 보였을지 모른다. 은행가처럼 돈이 많지도 않았다. 그러나 그녀가 자신이 속한 당의 축복보다 더 중요한 것을 갖고 있음이 판명되었다. 바로 공동체의 지지와 자원활동가들이었다. 해리엇은 그 돈 많은 남성을 2 대 1로 물리쳤다.

갑자기 해리엇 우즈는 공화당 상원의원 존 댄포스와 경선에 올랐다. 그는 재임 상원의원일 뿐 아니라 미주리 전 검찰총장에, 성공회 사제였고, 랠스턴 퓨리나 기업을 세운 창업자의 돈 많은 손자였다. 마치 그녀가 가부장제 전체를 상대로 벌이는 경선 같았다.

나는 해리엇을 위해 캠페인을 하러 갔을 때 새로운 페미니스트 선거구 단체들이 전부 와서 마음을 다해 일하고 있는 모습을 보았다. 주 전체 네트워크의 자원활동가들도 적극 참여하고 있었다. 미주리가 낙태 반대 주로 자주 거론되었지만 우즈는 재생산의 자유를 지지하는 입장을 철회하지 않았다.

마침내 리틀 딕시Little Dixie로 알려질 만큼 대단히 보수적인 곳을 포함해 공화당의 여러 시골 지역에서 해리엇이 이겼다. 그러나 마지막 주에 그녀는 돈이 바닥났고 마지막 순간 휘몰아친 맹렬한 공격에 대응할 수 없었다. 그리고 2퍼센트 포인트 미만 차로 졌다. 이렇게 안타까운 근소한 차의 패배는 그녀가 온 나라를 통틀어, 양쪽 당에서 유일한 여성 연방 상원의원 후보였다는 사실 때문에 비상한 관심을 모았다. 공격에 대응할 수 있는 돈이 있었다면 승리할 수 있었다는 게 너무도 명백했기 때문에, 그녀의 경선은 낙태를 찬성하는 민주당 여성 후보자를 지지하는 정치 활동 위원회 에밀리 리스트EMILY's List 창립에 영감을 주었다. 실패도 좋은 목적으로 변할 수 있음을 증명한 사례인 이 정치 활동 위원회는 회원 3백만 명을 끌어모아 전국에서 가장 큰 단체 중 하나가 되었을 뿐만 아니라 여성 정치인들에게 가장 큰 단일 재원이 되었다.

그러나 댄포스가 이겼다. 그는 워싱턴에 클래런스 토머스라는 아프리카계 미국인 법관을 데려갔다. 토머스는 그전에 베트남전 사용 고엽제인 에이전트 오렌지와 유전자 변형 씨앗 등을 우리에게 준 거대 농화학업체 몬산토에서 일했는데, 사실 그 일은 댄포스가 구해준 일자리였다. 댄포스는 토머스가 보기 드문 아프리카계 미국인 보수주의자인 데다, 자신과 마찬가지로 사제가 되기 위해(토머스의 경우는 가톨릭이었다) 공부했다는 것을 알고 그에게 큰 호감을 갖게 되었다고 설명했다.

이런 모든 일이 몇십 년 전에 일어났다. 우즈는 2007년, 79세의 나이에 백혈병으로 사망했지만 그녀가 몇백 표 차로 패배한 일은 계속 영향을 미치고 있다.

내 말을 믿지 못하겠다면 2000년 부시 대 고어의 대통령 선거 다음 날 아침, 플로리다에서 논란이 된 표 몇천 장이 무더기로 나와 전국 결과를 알 수 없는 상황이 되었을 때로 건너가보자.

나는 공교롭게 그날 아침 팜비치 카운티 지역 전문대학에서 연설을 하기로 되어 있었는데, 오래전에 잡혀 있던 일정이라 어느 선거와도 무관한 행사였다. 게다가 그 대학은 우연찮게 가난한 지역에 있었다. 나는 사회 정의 운동 전반에 대해 말해달라는 요청을 받았지만, 어느 누구도 눈앞에서 긴박하게 돌아가는 선거 결과 말고 다른 이야기를 하고 싶어 하지 않는다는 걸 알 수 있었다.

한 젊은 아프리카계 여성이 일어나서 말하길, 전화로 투표 등록을 했는데 투표소에서 자기 이름 옆에 "백인"이라고 찍혀 있어 문제가 되었다. 결국 투표를 하지 못했다. 나이 든 한 아프리카계 남성은 중죄 유죄 판결을 받았다는 이유로 투표권이 거부되었다고 말했다. 자기는 범죄로 기소된 적도 없고, 유죄 판결을 받은 적은 더더구나 없는데도. 누군가 소리쳤다. "죄가 왜 없어요? 죄목은 '흑인으로 투표 시도'예요!" 웃음이 터져 나오는 가운데 또 다른 남성이 일어나, 중죄인 명단의 이름이, 동명이인이 있는지 확인되지 않은 채 투표자 명단과 합쳐졌다고 설명했다. 잠시 후 나이 든 백인 여성이 말하길, 자신의 양로원 버스가 잘못된 투표소로 갔다고 말했다. 다른 사람들은 가난하고 민주당 성향이 높은 지역은 투표장 수가 훨씬 적고 줄도 더 길다고 증언했다. 시급제로 일하는 사람들은 일터로 가지 않으면 돈을 못 벌기 때문에 결국 투표를 포기했다. 그리고 오십 대쯤 되는 백인 남성은, 투표용지의 구멍 뚫는 위치의 그림이 후보 이름과 어긋나 있어서, 앨 고어를 찍는다고 생각했는데 실수로 극우 후보를 찍은 걸 깨달았다고 했다. 십여 명이 자기들도 똑같은 문제가 있었다고 불평하거나 소리쳤다.

한 명 한 명 무작위로 청중들이 자신들의 혼란과 선거권 박탈의 경험을 이야기했다. 강당에 모인 대략 7백 명 가운데 적어도 1백 명이 자기가 선택한 후보에게 투표하지 못했거나 아예 투표 자체를 할 수 없었다. 나는 의문이 들었다. **한 강당 안에서만도 이렇게 많은데, 팜비치 카운티 전체에서는 얼마나 될까? 주 전체에서는?**

마지막으로 30세쯤 된 백인 남성이 자리에서 일어나 나를 마주 보았다. 그는 미국 참전용사의 이름을 걸고, 그리고 자신의 어린 딸의 이름을 걸고 말했다. 자기 딸이 민주주의 안에서 성장하기를 원했던 그는 나에게 질문했다. "여기 남아서 내일 항의 시위를 조직하는 일을 도와주시겠습니까? 그다음 날도, 그다음 날도, 무슨 일이 있어도요?"

동의의 대답을 끌어올리는 힘을 나는 깊은 곳에서부터 느낄 수 있었다. 하지만 내가 참여하면 이 시위가 외부인이 선동한 저항으로 불릴지도 모른다는 생각이 들었다. 그 대신 나는 투표를 아예 못했거나 선택한 후보에게 투표하지 못한 모든 사람들의 이름과 주소, 투표소를 수합하여 고어의 변호사들과 주 바깥의 초당과 감시 단체에 전달하겠다고 약속했다.

나는 집에 가서 선거 변호사들에게 전화하고 약속대로 명단을 보냈다. 부시가 약 6백만 표 중에서 단 537표를 더 얻은 것으로 중간 집계가 나왔을 때 투표용지의 재검표가 중단되었다. 플로리다의 주 국무장관이자 부시의 플로리다 캠페인 공동 의장이었던 캐서린 해리스가 부시를 승자로 선언했다.

재검표를 외치는 소리가 귀청을 울려왔고 플로리다 대법원이 이를 지지했다. 그럼에도 연방 대법원은 5 대 4로, 평등 보호 조항에 들어맞는 획일한 재검표 기준이 없고, 기준을 새롭게 만들 시간도 없다는 판결을 내렸다. 따라서 재검표는 중단되었다. 이 사건은 그 영향력이나 명백한 편견으로 볼 때, 19세기 대법원이 노예건 자유인이건 흑인은 결코 미국의 시민이 될 수 없다고 규정했던 드레드 스콧Dred Scott* 판결에 비견될 결정이었다.

기억해야 할 것이 있다. "못 하나가 부족해서 말굽을 잃었고, 말굽 하나가 부족해서 말을 잃었고, 말 한 마리가 부족해서 전투에서 졌고, 전투 하나를 놓쳐 전쟁에서 패배했다." 이 우화는 '내 표 하나쯤은 상관없으리라' 생각하는 모든 사람에게 만트라가 되어야 한다.

- 만일 해리엇 우즈가 미주리에서 2퍼센트 포인트 미만의 표차로 지지 않았다면, 댄포스는 연방 상원의원이 되지 않았을 것이다.

- 만일 댄포스가 상원의원이 아니었다면, 클래런스 토머스는 그와 함께 워싱턴에 한 팀으로 가지 않았을 것이다.

- 만일 토머스가 자신이 속한 공동체 다수의 의견에 반대하는 보기 드문 아프리카계 미국인으로서 워싱턴에 등장하지 않았다면, 그는 아버지 부시 대통령에 의해 평등 고용 기회 위원회를 이끌기 위한 (그리고 약화시키기 위한) 자리에 임명

---

* 흑인 노예 드레드 스콧이 자유주로 이주한 것을 이유로 노예 해방을 요구하자, 대법원은 노예는 소유물이지 시민이 아니라고 판결했다. 이는 남북전쟁의 원인 중 하나가 되었다.

되지 않았을 것이다. 그리고 그 이후 워싱턴 D.C. 항소 법원으로 가지도 못했을 것이다.

- 만일 토머스가 그런 자격을 얻지 않았다면, 같은 부시 대통령에 의해, 위대한 시민권 옹호자인 연방 대법관 설굿 마셜Thurgood Marshall의 후임으로 지명받지 못했을 것이다.

- 만일 토머스가 연방 대법원에 있지 않았다면, 플로리다 법원이 명령한 재검표를, 한 표 차이밖에 나지 않는 연방 대법원 판결로 중지시키지 못했을 것이다.

- 만일 재검표가 계속되었다면, 조지 W. 부시가 아닌 앨 고어가 대통령이 되었을 것이다. 이는 12개 주요 뉴스 기관들이 의뢰한 선거 후 무효표 조사에서 내린 결론이기도 하다.[10]

- 만일 조지 W. 부시가 대통령이 아니었다면, 9·11 사태 이후 미국 역사에서 가장 긴 전쟁을 개시하지 않았을 것이다. 즉 제2차 세계대전 때보다 많은 폭탄을 14년간 아프가니스탄에 떨어뜨리지 않았을 것이고, 민간 도급업자 2만 명에게 수십억 달러의 세금을 쏟아붓지도 않았을 것이고, 양쪽에서 수천 명의 사상자를 발생시키지도 않았을 것이다. 따라서 미국은 아마도 전 세계의 동조를 잃어버릴 가능성이 훨씬 적었을 것이다.

- 만일 조지 W. 부시가 아니라 앨 고어가 대통령이었다면,

지구 온난화에 진지하게 대처했을 것이다. 또, 미국은 산유국 이라크 침공을 정당화하기 위해 증거를 조작하지도 않았을 것이다. 즉 아프가니스탄 공격과 더불어 8년 전쟁을 시작하 지도 않았을 것이고, 미국이 이슬람에 반대해 전쟁을 수행하 고 있다는 것을 몇몇 이슬람 국가들에게 확신시킬 일도 없었 을 것이다.

• 조지 W. 부시가 없었다면, 부가 미국 역사상 가장 큰 규모 로 이동하여 몇몇 개인의 손으로 넘어가버린 일은 없었을 것 이다. 급여 비율을 보면, CEO는 노동자보다 평균 475배를 더 번다(캐나다는 20배). 4백억 달러로 추정되는 세금을 가톨릭, 복음교회 및 다른 종교단체에 주라는 행정 명령은 의회의 승 인을 받지 않으며, 교회는 종종 투표 납품 조직으로 변하는 양상을 띠게 되었다.

• 한 표 차로 다수 판결을 내린 클래런스 토머스가 없었다 면, 연방 대법원은 '법인은 인격체로, 상기의 모든 것들을 계 속하기 위해 무제한 정치적인 지출을 할 권리를 가지고(……)' 라는 판결을 내리지 않았을 것이다.

이쯤이면 이해했을 것이다.[11] 목록은 계속 이어진다.

우리는 투표를 그냥 하는 것이 아니라 투표하기 위해 싸워야 한 다. 기표소는 최소의 권력자가 최고의 권력자가 되는, 지구상에서 진정 유일한 장소이다.

나는 아직도 그 참전용사와 딸에 대한 꿈을 꾼다. 내가 시위에 참여하겠다고 말했더라면 좋았을 것을. 그 공간에서 우리가 차이를 만들어낼 수 있었을지는 알 수 없다. 진실을 말하자면, 우리는 현재의 어떤 행동이 미래를 만들어낼지 알 수 없다. 그러나 마치 우리가 하는 모든 것이 결정적인 것처럼 행동해야 한다. 왜냐하면 정말 결정적인 것이 될지 모르기 때문이다.

내 어머니 말을 빌리자면, "민주주의는 각자 처한 상황에서만 심을 수 있는 씨앗이다."

맺음

수년에 걸친 여행은 어떤 면에서, 같은 장소로 돌아오는 것을 의미하고, 그 돌아왔음을 처음으로 아는 것을 의미한다. 나는 최고의 정치적 교훈을 대학에서 얻었다. 당시에 그것을 몰랐을 뿐이다.

나는 과학 필수과목을 이수하기에 가장 쉬운 방법이라 생각하고 지리학 수업을 수강했다. 하루는 교수가 우리를 코네티컷 강계곡으로 데리고 나가 오래된 강의 "구불구불한 굽이"를 보여주었다.

나는 진흙길을 걸어 오르다가 커다란 거북을 발견했기 때문에 주의를 집중하지 못했다. 몸 길이가 60센티미터쯤 되는 거대한 진흙 거북이 아스팔트 길가의 진흙 더미 위에 있었다. 나는 그 거북이 길 위로 기어가다가 차에 치일 것이라고 확신했다.

그래서 물려고 달려드는 이 거대한 거북을 아주 힘들게 들어 올려 길을 따라 강가로 천천히 운반했다.

막 거북을 물에 살며시 밀어넣고서 헤엄쳐가는 모습을 지켜보고 있을 때, 지리학 교수가 내 뒤에 나타났다.

길 위의 인생

그리고 조용히 말했다. "자네 아는가? 아마 저 거북은 길가에 있는 진흙에다 알을 낳으려고 한 달 내내 진흙길을 기어올랐을 텐데, 자네가 그런 거북을 다시 강에 돌려보낸 거라네."

나는 끔찍한 기분이 들었다. 내가 한 일을 믿을 수 없었지만 때는 이미 늦었다.

나는 이 우화가 내게 조직의 첫 번째 규칙을 가르쳐주었다는 사실을 많은 해를 보내고서야 깨달았다.

항상 거북에게 물어보라.

로레타 스윗과 함께, 기금 모금 레이스에서,
프리스테이트 경주로, 로렐, 메릴랜드, 1982년
글로리아 스타이넘 개인 소장

6장

일상의 초현실주의

동네 식품점에 가는 것이든 삶을 관통하는 것이든, 여정은 시작과 중간과 끝이 있다고들 한다. 그럴까? 글쎄, 길은 전혀 그렇지 않다. 길은 매우 비논리적이고, 길의 병렬 배치된 차이들이다. 이 차이들은 우리의 의미 추구와 결합되어 여행을 몹시 중독적으로 만든다.

운 좋게도 나는 이 '길에 대한 열광'을 다룬 문구를 이미 갖고 있다. 마음과 미술의 철학자 수잔 랭거Susanne Langer의 말처럼 "어떤 것에 이름을 준다는 관념은 이미 이해된 것에 대한 가장 방대한 생성적 발상이다." 텔레비전 정치 풍자의 선구적 프로그램 〈그랬던 주였지That Was the Week That Was, TW3〉의 작가로 참여한 것은 내게 행운이기도 했고 불운이기도 했다. 그 일을 통해 나는 '일상의 초현실주의Surrealism in Everyday Life'로 불리는 부문을 만들었다.

1963년 시민권과 베트남전을 두고 한창 논쟁이던 때, **정치적**이란 말은 방송계 임원들을 두려움에 떨게 했다. **풍자**라는 말은 여전히 조지 S. 카우프만George S. Kaufman의 쇼 비즈니스 격언 "풍자란 토요일 밤을 마무리하는 것이다"를 떠오르게 했다. TW3는 그보다 더 우스꽝스러운 〈웃음거리Laugh-in〉와 그 이후 진정한 계승자라 할 〈새터데이 나이트 라이브Saturday Night Live〉, 〈존 스튜어트의 데일리 쇼The Daily Show with Jon Stewart〉, 〈더 콜버트 리포트The Colbert Report〉의 원조가 되었음에도, 검열관 역할을 하는 대본 허가 부서는 신경을 곤두세우고 있었다. 생방송 쇼였기 때문에 누구라도 대본에 없는 말을 하면 특정 단어에 삐 소리를 걸거나 완전히 전선을 뽑아버리는 것이 유일한 해결책이었다. 한번은 검열관들이 '연방 방송 위원회의 형평성 원칙'에 따라 전쟁 반대 농담을 할 때마다 전쟁 찬성 농담도 해야 한다며 우리를 설득하려 했다. 다행히도 그 사람들은 전쟁 찬성 농담을 생각해낼 수 없었다.

그러나 규제는 발명을 이끌어낸다. 내가 제일 좋아한 촌극이 "양복쟁이들"을 통과했다. (우리는 모든 방송 임원들을 가차 없이 "양복쟁이들"이라고 불렀다.) 우리는 곡예사를 고용해 엄청나게 큰 육류용 칼들을 허공에 던져 관중들이 숨도 제대로 못 쉬는 동안 계속해서 칼들이 머리 위에서 빙빙 돌게 했다. 영원히 끝나지 않을 것처럼 보이던 광경이 끝난 뒤 무대 담당자가 보드빌 형식의 현수막을 들고 등장했다. **핵무기 경쟁**.

'일상의 초현실주의' 덕에 나는 네덜란드 정부의 보조금을 받은 고층 매음굴 같은 사건에 대해 논평할 수 있었다. 내가 해야 할 일은 매주 토요일 아침 세계의 신문들을 훑고, 음악 공연 프로그램 〈소울 트레인Soul Train〉을 보면서 새로운 디스코 동작을 익힘과 동시에, "말도 안 돼!"라는 소리가 나올 만한 사건들을 찾는 것이었다.

나는 유일한 "여자 작가"였다. 아마도 사람들을 웃기는 일도 권력이기에 여성들이 코미디에서 배제되어왔기 때문인 것 같다. 여론 조사 결과가 보여주듯 여성들이 남성들에게서 제일 두려워하는 것은 폭력이고, 남성들이 여성들에게서 제일 두려워하는 것은 조롱이다. 나중에 티나 페이Tina Fey가 〈새터데이 나이트 라이브〉의 수석 작가이자 스타가 되었을 때 여전히 이런 말을 할 수 있었다. "오직 코미디 속에서만 변두리 출신의 말 잘 듣는 백인 소녀가 다양성으로 여겨진다."

TW3는 재미있었다. 선구적이었다. 지속될 수 없었다. 하지만 '일상의 초현실주의'라는 부문은 내 머릿속에 계속 남아 있었다. 그 부문에 대한 시상을 상상하지 않는다면 나는 다시는 상상할 수 없는 일과 대면하지 못할 것이다.

나는 조직가로 돌아다니기 시작하고 길에서 비이성적인 병렬 배치에 빠져들면서, 러시아 민담의 신성한 바보들이든 록 음악의 공연 매니저든 왜 한결같이 웃음이 방랑자의 표시인지 비로소 이해하게 되었다. 웃음은 놀라움이고, 예기치 않은 것이며, 통제할 수 없는 것이다. 웃음은 유일하게 자유로운 감정으로, 유일하게 강제할 수 없는 감정이다. 우리는 두려움을 느끼도록 조종될 수 있다. 충분히 오랫동안 의존적이고 고립된 상태를 지속한다면 살아남기 위해서라도 유대하기 때문에, 우리가 사랑한다고 믿게 될 수도 있다. 그러나 웃음은 아하! 하고 터져 나오는 것이다. 급소를 찌르는 말이 예전에 사라진 모든 것을 바꾸어놓을 때, 두 반대편이 충돌하여 제삼의 것을 만들 때, 우리가 갑자기 새로운 현실을 보게 될 때 웃음이 생겨난다. 아인슈타인은 면도하는 동안 아주 조심해야 했다는데, 새로운 아이디어가 떠오를 때마다 웃느라 면도날에 베기 일쑤였기 때문이다. 웃음은 정신의 오르가즘이다.

길 위에서 초현실주의의 순간들은 순식간에 오갈 수 있다. 나는 달빛이 비치는 텅 빈 사막길을 가로지르는 기차의 창문 너머 풍경을 바라보고 있다. 그때 방대한 넓이에 가지런히 정렬된 버려진 냉장고들이 스쳐 지나간다. 그런 광경이 몇 시간 동안 지속될 수도 있다. 나는 적막한 호텔 로비로 지쳐 돌아온다. 흑인 야구 협회의 마지막 생존 회원들 모임에 초대받는다. 그들의 이야기는 나를 또 다른 세계로 데려간다. 학습이 우리 뇌의 새로운 시냅스를 자라게 하기에, 나는 길이 놀라움으로써 내 정신을 날카롭게 하고 삶을 연장시킨다고 믿고 싶다.

II.

1997년, 조직가로 여행한 지 30년째 되는 끝자락에, 나는 보스턴 근처 대학에서 연설하고 있다. 연설 후 토론은 자정까지 계속되었고, 뉴욕행 마지막 비행기는 오래전에 떠났다. 나는 집으로 돌아가야 아침에 다른 여행지로 떠날 수 있다. 다행히 친절한 학생들이 나를 구해주려고 현지 자동차 서비스 업체에 연락해주고 기숙사에서 베개까지 하나 훔쳐다주어 나는 집으로 가는 내내 잘 수 있다.

그러나 일단 길에 오르자, 연설 후의 아드레날린으로 아직도 말짱히 깨어 있다. 오십 대의 활기찬 백인 남자 운전사도 얘기를 하고 싶어 한다. 앞을 볼 수 없을 정도로 퍼붓는 폭풍우를 헤치며 달리게 되자, 그는 예전에 전국을 누비고 다닌 트럭 운전사로 모든 종류의 날씨를 다 겪으며 달려보았기에 우리가 안전하다고 설명한다. 그는 연 20만 달러를 벌어들였고 대형 트럭도 소유했지만, 아내와 손자들에게 낯선 사람처럼 멀어져버려 일을 그만두었다. 이제는 현지 자동차 서비스 업체를 거느리고, 다시 가족과 지낸다. 하지만 여전히 예전에 전국을 누비고 다니던 생활을 그리워하고, 정말로 그리워한다.

"뭐가 그립나요?" 속도, 혼자 달리는 기분, 아드레날린, 위험 등 나는 고전 영화 〈그들은 밤에 달린다They Drive by Night〉에서 기억나는 모든 것들을 기대하며 나는 묻는다.

"공동체가 그리워요." 그는 말한다. 이 대답은 내가 전혀 기대하지 않은 것이기에 설명해달라고 부탁한다. 그는 일반 사람은 이해하지 못한다면서 내게 직접 확인하길 원하느냐고 묻는다.

우리는 고속도로에서 벗어나 이면도로로 접어든다. 세 개의 주유 펌프 근처에 주차된 트럭 여러 대가 보인다. 알록달록한 안전등으로 모서리를 두른 거대한 차체들은 깜깜한 밤비 사이로 반짝거리며 크리스마스 분위기를 풍긴다. 그 뒤로 창문 없는 판자 건물은 맥주 모양의 네온사인 두 개만 빼고는 어둡기만 하다.

문을 여는 일은 스위치를 켜는 일 같다. 우리는 밝은 조명, 웃음, 음악, 갓 구운 빵 냄새, 새벽 두시라기보다 정오 같은 수준의 에너지에 뛰어든다. 카운터에 앉자 아령만큼 묵직한 머그잔에 담긴 커피와 검은 새 스물네 마리는 넉넉히 들어갔을 큰 파이 조각들이 나온다. 나의 운전사와 여종업원은 누가 아직 일을 하고 있고, 누가 아직 결혼한 상태이고, 누가 빙판에서 미끄러져 세미 트레일러가 꺾이고, 누가 대형 트럭을 운전하다 토네이도에 날아가버렸는지 등의 뉴스를 주고받는다. 적어도 나는 두 사람이 나누는 얘기가 그런 내용들이라고 생각한다. '개미핥기' 같은 단어들은 대형 트럭의 일종이고, '곰'은 경찰을 의미한다는 것을 이해하기 위해선 통역이 필요하다.

카우보이 부츠를 신고 수염을 기른 운전사가 내 옆에 앉는다. 그는 초콜릿 아이스크림을 곁들인 레몬 머랭 파이, 차 한 주전자, 엔진 오일 한 통을 주문한다. 여종업원은 주문 품목들을 하나하나 포마이카 카운터에서 밀어내 정확히 그의 앞까지 미끄러뜨린다. 모든 것이 노련한 당구 선수의 기술 같다. 나는 칭찬한다. 그때부터 우리는 여성 트럭 운전사들에 대해 얘기하기 시작한다. 그녀는 여성 트럭 운전사들이 요새 조금 더 많아졌다고 한다. 훈련시키는 사람들 말을 더 귀담아듣고 안전 운행 기록도 더 좋다는 이유로, 트럭 업체 주인들이 여성 운전사를 고용하기 시작했다는 것이다. 그래도 여성 운전사들은 무선 통신 라디오에서 놀림을 받고, 지저분한 농담거리가 된다. 여종업원은 그녀들이 꿋꿋이 버티며 바퀴가 열여덟 개나 되는 차를 운전하는 것을 존경한다. 부부가 팀이 되어 한 명이 운전하는 동안 다른 한 명은 운전석 뒤에서 자는 새로운 분업 형태는 수입을 더 많이 올리면서, 이제 직업의 유리 천장에 금을 그었다.

부스들이 있는 쪽에서, 나이 든 백인 남자 한 명과 젊은 흑인 남자 두 명이 구식 주크박스에 동전을 넣으며 랩 음악 대 흘러간 명곡의 우열을 논하고 있다. 마치 스티비 원더와 샘 쿡 사이의 우열을 논하듯. 그들은 브룩 벤튼의 〈조지아의 비 내리는 밤〉이 트럭 운전사들의 노래라는 데 의견 일치를 보았는지, 그 곡을 세 번 연속 재생한다.

길 위의 인생

나의 운전사가 말한다. "기다려요. 다음 장소에 진짜 트럭 운전사들의 음악이 있으니까요."

반짝이는 고속도로로 되돌아오자 그는 트럭 정류소들이 맥도날드처럼 서로 빼닮은 체인점들이 아니라 각기 특이한 동족 정도로 보는 게 더 맞다고 설명한다. 정류소마다 소박한 음식, 대화, 음악, 유행을 타지 않는 분위기가 있고, 엔진 오일이든 모기 퇴치 스프레이든 트럭 운전사들이 필요한 물건들은 모두 카운터에서 살 수 있다.

우리가 다시 고속도로를 빠져나와 또 하나의 따뜻하고, 시골스럽고, 환영하는 세계로 들어가자, 주크박스에서 〈빌보드의 소녀〉, 〈길 곳곳에 묘비〉, 〈열여덟 개 바퀴와 열두 송이 장미〉가 흘러나오고 있다. 마지막 노래는 집으로 돌아가는 트럭 운전사가 아내에게 바치는 노래이다. 트럭 운전사들은 고정 청취자 층이기에 유행가의 인기를 좌지우지한다. 내슈빌도 트럭 운전사의 노래들을 수익성 부문으로 삼아 특별 음반을 제작한다. 누가 알았겠는가?

우리가 세 번째로 들른 정류소에서, 나는 트럭을 운전하는 아내 옆에 앉는다. 그녀는 방어책으로 남편과 팀을 이루기 시작했다며 이렇게 설명한다. "포주들이 트럭 정류소에서 일해요. 정차해서는 여자애들을 운전석으로 보내 일하게 하고, 다시 다음 정류소로 데려가요. 마약으로 잡혀 들어간 조카딸이 하나 있는데, 그애가 도망치려고 하자 포주가 그애를 죽도록 팼어요. 나는 예전에 그 여자애들을 경멸했어요. 이제는 포주들을 경멸해요." 그녀는 트럭 운전사들은 대부분 가정적인 남자들이고 아마 업체 운영자들이 성매매 고객일 가능성이 더 많을 것이라며, 부부 팀이 혼자 운전하는 남성들보다 안전 운행 기록이 더 좋다고 자랑스러워한다.

네 번째 정류소에는 24시간 포커 게임장이 있다. 다섯 번째 정류소는 전국 횡단 트럭 운전에 대한, 그리고 더 나은 안전법을 만들기 위해 정치적 압력을 가할 수 있을지에 대한 논쟁이 공기 중에 끝없이 떠다니는 분위기다.[1] 이렇게 우리는 보스턴과 뉴욕 사이에 있는 주요 트럭 정류소들을 전부 찍는다.

나는 길에서 내 삶의 대부분을 보냈지만, 남들이 자는 시간에 깨어 있는 이런 세계는 본 적이 없었다. 나의 운전사는 이 세계가 글로벌하다고 말한다. 그는 일거리를 찾는 이민자 트럭 운전사들을 만난 적이 있는데, 그들은 영국 화물차를 몰고 에리트레아의 산악 도로에서 인도의 번잡한 도로까지 모든 곳을 누비고 다닌다. 인도에서 트럭에 꽃과 남녀 신들을 그려 장식하는 것은, 운전사들이 자기 가족사진과 더불어 또 다른 사진들을 갖고 다니는 것과 마찬가지 예술 형태이다.

우리는 빗속에서 함께 나누는 아늑한 보호막으로 돌아와, 아무 말도 않는다. 와이퍼의 리듬이 내 머릿속에서 브룩 벤튼의 감각적인 바리톤 음색과 어우러진다.

조지아의 비 내리는 밤,
마치
온 세상에
비가 내리는 듯하네.

나는 맨해튼의 불빛이 밤하늘을 향해 비추는 것을 본다. 그러나 모든 시간 감각을 잃어버렸다. 이 상태가 영원히 계속될 수도 있겠다. 내가 얕은 곳에서 수영하고 있었다는 걸 깨닫는다. 그리고 이제야 커다란 고래들이 만나는 깊은 곳을 알게 되었음을 깨닫는다.

III.

• 나는 웨스트 할리우드의 카페 피가로에서 플로린스 케네디와 점심식사 중이다. 그녀는 변호사직을 그만두는 이유를 이렇게 설명한다. "법은 한 번에 한 엉덩이만 걷어차는 일이고, 우리가 해야 할 일은 착취하며 짜내는 치들을 막는 거야." 그녀는, 여종업원은 일곱 명인데 남종업원은 한 명도 없는 광경을 보고는 이것에 혐의를 두고 더 고무되어 발언한다. 플로는 팁이 최저 임금보다 적은 급여를 주기 위한 법적 구실로 이용될 거라고 말한다.[2] 우리는 매니저를 시험해본다. 그는 우리에게 급여는 아주 충분하고 여종업원 일곱 명 모두 자기 일을 아주 좋아하고 더 많은 여성들이 일하려고 대기 중이라고 확인시켜준다.

일주일 뒤에 뉴욕으로 돌아와 보니, 그 여종업원들이 보낸 편지가 집에서 기다리고 있다. "여러분이 여성들을 위해 일하는 것에 저희만큼 감사하는 직업군도 없을 겁니다. 터무니없이 낮은 임금을 받자고 힘들게 일하는 걸로도 모자라, 저희는 남자 손님들이 돈을 더 많이 쓰고 다시 카페를 방문하도록 다정하게 굴기까지 해야 한답니다. 우리의 잘나빠진 남자 매니저는 그것이 완전히 우리한테 이로운 거라고 주장합니다. 우리가 팁을 더 많이 받을 거라는 것이죠. 세상에, 그렇게 머리가 돌아가는 머저리라니요. 절대로 느슨해지면 안 돼요! 체제 전복을 꿈꾸는 7인으로부터."

그 후로 수십 년이 흘러 2014년, 나는 많은 사랑을 받은 코미디언이자 배우인 빌 코스비가 과거에 최소 서른아홉 명의 여성들에게 마약을 주입하고 성폭행을 가한 혐의로 고발되었다는 기사를 읽고 있다. 피해자 모두 사람들이 자신을 믿어주지 않을까봐 두려워했지만, 한 사람이 앞장서자 전원이 나서기 시작했다. 그 가운데 한 명인 린다 조이 트레이츠는 열아홉 살 때 카페 피가로에서 일한 적이 있다. 카페의 공동 소유주 중 한 명인 코스비가 그곳에 가끔 들렀다고 한다. 그는 린다에게 집까지 바래다주겠다고 했고, 그녀는 그의 차에서 마약과 술로 가득한 서류가방을 대면했으며, 이어 성폭행을 당했다.

플로가 이 자리에 살아서 자신의 직감이 맞았다는 사실을 알았더라면 좋았을 것을. 나보다 열여덟 살 위인 플로는 부모님이 KKK에게 위협받는 장면을 목격한 경험이 있다. 이는 플로의 삶을 시민권과 쇼 비즈니스 분야의 변호사가 되도록 이끌었다. 그녀는 거의 항상 옳았다. 그녀와 함께한 여행은 어떤 대학 교육보다도 유익했다.

한번은 그녀가 작은 마을의 옷가게에서 판매원으로 일하는 백인 소녀에게 자주색 바지 정장 세트를 사주는 것을 보았다. 소녀가 갖고 싶어 했지만 돈이 없어 갖지 못한 옷이었다. 플로가 죽고 난 뒤 내가 그곳에 다시 갔을 때, 이제 중년이 된 그 여성은 플로의 너그러움이 새로운 인생관을 열어주었다고 말했다.

• 1980년에 나는 북적이는 디트로이트행 비행기에 올라 하시디즘Hasidism 유대교인 무리 가운데에 앉게 되었다. 남성들

은 작고 동글납작한 야물커 위에 챙 넓은 검정 중절모를 쓰고, 여성들은 검은 가발에 긴 소매가 달린 드레스를 입고 있으며, 아이들은 어른의 축소판처럼 말쑥하고 예의 바르다. 나는 몇 사람이 황급히 자리를 바꾸는 것을 목도한다. 여자들이 남편이 아닌 다른 남성 옆에 앉지 못하게 하거나, 아니면 내 옆에 못 앉게 하려는 것처럼 보인다. 내 옆자리에는 제일 나이 많고 구부정한 점잖은 남자가 앉아, 기도서를 읽고 있다. 하시디즘 남성은 가족 이외에 낯선 여성과 접촉할 수 없고 악수조차 못한다는 걸 알기에, 나는 그들을 존중하기 위해 최선을 다하느라 공용 팔걸이에도 내 팔을 걸치지 않는다. 한편으로 나를 여성들에게서 떨어뜨리는 것이 나를 남성들과 분리시키는 것보다 우선순위에 있는 듯한 이 상황에 놀란다. 나는 앞좌석에 앉은 두 젊은 남성들의 히브리어 대화 중간에서 '페미니스트'라는 영어 단어가 튀어나오는 것을 듣는다. 그들은 좌석 틈새로 뒤에 앉은 나를 유심히 쳐다본다.

디트로이트 공항에 도착하자 나는 여자 화장실로 간다. 그곳에 아내와 딸 들이 있다. 가장 젊은 아내가, 나이 많은 어른들이 들어갔던 칸이 비었음을 확인하고는 내 눈을 똑바로 쳐다보며 미소 짓는다. 그리고 당당하게 말한다. "안녕하세요, 글로리아. 내 이름은 미리암이에요." 그 미소는 이 여행 전체를 가치 있게 한다.

• 1996년, 나는 미국 대통령 후보로 막 출마한 연방 상원의원 로버트 돌의 고향인 캔자스에 있다. 나는 모텔에서 텔레비전을 켠다. 돌은 카메라를 보고 미소 지으며, 자신의 발기 부

전에 대해 얘기하면서 모델료를 받는 비아그라 광고를 하고 있다. 똑똑하고 재미난 맨해튼 가십 칼럼 기고가 리즈 스미스가 늘 말하듯, "이건 말도 안 되는 일이다".

• 밀레니엄이 막 끝나려는 순간, 나는 차를 타고 여대생 두 명과 애리조나의 정치 모임에 가고 있다. 우리는 타는 듯한 사막의 열기 속에서 공사 현장 바리케이드에 멈춰 섰다. 덩치 큰 남자가 곡괭이를 들고 우리 쪽으로 걸어오고 있다. 갑자기 우리는 바짝 긴장해 주위에 차가 보이는지 살핀다. 그는 내 자리의 창 쪽으로 몸을 기울이고는, 우리의 미즈 티셔츠를 알아봤다면서 자신이 《미즈》의 독자라고 말한다. 이는 너무 개연성이 없어 보이기에 나는 농담이거나 속임수라고 확신한다. 그때 그가 1년 전에 실린 '여성 살해los feminicidios' 기사를 인용한다. 젊은 여성 수백 명이 성폭행당하고, 고문당하고, 사지가 절단된 채 엘 파소 너머 멕시코 사막에서 발견된 사건을 다룬 기사였다. 사건의 동기에 대한 추측은 분분했다. 성매매, 장기 매매, 갱단 입회식의 일부로서 젊은 여성들에 대한 성폭행과 살해, 여성 임금 소득자에게 반대하는 비틀린 복수 등. 이런 살해는 수십 년이 지나도록 계속되고 있지만 사건들이 성적인 측면에서 다뤄지고, 희생자들이 "단지" **마킬라도라**(maquiladora, 미국 판매를 목적으로 제품들을 싼값에 조립하는, 멕시코 국경 바로 건너편에 있는 공장들)의 노동자라는 이유로 뉴스 보도는 세인의 주목을 끌었고, 범인 검거는 전무했다.

나는 이 남자의 눈에 고인 눈물을 본다. 그는 10년 전에 열여섯 살이던 여동생이 그 여성 살해의 희생자가 되었고, 오늘

이 10주기 되는 날이라고 말한다. 그는 우리가 그 사건을 주목하고 기억해주어 감사하고 싶어 한다. 이 죽음들을 세상에 드러낸 이들 모두에게 고맙게 생각한다. 그는 동생을 죽인 살인범이 잡힐 때까지 계속 애도할 것이다.

우리는 그의 못 박인 손을 잡고 악수한다. 그는 이날 우리가 나타난 것에 신비한 뭔가가 있다고 말한다. 우리도 그렇게 느끼고 있다. 그가 다시 공사 현장으로 걸어가는 동안, 우리는 오랫동안 말없이 앉아 있다. 몇 년이 지난 뒤 나는 정작 이 여행의 중대한 목적은 잊게 되더라도 이 남자와 그 여동생은 결코 잊지 못할 것이다.

• 2000년, 친구 한 명과 텍사스에서 오클라호마 시골 지역으로 차를 타고 가고 있다. 나는 어디에서 텍사스 주가 끝나고 오클라호마 주가 시작되는지 알 수 있다. 길 상태가 더 좋아지고, 소떼가 펄펄 끓는 태양 아래 자유롭게 돌아다니고, 길가의 상권에는 토플리스 바와 유흥업소 대신 편의점을 갖춘 주유소들이 더 많아지기 때문이다. 얼핏 좋아 보이긴 하지만 바이블 벨트가 조밀해지기 전까지만 그렇다. 길을 따라 나란히 놓인 광고판이 보인다. 하나는 예수 그리스도를 통해 영생을 약속한다. 다른 하나는 정관 절제 수술을 되돌릴 수 있다고 약속한다.

• 2003년 초가을, 대학 강연을 마치고 토론하던 중에 한 학생이 청중 속에서 일어나 조지 W. 부시 대통령이 비행기에 커다란 플라스틱 칠면조를 싣고 이라크에 있는 미군들과 추수

감사절 사진 촬영을 하러 날아갈 계획이라고 말한다. 우리는 부시가 먼저 이라크를 침공한 것을 정당화하려고 대량 살상 무기가 있다고 가짜 구실을 댄 것에 대해 토론하고 있었기 때문에, 가짜 칠면조라는 단어에 웃음바다가 된다.

추수감사절이 지나고 언론은 일급 기밀 하나를 터뜨린다. 부시가 에어포스 원에 손으로 색칠한 커다란 플라스틱 칠면조를 싣고 전쟁이 한창인 이라크로 날아가, 미군과 칠면조와 함께 사진을 찍고서 워싱턴으로 돌아왔다는 내용이었다. 모두 세금을 사용해 벌인 일이었다.

그 학생은 누구였을까? 어떻게 알았을까?

• 나는 조지아를 여행하면서 맥스 클릴랜드의 재선 캠페인을 위한 잔디밭 표지판을 본다. 그는 크게 존경받는 연방 상원의원이자 베트남전에서 수류탄으로 두 다리와 한 팔을 잃은 전쟁 영웅이다.

2002년에는 다시 애틀랜타에 와서, 텔레비전 광고에서 그를 비애국자로 부르고 오사마 빈 라덴과 사담 후세인에 비교하는 것을 본다. 그 이유는 단지 그가 수많은 반테러 정책 중 두 가지에 반대하는 표를 던졌기 때문이다. 이는 조 매카시 식의 새빨간 거짓말이다. 양당의 참전용사들이 이 광고에 항의하고, 결국 광고는 퇴출된다. 하지만 그 극단에서, 아니 땐 굴뚝에 연기 나랴 식의 의심을 조장한다. 클릴랜드는 패배한다.

1년 후 나는 이 성공적인 전술이, 역시 베트남전 영웅이며 대통령 선거에 출마한 존 케리 연방 상원의원을 겨냥하여 다시 전국적으로 퍼져나가는 것을 목격한다. 텔레비전 광고들은 케리의 영웅적 면모를 부인하는 참전용사들을 베트남 참전 쾌속선인 스위프트 보트의 선장으로 부각시킨다. 그 혐의는 나중에 잘못된 것으로 입증되지만 텔레비전 광고는 케리의 패배에 기여한다. '스위프트보팅Swiftboating'이라는 단어는, 약점 대신 강점을 공격한다는 의미의 동사로서 영어 신조어가 된다. 페미니스트와 기타 사회 정의 운동의 맥락에서 이 단어는 오랫동안 '트래싱trashing'으로 불려왔는데, 모든 면에서 용기 있게 글을 쓰거나 연설하거나 선도하는 리더들에 대한 공격을 의미한다.[3] 좋은 점을 제거하는 것은 나쁜 점을 지적하는 것보다 훨씬 치명적이다.

• 대통령 선거가 있던 2008년은 일상의 초현실주의가 풍년인 해로, 우익 토크쇼 사회자 러시 림보는 힐러리 클린턴의 민주당 입후보에 반대한다. 그는 힐러리가 "형편없는" 다리를 감추려고 바지 정장을 입는다며 비판한다. 대신 공화당 부통령 후보인 세라 페일린은 "멋진" 다리를 내보이려고 치마를 입는다면서 지지한다. 실제로 공화당원들은 실망한 힐러리 클린턴 지지자들의 표를 일부 얻기 위해 페일린을 마지막 순간에 후보로 지명했다. 어이없는 일이다. 페일린은 재생산의 자유를 비롯해 여성들이 원하는 대부분의 다른 주요 요구사항들에 반대하고, 헬리콥터를 타고 동물 사냥하기를 즐기며, 다양한 여성 유권자들보다 백인 남성 유권자들에게 항상 더 많은 지지를 얻었다. 그녀를 선택한 것은 아버지 부시 대통령이 아프리카계 미국인들의 더 많은 표를 기대하며 클래런스 토머스를 연방 대법관으로 임명한 이래 최대의 정치적 실수

이다. 초현실주의는 형태가 내용을 누르고 거둔 승리이다.

• 일련의 초현실주의에서, 우익과 종교계가 수정란에 법적 인격을 부여하기 위해 들인 노력을 능가할 것은 없다. 이는 아이가 뱃속에 있는 동안 여성의 몸을 국유화하는 것이다. 당연히 인간 생명법 수정안은 연방 헌법에 들어가지 못했지만 많은 주와 지방에서 갖가지 전술들이 계속 동원되고 있다. "친생명"이라는 이름으로 병원을 폭파하고 의사들을 살해하고, 산아 제한을 건강 보험의 대상으로 인정하지 않고, 낙태에 반대하는 주 의회가 난감한 건축 규제로 병원 문을 닫게 한다. 또 나는 오랫동안 지역 병원의 피켓들이 이런 초현실주의를 종종 체현하는 것을 목격해왔다.

나는 몬태나의 미줄라에 있는 블루 마운틴 병원에 들어가기 위해, 법적 완충 지대의 가장자리에 운집한 피켓 시위대를 지나가야 한다. 그들은 "낙태는 살인이다!" "아기 살인자!"라고 외친다. 건물 안에서 직원들은 내게 1970년대 초부터 모든 종류의 의료 서비스를 제공해온 이 병원을 구석구석 안내해준다. 1993년에 이 건물은 반낙태 테러리스트들의 화염병 공격으로 완전히 파괴되었다. 안전한 낙태를 시술하는 대부분의 병원들과 마찬가지로 이 시술이 병원 의료 업무 가운데 극히 일부일 뿐임에도 말이다. 피해를 복구하는 데 2년이 걸렸고 엄청난 공사였다는 것을 나는 이해한다. 이제 블루 마운틴은 빈약한 완충 지대와 높다란 방호 목책 뒤에서 수술하고 있다.

한 직원이 내게, 피켓 시위대의 어떤 여성이 주변에 남성들이 없을 때 들어와 낙태 수술을 받고 다음 날 시위대로 돌아간 이야기를 들려준다. 이런 이야기는 내겐 초현실적으로 들리지만, 그 직원에게는 초현실이 아니다. 그런 반낙태 단체의 여성들은 산아 제한의 가능성이 아예 박탈되어 있기에 더 낙태를 필요로 하는 것 같다고 그녀는 설명한다. 낙태를 한 뒤에는 죄책감을 느끼고서 더 열심히 시위한다는 것이다. 산아 제한에 대한 규제는 또한 가톨릭 여성 신도들이 일반적으로 개신교 여성 신도들보다 더 많이 낙태를 한다는 오랜 연구 결과가 어떻게 나오게 된 것인지 설명해줄지도 모른다.[4]

나는 병원들을 방문할 때마다 직원에게 피켓 시위자가 들어와 낙태 수술을 받고 시위로 다시 돌아가는 모습을 본 적이 있는지 묻게 되었다. 애틀랜타에서 위치타까지 대답은 '그렇다'이다. 그러나 병원 직원들은 여성의 고통을 알고 있기에, 그리고 사생활의 권리를 지켜주기 위해 폭로하지 않는다.

한편 전체 시술의 1퍼센트에 불과하지만, 이를테면 태아가 뇌 없이 자라는 경우에 결정적인, 임신 후반기의 낙태 시술을 하는 몇 안 되는 의사들 중 한 명인 조지 틸러 박사는 캔자스의 위치타에서 한 여성 시위자의 총에 양팔을 맞는다. 그는 회복되고 많은 주에서 찾아오는 여성들을 계속해서 돌본다.

나는 마침내 2008년 뉴욕에서 열린 '재생산의 선택과 건강을 지지하는 의사들Physicians for Reproductive Choice and Health' 모임에서 틸러 박사를 만난다. 나는 그에게 병원에서 시위하던 여성을 도운 적이 있는지 묻는다. 그는 말한다. "물론이죠. 나는 그 사람들을 도우려고 그곳에 있는 것이지, 그들에게 난관을 더하려는 건 아니니까요. 그 사람들은 이미 죄책감을 느끼고 있을 겁니다."

2009년 틸러 박사는 가족들과 일요일마다 예배하는 루터교회 안에 숨어 있던 한 남성 활동가가 가까이에서 쏜 총에 머리를 맞는다. 이런 일이 "친생명"이라는 이름으로 자행된다.

• 나는 댈러스발 뉴욕행 비행기에서 나이가 지긋하고 우아한 여성의 옆자리에 앉아 있다. 그녀에게 말동무가 필요하다고 짐작하고서 대화를 시작한다. 그녀는 98세이고, 예전에 지그펠트 걸Ziegfeld girl의 무용수였으며, 코러스 걸 시절부터 함께한 101세 친구와 함께 에이즈 퇴치 기금 조성을 위해 브로드웨이에 춤추러 가는 길인데, 에이즈의 비극이 처음 나타났을 적부터 그들이 이 일을 해왔다는 이야기를 듣게 된다. 이제 70세를 넘긴 나는 이 응답에 겸허해지는 가운데 내 미래에 대한 조언을 구하려 한다. 그 모든 세월을 관통해오면서 어떻게 자신을 유지할 수 있었는지 묻자 그녀는 지진아를 보듯 나를 빤히 쳐다본다. 그리고 조금 짜증스럽다는 듯 말한다. "사람은 늘 태어날 때 그 모습 그대로예요. 그 모습을 표현할 새로운 길을 계속해서 찾기만 하면 돼요."

IV.

조직가의 일은 그 정의 자체로 초현실적이다. 나는 가끔 비싼 그림 앞이나 디자이너 의상들의 한가운데나 우아한 가구가 놓인 방 안에 서게 된다. 그런 것들의 값은 내가 모금하는 프로젝트를 몇십 개나 수행할 수 있는 액수이다. 이것은 조직가라는 직업의 중대한 부분이다. 나는 어두운 지하방에서 나와, 그 아래 사는 것이 어떤 것인지 양지에 사는 사람들에게 설명하려 한다. 나는 이것이 이렇게 서로 다른 부류의 사람들을 한자리에 모아놓을 때 가장 큰 성과를 거둔다는 것을 배웠다. 돈이 많은 사람들은 물건들이 쌓이는 것을 보는 것보다 재능과 공정성이 성장하는 모습을 보는 데서 더 큰 만족감을 얻는다는 것을 발견한다. 돈이 없는 사람들은 돈이 모든 고민을 치료하진 못한다는 값비싼 교훈을 얻는다. 대신 돈은 실제로 단절시키고 고립시킬지도 모른다.

나는 과잉과 부족 사이의 이런 대비가 많은 조직가들에게 분노와 기쁨의 원천이라고 생각한다. 분노는 먼저 그런 대비가 존재한다는 데서 오고, 기쁨은 그런 대비가 줄어들 수 있다는 데서 온다. 모금은 우리의 가장 훌륭한 재능, 즉 우리가 하는 일을 좋아하는 데 대한 대가이다.

모금은 흔히 성매매 다음으로, 세상에서 두 번째로 오래된 직업이라고 표현된다. 사실 성매매는 세상에서 가장 오래된 억압이라 불러야 하겠지만 말이다. 카를 마르크스는 남작의 딸인 아내 제니의 은 식기와 보석을 저당 잡혔고, 부유한 프리드리히 엥겔스의 지원금에 의존했다. 해리엇 터브먼은 흑인 3백 명 이상을 해방시킨 지하철로 건설을 지원하기 위해 온갖 일을 하고 교회에서 모금을 위해 모자를 돌렸다.* 이사도라 던컨은 무용하는 데 필요한 재원과 새로운 공산주의 국가 러시아 여행의 경비를 마련하기 위해, 싱어 재봉틀 회사의 재산 상속인인 애인에게 도움을 구했다. 간디는 모

* '지하철로'는 남부의 흑인 노예들을 북부의 자유 지대로 탈출시키는 일을 가리키던 은어이고, 해리엇 터브먼은 그 같은 지하철로로 자유를 획득한 이후 다른 노예들의 탈출을 도운 여성으로 2016년에 20달러 지폐의 새 인물로 선정되었다.

금과 회계를 남아프리카공화국에서 배워 인도로 들여와 독립운동에 이용했다. 5달러와 재봉틀 한 대로 시작한 엠마 골드만은 미술 수집가 페기 구겐하임 같은 부유한 후원자들을 통해 기금을 마련했다. 에바와 앤 모건은 각각 미국 역사상 가장 막강한 금융업자인 J.P. 모건의 조카딸과 딸로, 가족의 돈을 이용해 트라이앵글 셔츠 공장 화재 사건* 전후로 시위하던 여성 노동자들을 지원했고, 심지어 시위자들이 체포되었을 때는 5번가 대저택을 보석금으로 내놓았다. 참정권 운동은 과부 자격으로 재산 관리권을 얻은 몇 안 되는 여성, 알바 벨몬트와 프랭크 레슬리 부인의 지원이 없었다면 성공하지 못했을 수도 있다. 가난 곁에 있는 부는 초현실적이다. 모금은 그 사실을 지적하고 있다.

• 1980년대 말은 기업의 이익은 올라가고 베를린 장벽은 내려가던 때이다. 나는 팜 스프링스로 가는 자가용 비행기에 타고 있다. 탑승자 열 명 중 내가 아는 사람은 나와 함께한 남성 한 명뿐이다. 그는 내 인생에서 유일하게 데이트해본 부유한 남성 두 명 중 한 명이다. 첫 번째 남성은 부를 상속받은 사람이었기에 종국에는 재정 상태가 불안해졌지만, 그래도 아버지의 출판 사업을 이끌긴 했다. 내가 살던 이스트 톨리도에서는 책을 읽는 일이 반항의 표시였기 때문에, 책이 그에게 위안을 의미한다는 것을 나는 깨닫지 못했다. 비행기에 탄 남자는 자수성가한 사람이라 재정 상태는 더 탄탄하지만, 리무진과

* 1911년 3월에 맨해튼 남쪽 셔츠공장 화재로 여성 노동자 146명이 비상구 문이 잠겨 있어 탈출하지 못하고 사망한 대규모 산업재해 사건.

자가용 비행기로 다니는 습관 때문에 자신을 고립시키기 시작했다. 어쨌든 다행이었던 점은, 우리 둘 다 춤추고 웃는 걸 좋아해서 의견이 맞지 않는 모든 것들에 대해 다툴 시간이 없었다는 것이다.

대기업 회장 네 명과 그 부인들 혹은 오래된 여자친구들과 함께 우리는 긴 추수감사절 주말을 보내러 가고 있다. 나와 함께한 남자에게는 사업이고, 바라건대 내게는 그의 동료들에게서 모금할 기회이다. 비행기에 탄 사업가들은 각각 스낵 제국, 제약 회사, 케이블 채널, 주요 신용카드 회사의 군주들이다. 그들은 자기 회사 소비자의 80퍼센트를 차지하면서도 회사 자선기금의 6퍼센트 정도밖에 받지 못하는 여성들과 소녀들을 위한 의료와 반폭력 프로젝트를 지원할 수 있을지 모른다.

우리는 팜 스프링스 근처 개인전용 공항에 착륙하여, 운전사가 모는 냉방 리무진을 타고 이글거리는 사막을 달린다. 치장 벽토로 된 높은 담과 이중 전자 출입문이 있는 단지에 도착한다. 안전 점검을 마친 우리 주위에는 에머랄드 빛 잔디와 말끔하게 정돈된 정원과 수련 연못이 있고, 모든 것은 빙글빙글 돌며 뿜어져 나오는 물줄기에 흠뻑 젖어 있다. 사막에서 물은 금이다. 여기는 포트 녹스Fort Knox*이다.

각 커플은 정원이 딸린 방갈로로 안내된다. 남자들은 골프패스트 게임을, 여자들은 테니스를 치기 위해 옷을 갈아입는다. 기껏해야 볼링과 카드놀이를 했던 이스트 톨리도에서 그

---

* 미국 켄터키 주에 있는 군 기지로, 연방 금괴보관소로 유명하다.

런 것들을 배운 적이 없는 나는 마감기한을 한참 넘긴 기사를 쓰려고 에어컨이 나오는 방갈로에 남아 있다. 식료품 저장실에 주최 기업체 중 한 곳에서 만든 건강에 안 좋은 스낵이 잔뜩 든 것을 발견하고 골라서 먹기 시작한다.

이렇게 내 동행들에게는 스포츠와 동지애의 시간이, 내게는 글쓰기와 에어컨과 정크푸드 먹는 시간이 시작된다. 저녁 시간은 공수해온 음식과 포도주, 재미있긴 한데 마치 다들 이전에 들었던 것 같은 에피소드들의 연회로 채워진다.

추수감사절에 우리는 프랭크 시나트라와 그의 네 번째 부인이 사는 근처 사막 저택의 오후 뷔페에 초대받았다. 우리의 인맥은 빈약하다. 여자 일행 중 한 명의 작고한 아버지가 이 유명한 가수를 알았던 모양이다. 우리가 도착했을 때, 파스텔 색조의 골프 스웨터를 입은 노인 세 명이 텔레비전에서 나오는 미식축구를 관람하고 있는데 그중 한 명은 벨트에 권총집을 차고 있다. 하인들은 우리에게 여러 차례 음료를 가져왔으나 우리를 초대한 주인 부부는 어디에도 보이지 않는다. 우리는 한 호텔과 친밀한 이들이 전부 참석한 대규모 뷔페에서 추수감사절 정찬을 대접받는다.

마침내, 한때 라스베이거스 쇼걸이자 막스 브라더스 중 한 명의 전처였던 바버라 시나트라가 우리를 맞이하러 온다. 그녀는 차분하고 여왕 같은 존재감을 보인다. 바버라가 학대받는 여성들과 아이들을 위한 자선행사를 팜 스프링스 병원에서 주재한다고 언급하자, 모금에 대한 나의 희망이 상승한다. 하지만 자신에겐 새로운 이 이슈에 대한 운동을 나를 비롯한 여성운동가들이 계속하지 않는다고 그녀가 꾸짖자 나의 희망

길 위의 인생

은 추락한다.

나는 자존심을 억누른다. 여성운동이 제일 먼저 가정 폭력을 명명했고, 경찰과 새로운 법에 따라 가정 폭력 고발을 강구했고, 첫 번째 보호시설을 만들었고, 이를테면 "그 여자는 왜 안 떠나는가?" 같은 질문의 답으로, 떠나는 순간이란 한 여성이 거의 살해될 수도 있는 시점이라는 설명을 30년간 해오고 있다는 점을 이야기할 시간이 지금은 없다. 그 대신 지원이 필요한 효과적인 생존자 보호 프로그램에 대해서만 이야기한다.

그런데도 나는 바버라의 관심이 분산되는 것을 느낄 수 있다. 우선 그런 프로그램들은 바버라가 주재하려는 자선 무도회와 관련이 없고, 다음으로 프랭크 시나트라가 손에 술을 들고 드디어 도착한 것이다. 그는 꼭, 글쎄, 프랭크 시나트라같이 생겼다. 나는 이 여왕 같은 여자가 게이샤처럼 변신해 그에게 칠면조를 갖다주는 모습을 바라본다.

디저트를 먹고 난 우리는, 내가 여태껏 본 것 중 가장 규모가 큰 장난감 기차 컬렉션이 갖춰진 다른 건물로 안내된다. 도로·나무·호수·작은 건물 들이 있는 그 자체로 축소판 풍경인 탁자 위에 선로가 펼쳐져 있다. 객차는 안에서 조명이 들어오고, 작은 사람들의 실루엣이 창에 비친다. 시나트라는 기관사 모자를 쓰고 버튼을 이것저것 누르며, 기차가 터널 안과 다리 위를 지날 때 속력을 낸다. 그는 행복해 보이고, 자신만의 세계에 있는 듯하다. 나는 이 모든 것의 가격이 얼마나 될지 계산하지 않으려 애쓴다.

다음 날, 우리의 근사한 단지로 돌아오자 나는 글쓰기와 정크푸드 생활로 되돌아간다. 팜 스프링스를 떠나기 전에 내가 좋아한 활동이 하나 있다면 사막에서 말 타기이다. 하지만 정 크푸드가 제값을 했다는 것을 알게 된다. 말을 타는 동안 바지 뒤쪽이 찢어진 것이다. 나는 바늘과 실을 찾기 위해 방갈로로 후퇴한다.

집으로 가는 비행기에서 남자들은 합병과 인수에 대해 이야기하고, 여자들은 체중 감량에 대해 이야기한다. 나는 한 부인이 워싱턴에서 고위직으로 일한 적이 있고, 또 한 명이 최근에 에베레스트 산에 올랐다는 것을 알지만 아무도 이 얘기는 꺼내지 않는다. 우리 모두 작은 공간에 있으므로, 나는 개인과 회사의 지원으로 여성 소비자의 호감을 잘 얻을 만한 프로젝트들에 대해 마지막으로 설명을 시도한다. 하지만 돌아온 건 정중한 무관심이다. 나는 이야기가 흘러 다니는 대양에 둘러싸인 외딴 섬이다. 나는 비행기에서 뛰어내려 낙하산을 타는 공상을 한다.

우리는 뉴저지의 개인전용 공항에 착륙한다. 리무진 한 대에 다 탈 수 있음에도 커플마다 각각의 리무진에 오른다. 돈 버는 방법에 대해 이야기하던 사흘간, 나는 그 돈으로 무엇을 할지에 대한 아이디어 하나도 꺼내지 못했다. 나 자신에게 화가 난다. 그들은 기존에 있는 그대로 게임을 하고 있다. 나는 그것을 바꾸려 했지만 실패했다. 나만 유일하게 대비될 때엔 초현실주의와 다름없는 고통이 따른다.

• 나는 수년간 워싱턴 D.C.를 오가며 메릴랜드의 로렐Laurel 을 지나갔지만 거기에서 무슨 일이 일어나는지는 전혀 모른다.

길 위의 인생

그러다가 1982년 어느 날, 오랜 도로 여행 후 《미즈》의 내 자리로 돌아온 것을 즐기는 중에, 로렐에 있는 프리스테이트 경기장의 새로운 마케팅 부장 코니 바우만의 전화를 받는다. 마차 경주는 국내에서나 전 세계에서나 경주와 도박이라는 하위문화로 인기를 끌고 있고, 두 가지 하위문화 모두 압도적으로 남성들의 것이기에 바우만은 더 많은 여성들을 끌어들이고 싶어 한다. 그녀의 아이디어는 나와 더불어 텔레비전 역사상 가장 시청률이 높았던 시리즈 중 하나에 출연한 스타, 로레타 스윗을 초대하여 '매쉬 대 미즈M*A*S*H vs Ms.'라는 행사에서 경주하게 하는 것이다. 그 대가로 우리는 각각 입장 기부금의 일부를 받게 된다.

나는 이 제안에 주목한다. 우리는 《미즈》처럼 패션·미용·실내 장식 등의 광고나 제품 찬양 기사를 싣지 않는 여성 잡지를 후원할 광고주가 매우 드물다는 사실을 알게 되었다. 《미즈》의 광고 부족분을 메우기 위해, 그리고 매 맞는 여성들의 보호시설·교도소·복지 프로그램·구독할 형편이 안 되는 독자들의 기부 신청에 응하기 위해 우리는 기금을 마련해야만 한다.

그런 이유로 나는 어느 따뜻한 여름 저녁, 흰 바지에 초록색과 황금색이 들어간 실크 경마복을 입고 눈이 시리도록 조명을 밝힌 거대한 경기장에 들어선다. 경기장을 가득 메운 수천 명의 낯선 사람들이 함성을 지르고, 자기들이 제일 좋아하는 말을 응원하면서 추가로 로레타와 나를 두고 색다른 내기에 환호한다. 로레타는 흰 바지에 파란색과 빨간색이 들어간 실크 경마복을 입고 있다. 우리 둘 다 "매쉬 대 미즈"가 선명하게 새겨진 하얀 헬멧을 쓰고 바깥을 내다본다. 우리 앞에 펼쳐진 거대한 타원형 경주로는 촬영용 클리그 조명으로 초자연적으로 느껴질 정도로 밝은데, 우주비행사들이 우주에서도 볼 수 있는 밝기라고 한다. 우리 두 사람 모두 알지 못하는 말과 기수의 손에 목숨을 맡기려는 순간이다. 이런 느낌은 전화로 듣던 것보다 더 초현실적이다.

주관자들이 우리를 경주용 기구로 안내한다. 내 것은 아름다운 밤색 암말이 끌고, 마르고 나이 든 흑인 기사의 인도를 받는다. 그는 남부 경마라는 이 전통적인 백인 세계에서 범상치 않은 기사이다. 로레타는 젊은 백인 기사와 짙은 빛 털로 덮인 거세마와 함께하게 된다. 우리는 각자 운전사 옆에서 다리미판 정도 크기의 판자에 앉는데, 이 판자는 엄청나게 가벼운 기구에 연결되어 있다. 전체적인 모습이 내가 상상하던 벤허의 전차보다는 옷걸이에 더 가깝다. 다른 팀들이 모여 있는 트랙까지 말을 속보로 모는 것만으로 이미 속도가 꽤 붙은 것 같다. 출발 신호가 울리자 속도가 훨씬 빨라진다. 나는 트랙에서 불과 몇 인치 위에 앉아 있음을 깨닫는다. 트랙은 내 자리 밑에서 흐릿한 형체로 획획 지나간다. 우리 뒤에서 말들이 짓밟는 것과 나 사이에는 다림판 이외에 아무것도 없다.

그러다가 별안간 말, 기사, 나, 이렇게 우리 셋만 어떤 캡슐 안에 머문다. 흐릿한 불빛과 바람이 우리를 에워싼다. 우리는 몇 분 동안인지 몇 시간 동안인지 이 강력한 말과 하나가 되어 고립된다. 나는 생각한다. 차를 몰고 경주하는 것은 자아의 문제지만, 말을 몰고 경주하는 것은 신뢰의 문제라고.

속도를 늦추기 시작하자 흐릿한 형체는 나무, 경기장, 울타리, 사람의 모습으로 다시 또렷해진다. 기사가 내게 몸을 돌려 미소 지으며 말한다. 우리가 이겼어요!

우리는 거대하고 시끌벅적한 경기장 앞에서 행진한다. 확성기에서 남자의 목소리가 울려 퍼진다. "미즈가 매쉬를 눌렀습니다!" 그는 암말이 거세마를 이겼다거나, 늙은 흑인 기사가 젊은 백인 기사를 이겼다고 말하지 않지만, 로레타가 한 기자에게 유쾌하게 말하는 소리가 들려온다. 밖이 안을 이겼네요!

이상한 나라의 앨리스처럼 나는 또 다른 우주로 떨어진 기분이다. 나는 어렸을 때 말을 몹시 좋아했다. 마지못해 우리에게 함께 여행하기를 허락한 이 영리하고 날렵한 피조물을 내가 왜 사랑했는지 이제 기억난다.

입장료에서 우리 몫은 각기 5천 달러 이하로 실망스러운 액수이다. 더구나 우리는 우리 자신에게 돈을 거는 것조차 잊었다. 둘 다 시간을 덜 들이고 덜 위험한 방법으로 더 많은 돈을 벌 수 있었을지 모른다. 어쨌든 나는 이제 워싱턴을 오가는 길에 로렐 표지판을 지날 때마다, 속도와 흐릿한 형체, 자랑스러워하던 기사, 아름다운 암말, 달라진 실제 순간에 대한 감각을 떠올린다.

V.

1967년이고, 나는 버지니아 시골의 한 식당에 앉아 근처에서 있을 인터뷰를 준비 중이다. 공립학교는 인종에 따라 통합시키라는 명령을 받기 때문에, 백인 부모들은 대부분 자기 아이들을 실질적으로 인종차별적인 주 의회의 세금 지원으로 새로 건립된 백인뿐인 "사립" 학교에 보냈다. 나의 인터뷰는 '조직하기'의 영재라는 6학년 백인 소녀와 진행된다. 이 아이는 새로 문을 연 이 인종차별 철폐 공립학교로 오는 흑인 학생들을 환영하느라 재잘거리며 복도를 돌아다니고 있다. 부모님의 허락을 얻긴 했지만 이것은 아이의 아이디어였다. 내가 아이의 이야기를 쓴다면, 아이가 더 많은 학생들이 솔선수범하도록 영감을 줄지 모른다고 나는 생각한다. 그러나 아직까지 편집자의 심사도 통과하지 못한 상태이다. 신문에서는 비정치적인 "말랑말랑한 뉴스"라고 하고, 여성 잡지들은 정치적인 "딱딱한 뉴스"라고 말한다.[5]

내 옆 카운터에 있는 젊은 백인 남자 세 명 역시 학교 통합, 또는 자기네들 용어로 "인종 혼합"에 대해 이야기하고 있다. 그들은 우리에게 음식을 가져다주는 나이 든 흑인 여종업원을 의식하지 못하는 듯하고, 그녀의 표정은 헤아리기 어렵다. 이 남자들은 베트남전에 대해, 그리고 흑인 군인이 백인 장교의 명령을 따를지에 대해 논쟁하기 시작한다.

나이 든 고독한 백인 남자가 카운터에 앉으며 말한다. "안 따랐으면 좋겠습니다. 우리는 이 전쟁에서 잘못된 편에 있어요."

침묵. 전투가 지금 당장 시작될지 나는 궁금하다. 나이 든 남자는, 가장 사소하게 본다면 젊은이들의 대화에 개입하였고, 가장 심각하게 본다면 반역을 이야기하고 있다. 하지만 거부할 수 없는 이야기를 들려주어 죽음을 면한 『천일야화』의 셰헤라자데처럼, 그 고독한 남자는 커피 잔을 우리 쪽으로 옮기고 이야기를 시작한다.

제2차 세계대전 때 나는 인도차이나에 있었습니다. 당시에는 베트남을 그렇게 불렀죠. 나는 호치민을 만나지는 않았지만 어떤 사람인 줄은 알고 있었습니다. 우리는 일본군과 싸웠고, 호치민도 그랬습니다. 우리는 동맹이었죠. 게다가 호치민의 게릴라 전투원들이 정글에서 일본군 총에 맞은 미군 공군 조종사들을 구조했기 때문에, 호치민은 우리의 영웅이었습니다. 호치민은 미군과 정말 많은 시간을 함께 보냈습니다. 때때로 그의 부하들이 셔츠 호주머니에 든 카멜 담뱃갑만 보고 호치민을 알아볼 정도였으니까요. 그리고 호치민은 루스벨트 대통령도 좋아했는데, 전쟁이 끝나면 제국주의도 끝나야 한다고 말해서 처칠을 열 받게 했다는 이유였습니다. 호치민은 우리의 독립 선언문을 외우기까지 했는데, 그 선언문은 그에게 프랑스 제국주의자들을 집으로 보내는 데 모델이 됐다고 합니다.

하지만 루스벨트 대통령이 죽고 나자 모든 것이 변했습니다. 트루먼이 프랑스군을 지원하면서 호치민을 홀대했습니다. 안 그랬으면 프랑스가 나토에 가입하지 않았을 테니까요. 그러나 우리도 영국을 몰아내려고 혁명을 일으키지 않았습니까? 우리 나라가 남북으로 분열되는 걸 막으려고 시민전쟁을 하지 않았습니까? 글쎄요, 그런 일을 호치민이 지금 하고 있는 겁니다. 그리고 우리는 잘못된 편에 섰고요.

침묵이 흐른다. 세 젊은이들이 이 이야기를 진실로 생각할지 배신으로 생각할지는 알 수 없지만, 그들은 돈을 카운터에 턱 내려놓고는 나가버린다. 나는 지금 생각해보면 식당의 선지자였던 이 남자에게 말을 걸기 위해 다가간다. 그는 내가 오래전 인도에서 학생이었을 때 들었던 이야기를 내 앞에서 말한 첫 번째 미국인이다. 호치민이 원한 것은 단지 자기 나라의 독립이었고, 그 독립된 나라를 중국에 맞선 완충지대로 만들고자 했다. 호치민의 승리가 다른 아시아 국가들을 중국 쪽으로 넘어가게 하는 "도미노 효과"가 되리라는 미국의 믿음과 정반대이다.

나는 정신 나간 소리로 들릴 각오를 하고, 그 선지자에게 호치민의 시를 읽어보니 그가 권력에 미친 사람 같지는 않다고 설명한다. 그것이 내 게시판에 이런 문구를 간직해둔 한 가지 이유이다.

소외는 당신의 나라가 전쟁 중일 때 생긴다.
그리고 당신은 다른 편이 이기기를 바란다.

선지자는 웃으면서, 자기가 국무부에 직접 찾아가 호치민이 한때 동맹이었으니 다시 동맹이 될 수 있다는 점을 상기시켰다고 말한다. 호치민의 말라리아를 치료했던 전 전략 정보국 의사를 포함해 다른 참전용사들도 똑같은 일을 했다. 중개자가 되어 미국과 호치민이 대화할 수 있게 돕겠다고 제안한 이들도 있다. 그러나 선지자가 아는 한 모든 사람들의 제안이 거절당했다.

그는 내가 뉴욕에서 온 작가라는 것을 알자, 한때 뉴욕에 살았었고 뉴욕을 사랑했던 호치민에 대해서 내가 글을 써야 한다고 말한다. 개인적인 기록이 호치민의 인간적인 측면을 조명할 수 있을지 모른다. 나는 해보겠다고 약속하지만 전쟁 중에 많은 기대를 할 수는 없다.

나는 몇 가지 글을 읽는다. 아니나 다를까, 호치민은 한때 프랑스 화물선에서 일하는 사환이었다. 역사학자들은 호치민이 이 일을 그만둔 건 맨해튼, 브루클린, 어쩌면 보스턴에서도 잠시 체류하기 위해서였다고 믿는다. 때는 1912년과 1918년 사이였고, 트로츠키와 다른 많은 혁명가들이 이곳에 왔을 때였다. 아메리카가 인종차별과 제국주의의 본토이긴 했지만, 최대 규모의 성공적인 반제국주의 혁명이 벌어진 곳이기도 했다. 호치민은 제빵사로 일했고, 나중에 파리에서 그랬던 것처럼 사진사로 일했을지도 모른다고 하지만, 무엇보다 계속 글을 쓰고 조국의 독립을 주장했다.

제1차 세계대전이 끝날 무렵 호치민은 조국의 독립운동 지도자로 알려졌다. 이 때문에 프랑스인의 눈에는 범죄자였고, 궐석재판에서 사형을 선고받았다. 그는 가명이 너무 많아 나중에 북베트남의 지도자가 되었을 때 프랑스인들은 사진에서 그의 귀를 보고서야 식별할 수 있었다. 그러나 1919년, 그는 빌려온 정장을 입고 중절모를 쓰고 베르사유 평화 회담장에 가서, 미국의 독립 선언문에 기초한 인도차이나 독립을 위한 탄원서를 대통령 우드로 윌슨에게 전달했다. 답변은 없었다. 제2차 세계대전 이후 그는 또 다른 탄원서를 트루먼 대통령에게 전달했다. 여전히 답변은 없었다.

나는 《뉴욕》 창간호에 '뉴욕의 호치민'이라는 기사를 쓴다. 창간 편집자 클레이 펠커는 오로지 충격을 주겠다는 목적으로 승인한다. 어쨌든 호치민은 우리 나라를 분열시키고 있는 현재 진행 중인 전쟁에서 적의 지도자이다.

나는 사실을 확인하려는 노력의 일환으로 호치민에게 전보를 보낸다. 이것 자체가 초현실주의이다. 전보회사 웨스턴 유니언의 교환수는 묻는다. "하노이에 주소를 갖고 있습니까, 아가씨?" 결국 그녀는 "전쟁 중이고 하니까" "대통령궁"이면 충분할 거라는 데 동의한다. 내 생각에 우리 둘 다 이 전보가 FBI 파일에 들어갈 것을 상상한다.

나는 답변을 받지 못했지만, 프랑스 영사관의 친절한 여직원 덕분에 호치민이 일했던 프랑스 화물선이 실제로 뉴욕 부두에 들어간 적이 있다는 사실을 확인한다. 호치민이 다양한 혁명가 가명을 썼음에도 나는 그가 제1차 세계대전 무렵 뉴욕에서 2년간 살았다는 내용의 문서를 발견한다. 또 제2차 세계대전 중에 호치민을 인터뷰한 데이비드 쉔브룬 기자와도 이야기한다. 그는 호치민이 뉴욕시에 대한 지식과 애정을 갖고 얘기하는 것을 들었다. 나중에 하노이에서 호치민을 만난 다른 미국 기자들은 호치민이 인터뷰를 끝내면서 향수에 젖어 이렇게 묻곤 했다고 말한다. "얘기해주세요. 요새 뉴욕은 어떤가요?"

나는 할렘에서 찍었다는 그의 사진도 발견한다. 당시 흑인 동네는 145번가 위쪽의 슈거 힐 구역이었을 것이다. 그곳에서 마커스 가비는 흑인의 자긍심과 반제국주의에 대해 연설했고 아시아, 아프리카, 아이티 출신의 지도자들이 그의 연설을 들으러 왔다. 수많은 독립운동들이 1900년대 초에 활발히 일어났으며, 뉴욕 대중지들은 아시아의 "황색 위험 Yellow Peril"이 아프리카의 "검은 위험 Black Peril"과 합쳐져 전 세계를 포위할 것을 우려하는 기사들을 찍어냈다. 그 당시의 젊은 호치민은 장 라쿠튀르의 고전적인 전기에서, 호리호리하고 수염이 없으며 어두운 색 정장에 칼라가 높은 셔츠를 입고 "머리 위에 작은 모자를 얹고, 섬세하고 자신 없어 보이고, 조금 불안하고 약간 찌그러져 보여, 가장 인상적으로 표현해보자면 채플린 같다"고 묘사된다. 나는 호치민이 보았을지 모를 뉴욕의 옛 건물들을 지나가면서, 역시 그 건물들을 바라보는 그를 상상해본다.

《뉴욕》창간호의 막판 혼란과 인쇄 문제 발생으로 내 기사는 3분의 2가 잘린다. 내용이 너무 농축되어 독자들이 물을 부어야 할 정도이다.[6] 그래도 식당의 선지자가 이 기사를 보게 되기를 바란다.

거의 40년이 지나 이 글을 쓰는 지금, 평생 타자기 말고 아무것도 소유하지 않았던 호치민은 전쟁에서 미국을 이긴 유일한 지도자로 남아 있다. 우리는 제2차 세계대전 중에 유럽 전역에 떨어뜨린 폭탄보다 더 많은 폭탄을 베트남에 떨어뜨렸다. 미군 약 6만 명이 죽었고, 베트남군 사망자는 두 배 더 많았으며, 거의 2백만 명에 달하는 민간인이 북베트남과 남베트남에서 목숨을 잃었다. 이곳 미국에도, 그리고 이제 독립하고 통일되고 관광산업으로 번영하는 베트남에도 여전히 흩어진 가족들이 있고, 트라우마에 시달리는 참전용사들이 있고, 땅속에 묻힌 화학물질들이 있고, 그 밖에 많은 것들이 남아 있다. 이 새로운 밀레니엄에 내가 한국을 방문했을 때, 그곳의 신문 주요기사들은 미군이 북베트남의 삼림을 없애는 과정에서 땅속에 묻어둔 고엽제 에이전트 오렌지를 규탄하고 있었다. 이제 고엽제가 흘러나와 지하수면을 오염시키고 있다.

내가 사는 이 대륙의 인디언 거주 지구의 지혜에 따르면 폭력 행위 하나를 치유하는 데 4대가 걸린다고 한다. 미국인들이 식당의 선지자 말을 들었더라면 어땠을까?

VI.

1978년, 미니애폴리스에 있는 성 잔 다르크 성당의 하비 이건Harvey Egan 신부가 일요일 아침 미사 중에 신자들에게 설교나 강론을 해달라고 나를 초대한다. 이런 일은 예상만큼 초현실적이지 않다. 이건 신부는 노동조합 조직가에서 평화 운동가까지 가톨릭과 직접 관련되지 않은 인사들을 계속 초대해왔으며, 여성으로는 최소한 노인 권익 단체 회색표범단Gray Panthers의 창설자 매기 쿤Maggie Kuhn 을 초대한 적이 있다. 또 게이와 레즈비언도 신자로 환영하고, 미국뿐 아니라 라틴아메리카의 평화 운동 역시 지지하며, 일반적으로 그를 포함한 많은 가톨릭 신자들이 믿는 예수의 방식에 따라 행동한다. 그 성당이 남자 옷을 입은 이단자였다는 이유로 (할리우드의 이야기대로 마녀라서가 아니라) 화형대에서 불태워진 여성의 이름을 가진 것은 그저 우연이라 하더라도, 이건 신부는 청바지를 입은 이단자로 간주되던 사람들을 초대하는 것을 즐기는 듯하다. 그는 수세기 동안 가톨릭 사제들과 교황들이 오직 하느님 아버지에게 기도한 것을 벌충하기 위해 하느님 어머니에게 기도를 드린다.

두말할 것 없이 이건 신부는 가톨릭 교단의 총아는 아니지만, 그 주에서 가장 많은 가톨릭 신자들을 두고 있다. 사람들은 자신들의 어른 자아를 떠나지 않은 채, 어린 시절의 교회로 돌아오고 싶어 한다. 농장 노동자들의 지도자인 세자르 차베스가 늘 말했듯이 "두 가지 교회가 있다. 건물들의 교회와 사람들의 교회이다". 이건 신부의 성당은 분명히 사람들의 교회이다. 사람들은 신부를 좋아한다. 문제는 건물 임대주이다.

나는 일신교 신자라기보다 이교도에 가깝기에 이건 신부를 더 큰 곤경에 빠뜨릴까봐 걱정한다. 그러나 이교도는 단지 자연을 의미하고, 이건 신부 역시 신이 살아 있는 모든 것 안에 존재한다고 믿는다. 미국 가톨릭 신자 대부분이 바티칸보다는 미국 사람같이 살고, 투표하고, 행동하기 때문에, 나는 이건 신부가 자기가 무엇을 하고 있는지 알 것이라 보고 초대에 응하기로 결심한다.

약속한 일요일에 내가 도착해보니 미네소타 우익 단체들이 초과 근무를 하고 있는 것이 확연히 드러난다. 차들이 지붕 위에 커다랗게 확대된 태아 사진을 얹고 성 잔 다르크 성당 주변을 돌고, 확성기는 구호를 쩌렁쩌렁 울리고 있다. "글로리아 스타이넘은 살인자다. 글로리아 스타이넘은 아기 살해자다."[7] 경찰이 시위자들에게 법적 규정 거리를 지키게 하고 있지만 이것은 결코 평화로운 장면이 아니다. 수년간 피켓 시위대를 겪었기에 익숙한 장면이기도 하다. 반복은 어떤 것에서도 초현실주의를 끄집어낼 수 있다.

일단 안에 들어가자, 이건 신부는 내게 걱정하지 말라며 긍정적인 반응이 압도적이라고 말한다. 미사를 두 차례 마련해 이 커다란 성당의 수용인원을 두 배로 늘렸는데도 대기자 명단까지 있다. 두 차례나 연설해야 한다는 소식은 시위가 있다는 사실보다 나를 더 긴장하게 만든다.

동굴 같은 공간에서 혼자 기다리고 있으니, 무대 공포가 엄청나게 몰려온다. 가톨릭 성당의 설교단은 내가 서게 되리라고 전혀 기대하지 않았던 곳이다. 심장은 쿵쾅거리고, 입은 바짝 마르고, 정신은 혼미해져서, 나는 여기만 아니면 좋겠다고 기원한다. 이건 신부가 내 소개를 마치고 두 팔을 들어 올리자 그의 제의가 나비처럼 날아오른다. 그는 짓궂은 미소를 지으며 말한다. "글로리아를 위해 하느님께 영광 있으라 Glory be to God for Glory!" 신도석에서 웃음이 터져 나오고 나도 웃는다. 갑자기 기분이 괜찮아진다. 웃음이 구원이다.

나는 낙태에 관한 가톨릭의 입장에 대해 이야기하지 않는다. 여기에 온 사람들은 대부분 자신만의 생각이 있다. 또 정직한 예수회 역사학자들과 '자유로운 선택을 지지하는 가톨릭 신자들Catholics for a Free Choice'(지금은 '선택을 지지하는 가톨릭 신자들'로 불린다) 덕분에, 가톨릭이 낙태에 반대하지 않았을뿐더러 실제로 19세기 중반까지 낙태 규제를 관장했다는 사실도 잘 알고 있을 것이다. 낙태는 대개 인구 문제 때문에 대죄가 되었다.[8] 나폴레옹 3세는 더 많은 군인을 원했고, 교황 비오 9세는 프랑스 학교의 모든 교직을 장악하고 교황 무결점 교리 채택을 원했기에 그들은 거래를 했다. 또 가톨릭주의는 여성들의 몸을 통제하는 가부장적인 종교들 사이에 자리 잡고 있다. 가부장제는 여성들의 몸과 재생산의 통제권을 남성들에게 부여하는 방식으로서 발달했다. 가부장제 이전에 무엇이 있었는지, 그리고 무엇이 가부장제를 넘어서는 방식을 우리에게 보여줄 수 있는지에 대해 말하는 것이 더 희망적으로 보인다.

그래서 나는 여자들을 포함해 살아 있는 모든 것에서 신의 현존을 보았던 원형문화original cultures에 대해 이야기한다. 우리가 어디에 사느냐에 따라 짧게는 5백 년에서 길게는 5천 년간, 신앙은 자연과 분리되고, 여성과 분리되고, 특정 인종의 남성과 분리되었는데, 이 모든 것은 자연·여성·특정 인종의 남성을 정복하도록 허용하기 위해서였다. 가부장적 문화와 종교 들이 계급제도를 필연적인 것으로 보이도록 만들었지만, 역사의 95퍼센트에 해당하는 기간 동안 인류는 원circle을 우리의 자연스러운 패러다임으로 보아왔던 것 같다. 사실 이곳의 전통적인 북미 원주민들을 포함하여 전 세계의 원형문화권에 사는 수백만 인구가 여전히 그렇게 보고 있다. 재생산의 자유에 대한 단순한 권리, 성생활을 재생산과 분리된 표현으로서 영위하는 단순한 권리는 여성의 힘, 남녀 간 균형, 인간과 자연 간 균형을 복원하는 데 기초가 된다. 이건 신부가 남성

신뿐 아니라 여성 신에게도 기도드리고 남성뿐 아니라 여성도 교회 설교단에서 연설하도록 초대하는 것은, 원래의 균형을 복원하는 방향으로 한 발짝 나아가는 것이다.

내 설교는 그럭저럭 잘 진행되는 것 같다. 신이 오로지 백인 남성 형상으로 묘사되기에 백인 남성들만 경건해 보인다는 말에 사람들은 고개를 끄덕인다. 치마를 차려입은 사제들이 산모의 양수를 흉내 내어 세례를 주고, 우리에게 새로 태어났다고 말하고, 영생 약속으로 여성보다 한 발짝 더 나아감으로써, 여성들의 출산 능력을 능가하려 애쓴다는 말에 사람들은 웃는다. 사실 천국과 지옥에 대한 정교한 개념들은 가부장제 이전에는 존재하지 않았던 것으로 보인다. 단지 죽어서 조상들 곁으로 간다거나, 충분히 배울 때까지 계속 환생한다고 믿었을 뿐이다. 수긍하는 웃음이 이어진다.

전반적으로 나는 적대감이나 반감이 아닌, 호기심과 개방적인 태도를 감지한다.

사람들은 떠나는 길에 줄을 길게 서서 이건 신부와 내게 악수를 청하고, 의견을 보태고, 감사의 말을 전하고, 심지어 축복까지 해준다. 이건 신부는 내게 자신을 그냥 하비로 부르라고 한다. 우리 둘 모두 반대와 지지 양쪽을 경험하면서 유대감을 갖게 된 것 같다.

밖에서는 태아 사진을 단 차들이 여전히 빙빙 돌고 있고, 확성기가 여전히 요란하게 울리고 있다. 미네소타는 마르크스Marx라는 멋진 이름을 가진 신부가 이끄는 싱크탱크 '인간 생명 센터Human Life Center'의 본향으로, 마르크스 신부는 "백인 서구 세계는 낙태와 피임을 통해 자살하고 있다"고 종종 경고한다. 그가 "백인 서구"라는 단어를 사용한 것은 가부장제 유지와 재생산 통제의 이유들을 이해하는 데 중요한 단서를 제공한다. 그러나 성 잔 다르크 성당에서 흘러나오는 교구민들에게 경보를 울리는 기색은 여전히 없다. 이 성당 신자들을 향한 지역 극단주의자들의 공격은 이번이 처음이 아니다. 하비와 나는 우리가 위기를 모면했다고 느낀다.

며칠 후 뉴욕에서, 하비보다 가톨릭 교단에서 계급이 높은 존 로치John Roach 대주교가 이건 신부를 질책하고 그를 대신해 공개적으로 사과했다는 뉴스를 듣는다. 이것은 중대 사건이다. 이 사건은 미네소타 지역 신문의 1면부터 전국을 망라하는 텔레비전까지 모든 미디어에 오르내린다.

내가 다음에 하비를 본 건 이틀 후 텔레비전 화면에서이다. 미니애폴리스 스튜디오에서 진행되는 〈CBS 아침 뉴스〉에 나와 인터뷰하는 하비는 머리만 댕강 비춰진다. 나는 워싱턴 D.C.에 있는 한 스튜디오에 앉아 있다. 우리에게 질문하는 텔레비전 사회자도, 질책하는 대주교도, 내가 했던 연설을 인용하거나 교구민들의 불만을 예로 들지 않는다. 논란은 온전히 나를 초대해 설교하게 했다는 것에 조준되어 있다.

나 때문에 하비가 위험에 처한 것이 걱정되지만, 내가 전화했을 때 하비는 평소처럼 온화하고 꿋꿋한 모습 그대로인 듯하다. 그는 이제부터 대주교가 미리 승인한 명단 중에서만 연설자를 초대해야 한다고 설명한다. 나중에 나는 하비가 어떤 기자에게 답변한 것을 읽는다. "지금까지 그들은 미키 마우스, 소공자, 피터 래빗, 방송인 로렌스 웰크를 찾아냈습니다." 나는 웃고 나서 걱정하길 그만둔다.

그리고 몇 주 후, 여행 중간에 내 아파트에 들러 무릎에 고양이를 놓고 평화롭게 앉아 모닝커피를 마시며 《뉴욕타임스》를 집어 든다. 보통 때라면 전쟁과 대선 기사가 실릴 자리인 1면 상단에 이

길 위의 인생

런 헤드라인이 보인다.

교황이 일반인의 설교를 금지하다

교황이 나한테 직접 말하는 것 같은 느낌이 어떤 것일지 상상해 볼 일은 거의 없었다. 나는 차분히 되짚어본다. 어쨌든 많은 일반 인들이 설교를 해왔고, 어쩌면 내가 그저 과대망상인지도 모른다. 그리고 바티칸 담당 기자에게 전화한다. 기자 말로는, 적어도 이건 신부와 내가 미디어에, 그리고 어쩌면 바티칸에도 기사거리가 될 사건의 빌미를 제공했다.

그 이후 내가 미니애폴리스를 방문할 때마다 거의 항상 하비가 나타난다. 그렇게 나타나는 이유는 우리가 정말로 서로 좋아하기 때문이고, 또 내 생각에는 그가 나를 보호하기 위해서이기도 하다. 대학 강연이든, YWCA 자선 행사든, 정치 집회든, 늘 함께하는 그 는 한옆에서 친절과 우정과 그의 트레이드마크인 열광을 내뿜으 며 활짝 웃고 있다. 한 번도 논란이 가신 적이 없지만 그는 조금도 굴하지 않는다.

또 그는 설교를 "일요 설명회"라고 이름을 바꿔, 신자들이 존경 하는 일반인들을 초대하는 방식으로 교황의 금지령을 피하며 일 한다. 그리고 "여성과 미사 전례의 여성 참여", 인공 산아 제한, 가 톨릭주의 내에 실제로 존재하는 양심의 권리, 전 세계의 평화와 정 의 운동에 대한 자신의 지지를 공개하는 입장을 견지한다. 미네소 타에서 멀리 떨어져 사는 가톨릭 신자들도 하비가 위계제도 속에 서 희망을 준다고 내게 말한다.

하비가 1986년 은퇴할 당시, 성 잔 다르크 성당은 여전히 그 주와 다른 많은 주를 통틀어 가장 인기 있는 성당으로 매 미사 때마다 1천 명이 참석한다. 이건 신부는 현재 진행 중인 여러 전쟁들의 부당함부터 가톨릭 신비주의의 과거와 미래에 이르는 모든 주제에 대해 글 쓰는 일을 계속한다.《가톨릭 리포터》에는 '독신주의, 사제의 등에 얹은 모호한 옛 십자가'라는 제목의 기사를 발표하여, 사제의 독신주의가 "교회가 사제들의 자식들을 더 이상 재정적으로 책임지지 않기 위해 1139년에야" 시작되었다고 설명한다. 가톨릭 주교들이 옹호함에도 불구하고 이른바 연방 헌법 인간 생명법 수정안에 반대한다. 그는 "금지야말로 재앙이었다"면서 "도덕적 신념에 기초한 또 다른 헌법 수정안"을 계속 요구해서는 안 된다고 설명한다.

2006년 91세의 나이로 하비의 특별한 인생은 종언을 고한다. 나를 설교자로 초대한 지 28년이 지났지만, 나는 미니애폴리스에 갈 때마다 늘 그가 모퉁이에서 나타날 것만 같은 느낌을 받는다. 그가 그립다.

하비를 기리며 난 그처럼 용감하고 맹렬해지려 노력한다. 나는 종교 건축 역사학자들에게 배웠지만 설교할 때 뺐던 내용을 연설에 덧붙인다. 많은 가부장적 종교 건물의 디자인은 여성의 몸과 닮아 있다. 한번 생각해보자. 외부 출입문과 내부 출입문(대음순과 소음순) 사이에 연결 통로(건축학적 용어이자 해부학적 용어)가 있고, 질 모양의 교회 중앙 통로가 제단(자궁)까지 이어지고, 양쪽에 두 개의 곡선(난소) 구조가 있다. 제단이나 자궁은 모든 남성 사제들이 영생을 부여하는 곳이다. 그렇지 않다고 누가 증명할 수 있겠는가?

이런 가부장제의 초현실주의는 하비 서거 이후에도 계속된다. 2012년에 바티칸은 조사에 착수하겠다고 발표한다. 유행병처럼 탄로 난 사제의 아동 성폭력이 아니라, 북미 수녀의 80퍼센트를 대표하는 '여성 종교 지도자 회의Leadership Conference of Women Religious' 가 그 대상이다. 수녀들은 교회에서 자신들과 일반 여성들의 더 많은 의사 결정 역할을 요구한다는 이유로, 동성애와 낙태에 대해 "침묵을 지킨다"는 이유로, 가난과 불의에 맞서는 일에 너무 많은 시간을 쓴다는 이유로, "가톨릭 신앙과 양립할 수 없는 급진적 페미니스트 주제들을" 선전한다는 이유로, 그리고 산아 제한이 포함된 오바마 대통령의 의료법을 지지한다는 이유로 비난받고 있다. 사실 이 의료법안의 성공은 마지막 한 가닥 희망의 결실이었던 듯하다. 몇몇 하원의원들은 수녀들의 법안 지지를, 법안 반대의 큰 주축인 가톨릭 주교들의 연방 회의에 맞서 투표할 용기를 주는 사례로 인용한 바 있다. 바티칸 조사위는 주교들을 "교회가 인증하는 신앙과 도덕의 교사"라고 선언했다. 성서에서 말하듯 "반역은 마술을 저지르는 죄와 같다."

나조차 조사위가 이토록 상상력 없이 문자 그대로인 것에 놀란다. 수녀들을 조사한 바티칸 조직의 이름은 '신앙 교리를 위한 상임 위원회Congregation for the Doctrine of the Faith'인데, 기독교 시대 이전의 유럽에서 치유사이고 지도자였던 여성 8백만 명을 5백 년이 넘도록 고문과 화형으로 살해한 여성 대학살로 알려진 종교 재판을 이끌었던 바로 그 조직이다. 당시 이 여성들의 가장 주된 죄목은 약초에 대한 지식과 낙태술을 전달함으로써 여성들이 출산 여부와 출산 시기를 결정할 수 있게 한 것이었다.

여성 종교 지도자 회의는 충격을 딛고 상의를 거친 후 성명서를 발표한다. 그들은 "근거 없는 비난"이라고 규탄하고, 대화를 위해 바티칸에 가겠다고 제안하고, 예수의 가르침을 따랐다는 이유만

일상의 초현실주의

으로 많은 이들이 교회에서 "급진적인 페미니스트"로 불릴 수 있다는 사실을 목도한다. 일부 수녀들도 반역 행위에 동참해 길 위에 오른다. 전국을 돌며 가난과 불의에 관심을 촉구하기 시작한 이들은 '버스를 탄 수녀들'로 알려지게 된다. 나는 "우리는 이제 모두 수녀이다WE ARE ALL NUNS NOW!"라는 문구가 들어간 티셔츠를 입은 수많은 남녀들을 보기 시작한다.

하비가 살아 있었다면, 역시 그 티셔츠를 입었을 것이다.

몇 년 후, 나는 폭설에 갇힌 미니애폴리스의 도로에서 친구를 기다리고 있다. 열둘이나 열세 살쯤 된 깡마른 남자아이가 자기 덩치만큼 큰 배낭을 메고 근처에 서 있다. 아이가 뭔가 말할 용기를 내려고 애쓰는 것을 알아차리고 내가 먼저 인사를 건넨다. 그는 허둥지둥, 내가 성 잔 다르크 성당에서 연설했다는 것을 알고 있고, 그 성당에 자기 가족이 다니고 있고, 자기가 그곳에서 '꿈꾸는 자의 각성Awakening the Dreamer'이라는 단체에 소속되어 있고, 이 단체는 원주민들이 우림 지대를 구하는 일을 돕기 위해 애쓰고 있다고 말한다. 이건 신부가 그랬듯 아이도 언젠가 라틴아메리카에 가고 싶어 한다.

내가 그 성당에서 설교했을 때 아직 태어나지 않았을 이 아이(어쩌면 아이의 부모도 아직 태어나지 않았을지 모른다)를 바라보며 나는 어떻게 이건 신부와 나를 알고 있는지 묻는다. 아이는 우리에 대한 모든 것을 성 잔 다르크 성당 웹사이트에서 읽었다고 한다. 나는 이 날이 새로운 날임을 깨닫는다.

알고 보니 아이의 가족은 라오스에서 온 흐몽Hmong 난민으로, 베트남전으로 처음 쫓겨난 사람들이었다. 미니애폴리스에 온 과

거의 이민자들은 대부분 금발에 스칸디나비아 출신이지만, 지금은 미국에서 흐몽 사람들이 제일 많이 사는 도시가 미니애폴리스다. 실제로 한 흐몽 여성이 얼마 전 시 의회에 당선되었다는 기사를 읽었다.

나는 아이에게 왜 그렇게 오래된 일에 관심을 갖는지 묻는다. 그는 수줍어하며, 영어를 잘 못해 힘들어하는 부모님을 돕고 학교에서도 자기 목소리를 내기 위해 노력하는 중이라고 말한다. 그는 성당 웹사이트에서 내가 성 잔 다르크 성당에서 설교한 사람들 중 가장 많은 반대를 받았다는 내용을 읽었으며, 자기도 가족을 위해 목소리를 내는 사람이 되고 싶다 한다.

나는 아이에게 그런 힘을 가졌다고 말한다. 이제 아무도 그 힘을 뺏어갈 수 없다. 나는 또한 우림 지대는 아이의 가족들이 살았던 곳처럼 아름답다고, 이건 신부가 살아 있었다면 그를 자랑스러워했을 거라고, 또 나도 아이가 자랑스럽다고 말한다. 다른 사람들을 위해 말하기 위한 첫걸음은 우리 자신을 위해 말하는 것이다.

아이가 눈 속으로 타박타박 걸어가는 모습을 보며, 나는 백만 번째로 이런 생각을 한다. 무슨 일이 일어날지는 아무도 모른다.

남부 공제조합 직원인 조이스 알렉산더, 베시 부르주아, 로나 부르그(조직가),
베르나뎃 스튜어트와 함께, 루이지애나, 1980년 5월

© 매리 엘렌 마크

7장

비밀이야기들

이 장은 전체가 비밀이야기이다. 이 책의 초고를 마칠 무렵엔 마감기한 때문에 길 위에서 쉽게 드러나지 않는 몇 가지 경험을 제외시켰다. 그 경험들은 긍정적인 것이든 부정적인 것이든, 살아남기 위해 비밀이 유지되어야 했다. 보이지 않는 것이 곧장 피할 수 없는 것이 되어버린 것도 그 경험들의 신비주의에 속했다.

  몇몇 비밀들은 이 땅의 방대함과 장애물들로 인해 감춰져 있었다. 1970년대 루이지애나를 예로 들면 아프리카계 미국인 사탕수수 노동자들은 여전히 밭에서 사탕수수를 베고 있었는데, 낮에는 노예로 일했고, 수도 시설 없이 안이 훤히 들여다보이는 판잣집에 살았으며, 그 소유주는 남북전쟁 이전에 그 자리에 있던 이들과 똑같은 백인 가족들이었다. 외부에서 그 노동자들의 조직을 도우려는 노력이 있었지만 변화를 일으키지 못했다. CBS의 〈60분〉이 '사탕수수의 장막 뒤'라는 제목의 탐사 보도를 위해 이 비밀 세계를 촬영하러 왔을 때에도, 유일하게 공개 발언한 여성 노동자는 동료

노동자들의 반감을 샀다. 그들은 상황이 더 나빠질까 두려워했다.

이후 두 여성, 즉 미국 빈민지구 자원활동 단체인 비스타VISTA 의 한 농촌 조직가와 가난한 이들에게 봉사하는 데 헌신하는 프랑스 수도원의 한 수녀는, 이 노동자들이 마치 가정 폭력을 당하는 아내들처럼 주인의 집에 기거하는 한 저항할 수 없다는 사실을 파악했다. 그래서 두 사람은 땅을 기부해줄 사람들을 찾아 노동자 가족들이 집 짓는 일을 도왔고, 또한 이 과정에서 노동자들은 벽돌쌓기, 배선, 배관 일을 배우게 되었다. 1980년 무렵 내가 《미즈》에 기사를 썼을 때, 많은 사탕수수 노동자들은 집단으로 목소리를 내어 남부 공제조합Southern Mutual Help Association, SMHA을 만들었다.[1] 이들은 또한 최저 임금을 받으며 육체노동을 하던 여성들도 수확기와 트랙터를 몰며 기계화된 농장 일을 할 자격을 얻어야 한다고 주장했다. 어떤 여성은 자기가 모는 트랙터에 자부심이 대단해서 매일 밤 트랙터를 타고 귀가하여, 트랙터보다 아주 조금 큰 자기 집 바로 옆에 주차했다.

십여 년이 지나 다시 찾아갔을 때 남부 공제조합은 어느새 지역 미술·음악·전통문화 센터로 쓰는 작은 사무실을 갖추고 있었다. 2005년에 잇따라 닥친 허리케인 카트리나와 리타가 루이지애나의 상당 부분을 초토화한 후, 이 공제조합은 지역 사람들의 말에 귀를 기울이고, 배우고, 문서작업을 최소화하고, 협력해서 일하여, 1천 곳 이상의 집·가게·교회를 복구했다. 마지막으로 내가 방문한 2015년, 이 단체는 전통 방식을 따르는 어부들이 허리케인으로 생긴 해안가의 피해에 맞서 사업을 이어갈 수 있게 도왔고, 주요 공동체 개발 단체가 되어, 다른 주와 심지어 다른 나라의 농촌 조직가들이 힘없는 사람들에게 힘을 실어주는 기술을 기초부터 배우기 위해 방문하고 있었다.

　그래도 도시에서 다른 비밀들은 잘 보이는 곳에 숨겨져 있었다. 예를 들면, 1990년대에 내가 솔트레이크시티에 갔을 때 근교에 새로운 모르몬 교회가 막 완공되었다. 건물이 일단 봉헌되어 교회로 사용되면 모르몬 신자가 아닌 사람은 내부 출입이 제한되기 때문에 그때가 안에 들어가 볼 수 있는 흔치 않은 기회였다. 공식 안내인과 함께 하얀 대리석으로 된 거대한 로비에 들어서자, 벽에 끼워 넣은 텔레비전 화면들이 눈에 들어왔다. 안내인이 설명하기를, 각 신자는 신용카드 같은 '교회 권고 카드'를 소지하게 되는데 그 카드를 삽입하면, 그 사람이 십일조를 냈는지, 주모임에 참석했는지, 그렇지 않으면 회비를 완납했는지, 입장이 허용되는지 여부가 화면에 표시된다고 한다. 곧 모든 모르몬 교회들이 자동화될 예정이라고 안내인은 자랑스럽게 덧붙였다. 교회 내부로 들어가자 신자들이 예배 의상인 순백의 의복으로 갈아입을 개별공간이 나온다. 그 다음으로, 탁 트인 넓은 공간의 중앙에 거대한 돌로 된 세례용 수반이 있었는데, 안내인은 죽은 사람이라 해도 생전에 모르몬 신자였는지 여부에 관계없이 대리를 통해 개종할 수 있고, 그에 따라 천국의 세 단계 중 첫 단계로 들어갈 자격을 갖게 된다고 설명했다.

　마침내 나는 일련의 우아한 '결연실'로 안내되었는데, 각 방에는 금박을 입힌 의자들이 열 지어 영화 스크린과 마주해 있었다. 이곳에서 아이들은 부모와 영원히 "결연"되고, 아내들은 남편들과 결연된다고 안내인이 설명했다. 그러지 않으면 그들은 천국에 들어갈 수 없다고 한다. 비밀스러운 내훈에 따라 고위층으로 분류된 사람들을 위한 '천상실'과 '법령실'이라는 비슷하게 생긴 방들도 있었다. 성당·교회·모스크처럼 신도들이 모일 중앙 공간이 없어서 놀랐다고 말하자, 그는 그럴 필요가 없다면서 소규모 모임으로 가르침을 전하는 편이 낫기 때문이라고 설명했다. 그리고 아마도 예전의 모르몬 교회는 공간이 부족했겠지만, 이런 개별적이고 자동화된 방들은 앞으로 다가올 추세라고 덧붙였다.

이후로 나는 로스앤젤레스, 워싱턴 D.C.를 비롯해 전 세계 대도시에 있는 모르몬 교회의 아름다운 동화 같은 뾰족탑을 볼 때마다 그 안에 고립된 벌집 같은 공간, 그리고 비밀로 결합되고 비밀로 분리된 사람들을 상상했다.

이 종교와 다른 종교들의 수수께끼들은 내게 비밀이야말로 종교와 영성의 차이를 만드는 것이 아닐까 의문을 갖게 했다. 종교에서 신은 다른 것들이 배제된 몇몇 사람들과 장소들 안에만 숨겨진 비밀이다. 영성에서 신은 살아 있는 모든 것에 드러난다.

다른 비밀들은 믿음이 아니라 안전에 관한 것이다. 내가 대학에 다니던 1955년에 몇몇 용감한 여성들이 이 나라에서 최초의 레즈비언 시민권 및 정치권 단체인 '빌리티스의 딸들Daughters of Bilitis'을 만들었다. 이런 식으로 공개적으로 나서는 일은 용기가 필요했다. 동성애는 여전히 법에 위반되는 것이었기에, 항상 그랬던 건 아니지만 단속될 가능성이 있었다. 1980년대만 해도, 맨해튼 최고의 댄스 클럽 '보니 앤 클라이드' 같은 흥겨운 분위기의 레즈비언 바들은 다른 바들처럼 위장하거나 경찰의 보호를 받기 위해 돈을 지불하기도 했다. 수많은 레즈비언들은 가족의 추방부터 프로이트의 이론까지, 일자리를 지키기 위해 성 정체성을 숨기는 것부터 커밍아웃해 자기 자식의 양육권을 빼앗기기까지 모든 일을 겪고 살아남았다. 일반 여성을 향한 폭력을 견디는 것 외에도, 이들은 처벌로써 혹은 이성애 "전향" 수단으로써 성폭력을 당할 부가적인 위험에 직면했다. 어떤 레즈비언도 완전히 안전하지 않았지만, 전통적인 가족이 없는 레즈비언의 경우 비밀 공동체는 더 나은 안전과 선택한 가족을 의미할 수 있었다.

나는 길에서 RV를 타고 여행하는 커플들을 만나, 전국 유랑 그룹 'RV 여성들'이 캠핑장과 공동체를 제공한다는 것을 알게 되었다. 다른 모임들은 규모가 크고 일정한 계절에 주기적으로 열리는데 가장 유명한 것은 '미시건 여성 음악 축제Michigan Womyn*'s Music Festival'였다. 1976년부터 2015년까지 수천 명의 여성과 소녀 들이 레즈비언이든 아니든 함께 모여, 8월 한 달 내내 또는 얼마간이라도 남자 없는 미시건 숲의 수만 평방미터에서 캠핑을 하면서, 음악·시각예술·스포츠를 안전하고 자유롭게 경험하는 축제였다. 다른 비밀들은 작지만 영속적인 것으로, 플로리다에 있는 레즈비언은퇴 공동체나, 캘리포니아의 한 커플이 자신들의 비전으로 노화에서 호스피스까지 아우르는 시설로 만든 '마지막 횃대Last Perch' 같은 것을 들 수 있다.

2001년에 나는 애리조나 주의 투손 근처에서 여성 전용 트레일러 주차장을 발견했다. 매일 바뀌는 안전 번호를 입력하여 이중문을 지난 다음 역사상 존경받는 여성들의 이름을 딴 거리에 이르렀다. 갑자기 내가 엠마 골드만로路와 거트루드 스타인길이 만나는 모퉁이에 살거나, 도로시 하이트로를 따라 엘리너 루스벨트길까지 가는 상상을 할 수 있었다. 트레일러가 나란히 줄지은 열의 중앙에는 여성들이 모여서 북클럽 모임이든 도박이든 모든 것을 할 수 있는 클럽하우스가 있었다.

---

* 여성의 복수형 'women'을 성 차별을 피한 새로운 철자로 고친 것.

이제 안전을 위해 비밀이 필요한 일은 줄었고, 미국의 최소한 몇 몇 지역에서는 레즈비언 커플과 그 아이들을 여타 가족들처럼 대한다. 인터넷상에는 게이·레즈비언·양성애자·트렌스젠더를 위한 더 큰 규모의 공동체로 LGBTQ 리조트와 은퇴 시설들이 있다.

하지만 우리가 여성으로 태어나건 여성으로 성장하건, 우리 중 다수는 여전히 남성과 함께 있을 때보다 여성끼리 있을 때 더 안전하다고 느끼고, 그 느낌은 남성이 남성이나 여성에게서 느끼는 안전함보다도 더 확실한 안전감이다.

위험이 존재하는 한, 비밀은 존재할 것이다.

그러나 무엇보다 내가 비밀의 힘을 발견하게 된 것은 농장의 이민 노동자들 덕분이었다. 그들이 없었더라면 나는 아직도 예전에 아버지의 차 안에서 보았거나 지금 나의 방랑길에서 보는 미국의 모습이 전부라고 믿고 있을 것이다.

I.

1960년대가 거의 끝나갈 무렵, 나는 겁을 먹은 데다 내 능력 밖의 일임에도, 알지도 못하는 남자 세자르 차베스의 요청을 받고 자원 활동을 하러 캘리포니아행 비행기를 타고 간다. 세자르가 조직한 신생 조합은 농장 노동자 전원의 임금 인상을 시도하고 있는데, 농장주들은 대화에 응하지도 않았다. 이에 세자르는 소비자 포도 불매운동을 부르짖으며 공개적인 지지를 구했다. 보복 조치로 농산물업체는 멕시코 이민자를 이용해 파업을 중단시키려 했고, 세자르는 두 나라 국경지대 양쪽에서 출발하는 항의 행진을 조직했다. 멕시코와 캘리포니아에서 출발한 농장 노동자들은, 이름 자체가 두 나라를 섞은 마을인 칼렉시코Calexico에서 만나 대규모 집회를 열고, 한 나라의 가난한 사람들이 다른 나라의 가난한 사람들에 맞서는 수단으로 더 이상 이용당하지 않겠다고 선언할 예정이었다.

문제는 언론 보도이다. 인근 공항에서 몇 시간을 차로 이동해야 하는 데다 40도가 넘는 사막의 열기는 모든 미디어의 관심을 꺾어 놓았다. 이 역사적인 사건은 아무도 듣는 이 없는 숲에서 쓰러지는 한 그루 나무와 같다. 나는 어떻게 해야 할지 아무 생각도 떠오르지 않지만, 세자르가 부드러운 말투로, 그러나 다급한 태도로, 당신이 어떤 곳에 있어야 한다고 말하면 당신은 그곳에 있어야 한다.

로스앤젤레스 공항에서 나는 마중 나온 조합 남성의 낡은 차를 타고 행진하는 사람들을 따라잡기 위해 밤새도록 달린다. 멀리서, 사막을 가로질러 길게 뻗은 리본 같은 아스팔트 도로 위로 마침내 수백 명의 노동자들과 그 가족들이 보인다. 그들이 메고 가는 가마 위에서 '과달루페의 성모 마리아'가 흔들거리고, 현수막은 열기 속에서 신기루처럼 아른거린다.

유명한 지지자들이 있어야만 미디어의 관심을 끌 테지만, 농장 노동자의 이익을 위해 싸울 단 한 명의 국민 정치 지도자인 바비 케네디는 1년 전 외로운 총잡이에게 암살당했다. 이제 나는 행진 경로에 있는 주유소와 모텔에서 세자르의 이름으로 유명 인사들에게 전화를 한다. 여러 영화배우들이 정중하게 혹은 깊은 유감을 표하며 거절한다. 캘리포니아 상원의원 조지 머피의 거절은 놀랄 일도 아닌 것이, 멕시코 사람들은 "땅에 가깝게 발육"되었기 때문에 농장 노동자로 일한다고 말한 적이 있는 인물이었기 때문이다.

처음으로 수락한 사람은 랠프 애버내시Ralph Abernathy 목사로, 작고한 마틴 루터 킹 주니어 박사와 함께 행진했던 시민권 운동 전문가이다. 내가 그에게 농장 노동자 가족 집에서 지낼 수 있을지 묻자 침묵이 흐른다. 잠시 후 그는 오랜 세월 운동의 피로가 가득한 목소리로, 냉방 시설이 갖춰진 모텔 방이 필요하다고 말한다. 수차례 통화한 끝에, 상원의원 월터 먼데일·테드 케네디·존 터니에게서 우리가 국경에 도착할 때 나타나겠다는 약속을 받는다. 이 모든 결과로 마침내 몇몇 기자들이 취재에 응하지만 그들은 지독히 더울 경우 텔레비전 카메라가 작동하지 않을 수 있다고 경고한다.

긴 행렬들이 국경 양쪽에 가까워지자 트레일러가 멈춰 서 무대가 된다. 세자르는 트럭 위로 올라가 행진하는 사람들을 향해 확성기를 통해 큰 소리로 외친다. 마침내 두 행렬이 만나서 얼싸안을 때, 나는 눈물이 차오르다가 곧바로 사막의 열기에 말라버리는 것을 느낀다. 애버내시 목사와 상원의원들은 모든 농장 노동자를 위한 최저 생활 임금의 필요성에 대해 군중에게 연설한다. 카메라가 돌아간다. 집회는 전국적인 뉴스가 된다.

하루가 지나 뉴욕으로 돌아오자, 내가 탄 택시 운전사조차 이 '가난한 사람들의 행진'에 대해 알고 있다. 나는 이 일이 내게 얼마나 큰 의미가 있는지 깨닫고 놀란다. 비밀이 되어서는 안 되는 비밀을 누설하는 것보다 더 큰 보상은 드물다.

그렇지만 나는 조급함과 우려 때문에, 새로 발급받은 아메리칸 엑스프레스 카드로 꽤 많은 돈을 모든 이들의 모텔비로 지불했다. 아마도 내가 갚지 못할 정도의 금액일지 모른다. 나는 애버내시 목사의 목소리에 가득했던 피로를 기억하며, 오랜 세월의 운동에서 살아남기 위해선 자기가 필요한 것을 말해야 한다는 사실을 깨닫는다. 또 카드 중개인이 문 앞까지 와서 내 카드를 압수하자 비로소 수금의 마지막 단계를 알게 된다.

친구들은 나를 대신해 걱정하지만 나는 희한하게 멀쩡하다. 결국 수금원들은 내 어린 시절의 한 요소였다. 다시 한 번 실감한다. 내가 아버지의 딸임을.

내가 그 행진에 참여한 단 한 가지 이유는 몇 주 전에 한 대학 동창이, 농장 노동자 조합에서 간호사로 일하는 매리언 모제스라는 사람이 우리 집 소파에서 잠을 자도 되는지 물었기 때문이다. 매리언은 소비자 불매운동을 조직하기 위해 뉴욕으로 오는 중이었고, 실제로 캘리포니아 포도가 동부 전 해안에 상륙하는 것을 막으라는 세자르의 명령을 받았지만 식비를 대기에도 빠듯한 주머니 사정 때문에 숙소를 구할 돈이 없었다. 나는 승낙했다. 내가 이 조직에 들어가게 될 줄은, 그것도 평생 관여하게 될 줄은 전혀 몰랐다.

매리언의 절박함은 즉시 전염되었다. 조합에 가입한 농장 노동자 두 명이 "사고로" 밭에서 치었고, 관할 캘리포니아 보안관 두 사람은 조사를 거부했다고 그녀는 설명했다. 나는 즉시 두 보안관에게 전화해서 기자라고 밝히고 아직 연방 집행관들이 도착하지 않았는지 물었다. 물론 현장으로 떠난 집행관은 없었다. 남부에서 흑인 아이들을 새로운 인종차별 정책 폐지 학교로 보낸 사람들은 케네디 대통령의 명령이 있어야만 행동에 나섰다. 이제 닉슨 대통령은 포도 수 톤을 베트남의 미군에게 수송하라고 명령함으로써 농장주들을 지원하고 있었다. 그래도 매리언과 나는 연방 집행관이라는 말만으로 보안관들이 할 일을 하게 만들기를 바랐다.

그런 행운은 오지 않았다. "아뇨, 여기는 아직 공산 국가가 아닙니다!"라는 답변이 돌아왔다.

그러자 매리언은 내게, 포도를 파는 뉴욕 슈퍼마켓 밖에서 같이 피켓을 들 수 있을지 물었다. 나는 작가로 정치 캠페인에서 자원활동가로 일하고 있었지만, 대중 앞에서 연설한 적도 없었고 일렬로 피켓을 들고 소리 질러본 적은 더더욱 없었다. 내가 바보같이 느껴졌다. 의심 많은 뉴욕 사람들에게 나는 농장 노동자가 아니라, 빈곤 속에서 수확된 음식을 먹지 않으려는 소비자라고 설명해야 했다. 우리가 저임금, 위험한 살충제, 밭의 비위생적인 노동 조건에 대한 인쇄물을 배포하자, 슈퍼마켓 포장 담당 남성들이 임무를 받고 나와 "아가씨, 당신 포도를 눌러버리고 싶은데!" 같은 놀림으로 우리를 희롱했다. 세자르의 수석 교섭인인 돌로레스 후에르타가 뉴욕에 왔을 때에야 나는 피켓 시위가 거리 공연처럼 예술이 될 수 있음을 목격했다. 그녀는 위엄 있는 행인들이 걸음을 멈추고 자기 이야기를 듣게 만들었을 뿐 아니라, 우리와 함께 "비바 라 우엘가Viva la huelga! 우리의 파업이여 계속되라!"를 외치게 했다.

곧 캘리포니아에서 온 조지 카탈란이라는 노년의 필리핀 농장 노동자가 우리와 합류했다. 그는 가족이 없기 때문에 조합 지원으로 뉴욕에 오겠다고 자원했다. 이민 노동자로 필리핀에서 들여온 젊은 남자 세대와 마찬가지로, 그리고 철도를 깔기 위해 중국에서 들여온 이전 세대와 마찬가지로, 그는 다른 인종 간 결혼 금지법 때문에 자신이 속한 인종 이외의 사람과 결혼할 수 없었지만 신부를 데려오기에는 돈이 부족했다. 지금은 부엌도 없는 브루클린 노동자 센터의 간이침대에서 잠을 자고 있는데, 불매운동 팀원을 위해 필리핀 음식을 요리하고 싶어 했다. 그는 요리를 좋아했다. 그가 내 부엌을 쓸 수 있을지 물었을 때, 나는 이 집에서 4년을 살면서도 오븐이 고장 난 것도 몰랐다고 설명해 그를 웃게 만들었다. 그는 곧 내 비좁은 레인지 위에서 엄청난 양의 음식을 만들었다.

문득, 처음에는 소파더니 이제는 부엌이구나 싶은 생각이 들었지만, 매리언과 나는 공감하는 기자들을 찾아내는 데 곧 정신을 빼앗겼다. 오로지 언론만이 세자르와 노동자들을 상대로 한 위협과 불매운동에 관심을 불러일으키고, 이 문제를 비밀에서 공적인 이슈로 바꿀 수 있을 것처럼 보였다. 잡지《룩Look》의 편집자는 오렌지 주스 광고주가 광고를 철회할지 모른다는 두려움에 이민 농장 노동자에 관한 기사를 오래전에 거절했다. 대신 나는 세자르와 인터뷰를 해서 객관적인 보도로 가장하지 않고 세자르의 말만 싣게 해달라고 제안했다. 이후 오렌지 주스 광고주는 광고를 취소해 잡지 폐간에 기여함과 동시에 광고의 그다지 비밀스럽지 않은 영향을 내가 배우는 데도 기여했다.

돈을 모으고 대중 의식을 높이기 위해 매리언과 나는 카네기홀 자선 행사를 조직해 연예인과 정치 지도자들이 농장 노동자들의 삶에 대한 이야기를 큰 소리로 낭독하는 순서를 넣었다. 1969년 7월, 포도 불매운동이 가시화되고 캘리포니아에서 계속되는 소란으로 세자르는《타임》의 표지 인물이 되었다.

우리는 많은 진전을 보았으나, 이는 제자리에 접근한 비밀의 서막에 불과했다.

앨라배마 출신의 젊은 아프리카계 미국인 미치Mitch는 세자르와 흑표범단 양쪽의 프로그램과 방법론을 배우고 있다. 그는 내가 사는 곳에서 두 시간 거리에 있는 롱아일랜드의 이민 농장 노동자 캠프에 와줄 수 있는지 묻는다. 나는 곧잘 롱아일랜드의 매혹적인 해안가 마을을 산책하고, 넓은 해변을 감상하고, F. 스콧 피츠제럴드 소설에서 튀어나온 것 같은 햄튼의 고풍스러운 대저택들을 바라보곤 했다. 내 눈에 보이지 않는 것은 생각해보지도 않았다.

여름이 끝나갈 무렵 우리는 북적이는 다리를 건너 도시를 벗어나 고속도로를 타고 교외를 지난 뒤, 아스팔트 도로와 시골 흙길에 이어 마침내 리버헤드 근처 농지의 바퀴 자국이 깊이 난 길을 달린다. 나무 그늘 아래로 보이는 길쭉한, 금방이라도 무너질 것 같은 헛간에는 문이 덜렁거린다. 안에는 매트리스만 놓인 철제 간이침대들이 줄지어 있다. 헛간 근처 시멘트 바닥에는 오래된 주크박스와 되는대로 지은 작은 가게가 있다. 이곳은 이민 노동자들이 사는 여러 캠프 중 하나라고 미치가 설명한다. 음식·맥주·와인은 마을보다 여기서 더 비싸고, 주크박스에서 트는 노래는 한 곡당 1달러이다. 급료는 이래저래 공제되는데, 한철 일할 노동자들을 데려오는 시외버스 요금까지 공제된다. 이러한 이유로 미치는 지역 사회에서 중고 의류·침구·음식을 수집하고 있다.

우리는 가지고 있는 모든 것을, 대부분 남부의 흑인 싱글남들이고 푸에르토리코 가족들도 일부 포함된 미치의 지기들에게 나눠준다. 멀리 의자에 몸을 기대고 앉은 노동자 보스가 감시하는 눈길 하에. 미치의 설명에 따르면 이 주변 이민 노동자들은 수십억 달러 규모의 농산물업체가 생산하는 온갖 종류의 채소·과일·허브·꽃을 수확한다. 이 캠프는 롱아일랜드에서 유명한 감자를 수확하고, 세척하고, 포장하는 일에 주력한다. 노동자들은 해 뜰 무렵 트럭에 올라 하루 종일 일하고, 해 질 무렵 트럭을 타고 이 캠프로 돌아온다. 현금이나 차가 없으니, 이들은 바든 교회든 해변이든 이 섬에 있는 다른 곳에 가본 적이 없다. 외국에 있는 것이나 마찬가지인 셈이다.

나중에 노인 조지 카탈란이 이 캠프들을 보고는, 제2차 세계대전 중 일본계 미국인들이 억류된 캘리포니아의 막사보다 열악해

길 위의 인생

보이고, 현재 이민 농장 노동자들의 집보다도 열악해 보인다고 말한다. 내 생각에 이 캠프들은 『분노의 포도』에 나온 집보다도 열악한 것 같다. 이곳에는 백인 노동자들이나 심지어 갱단의 보스도 없고, 단연코 헨리 폰다의 역할도 없다.

어머니가 말했듯, 어떤 사람들에게 대공황은 결코 끝나지 않는다.

미치는 기부받은 음식과 옷들을 나누어주기 위해 더 애쓴 이후에, 총이 있는 차에 타고 있다는 이유로 체포되었다. 총은 미치의 것이 아니고 총 주인은 체포되지 않았음에도. 롱아일랜드 경찰의 일부는 최남부 지역에서 선발되어 왔다. 나는 미치의 보석금을 마련하지만 일주일 후 그가 캐나다에서 건 전화를 받고는 놀라지 않는다. 나는 그가 여기서 그랬듯 그곳에서도 똑같은 행동가일 것이고 괜찮은 인생을 살 것임을 알지만, 이 나라는 위대한 마음을 지닌 한 사람을 잃었다.

우리가 가장 잘 안다고 생각하는 곳에 비밀이 숨겨져 있을 리 없다는 말을 나는 절대로 다시는 믿지 않을 것이다.

매리언이 내 소파에서 자고 간 이후로 40년간 세자르 차베스, 돌로레스 후에르타와 다른 지지자들은 지역 노동 기준뿐 아니라 전 국민의 의식을 고양시킨다. 그들은 이민 농장 노동자들의 어려운 상황을 점점 더 밖으로 드러낸다. 다른 한편으로 밀입국 노동자들의 수가 증가함에 따라, 그리고 이들이 남부와 중서부 주로 이동하여 식당 일·건설·조경·보육·노인 간호 등의 틈새시장을 차지함에 따라 이들에 대한 반감도 커지고 있다.

9·11 테러의 공포 이후, 외국인에 대한 일부 미국인들의 두려움

이 계속 커지고 있음은 두말할 나위 없다. 담보 대출의 거품이 터져 경제 대침체를 촉발함으로써 이민 노동자의 수가 감소하고 있음에도 이 두려움은 여전하다.

애리조나·앨라배마·조지아 주에서 불법 이민자를 학교와 주택과 심지어 병원에서까지 차단하는 법이 통과된다. 그사이에 무장된 벽이 멕시코 국경 쪽으로 더 높이 올라가, 예전에 흔히 그랬듯 한철 일하러 온 불법 노동자들이 아이러니하게도 집으로 돌아가기가 더욱 힘들어졌고, 이 나라는 '황금 감옥'이라 불리는 상황이 되었다. 애리조나 교육 관계자들의 외국인 혐오가 너무 심해져 고등학교에서 멕시코계 미국인 연구 프로그램을 제외시켜, 그들이 "민족 연대"를 일으키지 못하게 하려 한다. 일부 학생들은 항의의 표시로 자신의 몸을 책상에 결박한다. 또 점점 증가하는 미국에서 태어난 아이들은 나중에 집에 돌아왔을 때 가족들이 사라지지 않았을까 두려워하며 등교한다. 불법 이민자의 절반이 여성이고 그중 80퍼센트는 미국 시민권을 가진 아이들을 둔 형편이어서, 이는 엄청난 공포가 된다. 내가 이 글을 쓰는 동안 이민에 반대하는 정치인들이 더 높은 장벽을 세우겠다고 약속하고 있다.

그런 와중에 나는, 처음으로 교과 과정에 멕시코계 미국인 연구 프로그램을 넣어달라고 요구하는 캘리포니아와 텍사스의 고등학교 학생들과 교사들을 만나기 시작한다. 정확히 말하면 애리조나에서 시위하는 학생들로 촉발된 언론의 관심 때문이다. 그뿐만 아니라 히스패닉계 미국인 유권자들이 빠르게 증가하는 선거 요소가 되고 있어, 불법 이민자들에게 적대적인 몇몇 정치인들이 패배하고 있다. 여론 조사에 따르면, 대다수의 미국인들은 이 나라의 경제가 거의 1천2백만 명에 달하는 불법 노동자들 없이 제대로 돌아갈 수 있다고 믿지 않으며, 혹은 불법 이민자 전원 강제 추방이 가능하리라고 믿지 않는다. 또 고령화되는 미국 인구는 가사와 의료 분야에서 이민 노동자 수백만 명을 더 필요로 하리라 예측된다. 지역 유기농 육류와 농산물을 원하는 소비자들도 이 원칙적인 입장을, 우리의 음식을 수확하고 제공하는 사람들에 대한 공정 지불 및 공정 대우와 연계시키기 시작하고 있다.

달리 말하면, 미래는 바람에 나부끼고 있다.

내가 확신하는 것은 단 하나이다. 당신이 바로 지금 이 책을 읽고 있는 곳에서 차로 갈 수 있는 거리에 집에서 멀리 떨어져 일하는 이민 농장 노동자들의 비밀스러운 세계들이 있고, 집을 잃을까 두려워하는 이민자들이 있다. 서부 해안에서 동부 해안까지, 이 사람들이 바로 옆에 있는 우리의 비밀들이다.

II.

제2차 세계대전을 다룬 영화관 뉴스는 어린아이였던 나에게 악몽을 안겨주었고, 반전 시위는 어른이 된 나에게 영감을 주었고, 이제 나는 적어도 평화주의자가 되기 위한 훈련 중에 있다. 하지만 1993년의 어느 여름날, 나는 맨해튼 다운타운에서 군복을 입은 남성과 총을 든 여성 들 뒤에서 행진하게 된다. 어째서?

정답은 톰 스토더드Tom Stoddard이다. 나는 톰을 거의 10년 전에 어떤 맨해튼 법률 회사의 자선 행사장에서 만났는데, 그곳은 정장 구두·사냥 사진·레이건 지지자들이 집결한 본거지였다. 톰은 '람다 법률 지원 및 교육 기금Lambda Legal Defense and Education Fund'을 이끌고 있었고, 어떻게 했는지는 몰라도 이 보수적인 법률 회사를 설

득하여 게이·레즈비언·양성애자·트렌스젠더·에이즈 보균자 들
의 권리를 변호하는 자신의 단체를 지원하게 했다.

때는 1980년대였다. 여전히 종교 지도자들은 에이즈를 "신이 내
리는 형벌"로 불렀고, 사망 기사는 에이즈라는 사인을 감추었는데
죽어가는 이들이 얼토당토않게 젊을 경우에도 마찬가지였다. 동
성애 혐오는 여전히 막강해서《뉴욕타임스》조차 '동성애 혐오'라
는 단어를 아직 사용해야 했다. 나는 어떻게 톰이 이런 문들과 지
갑들을 열게 만들었는지 궁금했다.

톰을 만난 것만으로도 이해가 갔다. 그는 보자마자 믿음이 가는
사람으로, 부모뻘 되는 이라면 아들로, 곤경에 빠진 고객이라면 변
호사로 삼고 싶을 타입의 젊은이였다. 그는 거리 시위를 이끌고 법
정이나 의회에서 맹렬하게 논쟁하는 데 능했지만, 집중과 배려로
한 사람 한 사람의 말을 경청했기에 마치 한 그루 다정한 나무 모
양으로 몸을 부드럽게 앞으로 기울인 것처럼 보였다.

곧 우리는 뉴욕과 뉴저지를 대표한 에이즈 위원회의 회원으로
자주 만났다. 매일 아침 테이크아웃 커피를 들고 도착해 다른 임
원들과 앉아서 가장 두려운 질문들을 대면했다. '뉴욕의 고용주들
은 직원이 에이즈에 걸렸다고 말할 경우 어떤 정책을 따라야 하는
가? 우리가 뉴저지의 병원에서 일하는 사람들에게 에이즈 관련 규
정을 준수하면 위험하지 않다고 장담할 수 있는가? 집에서 죽어가
는 이들이 몸이 너무 약해져서 사랑하는 반려 동물을 돌볼 수 없을
때, 어떻게 계속 함께할 수 있을까? 가난한 여성들 가운데 에이즈
감염자가 늘고 있는 현실에 비추어볼 때, 팸퍼스와 탐팩스(여성들
이 사는 대부분의 가정에 들어가는 기저귀와 탐폰 제품명)의 제조사들
에게 영어와 스페인어로 된 에이즈 관련 정보를 넣도록 어떻게 설

득할 것인가?'

각 질문에 대해 톰은 인내심을 요구했지만 지나치진 않았다. 에이즈는 게이가 걸리는 병이라고 인식되던 때에도 톰이 늘 여성을 실제 감염 가능한 이들로 포함시키는 것에 대해 내가 감사를 표하자, 그는 자신이 게이라는 사실이 다른 인간 조건의 일부처럼 선물일 뿐 아니라 백인 남성으로 혜택 받은 삶에서 벗어나는 길이기에 소중하게 가치를 둔다고 설명했다. 그는 스스로 비주류에 속한 덕에 다른 비주류의 사람들이 어떤 느낌을 갖게 되는지 알고 있었다.

어느 날 아침, 가톨릭 대교구에서 온 직원이 우리 위원회를 찾아와 공립학교에서 콘돔이나 에이즈 정보를 나누어주어선 안 된다고 경고했다. 우리를 화나게 한 것은 그 직원이 말한 내용만이 아니라 말하는 방식이기도 했다. 마치 열등한 종에게 훈계하는 말투였다. 톰을 모르는 사람이라면 그가 또박또박 말하는 것을 듣고 별로 화가 나지 않았다고 오해할 수도 있었다. 반박할 때 그가 쓴 단어들은 미사일처럼 정확했다. 그러나 나는 톰이 딱 나만큼 화가 나 있다는 걸 알았다. 나는 종종 그러듯 화 때문에 울게 될까 두려운 나머지 침묵을 지키는 대신 이렇게 생각했다. '톰이 차분히 논쟁할 수 있다면, 나도 할 수 있다.'

그래서 나는 그렇게 했다. 이것이 톰이 사람들을 이끌었던 방식이다. 모범을 보이는 것.

1993년 현재 맨해튼 다운타운에서 톰은 다시 이런 방식으로 앞장서고 있고, 우리는 무장 군인들과 소규모 군악대의 뒤를 따르는 기묘한 행렬을 이루며 행진한다. 나는 톰이 총을 드는 것을 상상할 수 없지만, 그는 군대가 많은 사람들에게 밖으로 나가는 출구이자 위로 올라가는 계단임을 알고 있다. 그가 말하듯, "우리는 꿈꿀 수 없는 선택을 위해 혼신을 다해 싸워야 한다." 그는 이런 생각에 고무되어 워싱턴 D.C.에서 '군 복무 캠페인'을 이끌었는데, 새로 당선된 빌 클린턴 대통령이 캠페인 공약대로 게이와 레즈비언의 군대 차별을 종식시키는 것을 지지하는 캠페인이다. 뉴욕이 이들의 군 복무를 지지한다는 것을 보여주기 위해 우리는 군복을 입은 게이와 레즈비언과 함께 행진하고 있다.

아직도 톰은 사람들을 군에서 나오게 하는 대신 군으로 보내기 위해 노력하는 아이러니를 본다. 그가 피곤해 보이기 때문에, 또 그를 웃게 만드는 일은 언제나 그 자체로 보상이기 때문에, 나는 그에게 '평등하게 분배된 빌어먹을 노릇은, 불평등하게 분배된 빌어먹을 노릇보다 언제나 더 낫다'는 나의 일반 규칙을 말한다. 그가 웃음을 터뜨린다. 그리고 우리는 군대 음악에 맞춰 어떻게든 군대 느낌이 덜 나도록 춤을 춘다. 나는 톰에게 매주 워싱턴을 오가는 일이 힘들지 않은지 묻는다. 어쨌거나 그의 집은 5년째 동반자이자 역시 변호사인 월터 리먼과 함께 사는 이곳 뉴욕이고, 두 사람은 법적인 축복만 빼고 모든 이들의 축복을 받으며 최근에 결혼식을 올렸다. 톰은 내 질문에 그렇다고, 특히 지금 더 많은 휴식이 필요하기 때문에 더 힘들다고 말한다.

그리고 갑자기, 심장이 멎는 한순간 나는 이전에 알지 못했던 사실을 알게 된다. 그가 자신의 미래를 가로막게 될 비밀을 털어놓고 있다.

나중에 우리는 한 번 더 긴 저녁식사를 함께한다. 톰은 평소처럼 열광적인 모습으로 돌아와 계획을 세우고, 전술을 이야기한다. 그는 나에게 월터가 제인 오스틴 소설을 아주 잘 아는 학자라고, 마치 나중에 우리를 소개할 것처럼 말한다. 톰 자신의 일은 클린턴 대통령의 "묻지도 말고, 말하지도 말라" 정책이라는 씁쓸한 타협안으로 종결되었지만,* 톰은 비밀은 결코 용납될 수 없으며 캠페인은 계속될 것임을 분명히 한다.

나는 그를 회의와 행진에서 몇 차례 더 본다. 그는 허약해 보이고 항바이러스 약봉지를 갖고 다니면서도 여전히 일하고 있고, 여전히 사람들을 배려한다. 그러다 1997년 48세의 나이에, 톰의 심장이 박동을 멈춰버린다. 믿기 힘든 현실에, 내 심장의 박동이 더 힘들어진 느낌이다.

나는 그의 친구들과 추모식에 참여한다. 모든 사람이 톰에 관해 이야기한다. 좋은 소식은 우리 모두 이전보다 그에 대해 훨씬 더 많이 알고서 떠난다는 것이다. 나쁜 소식은 그가 미국 대통령을 포함해 무엇이든 될 수 있었으리라는 사실도 우리가 알게 된 것이다.

이 새로운 세기에 톰의 제자들은 이제 그들 자신이 변호사와 행동가가 되어 지금껏 만난 스승 중 톰이 최고였다고 말한다. 그는 제자들에게 법률 소송은 설령 지더라도 의식을 변화시키고 이긴다면 삶을 변화시키기 때문에, 투쟁할 가치가 있다고 가르쳤다. 그는 살아서 자신의 동성결혼이 법적으로 평등해지는 것을 보지 못했지만 동성결혼의 법적 평등을 모든 사람이 볼 수 있도록 살아냈다.

톰은 우리를 법적인 비밀에서도, 내면화된 비밀에서도 해방시키고 싶어 했다. 자신의 본질적인 부분을 여전히 숨길 수밖에 없

---

* 1993년 클린턴 대통령은 동성애자 군 복무 금지 조항을 완화할 취지로 "묻지도 말고, 말하지도 말라" 정책을 도입해 동성애자임을 밝히지 않은 동성애자의 군 복무를 암묵적으로 허용했으나, 2010년 동성애자 인권단체의 소송으로 이 법이 헌법상 표현의 자유를 침해한다는 연방 법원 판결이 나왔으며, 의회를 통과한 폐지안에 2011년 오바마 대통령이 서명했다.

는 모든 사람들을 생각할 때면, 나는 우리에게 여전히 톰이 필요하다는 사실을 깨닫는다. 나는 스스로 질문한다. "톰이라면 어떻게 할까?"

III.

1971년 초의 어느 날, 나는 '전국 복지 권리 기구National Welfare Rights Organization, NWRO'을 이끄는 조니 틸몬Johnnie Tillmon의 긴급 전화를 받는다. 싱글맘인 조니는 복지 혜택 확대의 열혈 지지자이다. 그녀의 지적대로 자기가 어린 자식들을 키울 수 없다면 정부가 기관이나 입양 제도에 더 많은 비용을 대야겠지만, 실제 어머니들은 그런 비용의 일부도 받지 못한다. 조니는 《미즈》 창간호에 복지 체계에 대한 치명적이고 우스꽝스러운 분석 글을 기고했다. 조니는 복지 체계를 당신의 침대 밑에서 다른 남자의 신발이나 찾고, 끝없는 서류업무로 당신의 삶을 통제하고, 먹고살기 빠듯한 수당을 찔끔찔끔 나눠주는 막강한 권력자 남편에 비유했다.[2] 말하자면 사회 정책에 대한 최초의 페미니스트 분석을 완수했던 것이다.

조니는 전화 통화로, 성매매업소를 합법적으로 허가하는 유일한 주인 네바다가 이중 장애물을 내놓았다고 설명한다. 몇몇 학자들과 체포에 신물 난 성매매 여성들의 새로운 연합에 의해 이제 성매매가 "성 노동sex work"으로 표현되면서, 일부 네바다 복지 관리들이 복지 수당 수급 어머니들이 이 합법적 성매매 노동을 수용하지 않으면 복지 수당이나 실업 수당을 지급받지 못할 것이라고 얘기한다는 것이다. 복지 수당을 받는 몇몇 어머니들은 레노 바로 동쪽에 있는 네바다의 첫 인가 성매매업소 '머스탱 랜치Mustang Ranch'

로 가라는 지시를 받는다. 조니는 네바다 주가 복지 수당 삭감으로 경비를 줄이려 하고, 복지 수당 수급 어머니들을 성 관광 상품으로 둔갑시키려 한다며 불같이 화를 낸다. 그래서 성매매업소 밖에서 반대 시위를, 라스베이거스에서 대규모 행진을 조직하고 있다.

이런 이유로 플로 케네디와 나는 전혀 생각지도 못했던 머스탱 랜치에서 피켓을 들고 서게 된다. 지역 기자들이 들려준 말에 따르면, 폭이 두 배로 넓은 각 트레일러 안에 여성들이 고객의 선택을 기다리며 줄을 선다. 제공 서비스 목록은 메뉴에 인쇄되어 있다. 남녀차별과 인종차별이 항상 함께 가는 것을 증명이라도 하듯, 여성은 어떤 남성이라도 거절할 수 없으나, 물론 남성이 흑인이 아닐 경우에 한해서이다. 흑인 남성일 경우 거절한 여성은 "상관하지 않는" 다른 여성으로 교체된다. 플로와 나는 그저 서로 바라보기만 했다. 기괴하기 짝이 없는 일이다. 성매매업소 주인 조 콘포트가 도착해서는, 지원금으로 먹고사는 게으른 복지 수당 수급 여성들과 비교하는 건 힘들게 일하는 자기 여자들에게 모욕이라고 기자들에게 말한다.

다음 날 라스베이거스의 고급 카지노와 호텔에서 우리는 몸싸움까지 해가며 슬로건을 외치고, 도박하는 이들을 방해하며 주변을 행진한다. 네온사인과 슬롯머신이 가득한 창문도 없는 방 안으로 현실을 가져가는 일에는 만족스러운 무엇이 있다고 말해야겠다. 플로와 나는 그날 밤 NWRO 친구들과 함께 흔치 않은 흑인 소유의 모텔에서 춤을 추고 축하하면서, 마치 우리가 영원한 지옥에서 풀려난 듯한 기분을 느낀다.

제인 폰다부터 시민권 변호사인 윌리엄 컨슬러에 이르기까지, 더 많은 사람들이 NWRO 여자들과 함께 행진하기 위해 비행기로 날아온다. 지역 복지 관리들은 미디어 보도에 당황하거나, 행진이 관광객을 방해하는 것을 걱정한다. 사람들은 현실에서 도피하려고 라스베이거스에 가는데, 복지 수당 수급 어머니들은 엄연히 현실이다. 마침내 머스탱 랜치로 떠밀려간 여성들을 포함한 수천 명이 복지 명단에 다시 오른다. 플로와 나는 승리감을 느낀다. 연방 감사원은 주 관리들이 많은 여성들을 복지 사기 혐의로 부당하게 비난했다는 사실을 밝혀내고, NWRO 여성들은 이것이 관광객 유인용 성매매를 확장하고 정부 돈 지출을 축소하는 방편임을 여전히 확신한다.

나는 말이 결과를, 즉 아주 실용적인 비밀을 갖는다는 사실을 깨닫고 있다. 만약 성매매가 다른 직종처럼 "성 노동"이라는 하나의 직업이라면, 여성들은 그 일을 하도록 요구받을 수 있다. 남성도 마찬가지이다. 또 플로의 말대로, "섹스가 일이 되어서는 안 된다." 말의 무게를 생각해보면, '성매매여성prostitute'이라는 딱지가 온전한 개인을 감춘다는 사실도 깨닫게 된다. 플로와 나는 한 개인과 그 과정을 뚜렷이 드러내기 위해 '성매매를 당한 여성prostituted woman'이라는 말을 쓰기 시작한다. 미국에서 성매매에 진입하는 평균 연령은 12세에서 13세 사이라고 한다. 즉 성매매를 당하는 여성의 평균 안에 또 다른 비밀이 있을 수 있다는 사실을 의미한다. 바로 성매매를 당하는 아동이다.

화장품이나 반란처럼 만들어진 말이라고는 하나, 자본주의와 가부장제의 강제력은 '성 노동'이라는 용어를 좋아하는 것으로 드러난다. 2005년 무렵, 베를린에서 25세의 전직 웨이트리스가 실업 수당을 잃게 되었다는 기사를 신문에서 읽었다. 성매매업소는 독일에서 합법화되었는데, 이 젊은 여성은 섹스 서비스를 제공하는 일을 거부했다. 그녀는 훈련받은 정보 기술자이지만 웨이트리스 일을 얻을 용의가 있었다. 하지만 성기, 구강, 항문 삽입을 요구받는 "일"은 아니었다. 그러나 이제 그 일을 해야 할지 모른다. 뉴스 기사의 설명에 따르면, "독일의 복지 개혁에 따라, 1년 이상 일하지 않은 55세 이하의 여성은 (성 산업을 포함하여) 가능한 일을 하도록 강요받을 수 있거나 실업 수당을 잃게 된다. (……) 직업 센터는 성매매여성을 구하는 고용주들을, 치과의 간호사를 구하는 고용주와 동일한 방식으로 취급해야 한다."

이 기사에 인용된 성매매업소 여성 주인에게서도 동정심이라고는 눈곱만큼도 찾아볼 수 없다. 이 주인은 "다른 사람처럼 세금을 낸다"는 이유로, 정부 직업 센터가 자신을 위해 성매매여성을 공급해주기를 기대할 권리가 있다고 생각한다.[3]

성매매 합법화 여부에 대한 논쟁은 대개 합법화가 성매매당한 사람을 더 잘 보호하는지 여부에 달려 있는데, 이것은 개인이 성매매당하지 않을 선택권을 가진다고 가정하는 것으로, 가능성이 별로 없는 가정이다. 그러나 비밀은 이런 것이다. 만일 신체 침해가 다른 일들처럼 일이 된다면 누군가는 그 일을 하도록 강요받을 수 있다.

합법화는 매출 수십억 달러의 이 산업을 완전히 풀어놓는 것이기에, 현실적으로 포주·성매매업소 주인·인신매매업자 들이 원하는 바이다. 성매매당하는 사람들의 일부도 합법화를 원하는데, 합법화가 체포되는 상황과 자신을 빼내줄 포주와 성매매업자가 필요한 상황의—결국 두 감옥 사이의 선택—유일한 대안으로 보이기 때문이며, 또는 그저 약간의 자존감을 원하기 때문이다. 반대편의 극단에서 성매매의 범죄화는 온갖 이유로 지지를 받는다. 일부 종교는 출산 목적 이외의 성관계와 혼외 성관계를 전면 반대한다. 일부 사람들은 성 산업을 자신의 동네에서 몰아내려 한다. 그러나 범죄화와 합법화 사이의 양극화된 선택이야말로 문제다. 사실 탈레반 말고는 그 누구도 성매매당하는 사람들을 범죄자로 몰려고 하지 않는다. 늘 그렇듯 이분법은 그 사이에 있는 모든 현실들을 감춰버린다.

비밀은 제3의 길에 있다. 즉 성매매당하는 사람들은 비범죄화하고 서비스 및 대안의 생계수단을 제공하고, 성구매자는 범죄화하지 않고 전 세계 성산업 실태 교육을 받는 것으로써 벌칙을 부과하고, 성매매업자·포주·타인 신체 판매자는 범죄화하는 것이다. 스웨덴 모델 혹은 북유럽 모델로 알려진 이 법률과 사회 프로그램은 1999년 스웨덴에서 통과되었고, 이어 노르웨이·아이슬란드·북아일랜드·캐나다, 그리고 프랑스에서 2016년에 통과되었다. 이는 성매매당하는 사람과 성구매자 간 권력 차이를 인정한 유일한 법이기 때문에, 그 현실성으로 인해 일부 성매매당한 사람들이 스스로 원할 경우 이 업계를 빠져나가도록 도왔으며, 일부 성구매자들이 사실을 인지하도록, 또는 이 업계의 수요를 창출한 것에 부끄러움을 느끼게 만들었다.

그러나 어떤 식으로든 수요를 억제하는 것은, 전 세계적으로 성산업 폭리 획득자들이 언론과 돈의 온갖 권력을 사용해 반대하는 일이다. 우리가 노예시대로 여기는 때보다 지금 훨씬 더 많은 사람들이 섹스나 노동, 혹은 양쪽 모두를 위해 합법 여부를 떠나 매매된다는 사실은 비밀이 아니다.

지역사회 안에서 몇몇 사람들은 자신들만의 제3의 길을 찾는다. 내가 기억하는 한 아프리카계 여성 판사는 어느 야간 법정에서, 성

구매 고객이 체포되기 전까지는 어떤 여성에 대한 성매매 혐의 기소도 듣지 않겠다고 거부했다. 그 기소는 놀라울 정도로 재빨리 사라졌다.

그러나 도로변 호텔이나 모텔이 십 대 여성 매매를 전문으로 한다는 사실, 또는 성매매당한 여성의 평균 기대 수명이 전투 중인 군인의 수명보다 낮다는 사실, 알래스카에서 온 젊은 여성들이 배에 실려 미네소타에 팔려간다는 사실, 혹은 가출 소년들이 숙식을 위한 성 거래를 뜻하는 은어인 "서바이벌 섹스survival sex"에 의존한다는 사실, 포주가 성매매당한 사람들에게 문신으로 소유권을 표시하고 심지어 가격 코드까지 새긴다는 사실, 무작위 집단인 정신건강 전문가 6백 명 가운데 4분의 3이 성매매당한 사람들의 외상 후 스트레스 장애와 '피해자 없는 범죄victimless crime'로 불리는 것의 기타 장애를 치료한 적이 있다고 보고된 사실[4]은 여전히 비밀로 남아 있다.

플로 케네디와 내가 라스베이거스에 갔다 온 지 거의 40년이 지난 2008년, 나는 다시 그곳에 가기로 결심한다. 네바다는 여전히 성매매업소를 인가하는 유일한 주이고 40년간 업소 수는 증가했다. 이제 '성 노동'은 일반 용어가 되어, 그 말을 사용하지 않으면 이상하게 보고, 소외되고, 심지어 무례하다고 여기는 것이 정상이 되었다. 이를테면 세계 최대이자 가장 가난한 홍등가에 속하는 인도 콜카타의 소나가치를 가리키는 벵골어 표지판에서 유일한 영어 단어는 '성 노동sex work'이다. 그러나 아무도, 많은 사람들이 업소에서 태어나거나 그곳으로 팔려가는 현실에 대해 이의를 제기하지 않는다. 나는 인도의 대학생들도 홍등가 거주민들을 가리킬 때 그 단어를 사용하는 것을 들었다. 그럼에도 공사장에 벽돌을 나르거나 길에서 채소를 파는 인도 극빈 계층 여성 180만 명으로 구성된 조합으로, 단연코 빈곤 여성들의 가장 대표적인 단체라 할 수 있는 '자영업 여성 연합'은 성매매를 일반적인 직업군에 포함시키는 데 반대표를 던졌다. 이 연합의 창설자인 엘라 바트Ela Bhatt는 이렇게 말했다. "일은 경배이고, 고귀하며, 당당한 것이다."

한번은 라스베이거스에서 그곳의 성 산업에 대해 아는 한 친구를 만난다. 우리는 오후에 큰 호텔에 들어가 토플리스 바에서 한잔 하는 것으로 부드럽게 활동을 개시한다. 우리는 그냥 질문하러 온 사람이라고 소개하고서, 사업상 회의에 참석하러 올 남자들의 아내인데, 수년간 공장에서 일하느라 고생한 남편들이 안전하게 즐길 만한 곳을 찾고 싶다고 말한다.

뻔뻔스럽게 거짓말을 하면 이내 들통 나리라 늘 생각해왔음에도 우리는 남자 매니저를 이렇게 떠보았고, 그리고 통한다. 그는 우리에게 반라 폴 댄서 한 명과 쉬는 시간에 얘기해도 된다고 말한다. 그녀는 휴식하며 콜라를 마실 수 있어 기뻐 보이고, 교묘하게 배치된 세 개의 가리개 위로 숄을 끌어당긴 채 웨이트리스로 일을 시작했지만 곧 스트립쇼를 하지 않으면 해고당할 것이라는 말을 들었다고 설명한다. 이제는 '샴페인 룸'에 가는 것까지 동의하지 않으면 스트립쇼 자리도 잃게 된다고 한다. 그런 별실이 샴페인 한 병 값을 받고 랩 댄스lap dance를 추는 방이라고만 믿었건만 내가 순진하기 짝이 없음이 밝혀졌다는 걸 고백해야겠다. 그 방들은 신속한 섹스를 위한 용도로도 쓰였다. 그녀는 관례대로 한 번에 한 단계씩 성매매를 향해 끌려가고 있다는 것을 알지만, 돈이 필요하다.

말동무가 생긴 것을 기뻐한 덕에, 우리는 그녀가 아픈 어머니 때문에 돈을 벌기 위해 고등학교를 그만둬야 했지만 언젠가 정말로 영화 시나리오를 쓰고 싶어 한다는 사실을 알게 된다. 그녀는 이런 고급 호텔이 아니라 어머니와 원룸에서 살면서 겪은 진짜 라스베이거스의 자기 삶에 대해 말하고 싶어 한다. 결국 나는 내 이름까지는 아니더라도, 내 진짜 이메일 주소를 그녀에게 준다. 그리고 그녀가 일어나 무대 위로 올라 푸른 조명을 받고 가짜 미소를 지으며 갑자기 변신하는 모습을 바라본다.

그다음 우리는 렌터카를 타고 철저히 합법적으로 운영되는 대규모 지역 성매매업소 두 군데에 가서, 앞서 했던 것과 똑같이 나이 든 아내 이야기를 늘어놓는다.

첫 번째 업소는 커다란 모텔 같았고, 두 남성이 바에 앉아 순서를 기다리고 있다. 내 친구는 차에서 전화하러 밖으로 나가고, 나는 내가 본 것 중 최고로 높은 하이힐을 신고 비키니를 입은 검은 머리 젊은 여성과 이야기를 나눈다. 그녀도 내 얘기를 받아들이고, 자기 어머니가 남부에서 불법 성매매업소를 운영했고 그곳에서 자랐다고 말한다. 그곳 여성들은 어린 그녀를 돌봐주었는데, 그녀가 주위에 있을 땐 벽에서 가장 끔찍한 사도마조히즘 사진들을 떼어버렸다. 토플리스 바에서 만난 댄서처럼 꿈을 갖고 있는 그녀는 자기 방으로 가서 잡지에서 오려 붙인 삽화들로 가득한 공책 한 권을 가져온다. 그러고는 6학년 이후로 학교에 다녀본 적이 없지만, 자신의 '드림 북'이 디자이너로 취직할 수 있게 해주리라는 희망을 계속 간직하고 있다고 고백한다.

그녀는 이야기 도중에 두 차례, 고객과 잠깐 나갔다가 구강 청결제 냄새를 풍기며 돌아온다. 낮에는 주로 트럭 운전사들이 구강 성교를 하러 들른다고 설명한다. 내가 그녀에게 안전하다고 느끼는지 묻자, 관리자들이 각 방에 비상 버튼을 설치해놓긴 했지만 정작 악당을 만났을 땐 버튼을 누를 수 없었다고 말한다. "남자들이 위에 있으면, 꼼짝도 할 수 없어요." 그녀는 담담하게 말한다.

친구와 나는 다른 업소로 차를 몬다. 이곳은 높다란 철책 뒤에 일정한 간격으로 이동 주택들이 주차된 형태이다. 우리는 창문 없이 시멘트벽으로 된 바로 들어가, 벨트에 총을 찬 중년 남자에게 우리 이야기를 전한다. 우리를 믿는 눈치지만 자기 여자들의 인터뷰를 허용하지는 않는다. 고객들이 오기에 이른 시간이고, 우리가 시간대로 계산하겠다고 제안해도 소용없다.

대신 우리는 옆에 있는 바와 레스토랑으로 간다. 옆이라고 해도 사막 지대이기에 울타리 반대편으로 한 블록쯤 더 가는 거리이다. 성대하게 점심 파티를 하고 있지만 우리는 여자 주인에게 말을 건다. 내 친구가 예전에 만난 적이 있는 그 주인은 우리의 대화에 응한다. 그녀는 옆에 있는 성매매업소 주인을 알고 있고, 모든 사람들이 그를 안다. 그는 지역 관리들에게 돈을 주고, 이 주의 모든 판사들이 당선되도록 도왔으며, 늘 소지하고 있는 총으로 사람들을 겁준다. 그녀는 그가 마을에서 라면을 상자째 사는 모습도 본다. 그녀는 이것이 "그의 여자들"에게 먹일 식량임을 알고 있고, 그가 넉넉하게 먹일지 의심한 나머지 라면을 사서 여자들에게 울타리 너머로 던져준다. 이런 식으로 그녀는 그의 의혹을 피하면서 트레일러에서 사는 여자들을 돕고 있다.

또 우리는 점심을 먹고 나서 한 여성 지역 관리를 만나는데, 그녀는 상당한 위험을 감수하고 이 총잡이 성매매업소 주인에 맞서 증언했지만 그는 가벼운 보호 관찰만 선고받고 풀려났다. 이 관리는 다시는 그런 일을 하지 않겠다고 말한다.

우리는 밤이 되어서야 묵고 있는 호텔로 돌아온다. 관광 가이드들은 거리에서 총천연색 팸플릿을 팔고 있다. 어떤 것은 온통 아시아 여성 사진들이다. 또 어떤 것은 "성숙한 삼십 대, 사십 대, 오십 대, 육십 대 여자들+경험이 중요합니다"라는 문구로 69달러짜리 경험을 제공한다. 나는 탐색하는 아내 역할을 하고 있기에 이 서비스가 내 남편처럼 나이 많은 남성들을 위한 것인지 질문하지만, 가이드는 아니라면서 나이 든 남성들은 젊은 여성들을 원한다고 답한다. 이 서비스는 어머니와의 관계를 원하는 남성들을 위한 것이다.

나는 공항으로 가는 길에, 산부인과 검진 자세를 취한 여성들 사진이 든 잡지 판형의 성인 안내책자들을 더 집어 든다. 가장 많이 나오는 표어는 "20분 안에 당신 방으로 갈게요!"이다.

그러나 최악의 진실은 내가 콜로라도 덴버에 도착한 뒤에 밝혀진다. 나는 이곳에서 집을 빌린 친구들과 만나, 버락 오바마가 미국 대통령으로 당선되는 데 결정적인, 부동층이 두터운 이 주에서 대선 캠페인을 하기로 되어 있다. 모든 것이 라스베이거스의 번쩍거리는 불빛과 아주 멀어 보인다. 나는 어느 활동가에게 성매매와 인신매매에 대해 묻는다. 단지 이것이 대도시라면 어디서나 벌어지는 일이라는 이유로. 그녀는 내가 묻지 않았는데도 라스베이거스를 언급한다. 그곳은 성매매가 합법적이기 때문에, 매매된 소녀와 여성 들이 "훈련되는" 장소이다. 처녀일 경우 더 높은 가격에 팔리고, 처녀이든 아니든 집단 성폭행을 당하고, 격리 감금되어, 끝내 자신의 생존이 포주나 업주 손에 달렸다는 사실을 믿게 되는 것이다. 이 눈물의 트레일은 네바다에서 시작하여 콜로라도를 포함한 다른 주들까지 죽 이어진다. 라스베이거스에서 벌어지는 일은 라스베이거스에만 머물지 않는다.

또 나는 미국 대통령 선거에 나선 남성 후보들 가운데, "남성성"에 탐닉한 나머지 성을 구매할 것이라 상상할 수 없는 몇 안 되는 후보들 중 한 사람을 위해 내가 캠페인하고 있다는 사실을 깨닫는다. 결례를 범하려는 뜻은 없지만, 사실 전쟁 중의 아이젠하워부터 할리우드 스타 레이건과 텍사스의 "전형적인 백인 남자" 조지 W. 부시까지 다른 남성들은 지배하는 데 중독된 나머지 성을 돈 주고 사는 것을 상상할 수 있다. 리처드 닉슨조차 돈 많은 지지자 베베 레보조가 콜걸을 사줬다는 소문이 있었다. 닉슨 캠페인 비행기를 타고 내가 기자단과 여행하는 중에 기자들은 이 소문을 가지고 농담했다. 그들은 닉슨이 콜걸과 침실에 들어가 예상 소요 시간을 다 세고는, 그다음에 벌떡 일어나 그가 그토록 간절히 되고자 했던 "남자 중의 남자"인 척하는 모습을 상상했다.

그러나 버락 오바마는 다르다. 나는 오바마에게서 그런 공감 능력 부족을 상상할 수 없었다. 그는 상사였던 친구이자 동료와 결혼한 온전한 인간으로, 두 사람은 두 딸 역시 온전한 인간으로 키우고 있었다. 나는 그가 당선된다면 아마도 이들이 내가 백악관에서 처음으로 보게 될 행복하고 평등한 가족이 되리라는 것을 깨달았다.

실제로 미국 남성의 20퍼센트 정도만 성을 구매했다. 전 세계적으로 남녀평등의 수준이 높을수록 성매매가 적게 발생한다. 대신 성이 자유롭게 선택되고 상호적일 경우에 즐거움이 배가된다는 견해가 지배적이다.

그렇다면 글로벌한 성 산업을 만들어낸 남성들은 지배에 중독된 이들이라는 사실을 인정할 수 있지 않을까? 왜 우리는 비정상적인 사람을 정상으로 보는가? 나는 성매매 생존자들의 통찰력을 신뢰한다. 아일랜드에서 집 없는 십 대로 몸을 팔고 수년간의 성 거래에서 살아남은 레이첼 모런Rachel Moran은 성매매의 현실 거부를 이렇게 설명한다. "우리 인간이 참을 수 없고 도망칠 수 없는 상황에서 하는 첫 번째 행동은 우리의 주관적인 현실을 지우는 일이다. 우리는 상황 자체의 본질을 받아들이기를 회피하고 거부한다."[5]

고객을 거부할 수 있고, 포주나 업주 없이 지낼 수 있고, 자기만의 삶을 다스릴 수 있는 성매매 여성이나 남성이 어디엔가 있기를 희망해보지만, 이는 성 산업의 실체가 아니다. 실체는 지배력을 파는 것이다. 다른 사람의 몸을 파는 일이 합법적인 어느 곳에서든, 성매매되길 원하는 사람의 숫자보다 수요가 곧 많아지기 때문에 결과적으로 인신매매가 발생한다. 아프리카와 가난해진 동유럽 국가 여성들이 독일과 네덜란드로 매매되는 것을 포함해 그 사례는 수두룩하다.

지배에 대한 중독은 또한 아이들의 무력함에 성적인 특질을 부여해, 아동 성매매와 아동 성 학대를 야기한다. 그러나 남성 지배적인 문화는 계속해서 남성들을 지배에 중독되게 만들려고 한다.

그것은 잘 보이는 곳에 있는 비밀이다.

IV.

나는 늘 교도소가 이 나라의 가장 큰 비밀이고, 거리감이나 공감 부족이 그 원인이라고 생각해왔다. 비난할 수 없는 가난한 자들과 달리, '범죄자'라는 단어는 교도소에 있는 사람들을 그들이 한 일로 구별 짓는다.

그러다가 나는 미국의 교도소가 전 세계 어느 곳보다 덜 비밀스러우리라는 것을 깨달았다. 왜? 전 세계 인구의 5퍼센트를 차지할 따름인 이 나라에 전 세계 수감자의 거의 4분의 1이 있기 때문에. 상징적으로 말하면 성인 31명당 1명이 교도소든, 보호 관찰이든, 가석방이든 이 시스템의 어딘가에 있을지 모른다. 우리 교도소에서 일어나는 일을 무시하는 것은 우리의 국가적 행위, 경제, 사회 질서의 커다란 결정 요인을 무시하는 것이다. 교도소가 우리이다.

우리가 사람들을 교도소에 가두는 데 언제나 세계 1위였던 것은 아니다. 인종격리 정책apartheid 시절엔 남아프리카 공화국이 일등을 거머쥐었다. 그러나 우리에게는 나름 인종격리 정책이 있다. 아프리카계 미국인들이 수감되는 비율은 백인에 비해 남성은 6배, 여성은 3배가량 많다. 체포와 판결 뒤에도 인종에 따라 보석금·개인 변호사·형량 거래·보호 관찰·지역 사회 서비스·발찌·그 외에 자유로 가는 다른 길들이 가능한지 여부가 달라진다. 계층도 이 모든 것에 영향을 준다. 사형대에 오르는 부자를 마지막으로 본 것이 언제였는가? 저소득층 피고인의 절반 이상이 유죄를 선고받지만, 고소득층 피고인은 3분의 1 이하만 유죄를 선고받는다. 화이트칼라의 범죄가 저지른 경제적 피해는 모든 주거침입·강도·절도·차량 도둑질을 합친 것을 능가하므로, 우리 모두가 벌 받는다.

우리가 스스로에게 가하는 손해조차 불평등하게 취급된다. 알코올 중독은 합법적이고 수익성이 있는 중독이기에 질병으로 취급된다. 제약회사의 수익의 원천인 처방전 알약 중독도 그러하다. 그러나 지하경제에만 이득을 주는 약물 중독은 범죄로 분류된다. 같은 약물의 두 가지 형태조차 다르게 취급될 수 있다. 꽤 오랫동안 크랙 코카인을 흡입한 유색인종들은 분말 코카인을 흡입한 백인보다 더 긴 형을 선고받았다. 하지만 이것들은 모두 중독이고 인체는 동일하니 취급도 동일해야 한다.

길 위의 인생

다음에는 사형 제도가 있다. 브라이언 스티븐슨Bryan Stevenson은 변호사이자, 작가이자, 부당 판결을 받은 이들의 석방을 위해 일하는 활동가로, 『월터가 나에게 가르쳐준 것Just Mercy : A Story of Justice and Redemption』의 저자이다. 그의 책이 이 책과 거의 같은 시기에 출판되었기에 우리는 북 투어 행사를 같이했다. 나는 그의 이야기를 듣고 과거에 인종차별 테러였던 교수형이 지금도 인종과 계층에 따라 매우 부당하게 가해지는 사형제로써 암암리에 이어지고 있음을 알게 되었다. 그는 사형제를 "실내 교수형"이라고 부른다. 이 단어만으로도 사형제를 종식하기에 충분할 것이다.

나는 이윤 동기가 감옥 시스템에 미치는 영향이 어떤 것인지는 미처 알지 못했다. 아이젠하워 대통령이 "군사-산업 단지"에 대해 경고했던 것처럼, 안젤라 데이비스Angela Davis가 "감옥-산업 단지the prison-industrial complex"에 대해 경고한 뒤로도 많은 세월이 흘렀다. 1980년대에 감옥의 민영화는 인건비가 정부 예산에 묶이지 않아 감옥을 더 많은 인원으로, 더 신속하고 효율적이고 현대적으로 지을 수 있는 좋은 방식이라고 도입된 까닭에 급격하게 인기를 얻었다. 마구잡이로 감옥을 짓고 난 뒤 문제점들이 수면 위로 떠올랐다. 낮은 임금은 제대로 훈련받지 못한 교도관들을 종종 더 폭력적으로 만들거나, 다른 죄수들의 폭력 행사를 더 무시하게끔 만든다는 사실이 드러났다. 민영화된 감옥에 갇힌 죄수들은 처신을 잘하든 못하든 형량보다 더 오래 복역했는데, 기업이 죄수 숫자에 따라 돈을 벌기에 감방을 계속해서 가득 채우려 하기 때문이었다.

요컨대 우리 감옥은 우리의 교육 시스템을 빈곤하게 하고, 인종과 계층 구분을 심화시키고, 어머니와 아버지 들을 아이들과 떨어뜨리고, 폭력적이지 않은 사람을 폭력적으로 단련시키며, 수감된 동안 사람들이 배우고 개선될 가능성을 희박하게 만들고, 입소 때보다 출소 후에 구직이 더 힘들어지고, 심지어 투표하기도 더 어려워지는 사람들을 양산하고 있다.[6] 영리 교도소가 있는 30개 주에서 부를 쌓는 주주와 기업체의 이윤 동기를 없앤다고 해서 감옥이 기적적으로 개선되진 않겠지만, 악화되는 동기의 일부는 사라질 것이다. 그리고 이윤 동기를 없애는 것은 가능하다. 이를테면 뉴욕 주는 영리 교도소에 반대하는 법을 갖고 있다. 미네소타는 이 동향에 맞서 지금까지 싸워왔지만, 싸우는 이들은 소수이다.

나는 오늘날까지도 텍사스 오스틴의 한 바에서 자기 의견을 개진하며 모든 것들을 지극히 개인적인 방식으로 종합하던 어떤 출소자를 기억한다. 당시 텔레비전 뉴스는 미군 장병이 죄수들을 고문하고 성적으로 학대하고 살해했던 이라크의 아부 그라이브 교도소에 대해 보도하고 있었다. 예전에 텍사스 교도소에 수감되었던 이 남성은 텔레비전에 나온 군 교도관 한 명을 알아보았는데, 이 교도관은 파병 전에 감옥에서 일했던 사람이었다. 전 수감자로서 그 남성은 당시 텍사스 주지사였던 조지 W. 부시가 텍사스 주에서만 교도소 26개를 민영화한 일을 책임지기를 원했다.

이 영리의 동기 뒤에 감춰진 주요 엔진을 발견하는 데는 그리 오래 걸리지 않는다. '미국 입법 교류 회의American Legislative Exchange Council'는 세금 인상과 환경 보호 역시 반대하는 기업 정치 행동의 중심으로서, 교도소 민영화를 위해 법안을 작성하고 로비 활동을 한다. 이 단체는 전체 주 의회 의원의 약 30퍼센트의 당선을 도왔다. 빚으로 계약된 오늘날의 대학 졸업생들이 문제의 한 가지 원인을 찾고자 한다면 대부분의 주 의회를 들여다보면 된다. 그곳에서 주립 대학으로 가야 할 세금이 정부 소유의 영리 교도소를 짓고 운영하는 데 들어가고 있다.

교도소 민영화는 시민이자 유권자인 우리의 잘못이기도 하다. 대다수의 미국인들은 자기 지역의 국회의원이 누구인지 모른다. 우리의 세금이 얼마만큼 개인 영리로 투입되는지 모를 수도 있다. 심지어 통신회사는 교도소를 오가는 전화 통화에 일상적으로 더 많은 요금을 부과하고, 수감자들과 그 가족들은 요금을 지불해야 한다. 뉴욕시의 경우 1년간 교도소에서 1인당 숙식과 경비로 지출되는 총액으로 하버드대학에서 3년 이상 등록금을 지불할 수 있다.[7]

우리는 알아낼 수 있고, 주 의원이나 열쇠를 쥔 누군가에게 로비할 수 있다. 책을 교도소 도서관으로 보내라. 그곳에 있는 사람이나 그곳의 활동과 연결될 수단을 찾으라. 방문자가 필요한 사람을 방문하라. 부당한 판결을 받은 사람을 변호하라. 밖에서부터 비밀을 뚫고 돌파하기는 안에서부터 시작하기보다 훨씬 쉽다.

지금 우리는 결국 '대량 투옥mass incarceration'이라는 말을 듣고 있지만, 그 뒤에 감춰진 복잡한 현실을 놓치기 쉽다. 내가 우연히 전 수감자와 현 수감자의 이야기를 경청할 기회가 없었더라면 그런 현실을 결코 알지 못했을 것이다.

나에게, 이 비밀스러운 감옥의 세계는 《미즈》가 1970년대 후반에 여성 교도소에 잡지 몇 부를 무료 기부하고, 나중에 교도소와 보호시설 프로그램을 본격적으로 일으키고서 표면화되기 시작했다. 편지와 사연과 시 들이 몰려왔다. 여성 수감자들은 자신들도 운동이 필요하다는 사실을 우리에게 알리고 싶어 했다. 그러더니 수감된 적이 있는 여성들이 페미니스트 모임과 회의에, 캠퍼스에, YWCA에, 모든 곳에 모습을 나타내기 시작했다. 몇몇 여성들은 바깥세상보다 감옥에서 더 안전함을 느꼈다고 말했는데, 이는 그 자체로 비극이다. 대부분의 여성들은 자기 아이들이 없고, 사생활이 없고, 햇빛이 없고, 신뢰가 없고, 화장실 휴지가 없고, 자기만의 옷이 없는 현실을 얘기했다. 어떤 여성들은 자기방어 진술을 거부당했고, 또는 남성 교도원에게 성적으로 괴롭힘을 당한 일도 있었고, 아이의 양육권을 잃어버리는 영구적 처벌을 받기도 했다. 몇몇 여성들은 **심지어 출산할 때에도** 족쇄에 채워져 있었다. 또 어떤 여성들은 가족들이 너무 멀리 살고 있어 면회를 올 수 없었는데, 각 주에 여성 교도소가 단 하나만 있을지도 모르는 데다 연방 교도소는 훨씬 멀리 떨어져 있을 수 있기에, 이는 그 자체로 성별 차에 의한 처벌이다. 대부분의 여성들은 약물 중독이 아니었더라면, 글을 읽고 쓸 줄 알았더라면, 누군가의 말대로 "남자 마약쟁이"를 안 만났더라면 수감되지 않았을 것이다. 스스로 자각하든 아니든, 여성들은 흔히 군림하는 파트너나 포주를 위해 마약을 판매하거나 성매매를 했다.

나는 감옥에 있는 여성들이 얼마나 다른지가 아니라, 얼마나 다르지 않은지를 깨닫고 놀랐다. 감옥 안에서 여성들은 대체로 가족 같은 집단을 형성하고, 터무니없이 자신을 탓하고, 자기보다 자기 아이들을 더 걱정하고, 조금이라도 더 낫게 보이려고 죄수복을 손보고, 친절을 필요로 하고, 자기 이야기를 하고 싶어 하는 경향이 있다. 다른 점은, 그 여성들이 어떤 사람인지가 아니라, 어릴 때 학대당했거나 교육의 기회를 박탈당했거나 자기방어를 위해 대항할 수밖에 없어 결국 범죄자가 된 이들의 비율이 훨씬 높다는 점이었다.

여성들은 예상 외로 친밀했다. 그러나 점차로 의혹이 커져간 것은, 내가 남성 수감자들에게서 받은 편지 수였다. 예의 바르게 그리고 마치 수수께끼처럼 그들은 내게 메모나 사인이나 사진을 부

길 위의 인생

탁했는데, 그것은 자기 딸에게 주기 위해서이거나, 그들이 방문자가 없기 때문이었다. 편지봉투에 적힌 특유의 죄수 번호가 아니었다면 나는 어디에서 온 편지인지도 몰랐을 것이다. 전 수감자였던 남성 몇 명이 대중 모임에 와서 행사가 끝난 뒤에 남아 이야기를 나누고서야 나는 이해하기 시작했다. 여성들의 부재 속에서 그들이 여성으로 취급당한 것이었다. 그들은 언론을 통해 여성운동이 성적 학대를 명명하고, 반대하고, 고발하는 모습을 보긴 했지만, 자기가 당한 학대를 편지에 언급하는 일은 정보 누설로 처벌받을 수도 있었다. 그들은 자기들 나름의 방식으로 외부에 손을 뻗치고 있었던 것이다.

내가 접한 첫 폭로는 필라델피아의 식이장애 회의에 참가한 호리호리하고 젊은 푸에르토리코 남성의 이야기였다. 성폭행처럼 몸을 침해하는 것은 구타보다 더 큰 충격이 될 수 있다는 내 얘기를 듣고 난 뒤에, 그는 행사 뒤에 남아 동의를 표했다. 내가 기억하는 한 그는 이렇게 말했다. "저는 마구 얻어맞고 집단 성폭행을 당했습니다. 맞는 거라면 저는 어느 때고 맞겠어요. 감방 동료가 제게 여자 이름을 붙여, 구강 섹스든 항문 섹스든 뭐든지 하도록 저를 임대했습니다. 그 대가로 그놈은 음식과 마약을 챙겼죠. 저는 의식을 잃었다가 피를 흘리며 깨어났습니다. 제가 천장에서 제 몸을 내려다본다고 상상했고, 그것이 제가 살아남은 방식이었죠. 감옥에서 나온 지 9년이 지났지만, 남자들만 있고 여자들이 없는 방에는 아직도 들어갈 수가 없어요." 흔히 구강 섹스 형태로 학대당한 아동들과 마찬가지로 그에게도 식이장애가 일어났고 결국 그 회의까지 오게 된 것이었다.

나는 이 남성들이 감방 동료와 학대자 들에 대해 얘기할 때 종종 여성들이 포주와 구타하는 남편을 묘사할 때 쓰는 용어를 똑같이 사용하는 데 주목했다. 그들이 묘사한 공포와 의존성의 조합은 '스톡홀름 신드롬'으로 알려진 감금-유대를 연상시켰는데, 이는 인질과 인질범 사이의 복잡하게 얽힌 상태를 가리키는 것으로, 막강한 자가 힘없는 자의 생명을 통제하는 동시에 살려둘 때 발생할 수 있는 상황이다.

푸에르토리코의 그 남성도 말했듯, 아이러니하게도 정말로 감옥에 잡혀 들어올 것 같지 않아 보이는 남성들은 살인까지는 아니더라도 최소한 여성을 상대로 범죄를 저지른 이들인 듯했다. 평균적으로 성폭행범은 일고여덟 차례 성폭행을 저지르고 난 뒤에 구속된다. 가정 폭력범 남성들은 피해자들이 그나마 운이 좋아 보호시설로 가는 동안 집에 머문다.

우리는 감옥을 비밀에 부쳐두어서는 안 된다. 수감자들에게는 이 비밀 공간을 벗어나는 것이 진전이지만, 나는 자유로운 상태이기에 그 안으로 들어가는 것이 진전이라는 사실을 문득 깨달았다.

그 사례로서, 나는 이 장을 쓰는 동안 '감옥 벗어나기 프로젝트unPrison Project'라는 것을 알게 되었다. 이 프로젝트는 수감된 어머니에게 어린이 책을 제공함으로써 아이들이 면회 왔을 때 함께 소통할 또 다른 길을 마련해주고, 마음만은 감옥의 담 너머로 날아갈 수 있게 해주고, 어머니의 읽기 능력도 향상시키도록 돕는다. 총 수감자의 70퍼센트가 5년 안에 재수감되지만, 교도소에서 읽기 능력 향상에 도움을 받은 이들은 16퍼센트만 재수감된다. 누가 이것에 시비를 걸겠는가? '감옥 벗어나기 프로젝트'의 창설자인 데버러 지앙-스타인Deborah Jiang-Stein은 내게 미네소타 주 미니애폴리스 근처에 있는 새코피 여성 교도소를 함께 방문하자고 제안했다.

—

우리는 교도소 밖에서 만나 낯선 만남의 놀라움을 느끼는 동시에, 일을 공유하는 사람들 간의 즉각적인 친밀감도 느낀다. 나는 데버러가 쓴 『교도소 아기: 어떤 회고록 *Prison Baby : A Memoir*』을 읽었고, 데버러는 내 글을 읽었다. 나는 그녀가 수감 상태인 약물 중독 어머니에게서 태어나 어머니의 몸과 피를 통해 흡수한 헤로인 금단 현상에서 운 좋게 살아남았고, 역시 운 좋게 탁아 시설이 갖춰진 흔치 않은 감옥에서 생후 첫 해를 어머니와 함께할 수 있었다는 사실을 안다. 그 뒤에 그녀는 유대인 교사 부부에게 입양되어 선사받은 교육의 재능을, 자기 친어머니처럼 평생 감옥을 들락거리는 여성들에게 전하고 있다.

데버러는 자신을 다인종이라고 말하는데, 아시아인처럼 보이면서도 표정이 풍부해 여러 인종의 영향이 드러난다. 세계성을 지닌 인물상이라고 할 수 있겠다. 그녀는 양부모 가족과 확연히 다르게 생겼음에도 출생의 비밀에 대해선 알지 못한 채, 힘겨운 유년기를 보냈다. 그녀 역시 약물 중독과 반항으로 십 대를 치러냈고, 마침내 자신의 진짜 이야기를 알게 되었다. 비밀이 걷히자 그녀는 자신의 사명을 발견했다.

데버러는 감옥의 일상에 나보다 훨씬 더 익숙하기 때문에, 내가 서류양식을 작성하고, 장신구를 몸에서 빼내고, 실내복을 제외한 모든 것을 보관함에 넣고서, 금속 탐지기를 지나가도록 안내한다. 마침내 진짜 교도소 건물에 다다르니 밝고 깨끗해서 놀랍고 밖으로 나갈 길이 없어 우울해진다. 어머니 다섯이 아주 어린 아이들과 함께 있는 모습이 보인다. 이날이 흔치 않은 방문일임을 알기에 슬퍼진다. 데버러는 이 감옥이 어쨌든 어머니와 아이의 만남을 허용하는 드문 곳임을 알기에 기쁘다. 주말이라 우리가 들어간 첫 번째 커다란 방엔 30명 정도의 여성들이 위문 공연을 온 두 자원활동 음악가의 연주를 듣고 있다. 빈자리가 많아 물어보니 남성 교도관은 재소자 수가 교도관 수보다 많으면 폭동이 일어났을 때 진압이 어려워질 수 있으므로 모임 인원을 적게 해야 한다고 설명한다. 이는 남성 교도소를 위해 만들어진 규칙으로, 이곳에서 폭동이 일어난 적은 한 번도 없지만 규칙은 규칙이었다.

이곳의 일상은 약간 기복이 있지만 이렇게 돌아간다. 도시의 한 블록 크기인 이 구역은 잘 유지된 교도소 시설들로 가득 차 있지만, 여성 한두 명을 위해 설계된 감방들 안엔 4인이 쓸 2단 침대들이 들어가 있다. 전국 상황과 마찬가지로 이곳에서 여성 수감자 수는 지난 20년간 8백 퍼센트 증가했는데, 주로 약물 때문이었다. 수전 앤서니Susan Anthony의 이름을 딴 건물에서는 약물 중독자를 위한 프로그램을 운영하고 우울증이나 정신 질환을 앓는 사람들을 치료한다. 자료가 잘 소장된 도서관이 있고, 우리가 들어갔을 때 스미스대학 졸업생인 사서가 여성 수감자 열댓 명을 모아 탁자에 둘러앉아 이야기를 나누고 있다. 그러나 만일 미국의 학교 시스템이 선진국에서 가장 높은 수준의 문맹률을 양산하지 않고, 아동 성학대·가정 폭력·약물 중독 비율이 그토록 높지 않았더라면, 저 열댓 명의 여성들은 아마도 이 자리에 있지 않았을 것이다.

그다음에 또 우리는 아주 경쟁적이고 성공적인 군대식 프로그램에 참여 중인 재소자 스무 명 정도를 만나는데, 자신감을 키우고 재입소 가능성을 줄이긴 하지만 웨스트포인트 스타일의 행군과 명령 복창에 집중된 프로그램인지라, 같은 공간에서 한참 동안 이야기를 나눈 뒤에야 비로소 자발적인 발언이나 웃음이 나오고, 친근하게 내 이름을 부른다.

나는 왜 데버러가 교도소 밖의 사람들에게 교도소 안의 사람들에 대해 얘기하고, 교도소 안의 사람들에게 친절·문자해독력·기술, 그리고 어떤 형태로든 희망에 대해 얘기하는 데 자기 삶을 바치고 있는지 알 수 있다. 교도소 안 사람들은 마치 스펀지처럼 타인의 관심을 흡수하고, 자기에게 귀 기울여주는 새로운 사람을 빨아들인다. 교도소는 분명 회복의 장소이자 공동체적 장소가 될 수 있다.

나는 데버러가 아버지들에게도 책 프로그램을 진행하는 남성 교도소를 포함해 다른 교도소에도 함께 가고 싶어 하면서 길을 나선다. 다시 돌아오고 싶은 어떤 세계, 작은 것들이 큰 차이를 만들어낼 수 있는 세계에 발을 들였다고 느낀다.

그리고 그것은 단 하루였다.

면 아래에 위치한 자석을 움직여 표면에 보이는 패턴을 변화시키는 고전적인 실험처럼, 우리가 자석의 비밀을 치워버리면, 자유가 나타난다.

브라이언 스티븐슨의 변화를 만들어내는 네 가지 단계를 떠올린다. 감옥이라는 비밀 세계에서든 다른 어디에서든.

가까운 곳에 힘이 있다. 끌리는 문제에 접근하라.
이야기를 변화시키라.
희망을 잃지 말고 지속하라.
불편한 것들을 행하는 데 주저하지 말라.

비밀은 비밀일 때에만 힘을 갖는다.

윌마 맨킬러, 그리고 찰리 솝의 트럭과 함께, 탈레콰, 오클라호마, 1991년

애니 레보비츠 제공

8장

한때 존재한 것은 다시 올 수 있다

나는 오직 두 가지 가능성만 있다고 생각해왔다. 첫 번째 가능성은 많은 사람이 믿은 대로, 남녀평등은 불가능하고 인간 본성에 위배된다는 설이다. 두 번째 가능성은 많은 사람이 희망한 대로, 평등은 다가올 미래에 처음으로 가능해지리라는 설이다. 휴스턴 회의를 경험하고 인디언 거주 지구의 여성·남성 들과 더 많은 시간을 보낸 뒤에, 나는 세 번째 가능성이 존재할지도 모른다고 생각하게 되었다. 여성과 남성 사이의 균형은 과거에 존재했고, 아주 적지만 여전히 존재한다는 설이 그것이다. 이를 알게 해준 사람들이 있다.

새로운 사람들이 우리를 안내할 때 우리는 새로운 나라를 보게 된다.

1995년 가을, 나는 연락받은 대로 오하이오 콜럼버스 공항의 수
하물 찾는 곳에서 기다리고 있다. 북미 인디언 과학 및 공학 협회
의 회의에서 연설할 예정이다. 이 협회는 원주민 학생들에게 원주
민의 사례들을 통해 과학과 공학을 가르치는 전국적인 단체로, 학
생들이 자신의 역사와 문화를 저버린다고 느끼지 않으면서 기량
을 발휘하도록 해준다. 원주민 학생들은 많은 여학생들이 출신지
에 상관없이 그렇듯, 경쟁적이기보다 협조적인 교실에서 흔히 실
력을 발휘하기에, 교실을 배우는 모임으로 바꿀 수 있도록 페미니
스트 운동과 활동에 대해 강연하는 것이 내가 받은 요청사항이다.
사실 남자아이들도 위계질서 속에만 있지 않을 때 종종 더 나은
기량을 발휘하므로, 이 단체의 구상은 교육 전반을 향상시킬 수
있을 것이다.[1]

　몇 분을 기다리자 윈드브레이커를 입고 벽에 기대어 있는 거구
의 남성이 눈에 들어온다. 내가 그에게 걸어가 혹시 나를 기다리
고 있는지 묻자, 그렇다고 답한다. 그는 팻말을 들고 있는 것이 사
생활 침해인 듯하여, 인파가 줄기를 끈기 있게 기다리고 있었다고
말한다.

　회의장까지 먼 길을 차로 이동하던 중에, 우리는 '서펜트 마운
드SERPENT MOUND'라는 작은 표지판이 있는 갈림길을 지난다. 나
는 그것이 무엇인지 묻는다. 그는 놀라는 표정 없이, 미국 전역에
있는 수많은 고대의 흙 작품earthwork 가운데 하나라고 설명한다.
어떤 것들은 거대한 새와 동물 모양이고, 어떤 것들은 원형이나
피라미드형이고, 어떤 것들은 3층 건물 높이로 공중에서만 볼 수

있는 수백 개의 더 작은 흙무지들로 둘러싸여 있다. 조금 전에 지나간 것은 높이 약 1미터에 길이 약 4백 미터의 뱀 모양인데, 그런 흙무지 중 가장 오래 살아남은 것은 아마도 2~3천 년 전에 만들어졌을 것이다.

나는 이 거주 지구로 여행을 다닌 지 30년째에 접어들고 있고, 이 흙무지에 대해 아무것도 모른다. 나는 그에게 우리 가족이 남부 오하이오 출신임에도, 서펜트 마운드에 대해선 처음 듣는다고 말한다. 그는 마치 내 기분을 나아지게 하려는 듯, 영국에 스톤헨지를 보러 간 친구들이 있었는데, 여기에 훨씬 더 오래된 것이 있으니 구경하러 오겠냐고 물었더니 거절했다는 이야기를 들려준다. 그는 이런 이야기를 날카로운 기색 없이 미소를 띤 채 들려준다.

그는 이 거주 지구 근처의 흙무지들이 영적 중심지이거나 천문 관측소이거나 무덤 터라는 사실을, 내가 물으니 알려준다. 대개 피라미드형으로 내부에 하·동지점과 춘·추분점을 보는 구멍이 있지만, 어떤 것들은 평평한 흙무지로, 씨앗들이 열매를 더 잘 맺기 위해 넓게 퍼져 분포하는 지구 극점에 위치한다. 땅을 파고 수 톤의 흙을 옮겨 이 모든 것을 만드는 데 수세기가 걸렸다. 이따금 그 분지들은 호수나 물고기들의 부화장으로 변했다. 무덤으로 쓴 흙무지들이 가장 많은 것을 말해준다. 그 안에는 멕시코 만에서 온 조개껍데기나 와이오밍에서 온 흑요석, 또는 캐롤라이나에서 온 운모 조각품, 진주가 박힌 로키 산맥 회색 곰의 이빨까지 있다. 또 캐나다에서 온 은과 구리로 만든 그릇과 장신구, 대서양에서 온 거북 등껍질, 중앙아메리카에서 온 준보석 구슬 조각품, 그리고 여기저기에서 온 직물들도 볼 수 있다. 그것들은 옛날 사람들이 얼마나 멀리 여행이나 거래를 하러 다녔는지 말해준다.

이제 나는 대체현실 속에 있는 것 같은 느낌이다. 그 남자는 흙무지들이 너무도 뛰어난 건축의 위업이었기에, 유럽인들은 자기들이 야만인으로 취급하는 이들이 그것을 창조한 조상을 두었으리라는 사실을 믿지 않았다고 말한다. 인기 있는 이론 가운데 하나는 이집트인들이 여기에서 살다가 수수께끼처럼 떠났다는 것이다. 또 하나는 첫 항해자였던 중국인들이 왔다가 가버렸다는 이론이다.

나는 흙무지를 만든 사람들이 그의 조상인지 묻는다. 남자는 그럴 수도 있지만, 이곳의 유산은 모든 것이 혼합되어 있으니 내 조상일 수도 있다고 말한다. 아무도 그 사람들이 스스로를 어떻게 불렀는지 알지 못하고, 흙무지들은 발견된 장소의 이름을 따서 아데나Adena, 호프웰Hopewell 등으로 불린다. 커다란 흙무지는 대부분 미시시피 강을 따라 위치했다. 당시 거북 섬이라고 알려진 이 북미 대륙에 살던 사람들은 지구상의 어느 문화 못지않은 선진 문화를 갖고 있었다.

우리가 바로 그 지독한 항해사 콜럼버스의 이름을 딴 도심 공항에서 왔다는 사실이 갑자기 우스꽝스럽게 느껴진다. 그는 죽는 날까지 자기는 인도에 있다고 우기면서, 이곳 사람들을 인디언이라고 부르게 만든 장본인이다. 휴스턴 회의에 온 원주민 여성들의 말처럼, "더 끔찍했을 수도 있어요. 콜럼버스가 자기가 터키에 있다고 생각했을 수도 있다니까요." 그들이 설명한 대로, 대량 학살을 당하고 역사에서 무시된 이들에게는 살아남기 위해 유머감각이 필요하다. 나를 초대한 이에게 이런 이야기를 하자, 그는 내가 이제야 알아듣기 시작했구나 하는 표정으로 나를 쳐다본다.

나는 이 친절하고 참을성 있는 남성이 나를 마중할 임무를 받고

왔다는 건 짐작하지만, 그의 역할이 무엇인지는 모른다는 사실을 깨닫는다. 그는 회의 조직가 중 하나라고 부드럽게 말한다. 내가 묻지 않았다면, 그는 운전사로 남는 것으로 만족했을 것이다. 위계질서에 대해선 이쯤에서 그만두자.

목적지가 가까워올 즈음, 나는 한편으로 내 경우 같은 무지와 또 다른 한편으로 온갖 상업적인 모방이 범람하는 가운데서 어떻게 일을 계속해갈 수 있는지 그에게 묻는다.

그는 말한다. "인디언 거주 지구에서 우리는 다른 시간 감각을 갖습니다. 제가 배우고 있고, 당신이 배우고 있습니다. 그리고 더 많은 사람들이 배우게 될 겁니다."

이 이야기를 친구 앨리스 워커에게 했을 때, 그녀도 늘 그 흙무지를 보고 싶어 했다는 사실을 알게 된다. 많은 아프리카계 미국인들처럼 앨리스는 족보에 북미 원주민 조상이 있다. 앨리스가 제일 좋아하는 역사학자인 윌리엄 로렌 카츠William Loren Katz가 쓴 대로, "유럽인들은 아프리카인의 핏속으로 침범해 들어왔지만, 북미 원주민과 아프리카인들은 선택과 초대와 사랑으로 합쳐졌다."² 이 오하이오 흙무지 근처에서 자랐고 증조할머니가 체로키인이었던 앨리스의 친구 데버러 매튜즈는 자기가 어린 시절에 배운 것을 우리에게 보여주겠다고 제안한다.

1997년 여름, 나는 뉴욕 집을 떠나고 앨리스와 데버러는 각자 캘리포니아의 집을 떠나, 앨리스와 내가 묵을 예정인 모텔에서 만난다. 모텔 근처에 있는 데버러의 어머니 집에서 따뜻한 식사도 함께한다. 앨리스는 이 자상한 여성을 중간 이름인 매그놀리아라고 부른다.

첫날, 데버러는 자기가 태어난 뉴어크의 작은 마을에 있는 흙무지들을 우리에게 보여준다. 둥글게 살짝 솟아오른 풀로 덮인 첫 번째 흙무지는 도시의 한 블록 크기쯤 되는 터로, 덤불과 쓰레기 아래로 여전히 고대식 곡선 모서리가 보인다. 주변은 노동자 계층의 주택들로 둘러싸여 있는데, 8월의 더위 속에 가족들은 집 앞 현관에 나와 앉아 있고, 아이들은 근방에 공중화장실이 있는 이 공터에서 놀고 있다. 두 번째 흙무지는 마을 바로 밖에 있는 마운드빌더스Moundbuilders 컨트리 클럽에 있는 마운드빌더스 골프 코스이다. 세 번째는 주립공원으로 보호받고 있는 '더 그레이트 서클 어스워크스the Great Circle Earthworks'이다. 약 12만 평방미터에 달하는 규모로, 2천 년간 풍화되었음에도 여전히 높이가 4.5미터에 달하는 벽으로 에워싸여 있다. 중앙에는 부리가 입구를 향하고 있는 한 마리 새 모양 흙무지 네 개가 있다. 데버러의 말로는, 발굴 도중 새의 몸 안에서 제단이 발견되었다고 한다. 또 수맥을 짚어보니 기가 흐르는 선이 벽의 꼭대기를 따라가고 있음이 확인되었다. 그녀는 어릴 때 가족 나들이 장소로 이곳에 왔다. 그녀가 기억을 되살려 말한다. "우리가 벽 바깥으로 모험을 나가면 어른들이 이렇게 말했어. '원만 따라가거라. 그러면 그 원이 너를 우리한테 다시 데려다준단다.'"

우리는 매그놀리아의 부엌에서 홈메이드 복숭아 코블러를 먹으면서, 나라마다 과거를 대하는 방식이 다른 것에 대해 이야기한다. 영국의 스톤헨지에는 경비원이 있고, 오디오 투어가 있다. 현대의 그리스인들은 유적들 사이에서 피크닉을 즐기고, 그들의 고대사에 친숙하다. 양쪽 모두 자신들을 과거의 영광을 물려받은 후손이라 생각한다. 이곳 북미 대륙에서는, 다른 대륙에서 건너온

길 위의 인생

사람들이 전쟁과 질병과 박해로 원주민의 90퍼센트를 말살했다. 1492년부터 인디언 전쟁이 끝날 때까지 1천5백만 명으로 추정되는 사람들이 살해당했다. 교황은 칙서에서 기독교인들에게 비기독교 국가들을 정복해 모든 거주민을 죽이든지, "그들의 계급을 영구 노예로 끌어내리라"고 지시했다.[3] 아프리카에서 아메리카 대륙에 걸쳐 노예제도와 대량 학살은 교회의 축성을 받았고, 소위 신세계New World에서 온 부자들은 교황의 권한과 유럽의 군주를 떠받들었다. 죄의식 때문이든, 원주민은 완전한 인간이 아니라는 믿음의 합리화 때문이든, 역사는 거의 아무도 없는 땅uninhabited lands의 신화로 대체되었다.

서로 다른 시기에 서로 다른 지역의 학교에서 배운 것들을 돌이켜보다 그 부엌에 모인 우리 셋 모두 우리가 살아가는 이 땅의 역사보다 고대 그리스와 로마에 대한 이야기를 더 많이 듣고 자랐다는 사실을 깨닫는다. 우리는 이집트에서 피라미드를 만든 사람들에 대해서는 배웠어도 미시시피 강에서 피라미드를 만든 사람들에 대해서는 배우지 못했다.

다음 날 데버러는 우리를 차에 태워, 고대의 채석장인 플린트리지Flint Ridge로 데려간다. 이곳은 한때 사냥·농사·건축에 쓰인 원주민의 도구를 위한 부싯돌이 산출됐던 곳이다. 지역 전설에 따르면 인디언들은 적의 손에 학살당하느니 이 산마루에서 뛰어내려 죽는 편을 택했다고 한다.

우리는 치유가 필요하다. 그리고 그것을 서펜트 마운드에서 발견한다.

그곳에 풀로 덮인, 파도 모양을 이룬 뱀이 계곡 위쪽 고원에 4백미터에 걸쳐 뻗어 있다. 땅 위에 만들어졌다기보다 땅에서 튀어나

온 모습이다. 입 안에 문 지구 또는 혜성부터 단단하게 감긴 꼬리까지, 뱀이 몸을 뻗은 방향은 무작위라고 생각해왔다. 그러나 나중에 천문학자들이 뱀의 머리는 하지 때 일몰 지점을 가리키고, 꼬리는 동지 때 일출 지점을 가리킨다는 사실을 밝혀냈다. 또 몇백 년 전에 만들어졌으리라는 원래의 추정과 달리, 방사성 탄소 연대 측정 결과 적어도 2천 년 전으로 거슬러 올라가야 한다는 사실을 알게 되었다. 이 흙무지는 이곳에 살아남은 흙무지 상들 중 가장 방대한 것이고, 세계에서 가장 방대한 것이기도 하다. 만약 매사추세츠 피바디 박물관에 있는 여성 단체의 도움으로 보존 기금이 조성되지 않았다면, 수많은 다른 흙무지들처럼 이 흙무지도 파괴되어 건설 부지로 사용되었을 것이다.

작은 목조 관측탑과 오하이오 주에서 발간한 팸플릿이 있는데, 이 팸플릿은 서펜트 마운드의 길이가 축구경기장 네 개를 합친 것과 같다는 식으로, 의미보다는 사실에 초점을 맞추고 있다. 원주민 시인이자 신화작가이고 학자인 폴라 건 앨런Paula Gunn Allen은 『성스러운 고리 The Sacred Hoop』에서, 뱀 여인Serpent Woman은 "모든 것에 스며들어 있고, 강력한 노래와 빛나는 움직임의 능력을 지녔고, 정신의 안팎을 드나드는" 본질적인 태초의 영혼을 가리키는 이름 중 하나라고 설명한다. "그녀는 모든 사람들과 모든 피조물에게 어머니이고 동시에 아버지이다. 그녀는 생각의 유일한 창조자이며, 생각은 창조 이전에 있다."[4]

뱀 여인은 서구 신화학에서, 머리카락이 모두 뱀인 그리스 여신이자 '모든 것을 아는 여성' 또는 '수호 여성'을 의미하는 메두사에 비교될 수 있다. 메두사는 한때 전지전능했지만, 가부장제가 젊은 남성이라는 신화적 형상으로 도래하여 그녀의 목을 잘라버렸다.

이 남성에게 그 임무를 수행하도록 명령한 이는, 아버지 제우스의 정신에서 완전히 장성한 채 튀어나온 여신 아테나로, 가부장제가 고안해낸 까닭에 어머니가 없는 여신이었다. 선사시대로 일축된 것 안에 역사가 있는 것이다.

우리는 가지고 온 책에서 이곳에서 초기에 발굴된 무덤에 대한 이야기를 읽는다. 나란히 누운 젊은 한 쌍이 발견되었는데, 그들은 보석장식과 흉갑을 걸치고 있었고, 코는 구리로 모양을 본떠 주조해 연약한 연골의 수명이 다한 뒤에도 보존되게 했다. 두 사람의 몸은 나무와 돌로 만든 구리 도금 단추들과 십만 개가 넘는 진주들로 둘러싸여 있었다.[5]

그날 밤 우리는 데버러의 어머니와 86세인 데버러의 할머니, 선생님과 이웃이 학교 체육관에서 함께하는 지역 사회 포트럭 저녁 식사에 참여한다. 우리를 환영하는 자리이다. 사람들은 내가 소중하게 여기는 느긋한 유머와 따뜻함으로 작은 마을 오하이오의 역사에 대해 이야기하고, 우리가 관심을 가지는 것에 기뻐한다. 데버러의 할머니는 평생을 우리가 바로 전에 본 흙무지보다 훨씬 더 오래되었을 아데나 마운드 근처에서 살았다. 사람들은 더 그레이트 서클 어스워크스의 낭만적인 나들이부터, 그들이 그저 "옛날사람"이라고 부르는 이들에게 느끼는 교감에 이르기까지 모든 것에 대해 추억한다. 우리는 그들에게 구리와 진주로 둘러싸인 젊은 한 쌍에 대해 이야기한다. 우리 모두 그들을 위해 촛불을 밝힌다.

내가 그들에게 말하지 않은 것은, 나 자신도 이해할 수 없는 어떤 감정이다. 어릴 적 나는 어머니와 함께 신지학 모임에 나갔고, 한 조합 교회에서 세례를 받기도 했다. 나는 여성들을 포함하도록 학문과 시로써 다시 쓴 유월절 축제를 오랫동안 즐겨왔다. 하지만 뱀 여인만큼 시간을 초월하고 진실한 느낌을 준 것은 그중에 아무 것도 없었다.

II.

1970년대 말 도로 여행에서 집으로 돌아오니, 퀸즈 미드타운 터널 위에 커다랗고 하얀 글씨로 칠해진 그래피티가 보인다. '인디언 트 레일 위의 바퀴'.

이윽고 나는 집에 돌아올 때마다 매번 이 그래피티를 쳐다보게 된다. 궁금하다. 누가 차들이 지나다니는 위로 저렇게 높이까지 올라갔을까? 뉴욕의 혈기왕성한 젊은 거리 예술가일까? 자기 것 이 아닌 문화와 사랑에 빠진 말론 브란도 같은 남자일까? 한때 여 기 살았던 부족의 후손일까?

나는 이것이 살아 있는 문화에서 나온 메시지가 아니라고 짐작 한다. 나는 이것이 세상과 가능성을 보는 나의 방식을 변화시킬 여정의 일부라는 사실을 아직 깨닫지 못한다.

나중에 나는 우리 집에서 금세 걸어갈 수 있는 센트럴 파크에 가서 높이 솟은 화성암들 가운데 내가 제일 좋아하는 자리에 앉는 다. 그리고 궁금해한다. 네덜란드 사람들, 그리고 영국 사람들이 도착하기 전 옛날 옛적에 누가 이 자리에서 쉬었을까? 어떤 손이 이 돌을 만지고, 누가 저 지평선을 바라보았을까? 이 수직적인 역 사가 기록된 역사보다 더 내밀하고 감각적으로 느껴진다. 그것은 늘 손을 뻗어왔다. 단지 내가 주의를 기울이지 않고 있었다.

젊은 시절 다른 작가들을 인터뷰하며 작가의 꿈을 키우고 있을 때의 일이다. 다양한 주제로 시카고를 연대기화한, 수많은 수상 경력을 지닌 소설가 솔 벨로우에 대한 기사를 쓰라는 임무를 받았다. 그는 한 자리에 앉아 인터뷰하기를 꺼려, 나를 데리고 그의 모든 글에서 하나의 캐릭터인 이 도시의 일일 투어를 다녔다. 우리는 유럽 이민자들이 몇 세대 동안 어떻게 살았는지 보여주기 위해 보존된 공동주택의 폐쇄 공포증을 일으키는 방에서부터 시작했다. 그러고 나서 앞에서는 깡통따개와 싸구려 물건을 팔고 뒤에서는 다이아몬드 반지를 파는 동네 가게를 둘러보았다. 그다음엔 원주민 철강 노동자들이 말없이 앉아 베니션 블라인드 사이로 들어오는 아침 햇살을 받으며 술을 마시고 있는 바에 갔다. 벨로우는 좋은 이야깃거리를 찾는 소설가의 눈으로 설명했다. 그들은 모호크 족으로, 높이에 대한 두려움이 없어 뜰채로 리벳을 잡아가며 70층 높이 철재 빔 위를 걸을 수 있으니, 마치 죽음에 도전하는 구기 종목 하이알라이나 마찬가지라고 했다. 벨로우는 그들의 타고난 재능에 감탄했고, 그들을 뭔가 다른 사람으로 바라보았다. 나에게 그들은, 캘리포니아 들판에서 일하는 멕시코 이민자나, 다이아몬드 광산에서 일하는 남아프리카 공화국 남성들처럼 고립되어 보였다.

몇 년 후, 내가 우주에 신호를 보내기라도 한 듯, 캐나다 모호크 족 보호구역에서 여성들을 만났다. 그녀들은 그 두려움 없음의 신화를 탄생시킨 철도교 근처에 살았다. 그녀들은 모호크 남성들도 다른 사람들처럼 높은 곳을 두려워하지만 그 일자리가 필요해서라는 사실을 내게 확인시켜주었다. 아마도 트레일을 걸을 때 한 발을 다른 발 바로 앞에 놓는 습관과, 위험에 용감하게 맞서는 전통이 그들의 일을 도왔겠지만 너무 많이 죽어, 모호크 여성들은 남편을 잃은 여성과 아버지를 잃은 아이들이 집단화될 위험을 줄이기 위해, 남성들에게 똑같은 일을 함께 하러 가지 말라고 부탁할 지경에 이르렀다. 내가 그 울적한 바에서 술로 자신의 감각을 마비시키는 남성들을 바라보지 않았더라면, 그리고 그 여성들을 만나지 않았더라면, 나 역시 두려움 없는 선택의 신화를 믿었을지 모른다.

구술된 역사가 기록된 역사보다 더 정확하다는 것은 놀랄 일이 아니다. 구술된 역사는 그 자리에 있던 많은 사람들에 의해 전해진 것이다. 기록된 역사는 아마도 그 자리에 없었을 소수의 사람들에 의해 쓰인 것이다.

어렸을 적에 교과서에서 '인디언들은 낙후했다' 같은 제목을 읽은 기억이 났다. 그것은, 현대에도 경작한 곡물의 5분의 3을 세계에 주고,[6] 영국의 면직물 공장을 가능하게 만든 긴 가닥 면을 발달시키고, 벤저민 프랭클린이 비통하게 불평할 정도로 많은 백인 정착민들을 유럽 대신 인디언의 생활방식에 끌리게 한 농업 기술을 보유한 그 문화를 무시한 결과이거나, 그런 문화에 무지한 결과였다. 장 자크 루소가 썼듯 "인디언들은 평등과 풍요를 누렸고, 유럽인들은 예속되었다."[7]

인디언에 대한 신화들은 종종 인디언들을 그 주변 백인 사회보다 더 폭력적으로 묘사했다. 정작 미육군은 "머리 가죽 벗기기"라는 것을, 병사들과 정착민들에게 인디언 한 명을 죽일 때마다 보상금을 지불하기 위해 개시했음에도 말이다. 내가 어릴 때 본 할리우드 서부극들은 무시무시한 인디언 전사들뿐 아니라 두어 명의 고결한 미개인들(정확히 말해 그 역할을 연기하는, 인디언 아닌 배우들)도 등장시켰으며, 개척민 여성들은 붙잡힐 경우 죽음보다도 비참한 운명에 고통받는 이로 묘사되었다. 그런 결합에서 출생한 "혼혈들"은 백인 사회로 수용되기만을 바라는 이들로 그려졌고, 특히 그들이 여성이라면 자제력을 잃은 성생활로 파멸을 맞는 인물로 그려졌다.

사실 공동체 노동과 원주민 문화의 높은 위상을 경험한 백인 여성들이 그 경험을 자신의 방식으로 택하는 경우가 훨씬 더 전형적이었다. 이를테면 백인 여성 신시아 앤 파커는 입양된 코만치 족으로 최후의 자유인 코만치 추장을 낳았고, 텍사스 기마 경관에게 붙잡힌 뒤 자기가 사랑하는 그 문화로 되돌아가려고 애쓰며 생의 마지막 10년을 보냈다.

베네딕트 앤더슨은 민족주의를 정당화하는 소설을 재치 있고 파격적으로 분석한 『상상의 공동체 *Imagined Communities*』에서 이렇게 썼다. "의식의 모든 심오한 변화는 (……) 특징적인 기억 상실을 함께 동반한다. 그런 망각 상태에서 (……) 이야기가 솟아오른다."

터널 위의 그래피티도 결코 끝나지 않는 여정의 시작이 될 수 있다.

휴스턴에서 열린 전국 여성회의를 돌아보면서, 내가 행사에서뿐만 아니라 행사의 서곡이었던 2년간의 여행과 각 주별 회의를 통해서도 얼마나 많은 것을 배웠는지 깨닫는다. 많은 사랑을 받은 코만치 족 활동가 라도나 해리스는, 전국 여성회의 위원들 중 자신을 아메리카 부족 출신이라고 부른 유일한 여성이었다. 그녀는 또한 이 부족 중에서 워싱턴에 줄이 닿는 드문 사람이기도 했다.[8] 그녀는 고등학교 때 남자친구인 프레드 해리스와 결혼했고, 그는 그녀의 도움에 힘입어 오클라호마 연방 상원의원이 됐다. 그녀가 원주민 쟁점들에 대해 조직하고 교육하는 데 대단히 적극적이었기 때문에 어떤 사람들은 그녀가 오클라호마 주 제3의 상원의원이라며 농담하기도 했다.

라도나는 원주민 젊은이들의 자긍심을 일으키고 다른 원주민 거주 지구에도 지식을 전수하기 위해, 젊은 원주민 여성과 남성들이 자신의 역사와 문화에 대해 이야기하도록 훈련받는 '대사 프로그램Ambassadors Program'과 함께 '인디언의 기회를 지지하는 미국인들Americans for Indian Opportunity'을 창설했다. 이는 주류 사회에 더 많은 이해와 더불어, 새로 부상하는 지도자 세대에 대한 신뢰를 불러일으켰고, 이런 구상은 다른 거주 지구에 사는 원주민들에 의해 채택되었다. 그래도 그녀가 내게 들려준 대로, 흔히 그들의 첫 번째 과제는 처음부터 "우리는 지금도 여기에 있다"고 설명함으로써 시작되곤 했다.

라도나는 내가 인도에서 만났던, 역사책에 나온 그 어떤 문화보다도 오래된 문화에서 태어난 사람들을 떠오르게 하는 존재였다. 그녀도 그들처럼 이중의식이 있었다. 이중의식이란 W.E.B. 듀보이스W.E.B. Du Bois가, 내부에서는 독특한 자아가 되지만 외부 사람들의 인종차별적 시선에 의해 일반화되는 아프리카계 미국인의 경험을 설명하기 위해 처음 사용한 용어이다. 그런데 라도나는 이것을 완전히 뒤집어 생각하게 했다. 그녀는 현대 세계에 충실히 살면서도, 그 안에 자신의 원주민 의식을 포괄하여 양쪽 모두를 위한 다리가 되었다. 라도나 주변에 있다는 것은, 역사의 훨씬 더 긴 기간을 감지하고, 인간과 자연을 구분하기보다 연결하며, 영성과 유머처럼 세월에도 변치 않는 특질들에 가치를 두는 것을 의미했다. 유머는 라도나와 인디언 거주 지구의 사람들에게 매우 일상적인 듯했기에, 나는 시가 상점의 금욕적이고 무표정한 인디언들은 도대체 어디에서 온 사람들인지 의아했다. 다른 위원들과 한수없이 많은 회의에서 라도나는, 내가 수년간 만났던 많은 원주민들과 마찬가지로 심각한 와중에도 아이러니와 유머를 발견하는 보기 드문 능력을 지녔고, 그 반대로 아이러니와 유머 속에서 심각함을 찾는 능력도 있었다.

나는 35인의 세계 여성의 해 위원들에 속한 라도나의 존재가, 주 회의에 초대받지 못했다고 느낄지 모를 원주민 여성들에게 어떤 신호를 보냈으리라고 이해했다. 하지만 이런 기회가 왜 이토록 드문지는 이해하지 못했다. 많은 경우수를 빠뜨리기로 악명 높은 미국 인구조사[9]에 굳이 의거해보자면, 인구의 1퍼센트 미만을 차지하는 5백 개 이상의 부족과 부족국가는, 미국에서 규모가 가장 작고, 가장 가난하고, 제도교육을 가장 못 받은 집단을 형성한다. 부족국가들은 매우 다양하여, 여러 주에 걸쳐 있는 광활한 나바호 부족국가부터 8만 평방미터 미만의 보호구역까지 규모에 있어서도 상이하다. 그러나 그들은 그런 다양성을 가로질러, 전체를 망라하는 하나의 조약을 이행해야 하는 연방 정부를 상대하기 위해, 자기 아이들을 교육시키고 치료할 권한을 획득하기 위해, 자신들의 땅을 석유·우라늄 외 기타 자원의 착취로부터 보호하기 위해, 그리고 수많은 다른 사안들을 위해 공동 투쟁을 함께했다. 예를 들어, 보호구역의 여성들은 미국 내에서 가장 높은 성범죄율로 고통받았지만, 주된 가해자인 비원주민 남성들은 부족 경찰이나 사법권의 관할을 받지 않을뿐더러, 더 큰 법체계도 대부분 이를 무시했다.

나는 모임에 와서 이야기를 하려고 남은 조용하고 말수가 적으며 때때로 머뭇거리는 원주민 여성들을 통해, 여러 세대의 인디언 가족들이 법의 강요로 자기 아이들을 기독교 기숙학교에 보내야 했으며, 교회와 정부의 분리는 차치하고 이 학교들은 대개 세금 지원을 받았다는 사실을 알게 되었다. 19세기 당시 학교를 세운 사람들은 "인디언을 죽이고, 인간을 구하라"는 모토를 만들어냈다. 그들은 인디언 아이들에게서 가족·이름·언어·문화·심지어 긴 머리칼까지 빼앗았다. 그리고 아이들은 자기 부족의 패배를 진보라고 평가한 역사를 배웠다. 많은 경우 이 아이들은 강제 노동·영양실조·신체적·성적 학대를 당해야 했다. 나중에 여러 학교가 폐교된 뒤에 그 주변 땅은 굶어 죽거나 학대당한 아이들의 묘지로 사용되었다. 무엇보다도 슬픈 일은, 인디언 기숙학교에서 아동을 학대한 2백 년이라는 세월이, 인디언 가정 안에서 체벌 양육과 성적인 폭력을 대체로 정상적인 것처럼 만들었다는 사실이다. 유년기의 패턴은 그것이 우리가 알고 있는 것이기에 반복된다. 인도적인 학교에서조차, 원주민 언어를 가르치고 원주민 종교를 따르는 것은 불법이었으며 1970년대까지 계속 그러했다.

이런 이야기를 듣고 있으려니, 가나의 위대한 소설가 아이 퀘이 아르마Ayi Kwei Armah의 말이 떠올랐다. "계절이 바뀌고 또 바뀌고 몇 번을 바뀌는 동안, 우리의 모든 운동은 우리의 자아를 거역한 채 우리를 살인한 자들의 욕망을 향한 여정이 되어가고 있다."[10]

인디언 거주 지구에서는, 한 번의 폭력 행위를 치유하는 데 세대가 네 번 바뀔 세월이 필요하다는 믿음이 있다. 수세기에 걸쳐 일어난 폭력 행위들은 치유는커녕 여전히 미국인들 대부분에게 알려야 하고 혹은 심각하게 다뤄야 하는 상황이므로, 이 나라는 그 폭력적인 유년기를 계속 반복할지도 모른다. 우리가 상처를 발견하고 치유할 때까지.

　나는 가장 오래된 문화들이 가르쳐야 할 것들에 대한 단순한 무
지야말로 우리의 가장 중대한 문제점에 속한다는 사실을 깨닫기
시작했다. 지역 여성 모임을 만들었을 뿐 아니라 토지 권리부터
의료 서비스 문제까지 모든 사안에 대해 목소리를 높인, 1970년
대 운동으로 태어난 단체 '모든 인디언 부족국가의 여성들Women
of All Red Nations'에 속한 한 젊은 여성은 미네소타에서 나에게 원주
민 국가들은 흔히 모계 사회였다고 설명했다. 즉 씨족의 정체성이
어머니를 통해 이어졌고, 남편이 아내의 가계로 합쳐졌지, 아내가
남편의 가계로 들어가진 않았다는 것이다. 모계 사회는 모권 중심
을 의미하지 않는다. 가부장제처럼 어떤 집단이 지배해야만 한다
고 상정하는 것은 상상력의 실패작이다. 오히려 여성과 남성의 역
할은 구별되었어도 융통성이 있었고 동등한 가치를 지녔다. 일반
적으로 여성들이 농사를 맡고 남성들은 사냥을 맡았지만, 이 일이
저 일보다 더 중요한 것은 아니었다.

　여성들은 또한 언제 아이를 가질지, 그리고 아이를 가질지 말지
를 결정할 능력이 충분했다. 이따금 회의가 끝난 뒤에 원주민 여
성들이 내게 얘기하러 와서는, 피임이나 낙태용으로 사용했던 전
통 약초의 목록을, 여전히 사용 중인지 여부와 상관없이 알려주었
다. 그들은 1970년대 연방 정부의 인디언 의료 서비스가 수천 명
의 원주민 여성들에게 사전 동의 없는 불임 시술을 승인했음을 알
고 있었다. 어떤 이들은 그것을 인디언 땅을 탈취하기 위한 장기
전략이라 불렀고, 어떤 이들은 그것이 남부 흑인 여성에게 불임
시술을 한 인종차별과 다를 바 없다고 말했다. 북미 인디언 운동
의 전통주의자들도 젊은 급진주의자들도 이를 "천천히 진행되는

종족 학살"이라 일컬었다. 이는 또한 여성들의 궁극적인 힘을 앗아갔다.

나는 체로키어를 비롯한 원주민 언어들에 벵골어나 다른 고대 언어와 마찬가지로, '그'나 '그녀'처럼 성을 구분하는 대명사가 없다는 사실을 알았다. 인간은 인간이었다. '추장chief'이라는 개념도 불어에서 기원한 영어 단어로, 왕 같은 한 명의 남성 지도자가 있어야 한다는 유럽적인 발상을 반영한 말이었다. 사실 알곤킨어에서 파생한 단어인 '코커스caucus'는, 통치의 핵심에 있는 이야기 모임의 층과 의견 일치라는 목표를 더 잘 반영했다. 남성과 여성 들의 임무는 서로 다를지라도, 중요한 것은 균형이었다. 이를테면 남성들이 모임에서 발언을 한다면, 여성들은 말하는 남성들을 지명하고 고지했다.

수많은 비원주민들이 이 색다른 삶의 방식을 증언했다. 예를 들어, 미국의 초기 시대에 인디언 학교에서 가르친 백인 여성 교사들은 자기가 살던 곳보다 인디언 부족 공동체 속에서 더 안전하다고 느꼈다고 썼다. 민속학자와 기자 들은 성폭행이 드물었다고 서술했다. 여성 학대는 강도·살해와 더불어 남성이 족장 또는 지혜로운 리더가 될 수 없는 세 가지 결격 사유 중 하나였다. 금지된 것이 무엇이든 분명 있을 텐데 거의 아무것도 발견되지 않자 유럽인들은 충격을 받았다. 나는 인디언의 친구가 아닌 추적자였던 제임스 클린턴 장군이 1779년에 쓴 이런 증언도 발견했다. "이토록 사악한 미개인들임에도 그들은 어떤 여자의 순결도, (심지어는) 포로의 순결도 짓밟지 않았다."[11]

나는 캘리포니아에서 어떤 점심식사 자리에, 일신교 이전 시대의 영성을 연구하는 한 교수와 다른 주보다 원주민들이 많이 사는 이 주의 몇몇 부족 출신 여성들과 함께 앉았다. 인간 조직의 패러다임은 피라미드나 계급제가 아니라 원circle이었으며, 그것은 다시 존재할 수 있다는 것에 모두가 동의했다.

나는 서열화ranked 대신 연결된linked 패러다임이 있었다는 사실을 처음 알았다. 마치 그 반대 경우를 추정해오다가 갑자기, 내가 하나의 환영하는 세계 안에 있음을 깨달은 듯했다. 그것은 가파른 계단을 딛기 위해 한 발을 아래로 뻗었는데 평지를 발견한 것과도 같았다.

뉴멕시코 출신의 라구나 로스쿨 학생이, 그녀의 수업에서 이로쿼이 연맹을 연방 헌법의 모델로 인용하지 않고, 여전히 존재하는 이 연맹을 세계에서 가장 오래 지속된 민주주의 형태로 설명하지 않는다고 불만을 토로했을 때에도, 여전히 나는 그 학생이 낭만에 빠졌다고 생각했다. 그러나 나중에 헌법 제정 회의에 관한 글을 읽으며, 벤저민 프랭클린이 실제로 이로쿼이 연맹을 모델로 인용했다는 사실을 발견했다.[12] 그는 상호 결정을 위해 원주민 국가들을 한데 묶으면서도 지역 국가의 자치권도 허용함으로써, 미국과 캐나다의 방대한 영역을 통합하는 데 이 모델이 성공을 거두리라는 것을 잘 인식했다. 그는 헌법이 13개 주에 똑같이 적용될 수 있기를 희망했다. 그래서 이로쿼이 남성 두 명을 필라델피아 헌법 제정 회의에 조언자로 초대했다. 그들이 던졌던 첫 질문들 가운데 이런 것이 있었다. **여성들은 어디에 있죠?**

원주민 모델과 달리, 건국의 아버지들의 헌법은 여성 배제뿐만 아니라 노예제와 사유재산도 허용했다. 그러나 원주민 모델과 마찬가지로, 이 헌법은 모든 권력을 민중의 손에 두고, 지역에서 연방까지 이야기 모임의 층들을 창조해내고, 군사와 시민의 권력을 분리시키고, 군주제와 세습제 통치자를 폐기함으로써, 고대 그리스부터 마그나카르타에 이르는 유럽의 모든 통치 제도를 뒤집었다. 내가 보기에 미국인들이 적어도 감사하다고 말할 수 있을 정도였다. 그러나 감사 대신, 민주주의가 고대 그리스에서 발명되었다는 관념이 나타나게 되었다. 고대 그리스에는 노예제가 있었고 여성을 시민권 대상에서 배제했고, 그 시민권도 계급에 따라 제한했을 뿐 아니라 그 밖에 더 많은 문제들이 있었음에도 아랑곳없이.

인디언 부족국가들이 1970년대에 민주주의에 대한 강의를 들으러 갔을 때, 한 여성 원주민 대변인은 아이러니를 섞어 이렇게 말했다. "우리 인디언들은 아마도 이 나라에서 당신들의 통치 형태를 제대로 이해하는 유일한 시민들일 것입니다. (……) 이로쿼이 연맹에서 베낀 형태니까요."[13]

III.

휴스턴 회의 전에, 나는 여성을 위한 미즈 재단 이사회가 다양한 경험과 지역들을 대변하는 데 자부심을 느꼈다. 휴스턴 회의 뒤에, 나는 인디언 거주 지구 출신의 여성이 이사회에 한 명도 없다는 사실을 믿을 수 없었다.

그렇게 해서 나는 1980년대와 1990년대에 합류한 여성 네 명과 밀착해 일하게 되었고, 이후로도 우리는 비공식적으로 계속 함께 일했다. 그들 모두 어디에서든 성공할 수 있을 사람들임에도, 전통적인 기준으로 보면 사회적으로 무시되고, 가난해지고, 사라질 위험이 있는 삶의 방식 안에 머물기로 선택했다. 모두 부모 중한쪽은 인디언이고 다른 한쪽은 인디언이 아니었는데, 이는 전통적인 의미의 성공을 더 쉽게 만들 수도 있었다. 남아서 투쟁하겠다는 그들의 선택은 따뜻함과 관계성의 가치, 자연 세계의 균형과 감각의 가치를 입증했다. 내가 아는 것이라곤, 그들과 함께하면 이상하게도 내가 이해받는 느낌이 들고 희망을 갖게 된다는 사실 뿐이었다.

레이나 그린Rayna Green은 우리의 활기찬 이사회를 더 활기차게 만들었다. 레이나는 체로키 작가이자 민속학자이고 워싱턴 D.C.의 스미스소니언 협회의 북미 인디언 프로그램에서 일하는 인류학자로서 우리의 작업을 풍성하게 해주었고 새로운 공간으로 확장시켰다. 그녀 또한 소박한 유머감각을 지녔다. 그녀 덕분에 나는 원주민 신화에 공통적으로 등장하는, 경계를 넘나들어 어디든 갈 수 있는 존재인 트릭스터Trickster에 대해 배우기 시작했다. 층층의 위계질서의 밑바닥에서 오로지 왕을 웃게 만듦으로써 생존하는 어릿광대Jester와 광대Clown와 달리 트릭스터는 우리를 웃게 만드는, 자유롭고 모순적이며 경계를 허무는 존재이다. 웃음은 성스러운 것을 들어오게 한다. 대개 원주민의 영성에는, 우리가 웃지 않으면 기도할 수 없다는 믿음이 있다. 트릭스터는 가끔 여성적이고 자유로운 공간과 길의 정령이기에, 나는 나만의 토템을 발견했다고 느끼기 시작했다.[14]

이를테면 나나 우리 이사회의 다른 사람들이 너무도 오래 지속된 불의에 대해 설명하거나, 아니면 명명백백한 것을 발견이라도 한 듯 언급할 때마다, 레이나의 유머가 균형을 되찾아주었다. 그녀가 5년 뒤 이사 임기를 끝내고서 떠날 때 남긴 이 말을, 나는 나중에서야 이해하게 되었다. **페미니즘은 기억이다.**

폴라 건 앨런의 도움으로, 나는 마침내 그 말을 이해하게 됐다.

폴라는 이렇게 썼다. "페미니스트들은, 여성에게 힘을 주고 또 그 힘을 규칙과 문명의 기초로 만든 사회를 어느 누구도 경험하지 못했다고 너무 자주 믿어버린다. 이것을 자각하지 못하기에 페미니스트 공동체가 지불해야 하는 대가는 (……) 필연적인 혼란, 분리, 그리고 잃어버린 수많은 시간이다."[15]

폴라의 결론은 간단하면서 너무도 놀라웠다. "억압의 뿌리는 기억의 상실이다."

다음에 온 사람은 윌마 맨킬러로, 내가 존경했으면서도 한 번도 만나지 못했던 인물이었다. 그녀는 체로키 부족국가에서 부추장에 선출된 첫 번째 여성이었고, 곧 추장의 임기를 수행하도록 지명될 예정이었다. 2년 후인 1987년에 그녀는 마침내 현대에 추장으로 당선된 첫 번째 여성이 되었다.

사람들이 의존성이 아닌 독립성을 만들기 위해 자신감을 발견하도록 도와주는 윌마의 재능은 정확히 미즈 재단이 필요로 하던 지혜였다. 몇 세기 동안 생명과 땅과 존중을 상실했음에도 인디언 거주 지구에 그녀가 이런 기적을 일으킬 수 있었다면, 다양한 여성과 소녀 들이 자신의 힘을 발견하는 데에도 도움을 줄 수 있을 터였다.

그녀와 내가 미즈 이사회 합류에 대해 얘기하기 위해 점심을 같이하기 이전에 나는 윌마의 고되고 선구적인 작업에 관해 들은 바가 있었기에, 조용하고 따뜻하고 경청하는 한 여성과 내가 같은 자리에 함께한다는 사실이 경탄스러웠다. 그녀가 나보다 열한 살 적다는 사실을 믿기 어려웠다. 지혜로 보면 나보다 훨씬 성숙한 사람이었다. 나는 튼튼하고 세월에도 변치 않는 한 그루 나무에게 보호받는 듯한 느낌을 받았다. 함께 있는 것만으로도 그녀처럼 진실하고, 조악한 것에서 벗어난 사람이 되지 않기가 힘들었다. 그녀는 유머를 자주 구사하지 않았지만, 일단 했다 하면 날씨만큼 자연스러웠다. 예를 들어 누군가 정말로 궁금해서 그녀의 이름에 대해 질문하면, 그녀는 '맨킬러Mankiller'가 마을을 보호했던 사람 집안에서 대대로 물려받는 칭호라고 설명했다. 그러나 너무도 많은 사람들이 취하는 그 거들먹거리는 태도로 물어볼 경우엔, 그저 무표정하게 이렇게 답했다. "내가 한 일로 얻은 이름이에요."

여러 번의 이사회 모임과 저녁식사 뒤에, 나는 윌마가 네덜란드와 아일랜드계 어머니와 체로키 순수 혈통의 아버지 사이에서 열한 명의 자식들 중 여섯째 아이로 태어났다는 사실을 알게 되었다. 그녀의 외할아버지와 외할머니는 이 결혼을 인정하지 않았지만, 그녀의 어머니는 사랑에 빠졌고 뒤도 돌아보지 않았다.

윌마는 열 살 때까지 오클라호마 시골의 맨킬러 플랫츠라는 친할아버지의 땅에서 자랐다. 이 땅은 체로키 족의 조지아 고향을 빼앗은 1830년대의 악명 높은 강제 행군, 즉 '눈물의 길Trail of Tears'의 마지막 지점에서 할아버지가 할당받은 땅이었다. 이 행군에 오른 남자·여자·아이 들의 3분의 1 이상이 추위·기아·질병으로 죽었다. 앤드류 잭슨 대통령의 '인디언 이주법' 덕택에 체로키 땅은 백인 농장주들의 손에 넘어가, 노예 노동으로 면화를 기르고 금을 캐는 데 사용되었다.

맨킬러 플랫츠는 전기도 수돗물도 없었지만, 시내가 있고 그 기슭에서는 약초가 자랐고, 수만 평방미터의 탐험할 숲이 있고, 겨울을 위해 보관할 과일과 채소가 충분히 나는 텃밭이 있고, 형제자매들과 손전등 불빛으로 놀이할 게임이 있었다. 백인 교회 여성들이 기부된 옷을 나눠주러 왔을 때에야, 윌마는 자기 가족이 가난해 보인다는 사실을 깨달았다. 그녀는 '마음에 축복 있으라'와 '가여운 것들'이라는 말을 평생 혐오하게 되었다.

그러고 나서 워싱턴이 원주민들을 재배치하고 동화시켜 "주류에 편입하고" 아울러 가치가 큰 땅에서 그들을 쫓아내려는 수많은 시도의 일환으로, 그녀의 부모를 "더 나은 삶"을 위해 샌프란시스코로 이주하도록 설득했다. 열 살의 윌마는 별안간 도심 임대 주택 단지의 거친 삶으로 들어가게 되었다. 한 번도 전화나 옥내 화장실을 본 적이 없고, 한 장소에서 이토록 많은 사람들을 본 적이 없던 소녀에게는 특히 놀라운 일이었다. 그녀의 기억대로 그것은 "마치 화성에 떨어진 것 같았다." 다르다는 이유로 학교에서 힘든 시간을 보내고, 아버지의 최저 임금 노동으로 온 가족이 생존해야 했음에도, 그녀의 가족은 인디언 센터에서 다른 이주 가족들과 더불어 공동체와 지지를 찾아냈다.

아버지가 부두 노동자가 되었을 때, 윌마는 부엌 식탁에서 노동조합 조직에 대해 배우기 시작했다. 그런 일들은 여자아이들을 위한 것이 아니었기 때문에, 그녀는 사회복지사의 꿈을 안고 지역 대학에 갔다. 그리고 열여덟 살 생일이 되기 직전, 유학 온 에콰도르 출신 청년과 사랑에 빠졌다. 스물한 살이 되었을 때 그녀는 두 딸의 어머니이자 자신이 가정주부로 남기를 바라는 남편의 아내가 되어 있었다.

윌마는 나와 친구로 더 많은 시간을 함께 보내기 시작하면서, 젊은 남편을 살피고, 그가 원했던 전통적인 아내가 되기를 온 마음으로 기원했던 일에 대해 들려주었다. 그러나 그녀는 1960년대 샌프란시스코의 자신을 둘러싼 모든 곳에서 폭발하던 정치 운동에도 속하기를 갈망했다. 학위를 따기 위해 계속 공부했고, 인디언 소유로 귀속될 예정인 연방 정부 소유의 섬에 방치된 감옥인 알카트라즈에서 19개월 기한의 일자리를 얻었다. 이런 사회운동과 공동체의 경험을 통해 그녀는 마침내 자기만의 삶에 다시 연결된 느낌을 갖게 되었다.

1974년에 윌마와 그녀의 남편은 각자의 길을 가기로 했다. 그녀는 대학 공부를 계속했고 다른 싱글맘들 사이에서 지지를 찾았지만, 여전히 자신의 땅에서 멀리 떨어져 있다고 느꼈다. 1976년 여름, 그녀는 남은 전 재산으로 빨간 자동차를 구입하여 편안한 집을 떠나, 십 대가 된 두 딸과 함께 오클라호마와 맨킬러 플랫츠를 향해 출발했다.

가족이 살던 집은 수년 전에 불타버렸지만, 그녀의 아버지가 아무리 돈이 없어도 팔기를 거부했던 조상의 땅 근처 호숫가에 차를 세우고 그 안에서 야영했다. 윌마와 두 딸은 윌마가 어렸을 때 했던 것처럼, 수영하고, 물고기를 잡고, 야생 음식을 채취했다. 그들은 태양을 보고 시간을 가늠하는 법을 배웠고, 손전등 불빛 아래서 스크래블 게임을 했고, 모닥불 옆에서 휴대용 라디오로 음악을 들었다. 돈도 없고 집도 없었지만 불안정한 느낌을 받기는커녕, 윌마는 그곳을 떠난 이후 처음으로 자유를 느꼈다고 말했다. 이 이야기로 나는 그녀가 얼마나 깊이 그 땅과 연결되어 있는지 깨달았다.

나중에 윌마는 근처에서 버려진 집을 발견해 그럭저럭 살 만한 곳으로 만들었고, 탈레콰에 있는 체로키 부족국가의 말단 일자리에 지원했다. 몇 차례 거절당한 뒤 자금 제안서 작가로 채용되었다. 그녀는 누구보다 열심히 일했을 뿐 아니라 조직가로서도 특별한 재능을 입증하기 시작했다. 다른 이들의 자기 권위를 존중하고 또 기대함으로써, 사람들을 수동성과 절망의 늪에서 구해냈다. 이 것이 윌마의 길고도 험난한 지도자 길의 시작이었다.

3년 뒤에 윌마는 텅 빈 시골길을 운전하다가 다른 차와 정면충돌하는 고난에 맞닥뜨렸다. 몸은 으스러졌고 겨우 목숨만 건졌다. 한참 뒤에야, 다른 차에 타고 있던 여성 운전자가 자기 친구였고 즉사했다는 사실을 알게 되었다.

윌마는 나머지 인생을 휠체어를 타고 살게 될 운명이었다. 열일곱 차례의 수술과 몸을 허약하게 만드는 신경근질환인 중증 근무력증을 한바탕 겪고 난 뒤에야 그녀는 다시 걷게 되었다. 그때에도 다리 한쪽에 무릎부터 발목까지 금속 부목을 대야 했고, 부기와 통증으로 고통받았으며, 특수 제작한 신발을 신어야 했다.

이 모든 일이 우리가 만나기 한참 전에 일어났다. 길게 늘어뜨린 치마가 부목을 감추었고, 그녀의 평온함이 고통을 감추었다. 나는 결코 아무것도 알아채지 못했을 것이다.

역시 부족국가를 위해 일했고, 윌마와 달리 체로키어에 유창했던 순혈의 체로키 남자 찰리 숍Charlie Soap과 함께, 그녀는 불가능해 보였던 프로젝트를 떠맡았다. 3백 가구가 사는 외딴 시골 공동체인 벨Bell의 거주민들을 위해 긍정적인 변화를 만들어내는 시도였다. 가난과 절망이 너무나 만연해서 그곳을 탈출한 사람은 그곳에서 살았다고 말하는 것조차 부끄러워할 지경이었다.[16]

윌마는 참을성 있고, 상대를 존중하고, 상대의 말을 경청하고, 사람들이 스스로 결정해야만 자신감을 얻을 수 있다는 사실을 이해했기에, 천천히 자신을 믿도록 가족들을 설득하여, 그들이 공동체 모임에 와서 자기들이 가장 필요한 것을 결정하게 했다. 윌마는 학교일 거라고 생각했지만, 사람들은 젊은 사람과 나이 든 사람 모두에게 도움이 되는 것을 선택했다. 바로 수돗물이었다. 사람들은 펌프 하나에서 나오는 물을 들통으로 매일 나르며 생존해 왔다. 주요 물 공급원에 연결하려면, 거의 30킬로미터 길이의 깊은 배수로를 파서 넓은 파이프들을 깔고, 거기에 3킬로미터에 이르는 좁은 파이프들을 각 가정에 대는 공사를 해야 했다. 윌마는 사람들에게 자기가 돈을 모으고 장비를 찾겠다고 말하며 단서를 붙였다. 그들이 스스로 일해야 한다는 조건이었다.

아무도 이런 일이 가능할 거라 생각지 않았지만, 그들에 대한 윌마의 신뢰는 그들 스스로를 도울 수 있다는 희망을 불러일으켰다. 아이부터 노인까지 온 가족이 땅을 파고 파이프를 깔았다. 길고 힘든 14개월이었지만 결국 두 가지 성공을 얻었다. 수돗물을 얻은 것, 그리고 절망 대신 자신감에 찬 공동체를 얻은 것이었다. 그토록 대단한 위업이었기에 CBS 뉴스에서 이 소식을 다루었고, 거주 지구 주변 사람들이 영감을 받았으며, 벨과 닮은 전 세계 저개발 지역의 시청자들도 영감을 받았다.[17] 윌마와 벨의 이야기는 머지않아 '물을 뜻하는 체로키 단어 The Cherokee Word for Water'라는 제목의 장편 영화로 만들어질 예정이다.

찰리와 윌마는 이 긴 투쟁을 통해 유대감을 갖게 되어 1986년, 그녀가 미즈 이사회에 합류한 그해에 결혼했다.

성폭력 위기 센터의 너무 많은 제안들과 그들에게 지급할 너무 적은 자금 문제로 괴로운 미즈 재단 회의를 마친 어느 날, 윌마는 나에게 자기 자신도 어떻게 할 수 없었던 사건에 대해 들려주었다. 자기가 살던 샌프란시스코 주택 단지 근처 영화관에서, 그녀는 십 대 남자아이들에게 집단 성폭행을 당한 적이 있다. 그녀는 누군가 자기에게 말을 걸고 싶어 한다는 것에 우쭐해져, 그 아이들과 얘기를 나누었다. 그러고서 배신당했다. 부모에게도 친구들에게도 얘기하지 않았다. 나와 얘기할 때도 더 자세히 들어가지 않았다. 그 경험은 여전히 너무도 심각하게 느껴졌고, 동시에 충분히 심각하게 다뤄지지 않았다. 여성들과 둘러앉은 모임에서 유사한 이야기들을 듣고 나서야, 그녀는 자기가 혼자가 아니고, 그 일은 자신의 잘못이 아니고, 목소리 높여 말할 수 있음을 깨닫게 되었다.

그때부터 나는 윌마가 의식했든 안 했든, 한 가지 이유 때문에 우리와 함께하는 데 동의했다는 사실을 깨달았다. 그녀와 찰리와 내가 앨리스 워커와 함께 멕시코에서 겨울 휴가를 보낼 때, 나는 다시 이 생각을 했다. 휴가를 거의 마칠 무렵, 윌마가 우리에게 조용히 말했다. "나한테 아무것도 바라지 않는 사람들과 함께 지낸 건 이번이 난생처음이야." 오랫동안 스스로를 이끄는 일을 금지당해온 사람들 사이에서 윌마가 리더십을 발휘하며 치렀던 대가를, 나는 그 말을 통해 살짝 엿볼 수 있었다.

1987년에 그녀는 체로키 부족국가의 추장 후보로 출마했는데, 그 일은 큰 논란을 일으켰다. 현대에 와서 한 번도 여성이 체로키 추장으로 당선된 적이 없었고, 많은 체로키인들이 남성 리더십은 기독교나 가게에서 사는 음식만큼이나 불가피하다고 추정하게 되었던 것이다. 아주 오래된 과거에, 여성 노인으로 구성된 체로키 부족국가 협의회는 지도자들을 선택했고, 전쟁에 맞서 싸울지 여부까지 결정했다. 워싱턴과 맺은 조약들은 남성 노인뿐 아니라 여성 노인의 서명도 받아야 했는데, 이를 두고 관료들은 "치마폭 정부"라고 가차 없이 비웃었다. 현대의 몇몇 체로키인들은 여전히 이런 놀림을 두려워하거나, 여성이 워싱턴에서 부족국가를 대표할 수 없다고 생각하거나, 아니면 양쪽 모두에 해당되었다.

윌마의 선거 캠페인에는 다른 주의 캠페인들이 겪는 모든 복잡성에 더해 오클라호마 밖의 여러 주와 외국에 거주하는 명부상의 체로키 유권자들에게 연락해야 할 필요성도 있었다. 나는 어느새 모금 행사와 텔레비전 광고까지 돕는 그 익숙한 역할을 도맡고 있었다. 그러나 결국 윌마는 벨에서 그랬던 것처럼, 사람들이 스스로를 돕도록 도운 경력 때문에 승리했다. 또 예전에 거의 투표하지 않던 체로키 전통주의자들이 윌마의 리더십을 과거의 균형과 상호주의의 귀환으로 본 것도 승리의 이유였다.

당선 이후, 나는 그녀가 조용히, 한 사람 한 사람씩, 시골 공동체를 한 군데 한 군데씩, 워싱턴 로비전을 한 건 한 건씩 감당해나가는 것을 지켜보았고, 사람들이 그들만의 급수 시설과 청소년 프로그램을 구축하고, 다른 시골 지역에 모범이 된 의료 서비스 제공 시스템을 세우도록 돕는 모습을 지켜보았다. 그녀는 체로키 부족국가들이 대부분 정부 지원금에 의존하던 상태에서 벗어나, 공동체간 사업 경영으로 독립적인 상태가 되도록 점진적으로 이끌었다. 아울러 다른 원주민 여성 지도자들을 기리기 위해, 수많은 인터뷰를 바탕으로 『모든 날이 좋은 날이다: 현대 원주민 여성들의 성찰 Every Day is a Good Day : Reflections by Contemporary Indigenous Women』이라는 책을 펴냈다.[18]

1991년, 윌마는 82퍼센트라는 전례 없는 득표율로 재선되었다. 1994년에 빌 클린턴 대통령은 모든 부족국가의 지도자들을 워싱턴으로 초대해 만났는데, 이는 역사상 처음 있는 일이었다. 거의 전부가 남성인 이 집단은, 윌마를 자신들의 대변인 둘 중 한 명으로 선출했다.

그로부터 6년 뒤, 나는 윌마와 백악관에 가서, 클린턴 대통령과 힐러리 클린턴이 윌마에게 시민의 최고 명예인 자유 메달을 수여하는 모습을 지켜보았다.

그녀가 그 자리에 당당하고 친절한 모습으로, 또 다른 국가원수에게 전혀 기죽지 않고 서 있을 때, 청중 속에서 윌마가 대통령이 될 수 있겠다고 생각한 사람은 나 혼자만이 아니었다. 나는 이런 생각도 했다. **공정한 국가에서라면, 대통령이 될 것이다.**

윌마는 이사회 임기의 마지막 해에 레베카 애덤슨Rebecca Adamson과 일을 나누었다. 독학으로 풀뿌리 경제학 전문가가 된 레베카는 수줍음이 많고, 호리호리하고, 사람을 끌어당기는 여성이었다. 레이나와 윌마보다 젊고 더 조심스러운 레베카는 순전히 의지의 힘으로 수줍음을 물리친 것처럼 보였다. 가장 사소한 세부사항에서 가장 도전적인 경제 이론까지 모든 것을 이해하는 그녀의 재능은, 내게 1930년대 이상적인 노동 계급 지식인을 떠올리게 했다.

레이나와 윌마와 달리, 레베카는 온전히 인디언 거주 지구 밖에서 자랐다. 그녀는 체로키 족 할머니가 사는 스모키 산맥에서 매년 여름을 보내면서 구원되었다. 그곳에서 집 같은 느낌을 주는 생활방식을 발견한 것이다. 결국 레베카는 대학을 그만두고 인디언 감독 교육 위원회 연합에서 고용한 첫 직원이 되었는데, 이 연합은 인디언 아이들을 학대하고 모욕감을 주는 학교들을 개혁하겠다는 원대한 목표를 가진 단체였다. 그 학교의 운영 주체가 종교 기관이든, 인디언 업무부서든, 지역 교육 위원회든 상관없이. 레베카의 경험상 인디언 거주 지구 사람들에게, 모욕하지 않고 학대하지 않는 학교에 다닐 권리는, 아프리카계 미국인들에게 남부에서의 투표 등록권과 선거권이 의미하는 바와 같았다. 즉 더 큰 운동의 시작이 되는 일이었다. 편견과 권력이라는 유사한 양날 아래, 레베카는 수차례 생명의 위협을 받았다.

내가 만났을 당시, 레베카는 대학 시간제 강사 일을 그만두고 경제학 분야에서 더 높은 학위를 취득했으며, UN 국제 노동 기구와 다른 나라의 원주민 단체에서 고문으로 일하고 있었다. 그녀는 훌륭한 조직가의 확실한 표시인 이해를 구하는 재능을 지녔으며, '땅 부자, 흙 빈자Land Rich, Dirt Poor'라는 간결한 제목으로 보호구역의 삶에 관한 에세이를 집필했다. 또 조직의 목표를 담은 '발전—부가가치를 통해DEVELOPMENT—WITH VALUES ADDED'라는 슬로건을 티셔츠에 넣었다.

사우스다코타에 있는 파인 리지 보호구역 근처에서 이틀간 열릴 활동가 회의에 오라는 레베카의 요청을 받을 때까지, 나는 "부가가치"가 얼마나 깊은 의미가 있는지 온전히 이해하지 못했다. 나의 역할은 간디주의 마을 차원 경제, 그리고 미즈 재단 지원으로 그들만의 가족 친화적 소규모 사업을 창업한 저소득 및 생활보호 대상 여성들에 대해 아는 바를 전달하는 일이었다. 그것이 아니었다면, 무엇을 기대할지 알 길이 없었다.

회의는 사우스다코타의 배드랜즈 옆에 있는 부족 소유의 작은 모텔에서 열렸다. 목표는 개인주의적 경제 세계에서 어떻게 공동체 경제의 성공을 일궈낼지 생각해보는 것이었다.

격식 없고, 진지하고, 이상주의적이고, 실용적인 이 토론은 이틀 내내 밤낮으로 이어졌다. 나는 모든 사람들이 얼마나 주의 깊게 듣는지, 발언할 때 얼마나 적게 에고를 내세우는지에 주목했다. 때때로 나바호 족 교육자 래리 에머슨과 학교 운동에 처음으로 레베카를 참여시켰던, 오글랄라 수우 부족국가 출신의 라코타 전통주의자 버질 킬스 스트레이트가 칠판에 그림을 그려가면서 발언하곤 했는데, 발언이 끝나면 다시 듣기만 했다. 두 사람 모두 말을 많이 할 필요성도, 자기가 얼마나 많이 아는지 보여줄 필요성도, 다른 사람들이 말한 것을 승인하거나 못마땅해할 필요성도, 통제권을 가질 필요성도 못 느끼는 듯했다. 이들이 무언가 할 말이 있을 때만 말한다는 것을 내가 깨닫기까지 조금 시간이 걸렸다. 나는 놀라 자칫하면 의자에서 떨어질 뻔했다.

그런 회의에 참가하면서 나는 경제학의 도표도 선으로 나타낼 필요가 없다는 사실을 배웠다. 회의에서 쓴 도표는 차례차례 포개진 둥지 같은 동심원들의 모음이었고, 대규모 사업은 개인과 가족부터 공동체와 환경까지 각각의 원에 붙여진 값에 의해 평가되었다. 나는 레베카와 그녀의 동료들이, 미국을 비롯한 대부분의 국가에서 경제 활동을 측정하는 통계 체계인 국가 회계 시스템을 변형시키려 하는 것에 다름 아님을 깨달았다. 이를테면 나무 한 그루의 가치는 견적가나 판매가에 달려 있지만, 나무가 팔려 베일 경우 산소의 손실, 다른 나무들의 씨 뿌리기, 공동체나 환경에 대한 가치는 회계장부의 차변란에 계산되지 않는다. 이 집단은 이익과 손실을 측정하는 새로운 방식을 만들어내고 있었다.

우리가 함께 보낸 날들이 끝나갈 무렵, 나는 경제학을 완전히 새로운 방식으로 이해했다. 진정한 잔고를 보여줄 수 있는 대차대조표였다.

시카고 출신의 오지브와 족 교육가 페이스 스미스Faith Smith는 레베카의 뒤를 이어 이사회에 왔다. 조용하고 치열하고 고전적인 미인인 페이스는, 도시에 거주하고 다부족 경험 있는 원주민 절반을 대변했다. 도시의 원주민 학생들에게 원주민 역사를 포함한 대학과정을 제공하기 위해서 페이스는 북미 원주민 교육 서비스 대학Native American Educational Services College을 세우는 일을 도왔다. 규모는 작고, 사립에, 인디언이 관할하고, 학위가 인정되는 기관으로, 17세에서 70세까지 다양한 연령의 학생들이 다닐 수 있는 곳이었다.

페이스의 말에 따르면 주류 기관에 입학한 원주민 학생의 10퍼센트만 학위를 취득할 때까지 남는데, 그 이유 가운데 하나는 아카데미의 세계관이 그들의 경험이나 심지어 그들의 존재를 포함시키지 않기 때문이다. 하지만 원주민들이 세운 대학에서는 입학한 학생의 70퍼센트가 졸업하고, 20~30퍼센트가 대학원에 진학했다.

내가 페이스를 만나기 위해 시카고에 있는 대학에 갔을 때 우리와 점심식사를 함께한 학생들은, 다른 학교에 있는 동안에는 자기들을 배제하는 교육과 자기들을 포함시키는 공동체 사이에서 선택을 강요받는 기분이었다고 말했다. 이 대학에서 학생들은 양쪽 모두 취할 수 있었다.

점심식사는 그 자체로 수업이었다. 학생들은 음식이 일종의 세대 표식이라고 설명했다. 그들의 조부모처럼 제2차 세계대전 이전에 태어난 사람들은 이 나라에 살면서 전통적인 원주민 음식을 먹었는데, 식민지 이주자들이 인디언들이 얼마나 더 크고, 튼튼하고, 건강한지에 대해 고국에 편지를 써 보내게 될 만한 음식이었다. 그러다가 보호구역 거주민 세대에 와서는, 정부의 식량 배급에 의존해 정제 설탕·돼지기름·흰 밀가루를 섭취하게 되었고 교역소도 이용하게 되었는데 이곳에선 술을 취급했다. 건강은 악화됐고, 알코올 중독과 당뇨병은 증가했다. 이제 빛 잘 드는 다목적 강의실에서 건강한 음식을 먹는 이 학교의 학생들에게는 투석 중인 친구나 가족이 최소 한 명씩은 있었다. 친척들을 병원과 진료소로 데려가는 일은 가족 의례가 되었다.

나는 페이스가 여러 면에서 본보기임을 알게 되었다. 이를테면 그녀는 이 대학 학장이지만, 자금 운영이 어려울 때마다 교사와 수위와 동일한 급여를 받았다. 자신의 신체적 자아 역시 중요했다. 과로하면서도 건강하고 날씬한 그녀는 가능성의 살아 숨 쉬는 본보기였다. 식당 벽에 걸린 문구가 마음에 와 닿아 움직였다.

바른 삶을 향하고 있다고 스스로 생각할 수는 없다.
바른 생각을 향하여 스스로 살아내는 것이다.
—원주민 조상들

IV.

나는 새로운 지역에 갈 때마다, 옛날에 그곳에 살았거나 여전히 그곳에 살고 있을지 모를 사람들의 수직적인 역사에 대해 물었다. 나는 어떻게든 원주민 사례를 포함시키지 않고 강연하는 일이 없도록 노력했다. 꼭 우리가 이 다양한 사람들의 나라에서 다른 집단들을 포함시키는 것과 마찬가지로. 그것은 마치 빵을 물 위에 던지는 것과 같았다. 그 빵은 거의 언제나 새로운 지식이라는 버터가 발라져 되돌아왔다.

길 위의 인생

• 내가 다니던 대학이 있는 매사추세츠 노샘프턴에서 북 투어를 하던 중에 원형문화에 대한 질문을 던져본다. 서점 뒤쪽에서 아주 나이 많고 꾀죄죄해 보이는 백인 남성이 자기가 들은 얘기라며, 이 근방의 버려진 들판에 몇 미터 간격으로 마치 거대한 욕실용 고무 매트처럼 이상한 패턴의 넓은 둔덕들이 솟아 있다고 말했다. 그 둔덕들은 태곳적부터 거기에 있었고, 인디언의 경작 방식으로 추정되고 있다.

나는 스미스대학 도서관 사서에게 도움을 청한다. 우리는 그 둔덕들이 '밀파milpa'로, 상호 보완되는 작물들을 심은 작은 흙더미들임을 알게 된다. 수분 유실과 토양 침식을 조장하는 선형 경작과 달리, 원형은 빗물을 가둔다. 각 흙더미에는 인디언 농업의 주요 작물인 세 자매 무리, 옥수수·콩·호박을 심는다. 옥수수는 콩이 타고 올라갈 버팀대를 제공하고, 연약한 콩을 위해 빛도 가려주었다. 지면은 호박으로 뒤덮여 토양을 안정시켰고, 콩 뿌리는 질소를 제공해 토양을 계속 비옥하게 유지했다. 마무리 손질로 마리골드를 비롯한 천연 살충제를 각 흙더미 주변에 심어 해충을 방지했다. 모든 것들이 합쳐진 이 완벽한 방식은, 기계화된 선형 경작과 인공 살충제와 기업식 단일작물 농업을 도입하기에는 너무도 가난한 중앙 아메리카의 몇몇 나라에서, 똑같은 밀파로 4천 년간 경작하는 데 아무 문제없이 이용되고 있다.[19] 그 뿐만 아니라 밀파는 숲에서 나무를 모조리 베어버리지 않아도 경작할 수 있는 방식이다. 기껏해야 나뭇가지 몇 개만 치워 흙더미에 햇빛이 들어오게 해주면 된다. 이 방식은 전 세계 모든 주요 작물의 5분의 3이 왜 아메리카 대륙에서 발달했는지 설명해주는 중요한 근거였다.

• 나는 여성 기업가들을 기리는 '올해의 여성들' 오찬 행사
가 열리는 오클라호마시티에 와 있다. 이곳은 인디언 부족국
가에 대해 묻는 것이 적절치 않을 것 같은 도시이다. 주요 지
역 신문 1면에 성서 인용문이 실릴 만큼 매우 보수적이다. 나
는《미즈》의 운명이 달린 모금 전화를 돌리는 일로 마음이 산
란하다. 재정 악화로 단기간《미즈》의 주인이 된 사람은, 우
리가 매입가를 당장 내놓지 않으면《미즈》를 폐간하겠다고
위협하고 있다. 그는 직원들이《미즈》를 너무도 아끼기에 그
냥 사라지는 것을 두고볼 수 없다는 사실을 알기에, 이는 갈
취나 다름없다.

점심식사 후 옷깃에 성조기를 단 중년 여성이 내게, 자기
할머니가 들려줬던 얘기가 뇌리에서 떠나지 않는다고 말한
다. 1930년대에 오클라호마에 오로지 인디언의 무덤들을 파
서 약탈할 목적으로 탄광 회사 하나가 설립되었다. 지역 신
문들은 그 회사의 "발굴물"을 이집트 무덤의 보물과 비교했
는데, 이런 묘사는 기념물 사냥꾼들을 유혹했지만, 자기 조
상들이 그곳에 묻힌 지역 원주민 가족들과 무덤 사이는 훨씬
더 멀어지게 되었다. 이 회사는 약탈한 유물들을 팔면서 전
국을 돌아다녔다. 부싯돌 검·구리 그릇·동물 모양 파이프
조각된 조개껍질 장신구·진주 등을 닥치는 대로 몇 달러, 또
는 단 몇 페니만 받고 처분했다. 그들은 옷이나 나무로 된 물
건들의 시장은 거의 없으리라 판단하여 한데 쌓아놓고 불태
워버렸다.

두 해쯤 지나서야 오클라호마 주 의회는 이런 약탈을 금지하는 법을 통과시킴으로써, 고고학자들과 원주민 가족들의 분노에 고개를 숙였다. 탄광 회사는 이에 대한 복수로 무덤들을 다이너마이트로 연결해 전부 폭파시켰다.

나는 오클라호마에서 보낸 이날을 다이너마이트로 터뜨린 복수의 화염과 할머니가 들려준 이야기의 중요성으로 기억할 것이다. 호텔방에 돌아오자 기억에 남을 이유가 하나 더 생긴다. 만난 적은 없지만《미즈》의 운명에 마음을 쓰는 한 여성이 전화해, 아무 조건 없이 우리의《미즈》매입을 돕겠다고 말한다. 그녀의 전화는 우리의 사기를 최고조로 올려놓았다. 십여 명의 여성 투자자들에 이어 마지막으로 투자한 그녀 덕분에《미즈》는 계속될 수 있다.

그녀는 또한 자기 가족의 고향이고 자기가 자라난 오클라호마시티에서 나를 발견한 것이 대단한 우연이라고 말을 전한다. 그녀는 1면에 성경 인용구가 실리는 오클라호마시티 신문을 소유한, 바로 그 대단히 보수적인 집안의 페미니스트 손녀이다. 그녀는 오클라호마에서 도망칠 때 신문이 아닌, 그 땅의 정신을 챙겨 갔다.

• 나는 줄곧 연설해온 애리조나에서, 추수감사절 저녁식사에 레슬리 실코의 초대를 받는다. 라구나 푸에블로 족 소설가이자 영화감독인 레슬리의 글은 모든 시대와 살아 있는 것들을 연결하는 듯하다. 레슬리를 알긴 해도, 그녀와 대본 집필 파트너 래리 맥머트리와 댈러스/포트워스 공항 근처 호텔에서 기이한 주말을 함께 보낸 것이 전부이다. 우리는 가능성 있

는 영화 프로젝트를 가지고 함께 작업하는 것에 대해 얘기하려고 만났지만, 각본을 어떻게 만들지에 대한 문제를 해결하지 못했다. 우리는 보상으로 이국적인 카우보이 부츠를 샀다.

저녁식사는 레슬리와 그녀의 어머니와 집에서 함께하는데, 마치 사막에서 자라난 것 같은 자그마하고 햇빛에 바랜 목조 주택이다. 식사를 마친 뒤 나는 레슬리에게서 그녀의 인디언 조랑말들 중 한 마리에 올라타는, 기억에 길이 남을 선물을 받는다. 조랑말 특유의 속도에 맞춰 터벅터벅 돌아다니면서 내가 알게 된 것들 가운데 하나는, 중서부에서 뱀 여인이라 부르는 존재를 여기 남서부에서는 '거미 여인Spider Woman'이라고 부르지만, 거미 여인도 뱀 여인처럼 창조와 에너지의 원천이라는 사실이다. 나는 레슬리의 소설 『세레모니Ceremony』의 첫 페이지에 등장하는 거미 여인을 기억한다. 사물들에 이름을 붙여 그것들을 존재하게 만드는 '생각 여인Thought Woman'이다. 그때까지 나는 거미가 작가의 토템이어야 한다고 믿으면서 고독한 나 자신을 상상했다. 거미와 작가는 고독한 공간에 들어가 이전에 결코 존재한 적 없던 현실을 자신들의 몸으로부터 자아내는 존재들이다.

이 조랑말을 타기 전까지만 해도, 내가 자연 속에서 기분이 좋아지는 곳은 바다 근처밖에 없었다. 어쩌면 바닷가 어릴 적 여행에서 늘 우리의 목적지였기 때문일지 모른다. 아니면 내가 자란 중서부 초원 지대에서의 경험이 춥고 쓸쓸했기 때문일지도, 아니면 도시와 마을 사람인 내가 진정으로 즐겼던 자연으로 바다가 유일했기 때문일지도 모른다.

그러나 이번은 달랐다. 아이보리에서 베이지색, 장미색까지 이어지는 광활한 모래벌판, 겉보기에 아무것도 없는 그 풍광은, 조금 더 가까이 들여다보는 순간 식물의 삶이 있는 정교한 우주임이 드러난다. 이 모든 것들은 늦은 오후의 빛 속에서 말을 타고 다니는 동안 우리 눈앞에 펼쳐졌다.

나는 레슬리에게 이 모든 것을 설명하려고 시도했다. 자연 속에서 느끼는 어떤 불편함을, 자연을 그토록 집같이 느끼는 이 여성에게 고백하는 것이 약간 부끄럽긴 했지만, 이제껏 바다에서만 그러했는데 왜 여기에서도, 중서부의 어린 시절 슬픔으로 우울해지지 않고 그 슬픔을 떠올리지도 않는지 혼란스러웠다.

"있잖아요, 당연해요." 레슬리가 말했다. "사막은 예전에 해저였거든요."

별안간 한 순간 이 대지가, 그녀가 말한 대로 그 자신만의 시간대에서 살아 있는 존재로 보였다.

확실히 콜럼버스는 아메리카를 결코 "발견"하지 않았다. 어떤 의미에서든. 그것을 알았던 사람들이 이미 여기에 있었다.

V.

윌마는 세 번째 임기의 추장 선거에 출마하지 않았다. 그녀는 암 진단을 받았고 화학치료가 필요했다. 나는 그녀가 외래환자로서 정맥 주사 치료를 받으러 몇 주간 정기적으로 병원에 가는 일을 두려워한다는 사실을 알았다. 그녀는 이미 자기 생에서 지독히도 많은 시간을 병원에서 보냈고, 겉보기만큼 난공불락이 아니었다. 두 딸은 과거에 윌마의 건강에 위기가 있을 때마다 충실하게 그

곁을 지켰으나, 이제는 오클라호마에 일과 생활을 갖고 있었다. 나는 예정된 오스트레일리아 여행은 쉽게 일정을 바꿀 수 있으니 그 여행을 미루고 내가 보스턴에서 함께 지내는 것을 허락해주겠 냐고 윌마에게 묻는다. 이것이 내가 원하는 바이지만 언제나 강한 사람이니 허락하리라고 믿진 않았는데, 그녀가 그러라고 대답했 다. 지금까지 그녀에게 받은 모든 선물 가운데 이 대답이 가장 큰 선물이었다.

윌마와 나는 그녀의 친구들이 여름휴가를 떠나 텅 빈 커다란 옛 날식 주택에서 지냈다. 매일 아침 우리는 병원에 갔고, 그곳에서 화학약품이 그녀의 정맥으로 천천히 흘러들어갔다. 그리고 집에 돌아와서는 빌려놓은 영화들을 보았다. 헬렌 미렌이 나오는, 여성 적 강인함과 복잡함을 그린, 윌마가 정말 좋아하는 드라마 〈프라 임 서스펙트 Prime Suspect〉 전편도 포함해서.

보스턴에서 윌마와 함께한 그 기간은 나에게 "훌륭한 정신"을 성취하는 그녀의 능력을 배우는 수업이 되었는데, 그녀의 표현에 따르자면 이 말은 사람들의 생존 능력을 가리키는 것이기도 했다. 윌마의 희망은 그녀가 '길 The Way'이라 부르는 것을 보존하는 일, 다시 말해 과잉과 위계질서에 대한 현재의 강박 상태가 자체 붕괴 하는 그 미래 순간을 위해 이 '길'을 계속 살아 있도록 유지하는 일 이었다. 수많은 원주민들은 언젠가 살아 있는 유기체인 지구가 지 구를 파괴하던 인간을 무시하고서 다시 출발하리라 믿고 있다고 윌마는 말했다. 조금 덜 격변적인 시각으로 보자면, 언젠가 인간 은 우리의 터전과 우리 자신을 서로 죽이고 있음을 깨닫고서, 그 '길'을 찾아 나서게 될 것이다. 원주민들이 '길'을 수호하고 있던 이유가 바로 그것이다.

이것은 믿기 힘들 정도로 너그러워 보였다. 또 전적으로 불가능해 보였다. 너무나 많은 원주민들이 '길'을 망각하거나 저버렸으며, 다시 배울 기회도 거의 없었다. 이 세계관은 내가 아는 것보다 훨씬 더 많은 층들을 포함하지만, 모든 살아 있는 것들이 연관되어 있는 하나의 원을 가지고 출발하는 듯하다. 아울러 균형을 뒤엎는 지배가 아닌, 균형을 목표로 하고서.

대화와 영화와 우정으로 함께한 시간 속에서 나는 윌마가 의학적 시련을 사전상 정의가 아닌 자기 생에 일어난 또 하나의 이벤트로 바꾸는 모습을 지켜보았다. 나는 그녀가 내게 '길'의 내밀한 한 형식을 가르치고 있었다고 믿는다. 그녀의 말대로, "모든 날이 좋은 날이다. 우리가 살아 있는 모든 것의 일부이므로."

윌마가 내게 준 선물은 그게 다가 아니었다. 지난 십여 년간 나는 여러 차례 오클라호마에서 늦여름의 체로키 국경일 축제를 윌마와 함께해왔다. 세레모니 춤이 만발하고, 전통 음식과 그다지 전통적이지 않은 음식들의 잔치가 벌어지고, 캠핑장을 둘러싼 부스들에서 예술가와 장인의 창작품들을 구매하고, 다른 부족국가에서 온 무용수와 손님들을 만나는 일로 부산한, 충만한 나날이었다. 나는 바로 그곳에서 마침내, 오래전 휴스턴에서 만난 여성들이 세레모니용 붉은 숄을 선사하면서 내가 춤을 추리라 한 예언을 실현했다.

낮은 관람석과 높은 클리그 등으로 둘러싸인 드넓은 초원 지대에서, 수십 명의 전통춤 무용수들이 여름밤에 천천히 원을 그리고 있었다. 참여한 개개인이나 각 집단은 자기 부족과 지역의 전통에 맞춰 옷을 입고 춤을 추고 있었지만, 한 사람 한 사람이 독특하기도 했다. 무용수들의 순서를 설명하는 프로그램은 없었다. 모든 사람들이 관중이 아닌 자기 내면에 집중하고 있는 듯했다. 나중에 시상이 예정되어 있음에도 아무도 평가받는 것을 모르는 것처럼 보였다.

부족과 개인성 사이, 공동체와 독특성 사이의 이 균형은, 그 사이에서 선택해야 한다고 생각하게 만드는 세계에서는 그야말로 놀라운 일이었다.

윌마와 찰리는 이 국경일 축제가 끝난 뒤에, 곧 이어질 체로키 발 구르기 춤Stomp Dance 밤샘 집회에 나를 초대했다. 1978년 북미 인디언 종교 자유법이 드디어 신성 의식에 대한 법적 규제를 폐지한 이후에도, 이미 천 년을 이어왔던 이 의식은 여전히 안전하고 비밀스러운 의식으로 남거나 최소한 사적인 의식으로 남았다. 외부인들은 초대를 받아야 갈 수 있었고, 심지어 초대를 받아야만 어디로 가는지 알 수 있었다.

우리는 차를 몰아 커브와 갈림길을 알리는 표지판도 없고 불빛도 없는 깜깜한 시골길을 따라간 뒤에, 아무 표시 없는 공터에 수십 대의 자동차와 픽업트럭이 주차된 사이에 차를 댔다. 하늘을 향해 타오르며 가물거리는 거대한 빛 쪽으로 걸어가면서 나는 서서히 그 빛이 주변에서 움직이는 남녀보다 훨씬 더 큰 모닥불에서 나오는 빛임을 알게 되었다. 우리 쪽에는 투박한 나무 쉼터들과 수십 개의 피크닉용 테이블들이 있었고, 모두 손전등이나 나무에 매달린 알전구들로 밝혀져 있었다. 테이블에는 밤샘에 충분한 음식이 잔뜩 차려져 있었다. 옛날식 가마솥에 든 스튜, 접시들에 담긴 닭튀김, 수십 판의 과일 파이, 정부 배급으로 변한 유서 깊으나 건강엔 안 좋은 흰 밀가루·돼지기름·설탕으로 만든 튀김 빵이 산더미처럼 쌓여 있었다. 술은 이 신성한 공간에 허용되지 않았지만 무알코올 음료가 든 아이스박스와 커피 주전자들이 마련되어 있었다. 여러 가족 집단들이 모여 음식을 먹거나 조용히 얘기를 나누는데, 교회처럼 소리를 죽이는 분위기도 아니지만 시끄럽거나 떠들썩한 분위기도 아니었다. 사람들은 접이 의자에 앉아 춤추는 이들을 바라보고 있었다. 어떤 사람들은 불에서 멀리 떨어져 한기를 막기 위해 담요를 두르고 있었고, 어떤 사람들은 춤추는 무리에 다시 합류하기 전에 불 가까이에서 잠시 쉬고 있었다. 거대한 모닥불의 다른 편에는 굵은 목소리로 메기고 받는 형식의 노래를 부르는 남성 무리가 그림자처럼 내 눈에 들어왔다.

춤추는 사람들은 거대한 모닥불 주위로 나선형을 그렸는데, 가장 안쪽 원은 거의 움직이지 않고, 가장 바깥쪽 원은 풍차 날개처럼 점점 속도를 높여 나중에는 젊고 체력이 강한 사람들만 따라갈 수 있었다. 찰리는 같이 돌자고 나를 초대했다. 그것은 달리는 기차에 올라타는 시도처럼 벅찬 일이었다. 일단 원 안에 들어서자 나는 춤추는 이들이 발을 구른다기보다 슬라이딩 스텝을 반복하며 땅을 어루만지고 있다는 것을 깨달았다. 아주 많은 사람들이 다 같이 깊게 쉭쉭 소리를 냈다. 우리는 거대한 살아 있는 앵무조개 같은 나선형 곡선을 만들었고, 여성 노인들은 불 주변에서 곡선의 중심을 이루었다. 윌마는 나에게, 사람들이 착용한 무거운 각반은 작은 거북 등껍질들을 엮어 만들었고, 각각의 껍질은 아주 작은 자갈들로 채워져 있다고 알려주었다. 그런 까닭에 사람들의 발과 달가닥거리는 껍질들이 땅을 구를 때 나는 소리는 내가 한 번도 들어보지 못한 소리였다. 그럼에도 가장 적절하고 왠지 친숙하게 느껴지는 소리였다. 여성 노인들은 생명의 리듬을 계속해서 맞추고 있었다.

나는 월마가 모닥불을 둘러싼 중심에서 이 여성 노인들과 춤춰야 한다는 사실을 알고 있었다. 하지만 어떻게?

나는 월마와 함께 불빛이 미치는 바깥쪽 끝에 앉았다. 그녀는 영토 상실, 전쟁, 치명적인 전염병, 언어와 영적 의식의 불법화, 그밖에도 집·문화·자부심·가족·생명 자체를 앗아가려는 수많은 시도들로 점철된 수세기를 극복하고 살아남은 의식을 준비하고 있었다. 나는 월마가 걷는 데 없어서는 안 될 강철 버팀대를 덮고, 직접 고른 거북 등껍질과 돌들의 무게를 보태면서, 무릎부터 발목까지 두꺼운 천 조각을 두르는 것을 바라보았다. 그녀는 어둠에서 나와 나선의 끝에서 속도를 내며 춤추는 이들을 지나, 불 주위에서 움직이는 여성들의 안쪽 원으로 들어갔다.

그리고 그녀는 춤을 추었다.

몇 년이 지나고 이제 나는 월마가 여전히 건강이 안 좋다는 것을 안다. 최근에 그녀는 피로와 허리 통증으로 일련의 검사를 받았다. 그러나 나는 그녀가 늘 그랬듯 이 장애들을 극복하리라고 짐작한다. 월마가 아버지에게서 물려받은 신장병 때문에 투석을 받고, 신장 이식 수술을 받고, 이식을 유지하기 위한 면역 억제제로 발병한 암으로 고통받고, 화학요법을 받고, 두 번째 이식 수술을 받고, 그리고 암으로 두 번째 병치레를 겪는 내내 나는 그녀와 함께 있었다.

오랫동안 우리는 함께 책을 쓰고 싶어 했다. 이제 우리는 2010년 5월을 우리의 기록들을 펼쳐놓고 그녀의 부엌 테이블에서 연구하는 작업 기간으로 잡고, 현대 문화가 본받을 만한 원형

문화의 전통적 관습들에 대한 집필을 시작하기로 계획했다. 그녀는 나보다 글 쓸 시간이 훨씬 부족하기에 우리는 이 실행 계획에 들떠 있다. 우리가 착수할 과제가 또 하나 있다면 조직가들을 위한 학교를 세우는 일일 것이다. 윌마는 독립심을 만들어내는 자신의 재능을 전수할 수 있고, 나는 왜 이야기와 경청하기가 밑바닥부터 시작하는 변화에 속하는지 설명할 수 있다. 국내외 조직가들이 와서 가르칠 수 있고, 브레인스토밍으로 서로의 문제에 대한 해결책을 함께 모색할 수 있다.

3월에 회의에 참석하기 위해 내가 다니던 대학에 와 있다. 나는 언제나 학교에 다니던 예전의 나를 약간 겁먹고 왠지 잘 못 어울리던 사람으로 떠올린다. 그러나 이제 곧 일흔여섯 살이 될 것이고, 백 살까지 살 계획을 갖고 있다. 내가 사랑하는 친구들과 함께 내가 사랑하는 일을 하고 있다. 이보다 더 좋을 수 있겠는가?

그러다가 윌마에게 평소 같지 않은 메시지를 받는다. **5월까지 기다리지 말고 지금 와줄 수 있겠냐고.**

나는 이 말의 의미를 안다. 회의와 생일 계획을 취소한다. 찰리와 통화하며 윌마가 췌장암 4기 판정을 받았다는 사실을 알게 된다. 회복 가능성이 아주 적고 고통이 가장 심한 상태에 속한다.

나는 비행기를 두 번 타고 차로 먼 길을 달려, 맨킬러 플랫츠에 있는 윌마와 찰리의 집에 도착한다. 윌마를 돌보는 팀이 모여 있다. 찰리 곁에는, 근처에 살며 오가는 두 딸 지나Gina와 펠리시아Felicia가 있고, 윌마가 시작한 체로키 시골 진료소를 이끄는 젊은 의사 글로리아 그림Gloria Grim 박사가 있다. 또 윌마의 오랜 두 여성 친구가 있는데, 한 명은 간호사이다. 윌마의 수많은 건강상 위기에서 혹시라도 마지막이 될지 모를 순간마다 곁에 와서 함께하기로 평생을 약속한 이들이다.

월마는 찰리와 같이 쓰는 4주식 침대 옆의 병원 침대에 누워 있다. 두 사람은 이렇게 계속 같은 방에서 함께할 것이다. 그녀는 침착하고, 솔직하고, 말수가 적고, 심지어 웃기기도 하면서, 자기 몸 안에서 일어나는 일을 어떤 의사 못지않게 분명히 의식하고 있다. 그녀는 내가 아직 이 상황을 조금도 받아들이지 못하는 걸 안다. 그녀는 마치 나를 위로하듯, 대부분의 미국인들이 집에서 죽음을 맞기를 원하면서도 많은 경우 마지막 몇 주를 병원에서 친구와 가족 없이 지낸다고 말한다. 나는 그녀에게 지금 집에서 죽음을 맞을 권리를 위해 캠페인을 조직하고 있냐고 묻는다. 이 말에 그녀가 웃고, 나는 시간을 조금 번다.

내가 생각할 수 있는 거라곤, 그녀가 수년 전 자동차 정면충돌 사고 직후의 임사 체험에 대해 묘사했던 것이다. 그녀는 마치 날아다니는 어떤 생명체보다 더 빠르게 공간을 관통해 날아가는 느낌이었고, 꼭 우주와 하나인 듯 자기 존재의 모든 숨구멍마다 완전하게 따스해지고 사랑받는 느낌이었으며, 그러고서 이렇게 깨달았다고 말했다. **이것이 인생의 목적이로구나!** 오로지 어린 두 딸에 대한 생각이 그녀를 되돌아오게 만들었다.

나는 항상 그것을 기억했고, 내가 사랑하는 다른 사람들이 이 마지막 느낌을 나눌 수 있기를 희망했다. 언젠가 나도 그럴 수 있기를 희망한다. 그러나 나는 지금 월마를 위해 그런 순간을 생각할 수 없다. 그녀를 위해서 그 순간을 기원할 수 없다. 그러면 그녀가 곧 떠나버릴 테니까. 그녀는 자기 병에 대해 적고 있는 진술서를 내게 보여주면서, "정신적으로 영적으로 여행을 떠날 준비"가 됐다고 설명한다. 그녀는 확실히 나보다 더 준비되어 있다.

길 위의 인생

그날 밤 나는 윌마가 통증으로 내지르는 비명 소리를 듣고 화들짝 놀라 깨어난다. 찰리가 난로의 둥근 몸통에 담요를 데우고 있다. 전통 치유사인 찰리는 약초 사용법을 알 뿐 아니라, 써보지 않은 법에 대한 직감도 지니고 있었다. 그는 데운 담요를 윌마의 몸위에 덮어주는 법을 생각해냈고, 이것으로 고통이 완화된 듯하다. 이런 끔찍한 일들이 여러 차례 반복된다.

다음 날 자기 이름과 별로 다를 바 없는 상태인 젊은 의사 그림(Grim은 '엄숙한', '암울한'이라는 뜻)에게, 통증이 오면 어떤 처치가가능한지 묻는다. 그녀는 모르핀을 비롯한 아편제가 도움이 되지만, 통증을 없앨 정도의 양을 복용하면 의식도 흐려지리라는 사실을 윌마가 알고 있다고 말한다. 윌마는 가능한 한 오래, 온전한 상태로 존재하고 싶어 한다.

이후 며칠간 친척들·친구들·동료들이 마지막으로 그녀의 얼굴을 보기 위해 먼 곳에서 찾아온다. 그들은 윌마 옆에 앉아 과거의일을 회상하고, 미래를 위한 정치를 토론하고, 계속 늘어가는 방문객들을 위해 파이·케이크·찜 요리를 가져온다. 아이들은 꽃을 가져오거나, 교회나 학교에서 배운 노래를 부르거나, 그냥 텔레비전을 본다. 어떤 아이들은 절대 잊지 못할 거라고 말하듯 윌마와 자기들의 부모를 뚫어지게 쳐다본다. 나이가 많은 방문객 가운데 일부는 떠나면서 이렇게 말한다. "우리, 산 저편에서 다시 만나요."

나는 죽음에 임해 이토록 솔직한 모습을 본 적이 없다.

가족과 제일 가까운 사람들은 세탁·장작 가져오기·윌마의 집안 반려동물인 개와 집 밖 반려동물인 고양이에게 먹이 주기 등 소소하고 일상적인 임무들을 맡는다. 그들 중에는 샌프란시스코에서 온 우리의 공통 친구인 크리스티나 키엘과 밥 프리드먼이 있다.

크리스티나는 3주간 머물면서, 윌마가 수많은 다른 도전들에 맞설 때와 마찬가지로 이 마지막 도전에 맞서는 것을 도왔다. 크리스티나는 침대에서 윌마의 머리를 감겨주는 방법을 고안해낸다. 밥은 큰 부엌에 모여 조용히 이야기를 나누는 사람들을 위해 설거지를 도맡았다.

밤마다 윌마는 통증을 호소한다. 그러다가 낮에도 통증이 시작된다. 나는 견딜 수 없다. 조사 모드에 본격 돌입하여 내가 아는 모든 의사들에게 전화한다. 나는 그녀의 고통은 줄이되 정신은 맑게 유지할 수 있는 극단적인 신경 차단 요법이 몇 가지 있다는 것을 알게 된다. 하지만 그 처치는 병원 안에서만 가능하다.

윌마를 돌보는 팀은 그림 박사와 회의를 하고, 그림 박사는 지역 구급차가 윌마를 싣고 병원에 갔다 올 수 있는데 편도만 두 시간 이상 걸린다고 말한다. 우리는 윌마와 얘기한다. 그녀는 이에 대해 생각한다. 구급차가 와서 만일을 대비해 마당에 주차된다. 그녀는 병원을 오가는 도중에 죽을지도 모르고, 혹은 튜브에 너무 의존하면 병원을 못 떠나게 될지 모르니, 결론적으로 인디언 거주 지구의 집에 남기를 원한다. 그녀는 선택할 기회를 준 우리에게 고마워한다. 내게는 그 오랜 유머감각으로 이렇게 말한다. "너는 마지막까지 조직가야."

그 말 역시 내게 조직의 한 가지 원칙을 떠올리게 만든다. 무언가 기대하는 사람이면 누구나, 그것에 관해선 전문가들보다 더 전문적이다. 그 순간부터 나는 윌마의 지혜를 받아들인다.

내게 임무가 필요하다고 본 윌마의 딸들은, 각 방문객들이 기여한 내용을 부엌에 있는 목록에 빠짐없이 기록해달라는 과제를 준다. 나는 루바브와 복숭아 파이·달콤한 아이스티 통·옥수수빵 트레이 옆에 각각 이름을 적는다. 어떤 고등학생은 물병을 몇 상자 가져오고, 멜빵 작업복을 입은 한 말없는 남자는 깎을 때가 된 잔디를 깎는다. 윌마의 가족은 한 사람 한 사람에게 감사를 전하고 싶어 하기에 목록이 필요하다. 다시 한 번 개인은 공동체를 존중하고, 공동체는 개인을 존중한다. 찰리가 이전의 결혼에서 얻은 아들 윈터호크Winterhawk가 왜 다트머스 해군사관학교의 장학금을 거절하고 여기에 남았는지, 나는 비로소 이해한다. 윌마를 집으로 데려온 것은 단지 땅이 아니라 공동체이기도 했다.

기다란 부엌 식탁에서, 윌마를 안다는 사실이 우리 사이에 유대감을 형성해 낯선 사람들과도 이야기를 나눈다. 자동차 충돌사고로 죽었던 윌마의 친한 친구의 남편은 며칠을 이곳에 머물면서, 윌마가 자기 딸의 양육을 도왔다고 설명한다. 윌마의 친구이자, 윌마가 존경하고 『모든 날이 좋은 날이다』에도 소개한 활동가 게일 스몰은 몬태나의 노던 샤이엔 부족국가에서 먼 길을 마다하지 않고 왔다. 그곳에서 게일은 에너지 회사의 채굴과 폭파로 땅이 파괴되는 것을 막기 위해, 종교 학교가 다음 세대를 학대하는 것을 막기 위해 평생 투쟁을 벌였다. 그녀가 말한 대로, "아이들은 사제와 수녀들에게 성적으로 추행당한 뒤에 집에 돌아와 암을 퍼뜨렸다." 그녀는 '원주민 행동Native Action'이라는 환경 단체뿐만 아니라 보호구역에 고등학교도 만들었다.

오렌 라이언스Oren Lyons는 이로쿼이 연맹의 여섯 부족국가, 또는 하우데노사우니Haudenosaunee* 통치기구의 본부인 뉴욕 주 북부

---

* '긴 집을 짓는 사람들'이란 의미로, 이로쿼이 사람들이 스스로를 가리켜 부르는 이름이며, 길게 지은 공동주택에서 생활하던 방식에서 나온 이름이다.

의 자기 고향에서 왔다. 이로쿼이 연맹은 세계에서 가장 오랫동안 지속되고 있는 민주주의 체제이다.[20] 윌마나 내가 진지한 사안에 대해 질문할 때마다 그는 늘 이렇게 대답했다. "먼저 여성 노인들과 상의해보겠습니다." 사실 백인 여성 이웃들이 참정권 확대운동 조직을 시작하도록 자극한 것은 이 부족국가 여성들의 평등이었다.

윌마의 어머니는 매일 아침, 자기 집에서 바로 흙길을 따라 걸어온다. 윌마의 어머니는 내게, 윌마가 자기를 아일랜드에 데려가 처음으로 자기 조상의 땅을 보게 해줬다고 말한다. 우리 둘 다 윌마의 어머니가 딸보다 오래 살 것임을 안다.

윌마가 대화에 직접 참여할 수 없었기에, 나는 부엌 테이블에서 나눈 대화를 윌마에게 전하기로 약속했다. 나는 2주 넘게 여기에 있었고, 이 집은 내게 바다 위에 떠 있는 배가 되었다. 그 외에는 아무것도 존재하지 않는다. 나는 윌마 덕분에 공동체의 힘을 이해하게 되었다고 말한다. 침묵이 흐른다. 나는 그녀의 좋은 시간들이 끝나버리는 것을 두려워한다. 잠시 후 윌마가 미소 지으며 말한다. "너는 결코 예전과 같은 사람이 되지 않을 거야."

나중에 의료진이 도착하고, 나는 그녀가 모르핀을 받아들이기로 결심했음을 안다. 이것은 실제 삶이고 소설이 아니기에 뚜렷한 구분도 없고, 최종적인 작별 인사도 없다. 윌마는 우리 모두를 해변에 세워둔 채 남기고 물러나는 대양의 썰물처럼, 그저 우리에게서 멀어지는 듯하다.

다음 순간은 이전 순간과 완전히 다르다. 이제 나는 왜 사람들이 영혼이 마지막 숨과 함께 떠난다고 믿는지 이해한다. 모든 것이 똑같아 보이지만 모든 것이 다르다. 우리는 방에서 윌마의 침대 주위에 서 있다. 그녀는 거기에 더 이상 없다.

조의를 표하는 의료진이 바퀴 달린 들것을 가져와 유리문을 양쪽으로 열고, 월마를 싣고 그녀가 앉아 있기 좋아했던 현관을 가로질러, 그녀가 사랑했던 땅을 향해 마지막으로, 천천히 움직인다.

나중에, 그녀의 재는 찰리의 약초가 자라는 샘의 기슭으로 되돌아올 것이다. 그곳이 그녀가 있고 싶어 했던 곳이다.

2010년 4월 10일 아름다운 토요일 아침, 우리는 체로키 문화 마당Cherokee Cultural Grounds의 야외에 앉아 있다. 월마가 죽은 지 나흘밖에 안 됐지만 클린턴 전 대통령과 오바마 대통령을 비롯한 150개의 부족·주·국가 지도자들이 메시지를 보내왔고, 약 1천5백명이 모여 친구들과 가족이 공유하는 개인적인 추억담을 들었다. 우리 모두 도착했을 때보다 떠날 때 월마에 대해 조금 더 많이 알게 될 것이므로 이것은 최고의 추모제이다.

월마의 마지막 요청사항에는 모든 사람들이 꽃분홍색으로 된 것을 착용하거나 들고 와야 한다는 것이 있었는데, 이 색깔은 엉뚱하게도 그녀가 제일 좋아하던 색깔이었다. 딸기로 만든 상징적인 음료가 제공된다. 딸기는 체로키어로 '아니ani'라고 하는데, 그녀가 하늘을 통과해 선조들에게 갈 수 있도록 도와줄 것이라고 한다.

나에게 이것은, 전화기를 들다가 그녀와 통화할 수 없음을 깨닫고, 우리의 책에 대해 생각하다가 함께 쓸 수 없음을 알게 되고, 그녀를 웃게 만들 얘기를 들어도 그녀에게 전할 수 없는 세월의 시작이다.

토속 신앙 시대에 깊은 애정을 갖고 천착한 소설의 저자인 친구

로빈 모건[21]은 내게 전화해서, 세계 각국에서 윌마를 '위대한 사람Great One'으로 추모하고 있다고 전했다. 토속 신앙과 원주민 문화는 많은 믿음들을 공유하는데, 그중 하나는 풍경 속에서 높은 지점에 횃불을 밝히면 위대한 사람의 집으로 가는 길을 밝히리라는 믿음이다. 윌마의 친구가 표현한 대로, 그녀는 마침내 산 저편으로 가고 있다.

윌마에게 바치는 헌사를 마칠 무렵, 나는 여기 오클라호마의 시골에 모인 사람들에게, 적어도 23개 부족국가에서 윌마를 위해 횃불을 밝혔고 이제 그녀의 집으로 가는 길을 밝히고 있다고 얘기한다.

찰리는 둘이 살던 집으로 돌아와 윌마가 웃으면서 그리고 웃지 않으면서 마지막으로 요청했던 사항을 실행에 옮긴다. 그녀는 자동차 충돌사고 이후로 오랜 세월 내내 착용해야 했던 금속 다리 부목을 꺼내 마당에 놓고 엽총으로 폭파시켜달라고 그에게 부탁했다. 그는 바로 그 일을 한다.

이제 윌마가 죽은 지 5년이 되었고, 나는 나 자신의 대륙에서, 인도에서, 우리 모두의 발생지인 아프리카 여러 나라에서, 원형문화를 통해, 원형문화에 대해 그 어느 때보다도 많이 배우고 있다. 우리가 처한 현재의 곤경은 인류에 의해 불가피하게 만들어진 것이 아니다. 한때 존재했던 것은 다시 올 수 있다. 새로운 방식으로.

내가 언젠가 윌마에게, 나중에 내 재가 그녀의 재와 함께 있어도 되는지 묻자 그녀는 그래도 된다고 말했다. 미래에 그리 될 것이다. 내 조상들은 고향을 탈출해 이곳에 오도록 내몰렸을지라도, 나는 내 땅을 찾았다고 느낀다.

길 위의 인생

만일 내가 월마에게 한 가지를 말할 수 있다면, 이런 말이 될 것이다.

우리는 여전히 여기에 있다.

집으로 돌아오는 길

이 글을 쓰는 지금, 나는 돌아가실 때 아버지의 나이보다 열다섯 살을 더 먹었다.

쉰 살이 넘어서야 나만의 불균형 상태로 내가 고통받고 있었음을 인정하기 시작했다. 집이 없어 나 자신을 측은하게 여기긴 했어도, 나는 반항과 자유에 대한 사랑으로 언제나 구조되었다. 이를테면 나도 아버지처럼 돈을 많이 벌지 못하는 프리랜서라 회계사와 몇 달을 씨름해가며 소득세 환급 서류를 작성하지 않아도 된다고 나 자신을 확신시켰다. 아버지처럼 돈을 모으지 않았기 때문에, 가방 하나만 덜렁 남은 여성 노숙자가 되고 말 거라는 환상에 시달릴 적절한 구실이 있었다. 나는 스스로에게 이렇게 말하면서 그 환상을 다스렸다. 나는 다른 여성 노숙자들을 조직할 것이다.

마침내 아버지와 정도의 차이는 있어도 나 역시 균형에서 벗어난 삶을 살고 있었다는 사실을 받아들여야 했다. 나 자신을 위한 집을 만들어야 했다. 그러지 않으면 나도 다치게 될 것이다. 집은

412

자아의 상징이다. 집을 돌보는 일은 저 자신을 돌보는 일이다.

대개 사무실과 벽장처럼 이용했던 방들에, 내가 문을 열 때마다 기쁨을 주는 물건들이 점점 들어차게 되었다. 제 기능을 하는 부엌을 갖게 되었고, 서류들을 펼쳐놓을 진짜 책상을 갖게 되었고, 나를 방문한 친구들이 묵어 갈 수 있는 환영의 방을 갖게 되었다. 누군가를 초대하기에는 너무 슬픈 장소에서 어머니와 살던 어린 시절에 늘 갖고 싶어 했던 그런 방이었다. 쉰 살이 지나 조금 늦긴 했지만 나는 돈도 모으기 시작했다.

몇 달간 보금자리를 틀고 오르가슴에 버금가는 기쁨을 만끽하며 침대시트와 양초 같은 물건들을 사러 다니고 나니 이상한 일이 생겼다. 여행을 더 많이 즐기게 된 것이었다. 이제 길에서 지내는 것은 나의 운명이 아닌 나의 선택이었기에, **나 빼고 모든 사람은 집이 있다**는 우울한 느낌이 사라졌다. 나는 돌아올 수 있기에, 떠날 수 있었다. 나는 모험이 그저 열린 문 너머에 놓여 있음을 알기에, 돌아올 수 있었다. 이것 **아니면** 저것 대신 이것 **그리고** 저것이라는 온전한 세계를 발견했다.

이 모든 구분이 집과 길을 나누고, 여자의 공간과 남자의 세계를 나누기 훨씬 이전에, 인간은 농작물과 계절을 따라 가족·동행·동물·텐트와 함께 여행했다. 우리는 모닥불을 피웠고 여기저기로 옮겨 다녔다. 이런 여행 방식은 여전히 우리의 세포 안에 기억되어 있다.

살아 있는 것들은 여행자로 진화해갔다. 철새조차 자연이 둥지와 비행 사이에서 선택을 요구하지 않는다는 사실을 안다. 2만 킬로미터의 긴 여정 중에 새들은 부리를 날개 아래 묻고, 바다에 떠다니는 얼음 덩어리든 항해 중인 선박의 갑판이든 가리지 않고 내려앉아 휴식한다. 그리고 목적지에 도착하면, 둥지를 짓고 신중하게 잔가지를 고른다.

나는 길이 아버지에게 이것 **아니면** 저것 대신 이것 그리고 저것의 가능성을 보여줄 정도로 충분히 긴 것이었기를 소망한다. 내가 마침내 집을 마련했을 때 아버지가 곁에 계셨더라면, 나는 아버지가 내게 가르쳐준 교훈에 감사할 시간뿐만 아니라 내가 아버지에게 가르쳐드릴 무언가도 갖게 되었을지 모른다.

나는 어머니가 이것 **아니면** 저것이라는 훨씬 더 양극화된 삶을 살지 않았더라면 어땠을까 생각해본다. 어머니 이전의 그토록 많은 여성들, 그리고 지금도 그토록 많은 여성들과 마찬가지로, 어머니는 자신만의 여정을 가져본 적이 없었다. 어머니가 자기가 사랑했던 길을 따라갈 수 있었기를, 내 진심을 다해 소망해본다.

이 말을 쓰면서 나는 잠시 멈춘다. 아버지처럼 손가락이 긴 내 손은, 나의 첫 번째 집이자 아마도 마지막이 될 집의 방에서, 내가 사랑하는 작업의 공간인 책상 위에 머문다. 나는 친구들의 사진과 선택된 물건들에 둘러싸여 있다. 이 물건들은 내 손길 이전에 다른 사람의 손길을 알고 있었고, 내가 간 뒤에는 다른 이들의 손길을 알게 될 것이다. 나는 가운뎃손가락이 꼭 아버지 손가락이 그랬던 것처럼, 저 혼자 올라갔다 내려가는 것을 의식한다. 아버지에게서 내가 알아보았듯, 나 자신에게서 방랑의 신호를 알아본다. 이제 떠날 시간이다. 저 바깥에는 할 것도, 말할 것도, 들을 것도 아주 많다.

나는 길에 오를 수 있다. 집에 올 수 있으므로. 나는 집에 올 수 있다. 자유롭게 떠날 수 있으므로. 존재의 모든 방식은 다른 사람의 현존으로 가치가 더 빛난다. 캠프 치기와 계절 따르기 사이의 이 균형은 아주 오래된 동시에 아주 새롭다. 우리 모두 두 가지 다

필요하다.

아버지는 오로지 길의 기쁨을 위해 혼자 죽는 편을 택할 필요가 없었다. 어머니는 집을 갖기 위해 자신만의 여정을 포기할 필요가 없었다.

나도 그렇다. 당신도 그렇다.

뉴욕 집에서, 2010년

애니 레보비츠 제공

감사의 말

─────

책이 모양새를 갖추기까지 20여 년이 걸리는 동안 감사할 사람이 많아졌다.

랜덤하우스의 앤 고도프는 여행하는 페미니스트 조직가가 쓰는 길에 대한 책에 처음으로 믿음을 보여준 사람이다. 내 담당 편집자 케이트 메디나는 친절·지지·인내 부문 올림픽 대회가 있다면 우승감인 여성이다.

워싱턴 주의 위드비 섬에 있는 여성 작가들의 쉼터 헤지브룩Hedgebrook은 내게 고독, 마법의 오두막, 그리고 아버지의 이야기를 발견하고 쓸 시간을 주었다.

길이란 일기에 담기엔 너무도 강렬한 것이기에 나는 이야기의 큐레이터가 되어 기억에 의존해야 했고, 그런 까닭에 스미스대학의 소피아 스미스 컬렉션의 도움을 받아 장소와 시간을 찾아냈으며, 구글의 도움을 받아 내 기억력이 못 가져온 모든 정보를 제공받았다.

운 좋게도, 우리 집에 묵고 간 손님들이 자원활동 독자가 되어주었다. 특히 레네드라 캐롤은 책 전체를 읽어주었고 아군다 오케요도 독자가 되어주었다. 뉴욕 친구인 캐시 나지미와 데브라 윙어는 몇 개의 장들을 읽어주었다. 동갑내기 기자 친구인 아이린 쿠보타 네베스는 읽으면서 단어 하나하나에 의견을 제시했고, 편집실 바닥에 버려진 내용의 일부를 살려내기까지 했다.

진행되는 내내, 나의 친구이자 문학 에이전트인 로버트 레바인은 이 책이 완성되리라는 믿음을 유지했고, 출판사에도 믿음을 주었다.

수년이 흐르는 동안 나는 여름에만 글쓰기에 전념할 수 있었기에, 나머지 계절엔 여행을 다니고 이듬해 여름에 다시 집필에 착수하기를 반복했다. 이야기들은 금세 책 한 권이 넘치도록 생겨났다.

동료인 에이미 리차즈가 읽으면서 조언을 주어 여러 차례 구제받았음에도, 글은 여전히 지나치게 넘쳐났다. 《미즈》의 첫 편집자로, 조각가처럼 잘라낼 줄 아는 수잔 브라운 레바인이 마침내 에이미와 합류했다. 그들은 함께, 지나치게 넘쳐나는 분량을 딱 충분한 분량으로 바꿔주었다. 두 사람이 알려준 대로 나는 웹사이트에 길에 관한 이야기를 계속해서 게재할 수 있었다(gloriasteinem. com 참조). 세 권의 책을 펴내면서 20년 넘는 세월을 통과하는 동안, 에이미가 나보다 많은 책을 쓴 저자가 되어 나보다 강연을 많이 다니고, 미국을 비롯해 여러 나라에서 창의적인 조직가가 되는 모습을 지켜보는 기쁨도 누렸다. 내게 에이미만큼 현재에 대해 더 나은 느낌을 갖게 하고 미래에 대해 더 희망을 갖게 하는 사람은 없다.

마지막으로, 길에 있기에 거의 글을 쓸 수 없을 때조차, 적확한 단어를 발견하는 것보다 인생에서 더 좋은 순간은 없음을 내게 상기시켜준 로빈 모건에게 감사한다.

주

프롤로그: 도로 표지판

1. 마릴린 머서Marilyn Mercer, 〈글로리아 스타이넘: 숨지 않은 설득가Gloria Steinem: The Unhidden Persuader〉,《매콜즈McCall's》, 1972년 1월.

2. 로빈 모건,『어느 여성의 말: 페미니스트 보고서 1968~1992 *The Word of a Woman : Feminist Dispatches, 1968~1992*』, 뉴욕: W.W. 노튼, 1992년, 275~277쪽.

3. 마거릿 애트우드, 〈목숨과도 바꿀 머리 스카프Headscarves to Die For〉,《뉴욕타임스 북 리뷰》, 2004년 8월 15일.

4. 여성의 난자만 미토콘드리아 DNA를 통과하고, 남성의 정자만 Y 염색체를 통과하기 때문에, 혼재된 현 인구에서 누가 먼 곳에서 왔는지 아닌지를 판별할 수 있다. 내털리 앤저Natalie Angier, 〈남성 대 여성: 역사의 여행 올림픽에서 시합은 없다Man vs. Woman: In History's Travel Olympics, There's No Contest〉,《뉴욕타임스》, 1998년 10월 27일. 그녀는 하버드 공중위생 연구소와 스탠포드대학의 연구 결과를 인용하는데 이 연구는 다음의 문헌에 실렸다. 마크 T. 사일렐스타드Mark T. Seilelstad · 에릭 민치Eric Minch · L. 루카 카발리-스포르차L. Luca Cavalli-Sforza, 〈인류사에서 여성 이주 비율이 더 높다는 유전적 증거Genetic Evidence for a Higher Female Migration Rate in Humans〉,《네이처 제네틱스Nature Genetics》 20, 1998년 11월.

5. 더글러스 마틴Douglas Martin, 〈양 후안이, 비밀 여성 코드의 마지막 사용자Yang Huanyi, the Last User of Secret Women's Code〉,《뉴욕타임스》, 2004년 10월 7일.

1장: 아버지의 발자취

1. 브루스 채트윈, 『송라인 *The Songlines*』, 뉴욕: 펭귄 출판사, 1987년, 161쪽.

2장: 이야기 모임들

1. 자동차 소유를 낭만화한 광고 캠페인과 할리우드 영화 외에도, 디트로이트의 자동차 회사들은 동부 도시의 전차에서 캘리포니아의 해안 열차에 이르는 대중교통 반대 법률 제정을 위해 로비했으며, 때때로 대중교통을 사들여 파괴했다. 유사한 영향으로, 건설 회사는 공동 주거시설보다 따로 떨어진 단독주택들을 더 많이 판매했다. T.H. 롭스존-기빙스T.H. Robsjohn-Gibbings, 『용감한 자들의 집 *Homes of the Brave*』, 뉴욕: 알프레드 A. 크노프 출판사, 1954년 참조.

2. 여전히 진실하다고 간주될지도 모를 좌파 남성들의 대단히 영리하고 분노에 찬 감시 속에서라도 정확한 이유를 듣고자 한다면, 로빈 모건의 고전 〈그 모든 것에 작별인사를Goodbye to All That〉을 읽어보라. 원래 이 글은 1970년 《지하 쥐 뉴스Rat Subterranean News》에 발표되었고, 《어느 여성의 말: 페미니스트 보고서 1968~1992》에 재수록되었다.

3. 나는 역사적 사실을 확인하다가, 대행진이 있기 직전에 조세핀 베이커Josephine Baker가 프랑스 레지스탕스 제복을 입고, 자신의 프랑스 이주 이유인 인종차별에 대해 연설했다는 사실을 알게 되었다. 데이지 베이츠Daisy Bates는 대행진에서 공식적인 연설자로 명단에 오른 유일한 여성이었다. 그녀는 바로 한 달 전 미시시피에서 살해당한 메드거 에버스Medgar Evers의 배우자 멀리 에버스Myrlie Evers를 대신한 연설자였지만, 교통체증으로 링컨 기념관에 도착할 수 없었다. 남성 시민권 지도자들이 기자단과 함께 펜실베이니아 가에서 행진하는 동안, 여성 지도자들은 인디펜던스 가에서 행진했다. 애나 아놀드 헤지먼Anna Arnold Hedgeman은 1963년 행진 기획 위원회에 속한 유일한 여성이었다. 그녀는 여성들을 연설자로 세워야 한다고 끊임없이 주장했다. 헤지먼의 자세한 이야기는 1964년에 펴낸 자서전 『트럼펫이 울리다: 흑인 리더십에

대한 회고록*A Trumpet Sounds : A Memoir of Negro Leadership*』(뉴욕: 홀트, 라인하르트 앤 윈스턴, 1964년)을 참조하라. 또 켈리 고프Keli Goff가 쓴 〈워싱턴 대행진에 만연한 성차별The Rampant Sexism at March on Washington〉(《더 루트》, 2013년 8월 22일)을 보라.

4. 대니얼 맥과이어Danielle McGuire, 『어두운 길 끝에서: 흑인 여성·성폭행·저항—로자 파크스에서 블랙 파워의 부상까지 시민권 운동의 새로운 역사*At the Dark End of the Street : Black Women, Rape and Resistance—A New History of the Civil Rights Movement, from Rosa Parks to the Rise of Black Power*』, 뉴욕: 크노프, 2010년.

5. 밸러리 허드슨Valerie Hudson·보니 밸리프-스펜빌Bonnie Ballif-Spanvill·매리 캐프리올리Mary Caprioli·채드 에멧Chad Emmett, 『섹스와 세계 평화*Sex and World Peace*』, 뉴욕: 컬럼비아대학 출판부, 2012년.

6. 빈센트 실링Vincent Shilling, 〈크리스토퍼 콜럼버스와 콜럼버스 데이에 대한 여덟 가지 신화와 잔혹 행위들8 Myths and Atrocities About Christopher Columbus and Columbus Day〉, 《인디언 컨트리》, 2013년 10월 14일. 콜럼버스의 잔혹 행위들에 대한 더 많은 정보는 하워드 진Howard Zinn의 『미국 민중사*A People's History of the United States*』(뉴욕: 하퍼 페레니얼, 2005년)를 참조하라.

7. 글로리아 스타이넘, 〈시티 폴리틱: 인종 도보 여행The City Politic: A Racial Walking Tour〉, 《뉴욕》, 1969년 2월 24일.

8. 글로리아 스타이넘, 〈여성 유권자가 신뢰받지 못하는 이유Why Women Voters Can't Be Trusted〉, 《미즈》, 1972년. 버지니아 슬림스Virginia Slims에서 후원한 루이스 해리스 협회Louis Harris Associates의 '미국 여성 여론 조사'는 여성들의 이슈에 대한 여성들의 의견을 다룬 첫 번째 전국 조사였다.

9. 론 스피어Ron Speer, 〈미모가 글로리아의 의도를 착각하게 한다Gloria's Beauty Belies Her Purpose〉, 《세인트피터즈버그타임스》, 1971년 12월 3일.

10. 『마치 여자가 문제라는 듯: 글로리아 스타이넘 필독서*As If Women Matter : The Essential Gloria Steinem Reader*』, 루치라 굽타Ruchira Gupta 편집, 뉴델리: 루

파 출판사, 인도, 2014년.

11. 성평등 헌법 수정안은 "법에서 정한 권리의 평등은 미합중국이나 어떤 주에서도 성별을 이유로 부인되거나 축소될 수 없다"고 명시한다.

12. 1979년 미국 심리학회 회의에서, 선두적인 모르몬교 페미니스트 소니아 존슨 Sonia Johnson은 '가부장제의 공황: 모르몬 교회의 성 정치학 Patriarchal Panic: Sexual Politics in the Mormon Church'이라는 제목의 연설에서, 말일 성도 예수 그리스도 교회(모르몬 교회의 정식 명칭 — 옮긴이 주)가 교회 자금과 권력을 불법적으로 이용해 ERA를 반대함으로써 교회와 주의 분리를 무시하고 있다고 고발했다. 그녀는 교회에서 파문되었다.

13. 일단 우리가 휴스턴에 모이자, 몇몇 다른 주에서 아프리카계 미국인의 대표자 수가 조금 더 많은 것으로 드러나, 전국 기구는 여전히 국가를 반영했다. KKK가 염두에 두었다고 알려진 미시시피 배석에 이의를 제기하는 소모적인 절차 대신, 흑인 여성 총회는 대표들에게 미시시피에서 내세운 대표가 적합하게 선정되지 않았다는 사실을 알리기 위해 회의장 시위를 조직하였고 계속 전개해나갔다. KKK 대표들은 황제 마법사 로버트 셸튼 Robert Shelton의 "모든 과격분자 레즈비언들로부터 우리의 여자들을 지키리라"는 선서만 반복할 뿐, 특별한 대응이 없었다. 캐럴라인 버드 Caroline Bird와 국제 여성의 해 국가 준수 위원회의 『여성들이 원하는 것: 미국의 대통령·의회·국민에게 제출하는 공식 보고서에서 What Women Want : From the Official Report to the President, the Congress and the People of the United States』(뉴욕: 사이먼 앤 슈스터, 1979년)를 보라.

14. 국제 여성의 해 국가 준수 위원회, 『휴스턴 정신: 미국의 대통령·의회·국민에게 제출하는 공식 보고서 The Spirit of Houston : An Official Report to the President, the Congress and the People of the United States』, 워싱턴 D.C.: 미국 정부 인쇄부, 1978년, 157쪽.

15. 같은 책. 휴스턴 전국 여성회의와 56개 회의는 일종의 서곡이 되어 나중에 주요 국가 안건과 각 주 및 전국 기구를 탄생시켰다. 역시 버드의 『여성들이 원하는 것』을 보라.

16. 버드, 『여성들이 원하는 것』, 37쪽.

3장: 내가 운전하지 않는 이유

1. 피트 해밀, 〈커브 잡Curb Job〉, 그레이엄 러셀 가오 호지스Graham Russell Gao Hodges의 『택시!*Taxi!*』리뷰, 《뉴욕타임스 북 리뷰》, 2007년 6월 17일, 19쪽.

2. 게일 콜린스Gail Collins, 『모든 것이 변했을 때: 1960년부터 지금까지 미국 여성들의 놀라운 여정 *When Everything Changed : The Amazing Journey of American Women from 1960 to the Present*』, 뉴욕: 리틀, 브라운 앤 컴퍼니, 2009년.

3. 크리스틴 두드나Christine Doudna, 〈비키 프랑코비치Vicki Frankovich〉, 《미즈》, 1987년 1월.

4장: 커다란 캠퍼스

1. 거다 러너, 『가부장제의 창조 *The Creation of Patriarchy*』, 뉴욕·옥스퍼드: 옥스퍼드대학 출판부, 1986년, 225쪽.

2. 캐럴라인 헬드먼Caroline Heldman · 대니얼 덕스Danielle Dirks, 〈대학 성폭력 고발Blowing the Whistle on Campus Rape〉, 《미즈》, 2014년 2월.

3. 내가 아는 한, 아무도 브래지어를 불태우지 않았다. 1968년에 애틀랜틱 시티에서 미스 아메리카 대회가 열릴 때 수백 명의 페미니스트들이 산책로에서 거들·속기 용지·앞치마·대걸레를 비롯한 "여성적" 역할의 상징들을 쓰레기통에 던져 넣고 태우겠다고 위협하며 시위했다. 이는 베트남전 징병제 거부자들이 징병 용지를 태우던 것의 반향이었다. 하지만 페미니스트들은 소각 허가를 받지 못했고, 아무것도 태우지 않았다.

4. 아이라 C. 루푸, 〈하버드 법학 리뷰 연회에서 만난 글로리아 스타이넘Gloria Steinem at the Harvard Law Review Banquet〉, 《그린 백Green Bag》, 1998년 가을 호.

5. 같은 글, 22~23쪽.

5장: 정치적인 것이 개인적인 것이 될 때

1. 사실 이것은 오래된 저널리즘이었다. 전신이 출현하기 전에, 작가들은 에세이와 그 밖의 다른 문학 형태를 이용해 독자가 작가의 눈을 통해 볼 수 있게 했다. 젊은 시절의 윈스턴 처칠이 쓴 많은 책들은 쿠바·인도·아프리카에서 보도된 기자 에세이들의 모음이었다. 그러다가 전신이 나타나 누가, 무엇을, 왜, 언제, 어디서 같은 팩트를 우선으로 요구했고, 다음에 피라미드 형태의 단락들로 사실에 대한 상세한 기술이 뒤따랐다. 그러나 실시간 전자 전송이 도입되어 작가들은 다시 자유를 얻는다. 사실은 확인되어야 하지만, 이야기는 다시 할 수 있게 된다.

2. 글로리아 스타이넘, 〈유진을 사랑하려는 노력Trying to Love Eugene〉,《뉴욕》, 1968년 8월 5일.

3. 어떻게 공화당이 평등을 지지한 여성들을 점점 몰아냈는지 정확한 정황에 대해선, 타냐 멜리치Tanya Melich의 『여성과 맞선 공화당의 전쟁: 후방의 내부자 보고서 The Republican War Against Women : An Insider's Report from Behind the Lines』(뉴욕: 밴텀 델, 1998년)를 보라.

4. 내가 이 글을 쓰다가 라디오를 켜자 배리 파버가 나왔다. 그는 이제 디지털 토크쇼 라디오 진행자이자 "버서birther", 즉 오바마 대통령이 하와이 태생이 아니라고 믿고, 따라서 대통령직을 불법적으로 차지했다고 생각하는 사람이다.

5. 베티 프리단, 〈부엌 바닥에서 일어나Up from the Kitchen Floor〉,《뉴욕타임스 매거진》, 1973년 3월 4일.

6. 치즘은 다수당에서 대통령 후보로 나선, 남녀를 통틀어 최초의 아프리카계 미국인이었다. 그녀가 정치에서 성이 인종보다 훨씬 더 큰 장애임을 경험했다고 주장한 것은 교훈적이다.

7. 이것은 이후에 공화당 대통령 후보 존 매케인이 세라 페일린을 부통령 후보로 선택했을 때 입증된다. 그녀의 지지자는 여성 유권자보다 남성 유권자들이 많았으며, 양쪽 모두 압도적으로 백인이 많았다.

8. 이 논평은 다음의 제목으로 바뀌었다. 〈올바른 후보들, 잘못된 질문Right

Candidates, Wrong Question〉,《뉴욕타임스》, 2007년 2월 7일.

9. MSNBC의 〈모닝 조Morning Joe〉, 2008년 1월 9일 출연.

10. 시카고대학의 전국 여론 조사 센터가 이끈 조사로,《뉴욕타임스》·연합
    통신사·《워싱턴 포스트》·《월스트리트 저널》·CNN·《세인트피터즈버
    그타임스》·《팜 비치 포스트》·트리뷴 컴퍼니·《로스앤젤레스타임스》·
    《시카고 트리뷴》·《올랜도 센티넬》·《볼티모어 선》의 의뢰를 받았다.

11. 작은 못 하나가 모자라 발생한 재앙은 수없이 이어진다. 부시 대신 고어
    가 당선되었다면 우리는 다음의 모든 것들을 겪지 않았을 것이다. 두 번
    째이자 선택 가능했던 이라크 전쟁, 공립학교를 위한 연방 지원으로 집
    행된 금욕주의 성 교육, 선진국에서 최고로 높은 원하지 않은 임신 비
    율, 우익 정치권력의 "신앙을 기반으로 한" 단체에 세금으로 수십 억 달
    러를 지원하는 행정 명령, 가난한 국가들이 낙태 정보를 제공할 경우엔,
    그것이 그 국가의 기금으로 이행된다 할지라도 미국의 모든 원조를 끊
    어버리는 글로벌한 함구령, 해외에서는 민영화 전쟁으로, 국내에서는
    민영화 교도소로 이득을 챙기는 기업체, 세계에서 최고로 높은 인구 대
    비 수감 비율, 우익 역풍의 워싱턴 점거 이전에 노동자의 평균 연봉보다
    30배 높던 기업 CEO의 평균 연봉이 그 이후 475배 높게 뛴 것, 비규제
    금융계가 가져온 전 세계 경제 파국 등 수많은 결과들이, 작은 못 하나
    가 모자라 생겨난 일들이다.

6장: 일상의 초현실주의

1. 2013년에 트럭 운전사 3천 명이 낮은 임금, 높은 연료비, 워싱턴의 연방
    정부 셧다운에 분노해, 워싱턴 D.C. 주변 고속도로에서 감속운행을 하
    면서 평화시위를 개최하기로 계획했다. 이 시위는 대체로 엉뚱하게도
    오바마 대통령 쪽으로 향하고, 비 때문에 감속운행의 효과가 가려지지
    만, 경찰을 긴장하게 만드는 정치적 영향력의 과시이며, 트럭 없는 시위
    자들의 부러움을 사는 일이다.

2. 거의 반세기가 지나 이 글을 쓰고 있는 지금, 연방법에 따르면 팁을 받

거나 받을 수 있을 경우 고용인은 종업원에게 시급 2달러 10센트만 주면 된다. 거의가 여성들인 이 직업군들은 최저 임금 법의 보장을 받기 위한 운동을 조직 중이다. 연방 노동부, 〈팁을 받는 피고용인들을 위한 최저 임금Minimun Wages for Tipped Employees〉, 2015년 1월 1일, http://www.dol.gov/whd/state/tipped.htm

3. 조 프리먼Jo Freeman, 〈트래싱, 자매애의 어두운 면Trashing: The Dark Side of Sisterhood〉, 《미즈》, 1976년 4월.

4. 레이첼 K. 존스Rachel K. Jones · 재클린 E. 다로흐Jacqueline E. Darroch · 스탠리 K. 헨쇼Stanley K. Henshaw, 「2000~2001년 낙태한 여성들의 사회경제적 특징에 나타난 경향Patterns in the Socioeconomic Characteristics of Women Obtaining Abortions in 2000~2001」, 앨런 구트마허 연구소Alan Guttmacher Institute, 『성과 재생산 보건에 대한 관점Perspectives on Sexual and Reproductive Health』 34, 5호(2002년 9~10월).

5. 이 인터뷰는 게재되지 못했다. 뉴스를 "딱딱한" 것과 "말랑말랑한" 것으로 나누는 일이, 젠더가 정치적 생성물이 아닌 하나의 현실이라는 생각의 또 다른 사례임을, 나는 아직 이해하지 못하고 있었다.

6. 글로리아 스타이넘, 〈뉴욕의 호치민Ho Chi Minh in New York〉, 《뉴욕》, 1968년 4월 8일.

7. 〈글로리아 스타이넘의 설교 반대 시위Gloria Steinem's Sermon Protested〉, 《로디 뉴스-센티넬》, 1978년 9월 21일.

8. 교회는 1860년경까지 낙태를 규제했다. 이를테면 여자 태아는 80일까지 낙태할 수 있었고, 남자 태아는 40일까지 가능했는데, 우세한 남성이 더 빨리 성장한다고 생각했기 때문이었다. 영혼 부여 혹은 생명이 시작되는 시기에 대한 질문은 세례의 시기로 제한되었다. 존 T. 누난John T. Noonan 편집, 〈낙태의 도덕률: 법적 조망과 역사적 조망The Morality of Abortion: Legal and Historical Perspectives〉, 케임브리지, 매사추세츠: 하버드대학 출판부, 1970년.

7장: 비밀이야기들

1. 글로리아 스타이넘, 〈로나, 베시, 조이스, 버나뎃의 농장을 떠나며 Getting Off the Plantation with Lorna, Bessie, Joyce, and Bernadette〉, 《미즈》, 1980년 8월.

2. 조니 틸몬, 〈복지는 여성 이슈이다 Welfare Is a Women's Issue〉, 《미즈》, 1972년 봄.

3. 클레어 채프먼 Clare Champman, 〈당신이 성매매를 직업으로 택하지 않는다면, 우리는 복지 혜택을 중단할 수 있다 If You Don't Take a Job as a Prostitute, We Can Stop Your Benefits〉, 《더 텔레그래프》, 2005년 1월 30일.

4. 주디스 루이스 허먼 Judith Lewis Herman, 「잘 보이는 곳에 숨겨진 것: 성매매에 관한 임상학적 관찰 Hidden in Plain Sight: Clinical Observations on Prostitution」, 멜리사 팔리 Melissa Farley 편집, 『성매매, 인신매매, 외상 후 스트레스 Prostitution, Trafficking and Traumatic Stress』(뉴욕: 하워스 출판사, 2003년) 중에서.

5. 레이첼 모란 Rachel Moran, 「'성 노동' 이데올로기의 위험한 부정 이론 The Dangerous Denialism of 'Sex Work' Ideology」, 캐럴라인 노마 Caroline Norma · 멜린다 탱커드 라이스트 Melinda Tankard Reist 편집, 『성매매의 내러티브: 성 무역에서 살아남은 이들의 이야기 Prostitution Narratives: Stories of Survival in the Sex Trade』(노스멜버른, 오스트레일리아: 스피니펙스 출판사, 2016년) 중에서.

6. 메인 주와 버몬트 주만 교도소 내 투표를 허용한다. 다른 주들은 죄질에 따라 투표권을 제한하는데, 일부는 영구적으로 투표권을 제한한다.

7. 독립 예산처의 2013년 조사에 따르면, 뉴욕시 수감자 1인당 숙식과 감시에 드는 비용은 연간 167,731달러이고, 하버드대학 등록금은 연간 45,278달러이다. 여기에 숙식과 기타 비용을 합치면 연간 60,659달러에 이른다.

8장: 한때 존재한 것은 다시 올 수 있다

1. 앨리스 콘 Alice Kohn, 『시합은 그만: 경쟁 반대 사례 No Contest: The Case Against Competition』, 보스턴: 호튼 미플린, 1992년.

2. 윌리엄 로렌 카츠William Loren Katz, 『흑인 인디언들: 감춰진 유산*Black Indians: A Hidden Heritage*』, 뉴욕: 학술 진흥회, 1986년, 2쪽.

3. 교황 니콜라스 5세, 교황 칙서《둠 디베르사스*Dum Diversas*》, 1452년 6월 18일.

4. 폴라 건 앨런, 『성스러운 고리: 북미 인디언 전통에서 여성의 회복*The Sacred Hoop: Recovering the Feminine in American Indian Traditions*』, 보스턴: 비콘 출판사, 1992년, 13~15쪽.

5. 스튜어트 J. 피델Stuart J. Fiedel, 『아메리카의 선사시대*Prehistory of the Americas*』, 케임브리지: 케임브리지대학 출판부, 1987년, 238쪽. 로버트 실버버그Robert Silverberg, 『마운드 빌더스*The Mound Builders*』, 콜럼버스: 오하이오대학 출판부, 1986년, 280~289쪽.

6. 잭 웨더포드Jack Weatherford, 『인디언 기부자: 북미 인디언이 세상을 변화시킨 과정*Indian Givers: How the Indians of the Americas Transformed the World*』, 뉴욕: 포셋 컬럼바인, 1988년, 59~97쪽.

7. 존 모호크John Mohawk 외, 『자유의 땅에서 추방된 사람들: 민주주의, 인디언 부족국가와 미연방 헌법*Exiled in the Land of the Free: Democracy, Indian Nations and the U.S. Constitution*』(산타페, 뉴멕시코: 클리어 라이트, 1992년), 69쪽에서 인용.

8. 라도나 해리스의 삶과 업적에 대한 다큐멘터리는 줄리아나 브래넘Julianna Brannum의 영화 〈인디언 101 Indian 101〉을 참조하라. http://www.indian101themovie.com

9. 수많은 사례 중 하나는 이렇다. "월터 애시비Walter Ashby는 버지니아 주에서 출생, 결혼, 사망을 기록하는 인구 통계 부서의 첫 번째 호적 담당자였다. 그는 1912년에 이 직무를 맡았다. 이후 34년간 인디언을 포함한 백인 아닌 이들을 흑인으로 분류하도록 강제함으로써 버지니아 주의 백인종을 정화하는 노력을 이끌었다. 이런 일은 관료주의적 자살 행위나 마찬가지였다." 워런 피스크Warren Fiske, 〈월터 애시비 플레커의 흑백 세계*The Black-and-White World of Walter Ashby Plecker*〉, 《버지니안 파일럿》,

2004년 8월 18일.

10. 아이 퀘이 아르마, 『2천 번의 계절 *Two Thousand Seasons*』, 포츠머스, 뉴햄프셔: 하이네만 국제 문학 및 교재, 1979년.

11. J.N.B. 휴이트J.N.B. Hewitt, 「1784년 이전 이로쿼이 연맹의 여성 지위Status of Women in Iroquois Polity before 1784」, 『1932년 스미스소니언 협회 이사회 연례 보고서Annual Report to the Board of Regents of the Smithsonian Institution for 1932』(워싱턴 D.C.: 미연방 정부 출판부, 1933년), 483쪽에서 인용.

12. 민주주의 제도와 민주주의 구조의 주요 원천으로서 북미 원주민 문화를 개괄한 내용을 보려면 웨더포드의 『인디언 기부자』 133~150쪽을 참조하라.

13. 〈원주민 여성들이 메시지를 보내다Native Women Send Message〉, 《와사자Wassaja》 4, 8호, 1976년 8월, 7쪽.

14. 아프리카 요루바Yoruba 문화에는 '에슈Eshu'라는 트릭스터가 있고, 인도에는 늘 장난기 많은 크리슈나Krishna가 있으며, 그 밖에도 많은 사례들이 있다. 북미 원주민 신화에 초점을 맞추어 유사한 것들을 찾아보려면, 루이스 하이드Lewis Hyde의 『트릭스터가 이 세상을 만든다: 장난, 신화, 예술 *Trickster Makes This World: Mischief, Myth, and Art*』(뉴욕: 파라, 스트라우스 앤 지루, 1998년)을 참조하라.

15. 앨런, 『성스러운 고리』.

16. 오클라호마 오지에 있는, 대부분 체로키 가족으로 구성된 3백여 가구의 외딴 공동체인 벨에 실내 수도시설을 들여오기 위해, 윌마는 의존의 순환을 끊고 근본적인 도움을 주려 했다. 영화제작자인 크리스티나 키엘Kristina Kiehl의 〈물을 뜻하는 체로키 단어 The Cherokee Word of Water〉(2013)는 벨의 이야기를 가지고 만든 드라마로, 윌마의 리더십과 공동체 의식을 보여준다.

17. 유럽인들은 자기들이 죽이고 정복한 원주민들이 농업, 약리학, 세계 최대의 지상 공사, 민주주의 자체를 발전시킨 사람들의 후손일 수 있다는

사실을 믿지 않았다. 어떤 이들은 이집트인들이 여기에 왔다가 떠난 것이 분명하다고 했다. 내가 살아서 본 것만 해도 추정 기간은, 이주 문화가 이 나라에 정착한 이래 9천 년에서 1만 2천 년으로, 그리고 3만 년까지로 계속 늘어났다. 〈말로 다 못한 초기 북미인의 영웅 전설 The Untold Saga of Early Man in America〉, 《타임》, 2006년 3월 13일.

18. 윌마 맨킬러, 『모든 날이 좋은 날이다: 현대 원주민 여성들의 성찰』, 골든, 콜로라도: 펄크럼, 2004년.

19. 웨더포드, 『인디언 기부자』, 82~84쪽.

20. 같은 책, 7장 「자유, 무정부주의, 고결한 야만인 Liberty, Anarchism, and the Noble Savage」 참조.

21. 로빈 모건, 『불타는 시간 The Burning Time』, 브루클린, 뉴욕: 멜빌 하우스, 2012년.

찾아보기

옮긴이 고정아

서강대학교 불어불문학과와 대학원을 졸업했다.
한국외국어대학교 통번역대학원 한불통역과를 수료했다.
옮긴 책으로 『나는 걷는다 2, 3』 『베르나르의 여행』
『에코토이, 지구를 인터뷰하다』 『네페르티티』 『붓다』
『80일간의 세계 일주』 등이 있다.

글로리아
스타이넘

길 위의
인생

ⓒ글로리아 스타이넘

2017년 2월 28일 초판 1쇄 발행
2019년 8월 5일 초판 2쇄 발행

지은이 글로리아 스타이넘
옮긴이 고정아
펴낸이 박해진
펴낸곳 도서출판 학고재
등록 2013년 6월 18일 제2013-000186호
주소 서울시 마포구 새창로 7(도화동) SNU장학빌딩 17층
전화 02-745-1722(편집)   070-7404-2810(마케팅)
팩스 02-3210-2775 | **이메일** hakgojae@gmail.com
페이스북 www.facebook.com/hakgojae

ISBN 978-89-5625-345-9 03330